Das Sonderbefristungsrecht an Hochschulen und Forschungseinrichtungen nach dem Wissenschaftszeitvertragsgesetz

Europäische Hochschulschriften
Publications Universitaires Européennes
European University Studies

Reihe II
Rechtswissenschaft

Série II Series II
Droit
Law

Bd./Vol. 4862

PETER LANG
Frankfurt am Main · Berlin · Bern · Bruxelles · New York · Oxford · Wien

Ulrike Lehmann-Wandschneider

Das Sonderbefristungsrecht an Hochschulen und Forschungseinrichtungen nach dem Wissenschaftszeitvertragsgesetz

PETER LANG
Internationaler Verlag der Wissenschaften

Bibliografische Information der Deutschen Nationalbibliothek
Die Deutsche Nationalbibliothek verzeichnet diese Publikation in der Deutschen Nationalbibliografie; detaillierte bibliografische Daten sind im Internet über <http://www.d-nb.de> abrufbar.

Zugl.: Berlin, Humboldt-Univ., Diss., 2008

Gedruckt auf alterungsbeständigem, säurefreiem Papier.

11
ISSN 0531-7312
ISBN 978-3-631-59247-2

Printed in Germany 1 2 3 4 5 7

www.peterlang.de

Vorwort

Die vorliegende Arbeit wurde im Wintersemester 2008/2009 von der Juristischen Fakultät der Humboldt-Universität zu Berlin als Dissertation angenommen. Die Disputation erfolgte am 18.12.2008.

Besonderer Dank gilt zunächst meinem Betreuer Herrn Prof. Dr. Reinhard Singer, der nicht nur die Anregung zu dem Thema gab, sondern die Arbeit stets begleitete und gleichzeitig der Verfasserin bei der inhaltlichen Ausgestaltung im Detail alle wissenschaftliche Freiheit beließ.

Bedanken möchte ich mich auch bei Herrn Prof. Dr. Volker Neumann, der den Grundstein für mein wissenschaftliches Interesse legte und sich als Zweitgutachter zur Verfügung stellte. Mein Dank gilt darüber hinaus Frau Prof. Dr. Christine Windbichler, die den Vorsitz der Prüfungskommission übernahm.

Herr Dr. Markus Glöckner war mir in der ganzen Zeit der Erarbeitung ein besonders wertvoller Gesprächs- und Diskussionspartner.

Ohne das Graduiertenstipendium der Friedrich-Ebert-Stiftung hätte diese Arbeit nicht angefertigt werden können, weshalb ich auch der Friedrich-Ebert-Stiftung sehr zu Dank verpflichtet bin.

Ganz persönlich möchte ich zwei Menschen danken: meiner Mutter Frau Dr. Heidemarie Lehmann für ihre verständnisvolle Begleitung in allen Lebensphasen und meinem Mann Steffen Wandschneider, LL.M. für seine liebevolle Unterstützung.

Literatur und Rechtsprechung sind bis Oktober 2008 berücksichtigt.

Rostock, im Dezember 2008 — Ulrike Lehmann-Wandschneider

Inhaltsverzeichnis

Kapitel 1 Einführung

„Wissenschaftliches Arbeiten ist zweifellos etwas Besonderes: Es bindet ein in die weltweite Gemeinschaft der Lehrenden und Lernenden, es benötigt und es bietet große Freiheit, es lässt teilhaben an der faszinierenden Suche nach neuem Wissen."[1]

Befristete Arbeitsverhältnisse mit wissenschaftlichem Personal an Hochschulen und Forschungseinrichtungen sind ständiger Gegenstand von Diskussionen: einerseits hochschulpolitischer und andererseits rechtswissenschaftlicher. Dies zeigt die beiden Dimensionen des Befristungsrechts im Wissenschaftsbereich auf, die zugleich nicht unabhängig von einander sind. Die arbeitsrechtliche Diskussion wird sehr stark geprägt durch hochschulpolitische Prämissen. Die ständigen Veränderungen, denen das Befristungsrecht der Hochschulen und Forschungseinrichtungen durch die Schaffung eines neuen Befristungsrechts, das Urteil des Bundesverfassungsgerichts zum 5. HRGÄndG, die erneute Aufnahme eines Drittmittelbefristungstatbestandes sowie die Einfügung einer familienfreundlichen Komponente in das Befristungsrecht in den letzten Jahren unterlag, sind Beleg dafür, wie sich beide Ebenen beeinflussen.

Unter den Beschäftigten der Hochschulen bilden die wissenschaftlichen Mitarbeiter die größte Gruppe. So waren 2007 123.545 wissenschaftliche und künstlerische Mitarbeiter an Hochschulen[2], davon 114.056 im Angestelltenverhältnis,[3] beschäftigt. Zum wissenschaftlichen Personal unterhalb der Hochschullehrer zählen des Weiteren 18.863 wissenschaftliche Hilfskräfte und 7.231 Lehrkräfte für besondere Aufgaben.[4] Darüber hinaus wurden 66.270 studentische Hilfskräfte beschäftigt.[5] Damit kommt dem wissenschaftlichen Personal unterhalb der Hochschullehrer nicht nur zahlenmäßig im Hinblick auf die Funktionsfähigkeit der Hochschulen eine besondere Bedeutung zu. Der Gesetzgeber hat sich deshalb entschieden, zugunsten der Funktionsfähigkeit der Hochschulen und zur Förderung des wissenschaftlichen Nachwuchses für diese Mitarbeiter ein eigenes Befristungsrecht zu entwickeln.

Das Recht, befristete Arbeitsverhältnisse an Hochschulen und Forschungseinrichtungen mit dem wissenschaftlichen Personal unterhalb der Hochschullehrer abzuschließen, ist im Wissenschaftszeitvertragsgesetz (WissZeitVG) geregelt. Bevor das WissZeitVG in Kraft trat, war das Sonderbefristungsrecht für Hochschulen mit den wissenschaftlichen Mitarbeitern, wissenschaftlichen sowie stu-

---

1 Wissenschaftsrat, Empfehlungen zu einem Wissenschaftstarifvertrag, S. 8.
2 Statistisches Bundesamt, Bildung und Kultur, 2007, S. 32.
3 Statistisches Bundesamt, Bildung und Kultur, 2007, S. 50.
4 Statistisches Bundesamt, Bildung und Kultur, 2007, S. 32. Ob die Lehrkräfte für besondere Aufgaben dem Anwendungsbereich des WissZeitVG unterfallen, wird im Rahmen des personellen Anwendungsbereiches diskutiert.
5 Statistisches Bundesamt, Bildung und Kultur, 2007, S. 45.

dentischen Hilfskräften in das Hochschulrahmengesetz, genauer in den §§ 57 a ff. HRG, integriert. Diese Normen galten auch nach der Föderalismusreform I als verbindliches Bundesrecht ohne Abweichungs- oder Ersetzungsbefugnis der Länder fort,[6] da sie auf Grundlage des Art. 74 Abs. 1 Nr. 12 GG erlassen worden sind.

Der Gesetzgeber hat sich entschieden, einen eigenständigen Standort für die Befristungstatbestände zu schaffen, weshalb er sie in das WissZeitVG fast wortgleich überführte. Hinzugekommen sind eine so genannte familienfreundliche Komponente, eine gesonderte Befristungsmöglichkeit für den drittmittelfinanzierten Bereich und deren Erstreckung auf nicht-wissenschaftliches Personal sowie eine Änderung des personellen Geltungsbereiches. Dass diese Neuerung nicht gerade einer rechtssicheren Gestaltung förderlich ist,[7] wird in dieser Arbeit zu zeigen sein.

Die vorliegende Arbeit beschäftigt sich mit den Regelungen des WissZeitVG und versucht, Antworten auf die noch offenen Fragen des Befristungsrechts im wissenschaftlichen Bereich zu finden, wobei nicht zuletzt auch Aspekte der Rechtspraxis berücksichtigt werden. Der Schwerpunkt der Bearbeitung liegt dabei auf dem personellen Anwendungsbereich des WissZeitVG in seiner Anwendung nach dem Inkrafttreten des WissZeitVG, der den wohl umstrittensten und damit für die Rechtswissenschaft interessantesten Teil darstellt.

Zunächst wird ein kurzer historischer Abriss über die Entwicklung des Befristungsrechts für Hochschulen gegeben, dem sich eine Darstellung des verfassungsrechtlichen Rahmens anschließt. Nachdem dieser eingegrenzt wurde, soll der Anwendungsbereich des WissZeitVG sowohl in institutioneller als auch personeller Hinsicht geklärt werden. Anschließend werden die einzelnen Befristungsmöglichkeiten dargestellt. Hinzu kommt eine Darstellung des Sachgrundes „Drittmittelfinanzierung". Nachdem sämtliche Befristungstatbestände erläutert wurden, wird auf die bei der Berechnung der Höchstbefristungszeiten anzurechnenden Arbeitsverhältnisse sowie Verlängerungsoptionen eingegangen.

Bei der vorliegenden Arbeit wurde bewusst von einem paragraphenweisen Aufbau, wie er sich in Kommentaren findet, abgewichen, um so einen besseren Überblick über das Zusammenspiel der Normen geben zu können.

---

6 Vgl. Begründung zum Gesetz zur Änderung des Grundgesetzes, BT-Drucks 16/812, S. 20.

7 Vgl. ebenso APS-*Schmidt*, § 1 WissZeitVG Rn. 3.

Kapitel 2 Überblick über die Entwicklung des Sonderbefristungsrechts der Hochschulen

A. Gesetz über befristete Arbeitsverträge mit wissenschaftlichem Personal an Forschungseinrichtungen (HFVG) vom 14.6.1985 sowie HRG 1999

Ausgangspunkt der Entwicklung des Sonderbefristungsrechts für Hochschulen war die Rechtsprechung des BAG zu § 620 BGB. Gemäß § 620 BGB endet ein Dienstverhältnis mit dem Ablauf der Zeit, für die es eingegangen ist. Ein befristetes Arbeitsverhältnis liegt vor, wenn das Arbeitsverhältnis mit Ablauf einer vorgesehenen Zeitspanne endet, ohne dass es einer Willenserklärung oder Rechtshandlung der Vertragsparteien bedarf, wobei die Zeitspanne durch einen bestimmten Endtermin, der bestimmt oder bestimmbar oder aus dem Zweck bestimmbar ist.[8] Befristete Arbeitsverhältnisse stehen grundsätzlich im Widerspruch zu dem arbeitsrechtlichen Bestandsschutz, der eine Ausprägung des Art. 12 Abs. 1 GG i.V.m. dem Sozialstaatsprinzip darstellt.[9] Der Bestandsschutzgedanke ist Grundlage sämtlicher Kündigungsschutzbestimmungen. Seit dem Beschluss des Großen Senates des BAG v. 12.10.1960[10] wird der Konflikt zwischen Kündigungsschutz und befristetem Arbeitsvertrag durch Anwendung der Theorie der objektiven Gesetzesumgehung gelöst, wonach eine Befristung dann unwirksam ist, wenn durch sie das Kündigungsschutzrecht umgangen wird. Nach der objektiven Theorie gebietet es die Durchsetzung von Sinn und Zweck einer unabdingbar gestalteten Norm, ihre Umgehung auch dort zu verhindern, wo es an einer Umgehungsabsicht oder dem Bewusstsein der Umgehung fehlt. Entscheidend ist demnach nicht die subjektive Umgehungsabsicht des Arbeitgebers, sondern die Frage, ob die Befristungsabrede objektiv funktionswidrig ist und als Missbrauch der rechtlichen Gestaltungsmöglichkeit erscheint. Hierfür ist maßgeblich, ob bei Vertragsschluss ein die Befristung rechtfertigender Sachgrund vorliegt.[11]

Die Notwendigkeit befristeter Arbeitstellen an Hochschulen ist bereits aus der geringen Anzahl von Stellen in diesem Bereich zu ermessen, weshalb die unbefristete Beschäftigung neben einer „Vergreisung“[12] zu einem „Versiegen der Forschung“[13] überhaupt führen würde.

---

8 *Lohfeld*, Befristung von Arbeitsverhältnissen, S. 32.
9 BVerfGE 59, 231, 261 ff.
10 BAG, AP Nr. 16 zu § 620 BGB Befristeter Arbeitsvertrag.
11 BAG, AP Nr. 16 zu § 620 BGB Befristeter Arbeitsvertrag.
12 *Richardi*, DB 1981, 1461, 1463.
13 *Richardi*, DB 1981, 1461, 1463.

Die §§ 57 a bis f wurden durch das Gesetz über befristete Arbeitsverträge mit wissenschaftlichem Personal an Forschungseinrichtungen (HFVG) vom 14.6.1985[14] in das HRG als unmittelbar geltendes Bundesrecht eingefügt. Mit den Regelungen sollte Rechtssicherheit für die befristeten Arbeitsverhältnisse im öffentlichen Wissenschaftssektor geschaffen werden.[15] Den Anstoß zur Schaffung eines Zeitvertragsgesetzes für den Hochschulbereich lieferte die Stellungnahme des Wissenschaftsrates „Zur Problematik befristeter Arbeitsverträge mit wissenschaftlichen Mitarbeitern" vom Mai 1982. Im Bundestag wurde die Stellungnahme zum Auslöser eines einstimmigen Beschlusses, der die Bundesregierung aufforderte, einen Bericht zu verschiedenen Fragen der Drittmittelforschung zu erstellen. Zugleich wurde gefordert, „gesetzliche Änderungen im Arbeitsrecht in den Fällen der Anstellung wissenschaftlicher Mitarbeiter vorzuschlagen, in denen die Befristung sachlich gerechtfertigt" [16] sei. Die Bundesregierung legte den 1983 erstellten Bericht zur Förderung der Drittmittelforschung im Rahmen der Grundlagenforschung vor. Der Bericht enthielt zwar keinen Gesetzentwurf, die Bundesregierung kündigte einen solchen aber für den Fall an, dass in absehbarer Zeit keine tarifvertragliche Regelung der Probleme erzielt würde.[17] Der Bundestagsausschuss für Bildung und Wissenschaft forderte daran anschließend am 8.2.1984 die Bundesregierung zu einer tarifrechtlichen Absicherung der Befristungsmöglichkeiten von Arbeitsverträgen für Drittmittelpersonal auf. Würde eine Einigung der Tarifvertragsparteien nicht zustande kommen, sollte der angekündigte Gesetzentwurf zeitnah vorgelegt werden.[18] Die Verhandlungen scheiterten am Widerstand der Arbeitnehmervertretung, da die Gewerkschaften einen Regelungsbedarf mit dem Argument, die Rechtslage würde den Interessen der Tarifvertragsparteien hinreichend Rechnung tragen, verneinten. Somit wurde eine gesetzliche Regelung notwendig.

Das HFVG fand Anwendung auf alle Arbeitsverträge, die ab dem 26. Juni 1985 abgeschlossen wurden.[19] Durch dieses Gesetz sollten die Leistungsfähigkeit von Hochschulen und Forschungseinrichtungen sowie der wissenschaftliche

---

14 BGBl. I, S. 1065. Hinsichtlich der Gesetzgebungszuständigkeit des Bundes im Bereich der befristeten Arbeitsverträge der Hochschulen bestanden vor Einführung der §§ 57 a ff. HRG Zweifel, vgl. *Walter*, DÖV, 1983, 925 ff; *Tettinger*, RdA 1981, 351 ff.

15 Vgl. zur Rechtslage vor dem Inkrafttreten des HFVG *Blum/Rödler*, WissR 80, 97 ff; *Ossenbühl*, WissR 1983, 201; sowie zur Gesetzgebungsgeschichte *Nagel*, Fristverträge an Hochschulen, Einl. 4 ff. und die Darstellung bei *Preis,* in: Dieterich/Preis, Befristete Arbeitsverhältnisse, S. 7. Anforderungen an ein Bundesgesetz finden sich bei *Tettinger*, MittHV 1981, 303 ff. Eine umfassende Diskussion möglicher Befristungsgründe ist bei *Lübbert*, Befristete Arbeitsverhältnisse im Hochschulbereich und in außeruniversitären Forschungseinrichtungen, zu finden.

16 BT-Drucks. 9/1936 und 9/2275.

17 BT-Drucks 10/225, S. 20.

18 BT-Drucks. 10/1121, S. 3.

19 Vgl. ausführlich zum HFVG *Buchner*, RdA 1985, 258 ff.

Nachwuchs gefördert werden.[20] Darüber hinaus sollte den spezifischen Belangen von Wissenschaft und Forschung besser Rechnung getragen werden, als es die Rechtsprechung vermocht hatte. Anwendbar waren die Vorschriften gemäß § 57 a HRG für wissenschaftliche oder künstlerische Mitarbeiter (§ 53 HRG), das Personal mit ärztlichen Aufgaben (§ 54 HRG), Lehrkräfte für besondere Aufgaben (§ 56 HRG) sowie wissenschaftliche Hilfskräfte. Die §§ 57 a bis § 57 f HRG waren als zweiseitig zwingendes Recht ausgestaltet und konnten durch die Tarifvertragsparteien nicht zugunsten des Arbeitnehmers abgeändert werden. Art. 2 HFVG regelte in dem Gesetz über befristete Arbeitsverträge mit wissenschaftlichem Personal an Forschungseinrichtungen (FFVG) die entsprechende Anwendung der § 57 a S. 2 und §§ 57 b bis 57 f HRG für das wissenschaftliche Personal und dem Personal mit ärztlichen Aufgaben an staatlichen sowie überwiegend staatlich oder auf Grundlage von Art. 91 b GG finanzierten Forschungseinrichtungen.

Ausgangspunkt der Befristung war § 57 Abs. 1 HRG, wonach der Abschluss befristeter Arbeitsverträge durch das Vorliegen eines sachlichen Grundes gerechtfertigt sein musste; es sei denn, dass nach den allgemeinen arbeitsrechtlichen Vorschriften und Grundsätzen kein Sachgrund gegeben sein musste (§ 57 b Abs. 1 2. HS). Demnach bestand neben den Befristungsmöglichkeiten des HRG die Möglichkeit, Befristungen nach TzBfG vorzunehmen, die nicht auf die Zeiten des HRG angerechnet wurden. In § 57 b Abs. 2 HRG waren Gründe enthalten, die als Befristungsgrund angesehen werden konnten und sich zuvor in der Rechtsprechung etabliert hatten. Die Aufzählung in § 57 b Abs. 2 HRG war nicht abschließend („Sachliche Gründe, […], liegen auch vor"), so dass eine Befristung auch auf andere anerkannte Befristungsgründe gestützt werden konnte.

Als Sachgründe waren im HRG enthalten:

- die Beschäftigung des Mitarbeiters mit Dienstleistungen, die auch seiner Weiterbildung als wissenschaftlicher und künstlersicher Nachwuchs oder seiner beruflichen Aus-, Fort- und Weiterbildung dienen (§ 57 b Abs. 2 Nr. 1 HRG),
- die Vergütung des Mitarbeiters aus Haushaltsmitteln, die für eine befristete Beschäftigung bestimmt sind und der Mitarbeiter dementsprechend beschäftigt wurde (§ 57 b Abs. 2 Nr. 2 HRG),
- der Erwerb und die Einbringung besonderer Kenntnisse und Erfahrungen in Lehre, Forschungsarbeit oder künstlerischen Betätigung (§ 57 b Abs. 2 Nr. 3 HRG) – eingefügt durch das 4. HRGÄndG 1999,
- die Drittmittelfinanzierung (§ 57 b Abs. 2 Nr. 4 HRG),
- die erstmalige Einstellung des Mitarbeiters als wissenschaftlicher oder künstlerischer Mitarbeiter.

---

20 BT-Drucks. 10/3119 S. 1.

Gemäß § 57 b Abs. 4 HRG waren die Sachgründe der Nr. 1, 2 und 4 auch auf wissenschaftliche Hilfskräfte anwendbar. Für Lehrkräfte mit besonderen Aufgaben waren sämtliche Befristungsgründe entsprechend anwendbar, was aus § 57 b Abs. 3 HRG folgte. Die Regelung des § 57 b Abs. 3 war mehrfach Gegenstand gerichtlicher Auseinandersetzung und beschäftigte sogar den EuGH.[21] Angeknüpft wurde i. d. F. des HRG 1985 an die Lektorentätigkeit als Befristungsgrund, was gegen das in Art. 48 Abs. 2 EWG-Vertrag enthaltene Diskriminierungsgebot verstieß, da unterschiedliche Anforderungen an den Befristungsgrund bei Lektoren gegenüber sonstigen Lehrkräften mit besonderen Aufgaben zu einer Ungleichbehandlung führten. Als besonders problematisch erwies sich die Befristung von Lektoren, die auf den drohenden Verlust der Aktualität des Unterrichts nach längerem Aufenthalt in Deutschland gestützt wurde. Dieser Sachgrund wurde zu Recht von der Rechtsprechung nicht mehr akzeptiert, da es zum einen keine wissenschaftlich fundierten Erkenntnisse gab, die den Aktualitätsverlust bestätigten und zum anderen die Benutzung moderner Kommunikationsmittel diesem Einhalt gebieten kann.[22]

Für die erstmalige befristete Einstellung nach § 57 b Abs. 2 Nr. 1 und Nr. 5 HRG hatte der Gesetzgeber einen Zeitrahmen vorgesehen: Gemäß § 57 b Abs. 6 HRG sollte die erstmalige Beschäftigung nicht später als vier Jahre nach der letzten Hochschulprüfung oder Staatsprüfung des wissenschaftlichen oder künstlerischen Mitarbeiters erfolgen. Da es sich um eine Sollvorschrift handelte, entstand bei Missachtung kein unbefristetes Arbeitsverhältnis.[23] Als Höchstdauer war für befristete Arbeitsverträge, die auf § 57 b Abs. 2 Nr. 1 bis 4 sowie Abs. 3 HRG gestützt wurden, der Zeitraum von fünf Jahren in § 57 c Abs. 2 S. 1 HRG festgelegt. Für einen Vertrag nach Nr. 5 galten hingegen zwei Jahre als Obergrenze. Bestand in einem Vertrag oder außerhalb eines Vertrages nach den Nr. 1 bis 4 Gelegenheit zur Promotion, wurde dieser Vertrag nicht auf die Höchstgrenzen angerechnet (§ 57 c Abs. 3 HRG). Für wissenschaftliche Hilfskräfte konnte ein Vertrag gemäß § 57 c Abs. 5 S. 1 HRG bis zu einer Dauer von 4 Jahren geschlossen werden. Bei einem Wechsel der Hochschule oder Befristung nach allgemeinen Regeln wurden diese Zeiten nicht auf die Höchstgrenze von vier Jahren angerechnet. Für das ärztliche Personal war in § 57 c Abs. 4 HRG eine zweifache Verlängerungsmöglichkeit über die 5 Jahre hinaus enthalten.

---

21 Vgl. *Dörner*, Der befristete Arbeitsvertrag, Rn. 790 mit weiteren Nachweisen zur Rechtsprechung.

22 EuGH, Urt. v. 20.10.1993, AP Nr. 17 zu Art. 48 EWG; BAG, Urt. v. 15.3.1995, AP Nr. 10 zu BAT § 2 SR 2y; BAG, Urt. v. 20.9.1995, AP Nr. 4 zu § 57 b HRG; BAG, Urt. v. 12.2.1997, AP HRG § 57 b Nr.13.

23 *Dörner*, Der befristete Arbeitsvertrag, Rn. 800.

B. 5. und 6 HRGÄndG sowie HdaVÄndG

Die §§ 57 a ff HRG galten fast unverändert bis zum 22. Februar 2002 fort.

Durch das Fünfte Gesetz zur Änderung des Hochschulrahmengesetzes und anderer Vorschriften (5. HRGÄndG) vom 16. Februar 2002 (BGBl I S. 693) wurden sowohl die Personalstrukturen der Hochschulen als auch das Befristungsrecht grundlegend verändert.[24] Zuvor hatte das Bundesministerium für Bildung und Forschung eine Expertenkommission zur Reform des Hochschuldienstrechts eingesetzt. Hierfür erstellten *Dieterich* und *Preis*[25] ein Gutachten zur Umgestaltung des Befristungsrechts in der Wissenschaft, das die wesentliche Grundlage für das 5. HRGÄndG darstellte. Reformiert wurde nicht nur das Befristungsrecht, sondern das gesamte Personalrecht des HRG. Durch die Analyse des bisherigen Systems von *Dieterich/Preis* wurde deutlich, dass das bestehende System zu keiner Vereinfachung des Befristungsrechtes, sondern vielmehr zu einer Vielzahl von Arbeitsgerichtsprozessen geführt hatte.[26] Die Anwendung des Befristungsrechts gestaltete sich schwierig, da aufgrund der Vielzahl von Befristungstatbeständen diese schwer voneinander abgrenzbar waren und somit verschiedene Befristungsgründe zeitgleich vorliegen konnten.[27] Da das HRG i. d. F. des HFVG die exakte Angabe des Befristungsgrundes im Arbeitsvertrag erforderte, konnte die Wahl des falschen Befristungstatbestandes dazu führen, dass das Zitiergebot verletzt wurde. Durch reguläre Aneinanderreihung der Befristungstatbestände bestand zudem die Möglichkeit, eine Verweildauer an der Hochschule bis zu 23 Jahren zu erreichen,[28] was einer effektiven Nachwuchsförderung entgegenstand. Hinzu kam, dass die Situation für das wissenschaftliche Personal selbst nicht als wissenschaftsförderlich angesehen werden konnte. So wies der *Wissenschaftsrat* darauf hin, dass diejenigen Mitarbeiter der Personalgruppen, welche der Förderung des wissenschaftlichen Nachwuchses dienen, nur selten mit ihren beruflichen Aufstiegschancen an der Hochschule zufrieden seien und insbesondere die befristet beschäftigten Nachwuchswissenschaftler durch ihre sozial ungesicherte Beschäftigungssituation und die unsicheren Perspektiven an der Hochschule ihre Lage als prekär wahrnehmen würden.[29]

---

24 Zur Kritik am 5. HRGÄndG und der damit verbundenen Abschaffung der Habilitation vgl. *Knopp*, ZBR 2003, 149 mit weiteren Nachweisen.

25 *Dieterich/Preis*, Befristete Arbeitsverhältnisse in Wissenschaft und Forschung.

26 Vgl. *Preis,* in: Dieterich/Preis, Befristete Arbeitsverhältnisse, S. 11, wonach zwischen Mai 1988 und Januar 2000 das BAG 60 Urteile zu den §§ 57 a ff HRG erließ.

27 *Preis,* in: Dieterich/Preis, Befristete Arbeitsverhältnisse, S. 11 ff; *Preis*, WissZeitVG, Einl. Rn. 19; vgl. ebenso *v. Kalm*, WissR 2002, 76 ff.

28 *Preis,* in: Dieterich/Preis, Befristete Arbeitsverhältnisse, S. 29; *Preis*, WissZeitVG, Einl. Rn. 22. Kritisch bereits zur Anrechnung nur von Arbeitsverhältnissen, die bei derselben Hochschule abgeschlossen wurden, *Lohfeld*, Befristung von Arbeitsverhältnissen, S. 344 ff.

29 Wissenschaftsrat, Personalstruktur und Qualifizierung, S. 7. Vgl. grundsätzlich zu Karriereperspektiven bei Nachwuchswissenschaftlern *Herkommer*, WissR 2007, 36 ff.

Kernpunkte des Vorschlags von *Dieterich/Preis* waren zum einen die Neuordnung des Qualifikationsweges für Hochschullehrer durch Einführung der Juniorprofessur unter Verzicht auf die Habilitation, Einführung des Doktorandenstatus und Umgestaltung der Personalstruktur im Akademischen Mittelbau durch Abschaffung der Personalkategorien der wissenschaftlichen und künstlerischen Assistenten, Oberassistenten/Oberingenieure und des Personals mit ärztlichen Aufgaben verbunden mit einer Neugestaltung der Kategorie der wissenschaftlichen Mitarbeiter. Zum anderen sollte das Befristungsrecht für wissenschaftliche und künstlerische Mitarbeiter sowie Hilfskräfte grundlegend durch eine „klare Trennung von Befristungsgrund und Befristungshöchstgrenzen"[30] verändert werden.

Der Bundesgesetzgeber verfolgte das Ziel, mit der Einführung der Juniorprofessur und der damit verbundenen Änderung des Befristungsrechtes die Leistungs- und Innovationsfähigkeit des Wissenschafts- und Forschungssystems zu stärken sowie die Wettbewerbsfähigkeit der deutschen Hochschul- und Forschungslandschaft im internationalen Vergleich zu sichern.[31] Damit die Juniorprofessur tatsächlich greifen konnte, musste nicht nur die Zeit an der Hochschule für diejenigen begrenzt werden, die tatsächlich Juniorprofessoren werden wollten, sondern es musste der gesamte akademische Qualifikationsweg an den Hochschulen in sich konsistent sein, weshalb eine Umstellung des Befristungsrechtes weg von einzelnen inhaltlichen Befristungsgründen hin zu einem System, das sich ausschließlich nach Höchstbefristungsdauern richtet, erfolgte.

Das Besondere an der Neuregelung war, dass sie vollständig auf das Vorliegen von Sachgründen für die Befristung verzichtet und die Zugehörigkeit zur Personalkategorie der wissenschaftlichen Mitarbeiterinnen und Mitarbeiter als ausreichend zur Begründung einer Befristung erachtet. Damit hat der Gesetzgeber für den Hochschulbereich den Weg der sachgrundlosen Befristung beschritten,[32] der bisher im Bereich der befristeten Arbeitsverträge unüblich war. Für die wissenschaftlichen sowie künstlerischen Mitarbeiter und Hilfskräfte wurde unterstellt, dass ihre Beschäftigung zum einen der eigenen Aus-, Fort- und Weiterbildung diene und zum anderen der regelmäßige Austausch des Personals zur Sicherung der Innovation in Forschung und Lehre notwendig sei.[33] *Lipke*[34] geht deshalb davon aus, dass es sich bei dieser Unterstellung „um eine im Gesetz festgelegte Annahme eines die Befristung rechtfertigenden Sachverhalts (Fiktion)" handelt.

---

30 *Preis,* in: Dieterich/Preis, Befristete Arbeitsverhältnisse, S. 41.
31 BT-Drucks. 14/6853, S. 14.
32 *Dörner*, Der befristete Arbeitsvertrag, Rn. 631.
33 BT-Drucks. 14/6853, S. 30.
34 KR-*Lipke*, § 57 b HRG, Rn. 20a.

Der Vorschlag von *Dieterich/Preis* berücksichtigt die Vorgaben der Richtlinie 1999/70/EG[35] des Rates vom 28.6.1999 über befristete Arbeitsverträge. Die Richtlinie ist gemäß § 2 Ziff.1 anwendbar auf befristet beschäftigte Arbeitnehmer mit einem Arbeitsvertrag oder -verhältnis gemäß der gesetzlich, tarifvertraglich oder nach den Gepflogenheiten in jedem Mitgliedsstaat geltenden Definitionen. Gemäß § 2 Ziff. 2 müssen die Bestimmungen der Richtlinie nicht berücksichtigt werden bei Berufsausbildungsverhältnissen und Auszubildendensystemen sowie Arbeitsverträgen und Arbeitsverhältnissen, die im Rahmen eines besonderen öffentlichen oder von der öffentlichen Hand unterstützen beruflichen Ausbildungs-, Eingliederungs- oder Umschulungsprogramms abgeschlossen werden. Diese Ausnahme ist jedoch restriktiv anzuwenden, weshalb eine Herausnahme des gesamten Hochschulsektors aus dem Anwendungsbereich der Richtlinie nicht richtlinienkonform wäre.[36]

Die Richtlinie eröffnet die Möglichkeit, sachliche Befristungsgründe zu definieren (§ 5 Nr. 1 lit. a RiLi 1999/70/EG), die Zahl der Verlängerungen befristeter Arbeitsverträge zu begrenzen (§ 5 Nr. 1 lit. c RiLi 1999/70/EG) oder eine zeitliche Höchstgrenze für die maximal zulässige Dauer aufeinander folgender befristeter Arbeitsverträge Befristungen (§ 5 Nr. 1 lit. b) zu schaffen. Von diesen drei Möglichkeiten muss der Gesetzgeber nur eine ergreifen. Für das Befristungsrecht an den Hochschulen entschied sich der Gesetzgeber für die Möglichkeit, Höchstbefristungsdauern für die Beschäftigung von wissenschaftlichen Mitarbeitern sowie wissenschaftlichen und studentischen Hilfskräften festzulegen. Das 5. HRGÄndG sah für die Befristung von unpromovierten wissenschaftlichen Mitarbeitern eine Befristung von bis zu sechs Jahren, für promovierte wissenschaftliche Mitarbeiter von weiteren sechs bzw. neun Jahren im Bereich der Medizin vor, die sich um die Zeiten verlängern konnte, die bei der Anfertigung der Dissertation eingespart wurden. Für wissenschaftliche und studentische Hilfskräfte konnte die Befristung bis zu vier Jahren betragen. Um die Auswirkungen einer radikalen Veränderung von einem Befristungssystem, in dem trotz oder gerade wegen der Sachgrundbezogenheit ein langes Verweilen an der Hochschule möglich war, hin zu einem rein an Befristungszeiten orientierten System, abzumildern wurde durch das 6. HRGÄndG[37] für Verträge, die bereits vor dem 23.2.2002 abgeschlossen waren, eine Überschreitung der Höchstbefristungsdauer bis zum 28.2.2005 gestattet.

Durch das Festlegen von Höchstbefristungszeiträumen wurden und werden die Vorgaben der Richtlinie im Grundmodell des WissZeitVG erfüllt.[38] Hierge-

---

35 ABl. EG Nr. 1175 v. 10.7.1999, S. 43.

36 Vgl. *Preis,* in: Dieterich/Preis, Befristete Arbeitsverhältnisse, S. 43.

37 Gesetz vom 8. August 2002, BGBl. I, S. 3138.

38 So auch Annuß/Thüsing – *Lambrich*, § 23 Rn. 80; *Kersten*, DÖV 2002, 682, 684; KR-*Lipke*, § 57 a HRG, Rn. 19; *Müller-Glöge* – EK, § 1 WZVG Rn. 4; *Schlachter*, in: Laux/Schlachter, TzBfG, Anhang 2 WissZeitVG Rn. 1; APS-*Schmidt*, § 1 WissZeitVG

gen wird zwar eingewendet, dass die Befristungsdauer so lang sei, dass damit der befristete Arbeitsvertrag für bestimmte Arbeitnehmer der Regelfall werde und nicht mehr die Ausnahme darstelle, was nicht mit der Richtlinie in Einklang stünde.[39] Die Richtlinie sieht jedoch für die Festlegung von Höchstgrenzen keine Maximaldauer vor und hat die konkrete Ausgestaltung damit den nationalen Gesetzgebern überlassen. Darüber hinaus hat sich der Gesetzgeber an den Erfahrungen im Hochschulbereich gerade bei der Bemessung der 1. Qualifikationsphase, die der Promotion dienen kann, orientiert und versucht, durch das neue Befristungsrecht zu verhindern, dass Mitarbeiter eine Kette von befristeten Arbeitsverträgen an der Hochschule erhalten, ohne die Gewissheit zu haben, dass sie dauerhaft an der Hochschule eine Entwicklungs- und Karrieremöglichkeit haben.[40]

Die Übergangsvorschrift des § 57 f Abs. 2 S. 1 HRG, welche den Abschluss von befristeten Arbeitsverträgen bis zum 28. Februar 2005 für diejenigen Mitarbeiter ermöglicht, die bereits vor dem 23.02.2002 an der Hochschule beschäftigt waren, ist ebenfalls nach richtiger Auffassung des BAG[41] richtlinienkonform. Zwar bestimme die Norm – nach Auffassung des BAG – keine für jedes einzelne Arbeitsverhältnis geltende maximale Gesamtdauer befristeter Arbeitsverhältnisse. Aus der in der Norm enthaltenen zeitlichen Beschränkung auf wissenschaftliches Personal, das bereits vor dem 23.02.2002 beschäftigt war, ergebe sich jedoch die für das einzelne Arbeitsverhältnis geltende Höchstbefristungsdauer. Eine ähnliche Übergangsvorschrift findet sich in § 6 Abs. 2 S. 1 WissZeitVG, wonach der Abschluss von befristeten Verträgen mit bereits vor dem 23.02.2002 beschäftigtem wissenschaftlichem Personal über die Höchstgrenzen hinaus bis zum 29.02.2008 möglich ist.

Wenn auch der Wissenschaftsrat am 5. und 6. HRGÄndG kritisierte, dass sie nicht dazu beitrügen, die Möglichkeiten einer dauerhaften Beschäftigung qualifizierter Wissenschaftler nach der Qualifizierungsphase unterhalb der Professur zu verbessern, und stattdessen forderte, die unbefristete Anstellung müsse die Regel bleiben,[42] so übersieht er, dass das 5. HRGÄndG sowie dessen Folgegesetze nicht zum Ziel hatten, Perspektiven nach Abschluss der Qualifizierungsphasen aufzuzeigen oder zu erweitern. Anliegen ist es, die Verweildauer an der

---

Rn. 38; *Waldeyer*, in Hailbronner/Geis, HRG, § 57 a Rn. 1, 86. Einen Verstoß gegen gemeinschaftsrechtliche Vorgaben konnte auch das BAG nicht feststellen, BAG, Urt. v. 11.07.2007 – 7 AZR 197/06, zitiert nach www.bundesarbeitsgericht.de, Rn. 11. Auf die Ausnahmen wird an dem jeweiligen Ort Bezug genommen.

39 *Lakies*, ZTR 2002, 251.

40 KR-*Lipke*, § 57 a HRG, Rn. 20.

41 BAG, Urt. v. 11.07.2007 – 7 AZR 197/06, zitiert nach www.bundesarbeitsgericht.de, Rn. 19.

42 *Wissenschaftsrat*, Empfehlungen zu einem Wissenschaftstarifvertrag, S. 26. Der Wissenschaftsrat schlägt ausgehend von dem unbefristeten Arbeitsverhältnis im Anschluss an die Qualifizierungsphase eine wissenschaftsspezifische Ergänzung des Kündigungsrechtes vor, S. 26 ff.

Hochschule zu begrenzen, sofern keine Möglichkeit besteht, die Qualifizierungsphase mit einer Professur zu beenden. Besonders exzellente Wissenschaftler können dessen ungeachtet in unbefristeten Beschäftigungsverhältnissen angestellt werden. Hierfür ist gerade kein Sonderkündigungsrecht für Hochschulen notwendig. Eine Ausweitung von unbefristeter Beschäftigung nach der Qualifizierungsphase würde vielmehr das ohnehin knappe Geld der Hochschulen dauerhaft begrenzen und so die Nachfolge wissenschaftlichen Nachwuchses erschweren.

Gegen die weit reichenden Regelungen des 5. HRGÄndG erhoben einige Bundesländer Normenkontrollklage, da sie ihre Kompetenzen im Bereich des Rahmenrechts verletzt sahen. Das Bundesverfassungsgericht[43] gab der Klage mit Urteil vom 27. Juli 2004 statt und erklärte das 5. HRGÄndG für nichtig. Damit war auch das neue Zeitvertragsrecht außer Kraft gesetzt worden. Das Bundesverfassungsgericht hatte die Befristungsregelungen zusammen mit den anderen Regelungen des 5. HRGÄndG für nichtig erklärt, da die Veränderung der Personalstruktur, die eine Überschreitung der Rahmenkompetenz des Bundes darstelle und deswegen nichtig sei, die Reform des Hochschulwesens prägten und mit weiteren Regelungskomplexen des Gesetzes in engem Zusammenhang stünden.[44] Im Zusammenhang mit der Neuordnung der Befristungsverhältnisse sprach das Bundesverfassungsgericht von einer „teleologischen Sinneinheit“ mit der Einführung der Personalkategorie des Juniorprofessors, da sie die Qualifizierungsphase vor einer dauerhaften Beschäftigung an der Hochschule möglichst kurz halten und somit dazu betragen sollte, dass das Erstberufungsalter der Juniorprofessoren sinke und der Qualifikationsweg für Hochschullehrer verkürzt werde.[45] Hierzu hatten die Richterinnen *Osterloh* und *Lübbe-Wolff* sowie Richter *Gerhardt* eine abweichende Meinung, die sie in ihrem Sondervotum zum Ausdruck brachten. Nach ihrer Auffassung lagen die Voraussetzungen für eine Nichtigkeitserklärung des gesamten Gesetzes nicht vor. Voraussetzung sei hierfür nach ständiger Rechtsprechung des Bundesverfassungsgerichtes, dass die nichtige Vorschrift mit den übrigen Bestimmungen eine untrennbare Einheit bilde, die nur um den Preis von Sinnverlust, Rechtfertigungswegfall oder Verfälschung der gesetzgeberischen Intention in ihre Bestandteile zerlegt werden könne. Die Regelungen, welche die befristeten Arbeitsverhältnisse beträfen, stünden ungeachtet ihrer Abstimmung mit den Regelungen über die Juniorprofessur nicht in einem untrennbaren Zusammenhang mit dem Komplex, was sich bereits aus dem abweichenden Zeitpunkt ihres Inkrafttretens sowie ihrer unmittelbaren Geltung ergäbe.[46]

---

43 BVerfGE 111, 226 ff.
44 BVerfGE 111, 226, 270.
45 BVerfGE 111, 226, 272.
46 Sondervotum *Osterloh*, *Lübbe-Wolff*, *Gerhardt*, BVerfGE 111, 226, 285.

Darüber hinaus enthält die Gesetzesbegründung für die Befristungsregelungen von der Einführung der Juniorprofessur unabhängige Ziele wie die schnellere Qualifikation und die Verhinderung unvertretbar langer Befristungszeiträume.[47] Diese Auffassung wird nunmehr bestärkt durch die erneute Inkraftsetzung der Befristungsvorschriften durch das „Gesetz zur Änderung dienst- und arbeitsrechtlicher Vorschriften im Hochschulbereich" (HdaVÄndG) vom 27. Dezember 2004 sowie der hieran sehr stark angelehnten Vorschriften des WissZeitVG. Hätte eine untrennbare Einheit in der Form bestanden, wie sie die Senatsmehrheit annahm, wäre es nicht möglich gewesen, sinnerhaltend diese Vorschriften fast wortgleich erneut zu beschließen.

Durch das HdaVÄndG vom 27. Dezember 2004 hat die Bundesregierung noch einmal versucht, ein bundeseinheitliches Dienstrecht an den Hochschulen und Forschungseinrichtungen festzuschreiben. Dieses Gesetz wurde als Reparaturnovelle bekannt, weil der Teil, der zur Verfassungswidrigkeit geführt hatte, durch den Gesetzgeber verändert wurde. Die Juniorprofessur wurde im HRG festgeschrieben, jedoch wurde sie weniger detailliert beschrieben, das Befristungsrecht unverändert in Kraft gesetzt. Möglich wurde dies, da das Bundesverfassungsgericht gerade kein eigenständiges Urteil über die arbeitsrechtlichen Befristungsregeln getroffen hatte,[48] sondern sie lediglich wegen des engen Zusammenhangs ebenso außer Kraft setzte. Die Regelungen zu möglichen Befristungen im HRG (§§ 57 a ff HRG) wurden direkt aus dem 5. HRGÄndG übernommen und rückwirkend auf das ursprüngliche Inkrafttretensdatum wieder in Kraft gesetzt. Dies war notwendig, weil für befristete Verträge, die seit dem 23. Februar 2002 geschlossen wurden und sich auf das neue Zeitvertragsrecht bezogen, durch das Urteil des Bundesverfassungsgerichts der Sachgrund entfallen war.

---

47 *Kortstock*, ZTR 2004, 558, 559, unter Hinweis auf BT-Drucks. 14/6853, S. 30; Annuß/Thüsing – *Lambrich*, § 23 Rn. 82; *Preis*, NJW 2004, 2782, 2782f. *Preis* zieht einen sehr zutreffenden Vergleich und spricht davon, dass die Senatsmehrheit des Zweiten Sentas des BVerfG „wegen angeblich formeller Illegalität eine Abrissverfügung für einen Gebäudekomplex erlassen [hat], in dem zehntausende von Mitarbeitern leben, weil es auf falschem Papier (hier: in einem Rahmengesetz) geschrieben war, und das, obwohl das Gebäude innerhalb der Zuständigkeit des Bunds und auch materiell rechtmäßig errichtet war. Im öffentlichen Baurecht würde eine solche Abrissverfügung als grob unverhältnismäßig vor den Verwaltungsgerichten sicher keinen Bestand haben." *Preis*, NJW 2004, 2782, 2783.

48 Vgl. *Dieterich/Preis*, NZA 2004, 1241, 1242.

C. Befristungsrecht und Föderalismusreform – WissZeitVG

I. Auswirkungen der Föderalismusreform auf den Hochschulbereich

Durch die Föderalismusreform I[49] wurde die bisher in Art. 75 Abs. 1 Nr. 1 a GG enthaltene Rahmenkompetenz des Bundes für die allgemeinen Grundsätze des Hochschulwesens aufgehoben. Nachdem die Föderalismusreform in Kraft trat, musste der Gesetzgeber auf die veränderte Situation reagieren. Zunächst behält das HRG weiterhin Gültigkeit. Es hat jedoch als ehemaliges Rahmenrecht an Bedeutung verloren, da die Landesgesetzgeber gemäß Art. 125 a Abs. 1 GG hiervon abweichen oder es ersetzen können. Diese Abweichungs- und Ersetzungsbefugnis besteht jedoch gerade nicht für den ursprünglich im HRG enthaltenen arbeitsrechtlichen Teil der §§ 57 a ff. Um dies zu verdeutlichen war es zweckmäßig, diese Normen in ein eigenständiges Bundesgesetz zu überführen, das auf der Grundlage von Art. 74 Abs. 1 Nr. 12 GG in die Zuständigkeit des Bundes fällt[50] und von der Abschaffung der Rahmenkompetenz unberührt ist.[51] Deshalb trat am 18. April 2007 das Gesetz über befristete Arbeitsverträge in der Wissenschaft[52] in Kraft, das in vielen Regelungspunkten die Normen des §§ 57 a ff HRG wortgleich übernimmt, aber auch einige nicht unerhebliche Änderungen enthält. Art. 2 des Gesetzes über befristete Arbeitsverträge in der Wissenschaft hob dementsprechend die §§ 57 a - f HRG auf.

Das Befristungsrecht führt im Gegensatz zur Konzeption der Juniorprofessur gerade keine grundlegende Veränderung der personellen Struktur, der Selbstverwaltung, der Ordnung des Studiums etc. herbei, sondern knüpft an bereits bestehende Strukturen an und definiert eindeutige arbeitsrechtliche Vorgaben, welche die Effizienz von Forschung und Lehre unter Berücksichtigung der Belange des wissenschaftlichen Personals und Tarifvertragsparteien steigern sollen.[53] Insofern kann der Bund auch nach der Föderalismusreform das Befristungsrecht der Hochschulen und Forschungseinrichtungen regeln, auch wenn er die rahmenrechtliche Kompetenz für die Hochschulen als solche verloren hat. So forderten *Scheel/Schenk*[54] aufgrund der eindeutigen hochschulspezifischen Prägung des Zeitvertragsrechts, die sich zum einen aus dem nach wie vor bestehenden engen Zusammenhang mit der Einführung der Juniorprofessur und zum

49 Gesetz zur Änderung des Grundgesetzes, BGBl. I 2006, S. 2304.

50 *Müller-Glöge* – EK, § 1 WZVG Rn. 1

51 Dass das Hochschulbefristungsrecht arbeitsrechtlicher Natur ist, ist ganz herrschende Meinung, vgl. *Löwisch* NZA 2004, 1065, 1969 unter Verweis auf BAGE 76, 204; APS-*Schmidt*, § 1 WissZeitVG Rn. 33.

52 BGBl. I, S. 506.

53 *Dieterich/Preis,* NZA 2004, 1241, 1244; zur Problematik der Wiedereinführung der Befristungsregelungen des 5. HRGÄndG nach deren Nichtigkeitserklärung durch das Bundesverfassungsgericht.

54 *Scheel/Schenk*, ZTR 2004, 614, 616.

anderen aus der Verfolgung rein hochschulpolitischer Ziele (Nachwuchsförderung bei kurzen Qualifizierungsphasen) mit dem Befristungsrecht ergibt, dass die konkurrierende Gesetzgebungskompetenz des Bundes im Lichte der beschränkten Normgebungskompetenz für das Hochschulwesen zu interpretieren sei. Da nach der Föderalismusreform auch die Rahmenkompetenz für den Bund weggefallen ist und der Bund somit vollständig auf die arbeitsrechtliche Gesetzgebung beschränkt ist, müssten die Autoren nunmehr zu noch mehr Zurückhaltung aufrufen. Das Bundesverfassungsgericht hat jedoch nicht das Befristungsrecht als eine Überschreitung der Gesetzgebungskompetenz angesehen, sondern diesen Teil nur für nichtig erklärt, da er eine teleologische Sinneinheit mit der Juniorprofessur bilde.[55] Verfassungswidrig war die Novelle hinsichtlich des Befristungsrechtes nicht.[56] Das BAG[57] hat inzwischen entschieden, dass die Regelungen, wie sie das HdaVÄndG vorsah, durch die Gesetzgebungskompetenz des Bundes aus Art. 74 Abs. 1 Nr. 12 GG gedeckt sind. Art. 74 Abs. 1 Nr. 12 GG begründe eine umfassende Kompetenz für die Regelung der Rechtsbeziehungen zwischen Arbeitgeber und Arbeitnehmer und erstrecke sich sowohl auf privatrechtliche als auch auf öffentlich-rechtliche Bestimmungen über Arbeitsverhältnisse. Die Bestimmungen über befristete Arbeitsverhältnisse des wissenschaftlichen und künstlerischen Personals an Hochschulen seien Teil des Systems, das der Bundesgesetzgeber zur Konkretisierung des grundrechtlich durch Art. 12 Abs. 1 GG gewährleisteten allgemeinen Bestandsschutzes von Arbeitsverhältnissen geschaffen habe.[58]

Eine lediglich hochschulrechtliche Prägung bzw. der hochschulrechtliche Charakter des Zeitvertragsrechts – so das BAG weiter - würden nicht ausreichen, um die bundesgesetzliche Rahmenkompetenz auszulösen.[59] Die sachliche Organisation, Selbstverwaltung sowie die innere Gliederung der Hochschulen und die Ausgestaltung der Bedingungen für freie Forschung und Lehre würden durch die Umstellung des Zeitvertragsrechts nicht grundlegend verändert. Die Neuregelung baue auf die vorhandenen personellen Strukturen und Personalkategorien des wissenschaftlichen Personals auf und ließe sie unverändert. Ebenso bliebe die Wahlmöglichkeit der Hochschulen und Forschungseinrichtungen erhalten, ob sie das wissenschaftliche und künstlerische Personal in befristeten oder unbefristeten Arbeitsverhältnissen beschäftigten. Es werde lediglich das bisherige System der kasuistischen Sachgrundbefristung zur Erhöhung der Transparenz und zur Gewährleistung der notwendigen Fluktuation des wissen-

55 *Reich*, HRG/WissZeitVG, § 1 Rn. 1.
56 *Kersten*, DÖV 2002, 682, 686.
57 BAG, Urt. v. 21.6.2006, AP Nr. 5 zu § 57 a HRG, 17 ff = NZA 2007, 209 ff.
58 BAG, Urt. v. 21.6.2006, AP Nr. 5 zu § 57 a HRG, Rn. 22.
59 BAG, Urt. v. 21.6.2006, AP Nr. 5 zu § 57 a HRG, Rn. 24.

schaftlichen Personals durch ein System der sachgrundlosen Befristung mit einer Höchstdauerregelung ersetzt.[60]

Das am 18. April 2007 in Kraft getretene WissZeitVG überlässt die Schaffung von Personalkategorien gänzlich den Ländern und regelt lediglich die Befristung der Arbeitsverhältnisse, wobei es sich bei der Schaffung von Personalkategorien, die nach dem WissZeitVG befristet werden sollen, um solche handeln muss, die überwiegend mit wissenschaftlichen Tätigkeiten betraut werden. Möchte man die Transparenz erhalten und einen Wechsel der Wissenschaftler auch innerhalb verschiedener Bundesländer ermöglichen, muss eine bundeseinheitliche Regelung zu Befristungsmöglichkeiten im Wissenschaftsbereich getroffen werden. Somit ist erst recht für das WissZeitVG davon auszugehen, dass es den Kompetenzbereich des Bundes nicht überschreitet. Die Regelung der Befristungstatbestände muss so detailliert sein, dass sie in ihrer Anwendung für den Rechtsanwender wie die Personalabteilungen der Hochschulen und Forschungseinrichtungen verständlich und handhabbar ist, anderenfalls würde die bereits durch die Einführung der §§ 57 a ff HRG durch das HFVG 1985 angestrebte Rechtssicherheit gerade nicht geschaffen werden.

Aufgrund der Föderalismusreform strebte die Bundesregierung an, das HRG zum 1. Oktober 2008 aufzuheben.[61] Hiermit soll ein „Signal gegeben werden, die Hochschulen zugunsten von mehr Wettbewerb aus der staatlichen Detailsteuerung zu entlassen."[62] Aufgrund von Meinungsverschiedenheiten in der Großen Koalition wird das Gesetz nicht zu dem geplanten Zeitpunkt in Kraft treten können. Uneinigkeit besteht in den Punkten Hochschulzugang und Hochschulabschlüsse.[63] Durch eine vollständige Aufhebung des HRG, wie sie ursprünglich von der Bundesregierung angedacht war, würden jedoch auch die Regelungen wegfallen, für die der Bund nach wie vor die Gesetzgebungskompetenz besitzt. Für die Vorschriften über die Hochschulzulassung und Hochschulabschlüsse ergibt sich die Kompetenz aus Art. 74 Abs. 1 Nr. 33 GG. Die Bundesregierung hat den Gesetzentwurf bisher nicht zurückgezogen, so dass davon auszugehen ist, dass innerhalb der Koalition versucht wird, Einigkeit über die strittigen Punkte zu erzielen.

Die Kompetenz zur Aufhebung des Hochschulrahmengesetzes ergibt sich aus einer ungeschriebenen Gesetzgebungskompetenz zur Aufhebung von Gesetzen kraft zeitlichen Annexes oder aufgrund des actus-contrarius Gedankens, da der Bund die Gesetzgebungskompetenz für den Hochschulbereich als solchen verlo-

---

60 BAG, Urt. v. 21.6.2006, AP Nr. 5 zu § 57 a HRG, Rn. 25.

61 Art. 1 des Regierungsentwurfs eines Gesetzes zur Aufhebung des Hochschulrahmengesetzes, BT-Drucks. 16/6122.

62 Regierungsentwurf eines Gesetzes zur Aufhebung des Hochschulrahmengesetzes, BT-Drucks. 16/6122, S. 1.

63 Vgl. http://www.dradio.de/dlf/sendungen/campus/784134/; Interview mit dem bildungspolitischen Sprecher der SPD-Bundestagsfraktion Jörg Tauss vom 13.05.2008 auf Deutschlandfunk.

ren hat und bei strikter Anwendung von Art. 125 a Abs. 1 GG das HRG ewiglich fortbestehen würde, auch wenn es keinerlei Anwendungsfälle aufgrund abweichender Länderreglungen hätte.[64] Dass die Normen, die das Befristungsrecht enthielten (§§ 57 a – f HRG), bereits vorher in das Wissenschaftszeitvertragsgesetz überführt wurden, hat die Abschaffung des HRG vorbereitet. Der Gesetzgeber hat offensichtlich der Versuchung widerstanden, das gesamte Befristungsrecht in einem Gesetz zu konzentrieren.[65] Eine Eingliederung der wissenschaftsspezifischen Normen in das TzBfG hätte die Arbeit jedoch für den nicht juristisch ausgebildeten Rechtsanwender durchaus vereinfachen können.

II. Gesetz über befristete Arbeitsverträge in der Wissenschaft (Wissenschaftszeitvertragsgesetz – WissZeitVG)

Die Normen des WissZeitVG gelten ausschließlich für den Abschluss befristeter Arbeitsverhältnisse, die in § 1 Abs. 1 S. 1 WissZeitVG als Arbeitsverträge für eine bestimmte Zeit legaldefiniert sind. Diese Legaldefinition entspricht der Definition des befristeten Arbeitsvertrages, die sich in § 3 Abs. 1 S. 1 TzBfG findet. Das WissZeitVG unterscheidet allerdings anders als § 3 Abs. 1 TzBfG nicht zwischen kalendermäßig befristeten Arbeitsverträgen und zweckbefristeten Arbeitsverträgen, was auch berechtigt ist, da Befristungen nach dem WissZeitVG nicht mehr wie bisher auf unterschiedliche Sachgründe gestützt werden können, sondern sich fast ausschließlich nach Höchstzeiten richten.

Das Gesetz gilt für staatliche (§ 1 Abs. 1 S. 1 WissZeitVG), staatlich anerkannte Hochschulen (§ 4 WissZeitVG) sowie für Forschungseinrichtungen (§ 5 WissZeitVG). In personeller Hinsicht erstreckt sich der Anwendungsbereich auf das wissenschaftliche Personal unterhalb der Hochschullehrer und im drittmittelfinanzierten Bereich auch auf das nicht-wissenschaftliche Personal.

§ 1 Abs. 2 WissZeitVG stellt ausdrücklich klar, dass die Hochschulen mit dem wissenschaftlichen und künstlerischem Personal unterhalb der Hochschullehrer unbefristete Arbeitsverhältnisse abschließen können.

---

64 *Lindner*, NVwZ 2007, 180, 181 f, der die Lösung über eine Annexkompetenz präferiert.
65 Vgl. *Kortstock*, ZTR 2007, 2, 4.

Kapitel 3 Verfassungsrechtlicher Rahmen, zugleich Verhältnis von Befristungsrecht und Tarifvertrag

Das WissZeitVG muss sich innerhalb der durch das Grundgesetz vorgegeben Grenzen befinden. Ob dies der Fall ist, soll im folgenden Abschnitt untersucht werden. Hierbei spielt die im WissZeitVG enthaltene Tarifsperre eine entscheidende Rolle.

A. Verfassungsrechtlicher Rahmen

Der verfassungsrechtliche Rahmen der gesetzlichen Regelung des Befristungsrechts für Hochschulen ergibt sich aus Art. 5 Abs. 3 GG, Art. 12 Abs. 1 sowie Art. 9 Abs. 3 GG.[66]

Bestandsschutz für die Arbeitsplätze des wissenschaftlichen Personals kann nicht aus der Wissenschaftsfreiheit hergeleitet werden, weshalb die Berufsfreiheit das einschlägige Grundrecht darstellt,[67] da sich der Eingriff auf das Anstellungsverhältnis bezieht und damit „wissenschaftsneutral" ist.[68] Eine Regelung, die den Abschluss befristeter Arbeitsverträge erleichtert, greift gerade nicht in die Berufsfreiheit ein, da die Möglichkeit, Dauerarbeitsverhältnisse abzuschließen, hierdurch nicht tangiert ist.[69] Betroffen ist hingegen die sog. Schutzfunktion von Grundrechten, aus der im Falle des Art. 12 GG konkret folgt, dass ein Mindestmaß an arbeitsrechtlichem Bestandsschutz gewährleistet sein müsse.[70] Im Bereich des Beendigungsschutzes hat der Gesetzgeber deshalb einen weiten Gestaltungsspielraum, in dem er Bestandsschutz zugunsten anderer grundrechtlich geschützter Interessen abbauen kann.[71] Solange der durch Art. 12 GG garantierte Mindestschutz, der bereits durch das Kündigungsschutzgesetz gegeben ist, für das wissenschaftliche Personal gewahrt bleibt, kann der Gesetzgeber folglich frei gestalten.[72] Durch das WissZeitVG hat der Gesetzgeber den Be-

---

66 Dass sich die Gesetzgebungskompetenz des Bundes aus Art. 74 Abs. 1 Nr. 12 GG herleitet, wurde bereits in Kapitel 2 § 3 I. dargestellt. Ebenso wurde die Einhaltung der Vorgaben, die durch die Richtlinie 1999/70/EG gemacht werden, bereits bejaht, siehe Kapitel 2 § 2.

67 *Henrici*, in: Knopp/Gutheil, Neues HRG, S. 37, *Dieterich*, in: Dieterich/Preis, Befristete Arbeitsverhältnisse, S. 90.

68 *Dieterich*, in: Dieterich/Preis, Befristete Arbeitsverhältnisse, S. 90.

69 *Dieterich*, in: Dieterich/Preis, Befristete Arbeitsverhältnisse, S. 96.

70 BVerfGE 97, 169, 176; KR-*Lipke*, § 57 a HRG, Rn. 22; APS-*Schmidt*, § 1 WissZeitVG Rn. 36.

71 *Dörner*, Der befristete Arbeitsvertrag, Rn. 638; APS-*Schmidt*, § 1 WissZeitVG Rn. 36.

72 *Henrici*, in: Knopp/Gutheil, Neues HRG, S. 37; *Dörner*, Der befristete Arbeitsvertrag, Rn. 638.

standsschutz für die Befristung der Arbeitsverhältnisse vom wissenschaftlichen Personal näher ausgestaltet.[73]

Für die Personaldispositionsfreiheit der Hochschulen, die aus Art. 5 Abs. 3 GG hergeleitet werden kann, stellen Befristungsregelungen keinen Eingriff dar, da sie wissenschaftsneutral sind und sogar das Spektrum an arbeitsrechtlichen Gestaltungsmöglichkeiten erweitern.[74] Ausschlaggebend ist hingegen die Förderungspflicht des Staates, die sich aus der objektiven Wertentscheidung des Art. 5 Abs. 3 GG ergibt, wonach der Staat durch geeignete Maßnahmen dafür Sorge zu tragen hat, dass Forschung und Lehre im Rahmen der Gesamtrechtsordnung frei und effektiv möglich sind und ungefährdet betrieben werden können.[75] Im Rahmen der praktischen Konkordanz sind demnach Art. 5 Abs. 3 GG und Art. 12 Abs. 1 GG einzubeziehen. Hier ist darauf abzustellen, inwieweit die Hochschulen auf die Möglichkeit angewiesen sind, Arbeitsverhältnisse mit Wissenschaftlern zu befristen. Bei seiner Entscheidung ist der Gesetzgeber jedoch nicht auf das grundgesetzlich gebotene Minimum zur Förderung des wissenschaftlichen Nachwuchses beschränkt.[76]

Vor dem Urteil des Bundesverfassungsgerichtes zum HVFG wurde die Diskussion um die Schaffung eines Sonderbefristungsrechts für Hochschulen an den Beschluss des Bundesverfassungsgerichtes zur Rundfunkfreiheit angelehnt,[77] wonach gemäß Art. 5 Abs. 1 S. 2 GG Rundfunkanstalten das Recht haben, ohne fremden, insbesondere staatlichen Einfluss über die Auswahl, Einstellung und Beschäftigung derjenigen Mitarbeiter zu bestimmen, die an Hörfunk- und Fernsehsendungen gestaltend mitwirken. Hierzu gehöre nach Auffassung des BVerfG auch, frei entscheiden zu können, wann, wie oft und wie lange ein Mitarbeiter benötigt würde. Arbeitsrechtliche Regelungen und Rechtsprechung, die den Rundfunkanstalten diese verfassungsrechtlich garantierte Freiheit nehmen, stünden dem entgegen. Die Rundfunkanstalten benötigten daher ein Arbeitsvertragsrecht, das eine Anpassung an die schnell wachsenden Bedürfnisse des Publikums bei programmgestaltenden Mitarbeitern erfordere. Die sich aus Art. 5 Abs. 1 GG ergebenden verfassungsrechtlichen Wertungen könnten zwar auch im Rahmen des Kündigungsschutzrechtes berücksichtigt und so Rundfunkfreiheit und Bestandschutz zum Ausgleich gebracht werden. Es sei aber nicht mit der Verfassung in Einklang zu bringen, die besondere Bedeutung von Art. 5 Abs. 1 GG nur auf den Kündigungsschutz zu beziehen. Vielmehr werde Art. 5

73 BAG, Urt. v. 11.7.2007 – 7 AZR 322/06, zitiert nach www.bundesarbeitsgericht.de Rn. 19, zu den §§ 57 ff. HRG. Zweifelnd, ob die langen Höchstfristen ausreichend seien, KSchR-*Däubler*, Vorbemerkung WissZeitVG Rn. 6.

74 *Dieterich*, in: Dieterich/Preis, Befristete Arbeitsverhältnisse, S. 91.

75 BVerfGE 35, 79, 115.

76 *Dieterich*, in Dieterich/Preis, Befristete Arbeitsverhältnisse, S. 97.

77 BVerfGE 59, 231 ff.

Abs. 1 GG schon durch die Feststellung eines Dauerarbeitsvertrages beeinträchtigt und nicht erst durch den gesetzlichen Kündigungsschutz.[78]

Zwar muss sich Wissenschaft nicht an einem ändernden Publikumsgeschmack orientieren,[79] aber Wissenschaft muss in der Lage sein, auf die Entwicklung ihres Kenntnisstandes und neue Forschungsherausforderungen durch organisatorische Vorgaben flexibel zu reagieren.[80] Die Universitäten sind deshalb gehalten, „sich nicht auf dem einmal Erreichten auszuruhen, sondern durch ständige in[n]ovatorische Unruhe den wissenschaftlichen Fortschritt in der Forschung ebenso wie Verbesserungen in den Ausbildungsgängen und -methoden und die Maximierung und Perfektionierung der von ihnen erbrachten Dienstleistungen zu bewirken. Die ständige Bemühung, die Grenzen der Erkenntnis voranzutreiben, erreichte Ergebnisse in Frage zu stellen, sich um die Verbesserung scheinbar perfekter Verfahrens- und Ausbildungsmethoden zu bemühen: Das ist das eigentliche Lebenselixier jeder Universität, die ihren Namen verdient."[81]

Die Parallele zu dem Wissenschaftsbetrieb ergibt sich damit aus der staatlichen Pflicht zur Ausgestaltung und Förderung geeigneter Organisationsstrukturen für eine Personalfluktuation.[82] Die „Innovationskraft der Wissenschaft ist in hohem Maße von personellen Voraussetzungen abhängig: Die innovatorische Unruhe der Wissenschaftsbereiche wird gefördert durch die Fluktuation der Mitarbeiter. Die Bereitschaft der Mitarbeiter zur Mobilität belebt die Diskussion und beschleunigt Problemlösungen. Sie eröffnet dem Mobilen eine für seinen wissenschaftlichen Werdegang wichtige Horizonterweiterung durch ständiges Erfahren neuer Anregungen, Ideen, Methoden und Verfahren; und sie zwingt den Seßhaften ebenfalls zur Auseinandersetzung mit auf diese Weise eingeführten Ideen."[83] Die Personalfluktuation nützt somit nicht nur den Einrichtungen, sondern auch dem Forschenden selbst, der selbstständig neue Anregungen und Methoden kennen lernen kann.[84]

Neben der Forschung steht bei den Wissenschaftseinrichtungen die Nachwuchsförderung im Vordergrund. Wird diese durch ein starres Arbeitsrecht behindert, kann es zu Störungen im Wissenschaftsbetrieb kommen, weshalb ein

---

78 BVerfGE 59, 231, 262.

79 *Dieterich*, in: Dieterich/Preis, Befristete Arbeitsverhältnisse, S. 92 f; zur Übertragbarkeit der Rechtsprechung zur Rundfunkfreiheit auf den Wissenschaftsbereich vgl. auch *Zimmermann*, Befristete Arbeitsverhältnisse, S. 64 ff.

80 *Zimmermann*, Befristete Arbeitsverhältnisse, S. 64.

81 *Kewenig/Thomashausen*, NJW 1981, 417, 423.

82 *Ossenbühl*, WissR 1983, 201, 209, zur Übertragbarkeit der Grundsätze des Urteils zur Rundfunkfreiheit auf das Befristungsrecht der Hochschulen vgl. *Lohfeld*, Befristung von Arbeitsverhältnissen, S. 267 ff; *Lübbert*, Befristete Arbeitsverhältnisse, S. 70 ff. Eine Darstellung zum Fluktuationsinteresse der Hochschulen als Befristungsgrund findet sich bereits bei *König*, Bestandsschutz, S. 103 ff.

83 *Löwisch*, WissR 92, 56, 59.

84 *Lübbert*, Befristete Arbeitsverhältnisse, S. 65.

eigenes Befristungsrecht notwendig ist.[85] „Im Interesse der Qualität von Wissenschaft und Wissenschaftlern muß die Frage, wie man begabtem Nachwuchs attraktive Karriereaussichten bietet und ihn gewinnt, vor der Frage stehen, wie man durch rechtlich möglichst einwandfreie Absicherung einer Aufeinanderfolge befristeter Dienstverhältnisse zweitrangiges wissenschaftliches Personal wieder los wird, das man deshalb hat, weil man die Besseren mangels Attraktivität des Arbeitsplatzes nicht interessieren oder nicht behalten konnte."[86] Geht man von einer Pflicht zur Nachwuchsförderung aus, kann dieser entsprochen werden, indem die geförderten Personen nach Abschluss der Förderphasen regelmäßig ausgetauscht und sich die Förderung nicht stets auf dieselben Personen konzentriert.[87]

Hinsichtlich der Nachwuchsförderung lässt sich das Urteil des Bundesverfassungsgerichtes zur Rundfunkfreiheit unmittelbar auf die Hochschulen übertragen. Dort hat das Bundesverfassungsgericht bereits festgestellt, dass der arbeitsrechtliche Bestandsschutz nur festangestellten Arbeitnehmern zugute käme, wodurch er eine Sperrwirkung entfalte und damit die Chancen derjenigen, insbesondere der Nachwuchskräfte, verschlechtern würde, „die in anderen Fällen, [...] Arbeit und Verdienst finden würden. Diese Auswirkung kann schwerlich im Sinne des Sozialstaatsprinzips liegen, das die Verwirklichung einer sozialgerechten Ordnung für alle gebietet, also gerade auch zur Sorge für diejenigen verpflichtet, die keinen Arbeitsvertrag haben und einen solchen suchen."[88] Ebenso schütze Art. 12 Abs. 1 GG die Mitarbeiter in ihrer beruflichen Position, erschwere jedoch die Ausübung der freien Berufswahl für diejenigen, die keine feste Tätigkeit haben. Damit befindet sich das Befristungsrecht immer in dem Konflikt zwischen Erhalt der Innovationsfähigkeit der Wissenschaft und der sozialen Absicherung der Nachwuchswissenschaftler. *Lübbert* spricht daher sehr zutreffend von der „Zweischneidigkeit des arbeitsrechtlichen Bestandsschutzes"[89].

Auf die Erwägungen zur Nachwuchsförderung sowie zur Absicherung der Wissenschaft konnte sich schon der Gesetzgeber des HFVG stützen. Das Bundesverfassungsgericht erhielt Gelegenheit, sich zu einem Sonderbefristungsrecht der Hochschulen grundlegend zu äußern, da das HFVG seitens der Gewerkschaften ÖTV und GEW durch Klage vor dem Bundesverfassungsgericht angegriffen worden war.

---

85 *Dieterich*, in: Dieterich/Preis, Befristete Arbeitsverhältnisse, S. 93 f; i.E. ebenso *Buchner*, RdA 1985, 258, 262.
86 *Walter*, MittHV 1983, 289, 293.
87 *König*, Bestandsschutz, S. 185.
88 BVerfGE 59, 231, 266.
89 *Lübbert*, Befristete Arbeitsverhältnisse, S. 27 ff.

B. Das Urteil des Bundesverfassungsgerichts vom 24.4.1996

Die Gewerkschaften rügten unter Berufung auf die Normsetzungsprärogative der Koalitionen im Bereich der Arbeits- und Wirtschaftsbedingungen eine Verletzung des Grundrechtes aus Art. 9 Abs. 3 GG.[90] Das BVerfG hat mit Urteil vom 24. April 1996[91] das Gesetz für verfassungskonform erklärt. Zwar erkannte das Gericht einen Eingriff in Art. 9 Abs. 3 GG, der jedoch durch kollidierendes Verfassungsrecht gerechtfertigt sei. In dem Urteil bestätigte das Bundesverfassungsgericht die Ausführungen derjenigen, die aufgrund der Förderpflicht des Staates für die Wissenschaften sowie dem wissenschaftlichen Nachwuchs ein derartiges Befristungsrecht für erforderlich gehalten hatten. „Zur sachgerechten Förderung des akademischen Nachwuchses, einer aus Art. 5 Abs. 3 GG folgenden Aufgabe, ist die generelle Befristung der Beschäftigungsverhältnisse von wissenschaftlichen Mitarbeitern geeignet und auch erforderlich. Arbeitsverhältnisse, die Gelegenheit zur wissenschaftlichen Weiterbildung nach Beendigung des Studiums geben, sind unentbehrlich. Professionelle wissenschaftliche Arbeitsweisen können schwerlich anders als in täglicher Berufsarbeit erlernt und eingeübt werden. Entsprechende Beschäftigungsverhältnisse gewähren zugleich eine gewisse Alimentierung während einer Phase beruflicher Qualifikation, die auf eine vollwertige wissenschaftliche Arbeit vorbereiten soll. Dieser Sinn verflüchtigt sich, wenn das Arbeitsverhältnis über einen gewissen Zeitraum hinaus andauert."[92]

Art. 9 Abs. 3 GG gesteht den Koalitionen zu, die Löhne und sonstigen materiellen Arbeitsbedingungen in einem von staatlicher Rechtsetzung freigelassenen Raum in eigener Verantwortung zu regeln und dadurch die Gesellschaft sozial zu befrieden,[93] weshalb sich der Schutzbereich nicht auf einen Kernbereich koalitionsmäßiger Betätigung beschränke,[94] sondern sich auf alle koalitionsspezifischen Verhaltensweisen erstrecke.[95] Demnach stellt jede gesetzliche Regelung, die Gegenstände behandelt, die üblicherweise Gegenstand von Tarifvereinbarungen sind, einen Eingriff dar. Hiervon umfasst sind auch Befristungsregelun-

---

90 Das BVerfG hat die Geltendmachung weiterer Grundrechtsverletzungen wie Art. 5 Abs. 3, 12 Abs. 1, 3 Abs. 1 und 1 Abs. 1 GG mangels Verletzung eigener Rechte als unzulässig erachtet – BVerfGE 94, 268, 282. Vgl. zur Verfassungsbeschwerde und der darin enthaltenen Begründung *Gröbing*, ZTR 1987, 49 ff. Eine weitreichende Darstellung des Urteils sowie eine eigenständige Prüfung der Verfassungsmäßigkeit des HFVG findet sich bei *Zimmermann*, Befristete Arbeitsverhältnisse, S. 43 ff. Ausführlich zum Streitstand in der Literatur vor dem Urteil des BVerfG *Buchner*, RdA 1985, 258, 280.

91 BVerfGE 94, 268 ff. = AP § 57 a Nr. 2 HRG.

92 BVerfGE 94, 268, 286 zum Gesetz über befristete Arbeitsverhältnisse mit wissenschaftlichem Personal an Hochschulen und Forschungseinrichtungen (BGBl I 1985, 1065).

93 BVerfGE 18, 26, 28.

94 Vgl. noch zur Kernbereichsgarantie der Tarifautonomie *Lübbert*, Befristete Arbeitsverhältnisse, S. 121 ff.

95 BVerfGE 94, 268, 282 f.

gen, weshalb das Bundesverfassungsgericht zu Recht einen Eingriff in Art. 9 Abs. 3 GG durch das HFVG annahm.[96] Der Eingriff wurde durch § 57 a S. 2 HRG noch verstärkt, da aufgrund dieser Reglungen abweichende tarifvertragliche Regelungen nicht mehr getroffen werden konnten.

In der Rechtfertigung des Eingriffs verwies das Bundesverfassungsgericht darauf, dass Art. 9 Abs. 3 GG den Tarifvertragsparteien zwar ein Normsetzungsrecht verleihe, dieses jedoch kein Normsetzungsmonopol darstelle, was bereits aus der Gesetzgebungskompetenz des Art. 74 Abs. 1 Nr. 12 GG folge.[97]

Eine Einschränkung des vorbehaltlosen Grundrechts sei durch Grundrechte Dritter oder andere mit Verfassungsrang ausgestatte Rechte möglich, sofern der Grundsatz der Verhältnismäßigkeit gewahrt sei.[98] Die Schutzwirkung von Art. 9 Abs. 3 GG nehme in dem Maße zu, in dem eine Materie aus Sachgründen am besten von den Tarifvertragsparteien geregelt werden könne. Diese Sachnähe lasse sich daran erkennen, ob die Tarifvertragsparteien von ihrer Regelungskompetenz Gebrauch gemacht hätten.[99] Daraus folgerte das Bundesverfassungsgericht, dass bestehende tarifvertragliche Regelungen in stärkerem Maße schutzbedürftig seien als ungeregelte Bereiche, die dennoch einer Regelung durch die Tarifvertragsparteien zugänglich wären.

Im Wesentlichen gestützt wurde die Rechtfertigung des Eingriffs in die Tarifautonomie auf die Erhaltung und Verbesserung der Leistungs- und Funktionsfähigkeit der Hochschulen und Forschungseinrichtungen, die zu erhalten und zu verbessern Ziele des HFVG sind.[100] Eine Einschränkung der Tarifautonomie sei insoweit hierdurch zu rechtfertigen, als sich der Gesetzgeber auf kollidierendes Verfassungsrecht berufen kann, das im Wege der praktischen Konkordanz mit Art. 9 Abs. 3 GG in Einklang zu bringen ist. Als kollidierendes Verfassungsrecht stehe Art. 5 Abs. 3 GG zur Verfügung, der – wie das Bundesverfassungsgericht zuvor entschieden hatte - eine objektive Wertentscheidung enthält,[101] die den Staat dazu verpflichte, die Pflege der freien Wissenschaft und ihre Vermittlung an die nachfolgende Generation durch Bereitstellung von personellen, finanziellen und organisatorischen Mitteln zu ermöglichen und zu fördern. Aus dieser Organisationspflicht könne ebenso die Notwendigkeit zur Schaffung von Befristungstatbeständen hergeleitet werden. Die Regelung müsse jedoch verhältnismäßig sein.[102] Hinsichtlich der Eignung der Regelung bestehe zum einen auf Seiten des Gesetzgebers ein Beurteilungsspielraum. Zum anderen sei die Schaffung von Befristungstatbeständen geeignet, die unsichere Rechtslage, die

---

96 BVerfGE 94, 268, 284.
97 BVerfGE 94, 268, 284.
98 BVerfGE 94, 268, 284.
99 BVerfGE 94, 268, 285.
100 BVerfGE 94, 268, 285.
101 BVerfGE 35, 79, 114 f.
102 BVerfGE 94, 268, 286 f.

lediglich auf Richterrecht gründete, zu beseitigen. Hinsichtlich der Erforderlichkeit müsse die Begründung des Gesetzgebers, er hätte durch die Bundesregierung nachdrücklich die Tarifvertragsparteien unter konkreter Androhung einer gesetzlichen Regelung aufgefordert, hierzu einen Tarifvertrag abzuschließen, berücksichtigt werden. Die Tarifvertragsparteien hätten dennoch keine Verhandlungsbereitschaft gezeigt, weshalb die Einschätzung des Gesetzgebers, in absehbarer Zeit sei keine tarifvertragliche Regelung zu erwarten, nicht in Zweifel gezogen werden könne. Eine andere weniger eingreifende Lösung als durch gesetzliche Regelung sei nicht ersichtlich.

Der Eingriff sei auch nicht unzumutbar und damit verhältnismäßig im engeren Sinne. Je sachnäher die Tarifvertragsparteien einen Sachverhalt beurteilen könnten, desto mehr Zurückhaltung sei vom Gesetzgeber zu erwarten. Das HFVG regele einen Bereich, der üblicherweise durch Tarifverträge geregelt würde, jedoch seien Schwerpunkte tarifvertraglicher Regelungsgegenstände wie Arbeitsentgelte und materielle Arbeitsbedingungen nicht betroffen.

Das Bundesverfassungsgericht hat in seiner Prüfung die dezidiert angegriffenen Tatbestände einbezogen.[103] Das Gericht sah es im Hinblick auf § 57 b Abs. 2 Nr. 1 HRG als besonders tragfähig an, dass der Gesetzgeber die vorhandenen Stellen für künftigen Nachwuchs freihalten und damit zugleich die Leistungsfähigkeit der Hochschulen und Forschungseinrichtungen erhalten und verbessern wollte. Es verwundert daher nicht, dass der Gesetzgeber diese Argumentation sowohl in der Begründung des 5. HRGÄndG[104] als auch in der wortgleichen Begründung des Gesetzes vom 27. Dezember 2004 sowie dem WissZeitVG[105] übernommen hat. Zur Sicherstellung dieser Zwecke sind keine geeigneteren, weniger einschneidenden Mittel erkennbar.[106]

Ähnliche Ausführungen hat das Bundesverfassungsgericht zum Tatbestand der Befristung bei Drittmittelfinanzierung von Projekten gemacht, § 57 b Abs. 2 Nr. 4 HRG a.F.[107] Hier folgte das Gericht der Begründung im Regierungsentwurf, wonach das Engagement der Drittmittelgeber ebenso wie die Bereitschaft zur Einwerbung von Drittmitteln und zur Einstellung von Drittmittelpersonal zurückgehen werde, sofern eine Verknüpfung der Dauer des Arbeitsverhältnisses und der Laufzeit der Drittmittelfinanzierung nicht vorgenommen werden könne. Das Bundesverfassungsgericht schloss sich dieser Argumentation an und betonte, dass dies zu verhindern ein legitimes Ziel i. S. v. Art. 5 Abs. 3 GG sei.

Dem Urteil des Bundesverfassungsgerichtes ist zuzugeben, dass Befristungsregelungen tatsächlich nicht zum Schwerpunktbereich tarifvertraglicher Rege-

---

103 BVerfGE 94, 268, 288 ff. Auf die Zulässigkeit der Tarifsperre wird in Kapitel 3, § 4 näher eingegangen.

104 BT-Drucks. 14/6853 S. 30.

105 BT-Drucks. 16/3438 S. 8.

106 *Dieterich/Preis,* Befristete Arbeitsverhältnisse, S. 57.

107 BVerfGE 94, 268, 289 f.

lungen gehören. Zudem umfasst der personelle Anwendungsbereich nur einen vergleichsweise geringen Anteil von Arbeitnehmern der insgesamt durch die Gewerkschaften des öffentlichen Dienstes vertretenen Arbeitnehmer.[108] Demnach ist die Eingriffsschranke niedrig. Aus der organisatorisch-institutionellen Dimension und dem hieraus abgeleiteten Auftrag des Staates, funktionsfähige Institutionen für einen freien Wissenschaftsbetrieb zur Verfügung zu stellen, folgt zugleich die Pflicht, diesem Auftrag nachzukommen, wenn durch die Tarifvertragsparteien der Personaldispositionsfreiheit der Wissenschaftseinrichtungen nicht genügend Rechnung getragen wird.

C. WissZeitVG und Verfassung

Auch das WissZeitVG muss sich an dem Maßstab des Bundesverfassungsgerichtes messen lassen. Im WissZeitVG sind die Zugehörigkeit zum wissenschaftlichen Personal kombiniert mit Höchstbefristungszeiten, welche die Qualifizierung des Mitarbeiters ermöglichen, einerseits das vom Gesetzgeber gewählte Mittel, um vor willkürlicher Beendigung des Arbeitsverhältnisses zu schützen und andererseits das Interesse der Hochschulen an Fluktuation nicht zu unverhältnismäßig berücksichtigen. Befristungshöchstdauern können, sofern sie bei ihrer Bemessung exakt die Interessenlagen der Vertragspartner in typisierender Form treffen, effizientere Schutzmaßnahmen als Begründungskontrollen sein.[109] Die im WissZeitVG enthaltenen Höchstbefristungsdauern orientieren sich sowohl an den Interessen der Hochschulen, Stellen nicht dauerhaft zu blockieren, aber auch und gerade an den für eine weitere Qualifizierung notwendigen Zeitumfängen und somit an den Interessen der Mitarbeiter.

Die Höchstbefristungszeiten sollen die Arbeitnehmer vor unverhältnismäßig langen Zeiten befristeter Beschäftigungsverhältnisse schützen und für hochqualifizierte Mitarbeiter frühzeitig klar stellen, ob sie ihre wissenschaftliche Karriere an einer Hochschule im Rahmen einer Professur fortsetzen können.[110] Damit wird auch dem aus Art. 12 Abs. 1 GG folgenden Mindestmaß an Schutz entsprochen,[111] zumal sich die Beschäftigungszeiten an den zeitlichen Anforderungen der jeweiligen Qualifikationsstadien orientieren.[112] Sofern nach Erreichen der Höchstbefristung keine dauerhafte Einstellung erfolgt, bedeutet dies für viele den Weg in die Arbeitslosigkeit. Ob dies dem Interesse der Arbeitnehmer eher gerecht wird als eine Aneinanderreihung befristeter Arbeitsverhältnisse, darf bezweifelt werden.[113] Je länger ein Arbeitnehmer jedoch an der Hochschule

108 *Zimmermann*, Befristete Arbeitsverhältnisse, S. 79.
109 *Dieterich*, in: Dieterich/Preis, Befristete Arbeitsverhältnisse, S. 108.
110 BT-Drucks. 14/6853, S. 32.
111 *Preis*, WissZeitVG, Einl. Rn. 26.
112 KR-*Lipke*, § 57 a HRG, Rn. 23.
113 Vgl. *Hauck-Scholz/Neie*, NZA-RR 1999, 169, 171.

verweilt, umso weiter entfernt er sich vom Arbeitsmarkt, da die Anforderungen der Wirtschaft häufig andere sind als die der Wissenschaft. Insofern kann es eine lange Verweildauer an der Hochschule dem Arbeitnehmer nahezu unmöglich machen, sich außerhalb der Wissenschaft wieder in den Arbeitsmarkt zu integrieren. Interessant wird ein Arbeitnehmer erst dann wieder für Großunternehmen, wenn er eine wissenschaftliche Reputation erlangt hat und das Unternehmen diese für sich in Anspruch nehmen möchte. Wer sich bewusst auf den Betrieb „Wissenschaft" einlässt, weiß jedoch zumeist um die Chancen, aber auch um die Risiken. Ein wissenschaftlich Beschäftigter sollte wissen, dass eine Beschäftigung an einer deutschen Hochschule oder Forschungseinrichtung unter den heutigen Bedingungen nicht die gesamte Erwerbsbiographie ausfüllen wird.

Kritisch muss zur Rotation angemerkt werden, dass durch den Abschluss befristeter Arbeitsverträge die Attraktivität der Wissenschaftseinrichtungen im Vergleich zu anderen Unternehmen deutlich niedriger ist.[114] Hinzu kommt, dass Stellen in der freien Wirtschaft für Wissenschaftler meist deutlich besser dotiert sind als Stellen an der Universität. Diese Stellen setzen jedoch meist eine abgeschlossene Promotion, die nur an einer Hochschule erworben werden kann, voraus. Insofern bleibt die Attraktivität der Hochschulen als Arbeitgeber erhalten. Hinsichtlich des Zustroms neuer Ideen muss beachtet werden, dass gerade Hochschullehrer, denen qua Amt die Weiterentwicklung der Wissenschaft übertragen wurde, jenseits der Juniorprofessoren unbefristete Verträge erhalten.[115] Hier sieht niemand die Gefahr, dass der Wissenschaft neuere Ideen vorenthalten werden, da Professorenstellen auf lange Zeit „blockiert" werden. Die unbefristete Beschäftigung der „wirklichen" Wissenschaftler, nämlich der Hochschullehrer, mit Art. 5 Abs. 3 GG und die Innovationsfähigkeit der Hochschulen mit dem Zustrom neuer Mitarbeiter unterhalb der Hochschullehrerebene zu begründen, erscheint nicht konsequent. Sofern die Möglichkeit der Anfertigung einer Promotion Bestandteil des Arbeitsvertrages ist, handelt es sich um Dienstaufgaben, die nicht beliebig oft wiederholt werden können. Wissenschaftliche Mitarbeiter können auch und gerade nach erfolgter Promotion weiterhin wissenschaftliche Arbeiten anfertigen und somit zur Innovation in der Forschung beitragen. Die Anfertigung einer Dissertation als in sich geschlossene wissenschaftliche Leistung weist jedoch einmaligen Charakter auf.[116]

Die Unsicherheit über eine mögliche Verlängerung des Arbeitsvertrages – sofern die Höchstbefristungszeit nicht im ersten Arbeitsvertrag ausgeschöpft wurde – kann dazu führen, dass neuere Ideen und Methoden eines Mitarbeiters, die von den Vorstellungen des Hochschullehrers abweichen, gerade nicht zum Tragen kommen.[117] Zwar sollte ein guter Hochschullehrer immer offen für neuere

---

114 *Lohfeld*, Befristung von Arbeitsverhältnissen, S. 200.
115 Vgl. *König*, Bestandsschutz, 197; *Lohfeld*, Befristung von Arbeitsverhältnissen, S. 202.
116 *König*, Bestandsschutz, 197.
117 Vgl. *Lohfeld*, Befristung von Arbeitsverhältnissen, S. 202.

Ansätze und den wissenschaftlichen Diskurs auch innerhalb des eigenen Lehrstuhls sein, jedoch kann das Abhängigkeitsverhältnis zwischen dem Mitarbeiter und dem Lehrstuhlinhaber hinsichtlich der Innovationsfreudigkeit durchaus auch hemmenden Charakter haben. Dieser Widerspruch lässt sich nicht auflösen. Dass Wissenschaft von neuen Ideen lebt, ist unbestritten. Unbestritten ist auch, dass neue Mitarbeiter zumeist hochmotiviert sind und z.T. Ansätze entwickeln können, die jemandem, der sich seit Jahren mit derselben Materie beschäftigt, verborgen bleiben. Insofern muss der Einschätzung der Gesetzgeber, die seit dem HFVG die Notwendigkeit des Sonderbefristungsrechts mit der Innovationsfähigkeit der Hochschulen begründen, zugestimmt werden. Dem Gedanken der Sicherung der freien Wissenschaft durch unbefristete Arbeitsverhältnisse wird das WissZeitVG insoweit gerecht, als es den Hochschulen unbenommen bleibt, die Mitarbeiter auch unbefristet anzustellen.

Problematisch sind umfangreiche Befristungen im Mittelbau hinsichtlich der akademischen Selbstverwaltung.[118] Mitarbeiter, die nur für eine sehr kurze Zeit an der Hochschule beschäftigt sind, werden kaum Interesse an einer Weiterentwicklung der Hochschule haben, da hier zumeist die Identifikation mit dieser wenig ausgeprägt ist und die Erfolge der Gremienarbeit erst der nächsten Generation von Mitarbeitern zugute kommen. Hinzukommen meist Wahlperioden von zwei Jahren, die z.B. bei einem Vertrag, der auf drei Jahre befristet ist, kein Garant für Kontinuität in der Gremienarbeit sein dürften. Entsprechendes könnte man auch bei Studierenden annehmen, deren Verweildauer in einer Institution ebenso begrenzt ist. Das Engagement der Studierenden beschränkt sich demzufolge auf wenige Akteure, wobei die Behebung von Missständen im Bereich der Studierendenschaften schnellere Erfolge zeitigen kann. Mangelndes Interesse an akademischer Selbstverwaltung findet sich in allen Statutsgruppen. Diesen Umstand zu beheben, kann nicht Aufgabe des Arbeitsrechts sein.

Aus der Begründung, die sich im Wesentlichen auf Art. 5 Abs. 3 GG stützen konnte, geht hervor, dass es dem Gesetzgeber primär um den Schutz der wissenschaftlichen Einrichtungen und nicht um den Grundrechtsschutz der wissenschaftlich Tätigen ging.[119] Dies ist logische Konsequenz eines Befristungsrechts, das aus Art. 5 Abs. 3 GG hergeleitet wird. Anknüpfungspunkt für die Befristung ist demnach das Wissenschaftssystem und nicht der soziale Schutz der Arbeitnehmer. Die Ausführungen des Bundesverfassungsgerichts zum HFVG sind deshalb in den Grundzügen auf das WissZeitVG übertragbar, auch wenn hier vom System der Sachgrundbefristung Abstand genommen wird. Durch die Anknüpfung an das wissenschaftliche Personal und die Berücksichtigung üblicher

118 *Nagel*, RdA 1997, 351, 352, der sogar von einer „Auszehrung der Gremienarbeit" spricht.
119 *Lohfeld*, Befristung von Arbeitsverhältnissen, S. 86.

Qualifikationszeiten wird der besonderen Bedeutung der Wissenschaft Rechnung getragen.

Das Bundesarbeitsgericht hatte Gelegenheit, sich in seinem Urteil vom 11.07.2007[120] zur Verfassungsmäßigkeit von § 57 f Abs. 2 S. HRG zu äußern. Diese Regelung findet sich – abweichend vom Datum – wortgleich in § 6 Abs. 2 S. 1 WissZeitVG wieder. Das BAG entschied, dass § 57 f Abs. 2 S. 1 HRG i. d. F. d. 6. HRGÄndG nicht verfassungswidrig ist.[121] Die Regelung verstoße nicht gegen das sich aus Art. 12 Abs. 1 GG ergebende Untermaßverbot. Die Norm sei eine Übergangsvorschrift, die dem vom Übergang auf das sachgrundlose Befristungssystem betroffenen wissenschaftlichen Nachwuchs während der Laufzeit eines sachgrundlos befristeten Arbeitsvertrages nach § 57 f Abs. 2 HRG die Beendigung der wissenschaftlichen Qualifikation ermöglicht werden sollte. Der Gesetzgeber habe dabei die sich aus dem Untermaßverbot des Art. 12 Abs. 1 GG ergebenden Anforderungen an den arbeitsrechtlichen Bestandsschutz durch die Festlegung eines zeitlichen Rahmens berücksichtigt.[122] Durch das WissZeitVG werde auch nicht der Gleichheitssatz des Art. 3 Abs. 1 GG verletzt. So rügte der Kläger die Verletzung von Art. 3 Abs. 1 GG, da die von der Vorschrift erfassten befristet beschäftigten Arbeitnehmer trotz jahrelanger Beschäftigung keinen Kündigungsschutz nach dem KSchG und keinen Sonderkündigungsschutz nach § 53 Abs. 3 BAT bzw. § 34 Abs. 2 TVöD erwerben könnten. Das BAG teilte diese Auffassung nicht, da auch befristet beschäftigte Arbeitnehmer bei Vorliegen der Voraussetzungen gesetzlichen und tariflichen Kündigungsschutz erlangen würden. Sie seien ebenso geschützt wie unbefristet beschäftigte Arbeitnehmer. Der Kündigungsschutz schütze jedoch nicht gegen die Beendigung eines Arbeitsverhältnisses auf Grund vereinbarter Befristung. Hierin liege keine ungerechtfertigte Ungleichbehandlung, sondern es handele sich vielmehr um die zwangsläufige Rechtsfolge der Befristung, bei der dem Arbeitnehmer der Bestandsschutz durch die Befristungskontrolle gewährleistet werden würde.[123]

Das WissZeitVG ist somit verfassungsgemäß.[124]

---

120 BAG, Urt. v. 11.7.2007 – 7 AZR 322/06, zitiert nach www.bundesarbeitsgericht.de.

121 BAG, Urt. v. 11.7.2007 – 7 AZR 322/06, zitiert nach www.bundesarbeitsgericht.de, Rn. 18 ff.

122 BAG, Urt. v. 11.7.2007 – 7 AZR 322/06, zitiert nach www.bundesarbeitsgericht.de Rn. 21 f.

123 BAG, Urt. v. 11.7.2007 – 7 AZR 322/06, zitiert nach www.bundesarbeitsgericht.de Rn. 24.

124 Vgl. ebenso BAG, Urt. v. 11.07.2007; 7 AZR 197/06, zitiert nach Rn. 15 www.bundesarbeitsgericht.de. Zur Tarifsperre im WissZeitVG siehe folgenden Abschnitt, Kapitel 3 § 4.

D. Tarifsperre und Regelungsmöglichkeiten nach dem WissZeitVG

Im WissZeitVG ist in § 1 Abs. 1 S. 5 eine der Vorgängernorm (§ 57 a S. 2 HRG i. d. F. 1985) wortgleiche Reglung enthalten. Hiernach sind die arbeitsrechtlichen Vorschriften und Grundsätze über befristete Arbeitsverträge und deren Kündigung anzuwenden, soweit sie den Vorschriften der §§ 2 bis 6 WissZeitVG nicht widersprechen. § 1 Abs. 1 S. 3 WissZeitVG sieht hingegen vor, dass für bestimmte Fachrichtungen und Forschungsbereiche von den durch das WissZeitVG festgesetzten Fristen durch Tarifvertrag abgewichen werden kann. Weiter ist geregelt, dass die Anzahl der zulässigen Verlängerungen befristeter Arbeitsverträge durch Tarifvertrag festgeschrieben werden kann. Nicht tarifgebundene Vertragsparteien können die Anwendung tariflicher Regelungen vereinbaren (§ 1 Abs. 1 S. 4 WissZeitVG).

Selbst die absolute Tarifvertragssperre des § 57 a S. 2 HRG a.F. hielt der Überprüfung durch das Bundesverfassungsgericht stand. Die vom Gesetzgeber verfolgten Ziele würden es rechtfertigen, dass durch die Regelung des § 57 a S. 2 HRG von den Vorschriften auch nicht durch anders lautende Tarifvereinbarungen abgewichen werden könne.[125] Es sei verständlich, dass der Gesetzgeber Regelungen zur Befristung von Arbeitsverhältnissen im wissenschaftlichen Bereich vorbeugen wolle, die deren Ergebnis aus seiner Sicht nicht oder zumindest nicht in gleichem Maße den Anforderungen an die Forschungsorganisation genügen würde. Hinsichtlich der Erforderlichkeit der Tarifvertragssperre führte das Gericht aus, dass der Gesetzgeber im Rahmen seiner Einschätzungsprärogative nicht davon ausgehen müsse, dass die von ihm getroffenen Reglungen nicht von den Tarifvertragsparteien abgeändert würden. Gerade unter dem Druck von Arbeitskampfmaßnahmen oder im Zusammenhang mit Verhandlungen über andere arbeitsrechtliche Gegenstände könnten die §§ 57 a ff HRG zur Disposition gestellt werden. Insofern sei eine gesetzliche Tarifsperre erforderlich. Hinsichtlich der Zumutbarkeit könne sich der Gesetzgeber erneut auf Art. 5 Abs. 3 GG berufen.

Die Tarifsperre ist in einem Sondervotum von *Kühling* als verfassungswidrig eingestuft worden.[126] Der Eingriff sei unverhältnismäßig, da allein der Wunsch des Gesetzgebers, die Regelung müsse unangetastet bleiben, nicht als Rechtfertigung ausreiche. Allein die ablehnende Haltung der Gewerkschaften vor Erlass der Regelung vermöge die Sorge um den Fortbestand der Regelung nicht zu rechtfertigen. Aus den Tarifverhandlungen sei nicht erkennbar gewesen, dass eine generelle Ablehnung gegenüber Befristungen für wissenschaftliche Mitarbeiter an Hochschulen bestünde. Auch hätten die Gewerkschaften nicht ausrei-

---

125 BVerfGE 94, 268, 293 f.

126 BVerfGE 94, 268, 294; zustimmend *Nagel*, RdA 1997, 351 ff.

chend Potential, um gegen Befristungsbestimmungen mobilisieren zu können; Arbeitskämpfe würden über die Verbesserung von Entgelten und materiellen Arbeitsbedingungen geführt, nicht jedoch wegen Befristungstatbeständen. Die anderen Bereiche seien jedoch nur einvernehmlich zu regeln, weshalb eine tarifdispositive Ausgestaltung die Ziele des Gesetzes hätte befördern können.[127] *Nagel* weist in seiner Kritik am Urteil des Bundesverfassungsgerichts noch zu Recht darauf hin, dass die Funktionsfähigkeit der Hochschulen nicht durch zu opulente arbeitsrechtliche Schutznormen gefährdet sei. Gefahr drohe vielmehr durch fehlende Finanzzuweisungen und Organisationsmängel (Bürokratisierung).

Hinsichtlich der Verfassungsmäßigkeit kann für die Regelung des WissZeitVG nichts anderes gelten, als durch das BVerfG zur Vorgängernorm bereits festgestellt wurde, die im Hinblick auf den Eingriff in die Tarifautonomie sogar enger war, da sie keine Regelungsmöglichkeit für einzelne Fachrichtungen oder Forschungsbereiche enthielt.[128]

Im Gesetzgebungsverfahren zum WissZeitVG hat die GEW erneut die Haltbarkeit der Argumentation zur Notwendigkeit einer Tarifsperre verneint.[129] Es mangele gerade an einer Nichteinigung der Tarifvertragsparteien über eine entsprechende Regelung, da in dem Tarifvertrag für den öffentlichen Dienst der Länder (TV-L) ein Besonderer Teil Wissenschaft (§ 40) enthalten sei. In der Niederschrift zu Nr. 8 der Sonderreglungen für Beschäftigte an Hochschulen und Forschungseinrichtungen ist jedoch lediglich enthalten, dass die Tarifvertragsparteien eine verantwortungsbewusste Handhabung der nicht auf diese Vorschriften gestützten Befristungen im Wissenschaftsbereich erwarten. Insoweit ist gerade keine eigenständige tarifvertragliche Regelung zu erwarten.[130] Zudem ist es bei der Regelungsmöglichkeit hinsichtlich Anzahl und Zeitdauer der Befristungen für Fachbereiche und Forschungsbereiche, die seit 2002 im HRG enthalten ist, zu keiner substantiellen tariflichen Regelung gekommen.[131] Damit ist dem Schutz der Tarifautonomie auch nach den Maßstäben des Bundesverfassungsgerichts, die in dem Hochschulurteil vom 24.4.1996 enthalten sind, genüge getan.[132]

Den Gesetzesanliegen der Sicherung der Innovation in Forschung und Lehre sowie der Weiterbildung des Personals widersprechen kürzere bzw. längere Be-

---

127 Sehr kritisch zum Urteil *Nagel*, RdA 1997, 351 ff. Zur weiteren Kritik sowie Zustimmung zum Urteil des Bundesverfassungsgerichtes vgl. *Zimmermann*, Befristete Arbeitsverhältnisse, S. 52 ff.

128 Ebenso APS-*Schmidt*, § 1 WissZeitVG Rn. 35; *Preis*, WissZeitVG, § 1 Rn. 43.

129 *Kleinwächter*, Stellungnahme GEW, BT – A – Drucks. 16(18)139c, S. 9.

130 Vgl. *Löwisch*, Stellungnahme, BT- A – Drucks. 16(18)139f, S. 3.

131 *Preis,* in der öffentlichen Anhörung zum WissZeitVG durch den Ausschuss des Deutschen Bundestages für Bildung, Forschung und Technikfolgenabschätzung am 29.11.2006, Protokoll 16/21, S. 13.

132 Vgl. im Ergebnis ebenso *Dörner*, Der befristete Arbeitsvertrag, Rn. 640.

fristungsdauern oder eine Beschränkung der möglichen Verlängerungen durchaus nicht, sofern sie sich auf einzelne Fachrichtungen oder Forschungsbereiche beschränken.[133] Durch die Öffnungsmöglichkeit, die sich auf konkrete Fachrichtungen und Forschungseinrichtungen beziehen muss, kann eine sachnähere Gestaltung der Befristungsmöglichkeiten durch die Tarifvertragsparteien vorgenommen werden.[134]

Nach Ansicht von *Löwisch*[135] ist dem Bundesgesetzgeber diese differenzierte Tariföffnung bzw. -sperre verwehrt. Er sei beschränkt auf die Alternativen, entweder die Normen gänzlich tarifdispositiv auszugestalten oder gänzlich zu sperren. Fachrichtungen und Forschungseinrichtungen zu bestimmen, in denen ein anderes Bedürfnis für Befristungsregelungen bestünde, sei eine genuin hochschulrechtliche Frage, so dass der Kompetenzbereich des Art. 74 Abs. 1 Nr. 12 GG verlassen sei.[136] Das Bundesverfassungsgericht hatte jedoch gerade die vollständige Tarifsperre für verfassungsgemäß gehalten und die kompetenzrechtliche Frage nicht thematisiert. Dies ist auch von keiner Seite gerügt worden.[137] Der Bundesgesetzgeber hat zudem keine Fachrichtungen und Forschungseinrichtungen konkret bestimmt, sondern die Entscheidung darüber, ob hier abweichende Regelungen getroffen werden sollten, den Tarifvertragsparteien überlassen. Eine Entscheidung darüber, auf welche Bereiche dies zutrifft, ist daher auch keine Angelegenheit der Länder, da hier gerade nicht die Einrichtung und Ausgestaltung von Fachbereichen und Forschungseinrichtungen betroffen ist. *Reich*[138] weist deshalb zu Recht darauf hin, dass § 1 Abs. 1 S. 3 WissZeitVG nicht den Umkehrschluss zulasse, es bestünde eine Regelungslücke, die zu schließen der Landesgesetzgeber befugt wäre. Vielmehr handelt es sich um eine abschließende bundesrechtliche Regelung mit tarifvertraglicher Öffnung, die benennt, wer zu weiteren Ausgestaltungen befugt ist. Ebenso ist die Tariföffnung inhaltlich auf die Anzahl der Befristungen sowie die Höchstdauer beschränkt. Diese beiden Aspekte unterfallen unmittelbar der Kompetenz des Bundes. Insoweit kann nur der Bund diese Aspekte den Tarifvertragsparteien zur Reglung überlassen und ist gleichzeitig befugt, diese Öffnung in ihrem Anwendungsbereich zu beschränken.[139]

Bedenken bestehen gegen die Tarifsperre hingegen wegen einer vermeintlichen Erstreckung auf das nicht-wissenschaftliche Personal im Rahmen von Drittmittelprojekten. Die Öffnungsklausel gelte nach einer Ansicht nicht für

133 *Dörner*, Der befristete Arbeitsvertrag, Rn. 653
134 *Dieterich/Preis*, Befristete Arbeitsverhältnisse, S. 57; *Dörner*, Der befristete Arbeitsvertrag, Rn. 653; KR-*Lipke*, § 57 a HRG Rn. 24; *Preis*, WissZeitVG, § 1 Rn. 46.
135 *Löwisch*, NZA 2004, 1065, 1070; *ders.*, NZA 2005, 321, 323; *ders.*, NZA 2007, 479, 480 f..
136 *Löwisch*, NZA 2005, 321, 323.
137 *Dieterich/Preis*, NZA 2004, 1241, 1246.
138 *Reich*, HRG/WissZeitVG, § 1 WissZeitVG Rn. 4.
139 *Preis*, WissZeitVG, § 1 Rn. 43.

§ 2 Abs. 2 WissZeitVG. Somit seien von der Tarifsperre sowohl wissenschaftliche als auch nicht-wissenschaftliche Beschäftigte erfasst, die im Rahmen von Drittmittelprojekten gemäß § 2 Abs. 2 WissZeitVG befristet beschäftigt werden könnten.[140] Für die wissenschaftlichen Mitarbeiter könne sich die Begründung einer tariffesten Befristungsgestaltung nach wie vor aus dem Qualifizierungsgedanken und der Unfähigkeit der Tarifparteien ergeben, eine entsprechende Regelung zu treffen.[141] Der Aspekt der Qualifizierung, der für das BVerfG in seinem Urteil ausschlaggebend war, könne jedoch auf nicht-wissenschaftliche Mitarbeiter nicht zutreffen.[142] Zudem sei die unterschiedliche Behandlung von Mitarbeitern in Drittmittelprojekten und den aus Haushaltsmitteln Beschäftigten nicht einsichtig, da § 14 Abs. 1 S. 2 Nr. 7 TzBfG auch keine Tarifsperre kennen würde.[143]

Die Bedenken treffen zwar zum Teil zu, können jedoch insofern nicht durchgreifen, als das nicht-wissenschaftliche Personal gar nicht von der Tarifsperre erfasst wird. § 1 Abs. 1 S. 1 WissZeitVG erklärt für den Abschluss von befristeten Arbeitsverträgen mit wissenschaftlichem und künstlerischem Personal die §§ 2 und 3 WissZeitVG für anwendbar. In § 1 Abs. 1 WissZeitVG ist in S. 2 enthalten, dass von diesen Vorschriften nicht durch Vereinbarung abgewichen werden kann. Aus diesem Regelungszusammenhang wird bereits deutlich, dass sich die Tarifsperre nur auf das in § 1 Abs. 1 S. 1 WissZeitVG beschriebene wissenschaftliche und künstlerische Personal erstrecken kann.[144] Zudem verweist die Tariföffnungsklausel ausschließlich auf § 2 Abs. 1 WissZeitVG, der nur die Befristungen in den unterschiedlichen Qualifizierungsphasen des wissenschaftlichen und künstlerischen Personals enthält. Selbst wenn man den Wortlaut der Tarifsperre auch auf das nicht-wissenschaftliche Personal ausdehnen wollte, müsste man ihn verfassungskonform auslegen, da sich eine Tarifsperre für das nicht-wissenschaftliche Personal nicht auf Art. 5 Abs. 3 GG zurückführen lässt.

Soweit die Einbeziehung von Privatdienstverträgen in die Tarifsperre aufgrund des geringeren Kündigungsschutzes problematisiert wird,[145] kann dies indes nicht überzeugen, da Privatdienstverträge bereits durch § 57 a S. 2 HRG i. d. F. des HFVG in die Tarifsperre einbezogen waren. So ist davon auszugehen, dass sich, soweit die Tarifsperre im Allgemeinen für verfassungskonform gehal-

---

140 *Müller-Glöge* – EK, § 1 WZVG Rn. 18; APS-*Schmidt*, § 1 WissZeitVG Rn. 27.
141 *Schlachter*, in: Laux/Schlachter, TzBfG, Anhang 2 § 1 WissZeitVG Rn. 10.
142 *Kortstock*, ZTR 2007, 350, 351, *ders.*, ZTR 2007, 2, 7; KSchR-*Däubler*, § 2 WissZeitVG Rn. 57; *Schlachter*, in: Laux/Schlachter, TzBfG, Anhang 2 § 1 WissZeitVG Rn. 11.
143 *Kortstock*, ZTR 2007, 350, 351; *Schlachter*, in: Laux/Schlachter, TzBfG, Anhang 2 § 1 WissZeitVG Rn. 11.
144 *Preis*, WissZeitVG, § 1 Rn. 44.
145 *Kortstock*, ZTR 2007, 350, 351; *Schlachter*, in: Laux/Schlachter, TzBfG, § 3 WissZeitVG, Rn. 2.

ten wird, dies auch auf Privatdienstverträge erstrecken kann, da das Bundesverfassungsgericht[146] in seinem Urteil hieran keine Zweifel geäußert hat. Nach Ansicht von *I. Schmidt* weist diese Regelung dennoch eine überschießende Tendenz auf, da Hochschullehrer in aller Regel als Arbeitgeber nicht tarifgebunden seien und aufgrund § 23 KSchG kein den Hochschulen vergleichbares Personalrisiko trügen.[147] Nach *Müller-Glöge*[148] ist die Tarifsperre in diesem Fall „bedeutungslos".

I. Abweichung von Fristen sowie Festlegung der Anzahl zulässiger Verlängerungen

In § 1 Abs. 1 S. 2 WissZeitVG ist das Prinzip des zweiseitig zwingenden Gesetzesrechts verankert. Dies bindet auch die Tarifvertragsparteien. Ihnen ist damit verwehrt, Regelungen zu treffen, die pauschal zugunsten oder zulasten des Arbeitnehmers von den Regelungen des WissZeitVG abweichen.[149] Der Tarifvorbehalt ist restriktiv zu interpretieren,[150] was bereits aus der sehr beschränkten Öffnungsklausel abgelesen werden kann.[151] Eine abweichende Regelung ist dem Wortlaut entsprechend ausschließlich durch Tarifvertrag möglich. Für den Fall, dass neben der Zustimmung der Gewerkschaft auch die des Personalrates vorliegt, muss durch Auslegung ermittelt werden, ob es sich um einen Tarifvertrag oder um eine Dienstvereinbarung handelt, die dem Tarifvorbehalt nicht unterliegt.[152] Versuche, § 1 Abs. 1 S. 3 WissZeitVG dadurch zu umgehen, dass die Bezeichnung „Tarifvertrag" vermieden wird, müssen scheitern.[153]

Regelungen, die Befristungen vom Vorliegen eines Sachgrundes abhängig machen, wie es in der Protokollnotiz Nummer 1 zu Nr. 1 SR 2 y BAT der Fall war, sind nicht möglich. Zum einen galten sie für den gesamten öffentlichen Dienst und waren nicht forschungsbereich- oder fachrichtungsbezogen[154], zum anderen erstreckt sich die beschränkte Tariföffnung ausschließlich auf die Verlängerung der Höchstzeiten sowie die Anzahl der Verlängerungen.

Aus der Formulierung „Durch Tarifvertrag [...] kann von den in § 2 Abs. 1 vorgesehenen Fristen abgewichen und die Anzahl der zulässigen Verlängerungen befristeter Arbeitsverträge festgelegt werden" folgt, dass die Abweichungs-

---

146 BVerfGE 94, 268, 293.
147 APS-*Schmidt*, § 1 WissZeitVG Rn. 26.
148 *Müller-Glöge* – EK, § 1 WZVG Rn. 18.
149 APS-*Schmidt*, § 1 WissZeitVG Rn. 26.
150 *Reich*, HRG/WissZeitVG, § 1 WissZeitVG Rn. 4; *Henrici*, in: Knopp/Gutheil, Neues HRG, S. 47; KR-*Lipke*, § 57 a HRG Rn. 48.
151 KR-*Lipke*, § 57 a HRG Rn. 48.
152 *Henrici*, in: Knopp/Gutheil, Neues HRG, S. 48; *Reich*, HRG/WissZeitVG, § 1 WissZeitVG Rn. 4.
153 *Reich*, HRG/WissZeitVG, § 1 WissZeitVG Rn. 4.
154 *Dörner*, Der befristete Arbeitsvertrag, Rn. 655.

möglichkeit nur Arbeitsverhältnisse i. S. d. § 2 Abs. 1 WissZeitVG umfasst. Nach *Preis* gilt die Tariföffnung auch für Drittmittelbefristungen i. S. d. § 2 Abs. 2 WissZeitVG.[155] Für das wissenschaftliche Personal, das aufgrund des Drittmitteltatbestandes befristet werde, lasse sich die zweiseitig zwingende Regelung in geringerem Maße auf Art. 5 Abs. 3 GG stützen als in dem Kernbereich der Forschung.[156] Werde die Tarifsperre auf das wissenschaftliche Personal bei Drittmittelprojekten erstreckt, so müsse dies auch für die Öffnungsklausel gelten.[157] Drittmittelforschung wird zwar nicht im ursprünglichen Verständnis von der Hochschulforschung zu dieser gezählt, gewinnt jedoch für die Forschung und die Hochschulen zunehmend an Bedeutung. Insofern kann nicht davon ausgegangen werden, dass sie weniger auf Art. 5 Abs. 3 GG gestützt werden kann. Hiervon ist auch das Bundesverfassungsgericht ausgegangen, als es § 57 b Abs. 2 Nr. 4 HRG[158] als verfassungskonform ansah. Die Tariföffnung, wie sie in § 1 Abs. 1 S. 3 WissZeitVG enthalten ist, bezieht sich jedoch eindeutig nur auf die in § 2 Abs. 1 WissZeitVG genannten Arbeitsverträge des in § 1 Abs. 1 S. 1 WissZeitVG benannten Personals, aber nicht auf die Drittmittelbeschäftigungen des § 2 Abs. 2 S. 1 WissZeitVG. Nur § 2 Abs. 1 WissZeitVG enthält Fristen, von denen – wie die Norm vorsieht – „abgewichen" werden kann. Demnach bliebe für den Drittmittelbereich die Festlegung der Anzahl befristeter Arbeitsverträge. Zwar würde eine Begrenzung der Anzahl befristeter Arbeitsverträge gerade im Drittelmittelbereich notwendig sein, um hier ein Ausufern von Kettenverträgen zu begrenzen. Jedoch ergibt sich aus dem Normzusammenhang, dass dies nicht gemeint ist.[159] Dementsprechend können die Tarifvertragsparteien keine Regelung hinsichtlich drittmittelfinanzierter Arbeitsverhältnisse i. S. d. § 2 Abs. 2 WissZeitVG treffen.

Bei abweichenden Regelungen von den in § 2 Abs. 1 WissZeitVG enthaltenen Fristen müssen sich die Tarifvertragsparteien an den Zielsetzungen des Gesetzgebers im Hinblick auf Verhinderung einer Blockade von Wissenschaftlerstellen sowie unvertretbar langer Zeiträume von befristeten Beschäftigungsverhältnissen und den hiervon tangierten Grundrechten der Berufsfreiheit als auch an der Wissenschaftsfreiheit orientieren.[160] Eine Grenze der Verlängerung dürfte der Zeitpunkt sein, an dem ein Mindestmaß an Arbeitsplatzschutz gefährdet wird.[161] Beispiel hierfür wären 24 Jahre, die eine Verdopplung des gesetzlichen Höchstmaßes darstellen.[162]

---

155 *Preis*, WissZeitVG, § 1 Rn. 53.
156 *Preis*, WissZeitVG, § 1 Rn. 44.
157 *Preis*, WissZeitVG, § 1 Rn. 53.
158 BVerfGE 94, 268, 289
159 *Kortstock*, ZTR 2007, 2, 6 Fn. 63.
160 *Waldeyer*, in Hailbronner/Geis, HRG, § 57 a Rn. 51; *Dörner*, Der befristete Arbeitsvertrag, Rn. 654; KR-*Lipke*, § 57 a HRG, Rn. 51.
161 APS-*Schmidt*, § 1 WissZeitVG Rn. 28.
162 KR-*Lipke*, § 57 a HRG, Rn. 51.

Eine Verkürzung der Höchstdauer ist nach einer Ansicht aufgrund der durch die Wissenschaftsfreiheit gebotenen Standardsicherung nicht möglich,[163] da eine tarifliche Regelung nicht wesentlich hinter dem Schutzstandard, der in dem Wissenschaftszeitvertragsgesetz Eingang gefunden hat, zurückbleiben dürfe. So hätte das Bundesverfassungsgericht die Befristungsregelungen aus Gründen der Wahrung der Wissenschaftsfreiheit für erforderlich gehalten.[164] Dass eine Verkürzung der Fristen ebenso wie eine Verlängerung vorgesehen werden kann, ergibt sich bereits aus dem Wortlaut „abgewichen".[165] Anderenfalls hätte der Gesetzgeber die Abweichung von den in § 2 Abs. 1 WissZeitVG enthaltenen Fristen bereits sprachlich auf eine der beiden Varianten (Verkürzung bzw. Verlängerung) beschränkt. Der Gesetzgeber wollte eine solche Beschränkung bewusst nicht vornehmen, wie der Begründung des Gesetzes zu entnehmen ist, in der davon ausgegangen wird, dass sowohl eine Verlängerung als auch eine Verkürzung der Befristungshöchstdauern ermöglicht werden soll.[166]

Das WissZeitVG enthält damit eine ausdrückliche Gestattung zur Abweichung durch die ranghöhere Rechtsquelle (dem Gesetz) gegenüber der niedrigeren, weshalb auch zuungunsten des Arbeitnehmers von den Normierungen des WissZeitVG abgewichen werden kann. Dies gilt insbesondere, da die Norm nicht zwischen einer Abweichung zugunsten oder zuungunsten des Arbeitnehmers differenziert, sondern allgemein von Abweichung spricht.[167] Zudem ist in anderen tarifdispositiven Vorschriften (wie § 4 Abs. 3 TVG) das Günstigkeitsprinzip als Variante der tarifvertraglichen Öffnungsklausel im Gegensatz zum WissZeitVG explizit normiert worden, woraus folgt, dass das Günstigkeitsprinzip nicht mit der Öffnungsklausel kollidiert.[168] Da § 1 Abs. 1 S. 3 WissZeitVG auch eine Regelung der Anzahl möglicher Verträge für einen Befristungszeitraum ermöglicht, kann eine Anwendung des Günstigkeitsprinzips ohnehin nicht greifen, da das WissZeitVG gerade keine Zahl festschreibt. Eine Verkürzung muss zudem auch mit Blick auf Sinn und Zweck des Gesetzes möglich sein, da auch der Gesetzgeber bei seinen Vorschlägen für die Dauer der Qualifizierung z.B. die Heranführung an wissenschaftliches Arbeiten berücksichtigt hat. Hier sind Studiengänge denkbar, bei denen diese Heranführung bereits durch die Art der Abschlussarbeit für das Studium erfolgt ist und sich diese Phase dadurch verkürzt. Sollte dies für eine gesamte Fachrichtung zutreffen, würde eine Verkürzung der ersten Qualifizierungsphase nicht an den Grundrechten scheitern

163 *Löwisch/Wertheimer*, HochschulR-Praxishandbuch, VII Rn. 163; *Reich*, HRG/WissZeitVG, § 1 WissZeitVG Rn. 4; a.A. *Lakies*, ZTR 2002, 250, 253; KR-*Lipke*, § 57 a Rn. 51.

164 *Löwisch/Wertheimer*, HochschulR-Praxishandbuch, VII Rn. 163.

165 *Waldeyer*, in Hailbronner/Geis, HRG, § 57 a Rn. 50; *Preis*, WissZeitVG, § 1 Rn. 49.

166 Gesetzesbegründung, BT – Drucks. 15/4132 S. 18, a.A. *Reich*, HRG/WissZeitVG, § 1 WissZeitVG Rn. 4.

167 *Henrici*, in: Knopp/Gutheil, Neues HRG, S. 47.

168 *Henrici*, in: Knopp/Gutheil, Neues HRG, S. 47.

und würde insbesondere zu mehr Sachnähe der Befristungsregeln führen. Eine Verkürzung ist jedoch dann ausgeschlossen, wenn selbst zügige wissenschaftliche Qualifizierung nicht mehr möglich ist.[169]

Das WissZeitVG enthält anders als § 14 Abs. 2 TzBfG keine bestimmte Anzahl der zulässigen Verlängerungen innerhalb der Höchstbefristungszeiten. § 1 Abs. 1 S. 3 WissZeitVG ermöglicht es den Tarifvertragsparteien, für bestimmte Fachrichtungen und Forschungsbereiche eine solche Anzahl festzulegen, um Kettenbefristungen zu vermeiden. Der Begriff der Verlängerung im WissZeitVG ist – wie noch ausführlich aufgezeigt wird - nicht zu verstehen wie der des TzBfG.[170] Wenn der Gesetzgeber den Tarifvertragsparteien den Schutz der Beschäftigten übertragen wollte, kann sich deren Regelungskompetenz nicht nur auf Verlängerungen i. S. d. TzBfG beziehen, sondern muss auch die Regelung der Anzahl von Neuabschlüssen umfassen. Insofern ist „Verlängerung“ i. S. d. § 1 Abs. 1 S. 3 WissZeitVG jeder Vertragsabschluss mit demselben Arbeitgeber.[171]

II. Tarifvertrag für bestimmte Fachrichtung und Forschungsbereiche

§ 1 Abs. 1 S. 3 WissZeitVG beschränkt die Abweichungsmöglichkeiten auf bestimmte Fachrichtungen und Forschungsbereiche. Ein Tarifvertrag, der für den gesamten Geltungsbereich des WissZeitVG bzw. für alle Hochschulen oder Forschungseinrichtungen Wirksamkeit entfalten soll, ist damit ausgeschlossen.[172]

Ein Forschungsbereich ist eine Zusammenfassung von Forschungsprojekten, die zur Einbeziehung institutionell erfasst sein müssen[173] und inhaltlich im Zusammenhang stehen.[174] Beispiele für Forschungsbereiche sind etwa „Biotechnologie“, „Kernenergie“, „Festkörperphysik“, „Meeresforschung“.[175] Die Forschungsprojekte können nicht gänzlich zusammenhangslos zu einem Forschungsbereich zusammengefasst werden, um so eine tarifvertragliche Abweichung vom WissZeitVG zu schaffen. Vielmehr ist zu fordern, dass die Projekte einen gemeinsamen Forschungskomplex bearbeiten. Ein Zusammenschluss, der sich allein auf „Drittmittelforschung“ bezieht und somit eine Zusammenfassung

169 KR-*Lipke*, § 57 a HRG, Rn. 51.
170 *Preis*, WissZeitVG, § 1 Rn. 50; a.A. *Waldeyer*, in Hailbronner/Geis, HRG, § 57 a Rn. 53.
171 *Preis*, WissZeitVG, § 1 Rn. 50.
172 *Lakies*, ZTR 2002, 250, 253; Annuß/Thüsing - *Lambrich*, § 23 Rn. 123 KR-*Lipke*, § 57 a HRG, Rn. 50.
173 *Reich*, HRG/WissZeitVG, § 1 WissZeitVG Rn. 4.
174 Vgl. *Waldeyer*, in Hailbronner/Geis, HRG, § 57 a Rn. 48; *Preis*, WissZeitVG, § 1 Rn. 52.
175 Beispiele nach *Waldeyer*, in Hailbronner/Geis, HRG, § 57 a Rn. 48.

allein nach der finanziellen Grundlage vornimmt, stellt demnach mangels inhaltlicher Orientierung keinen Forschungsbereich dar.[176]

Eine Fachrichtung ist ein Oberbegriff für die Mehrheit von Studiengängen,[177] die ausbildungsbezogen zusammengefasst sind.[178] Es handelt sich also um Studiengänge mit unterschiedlichen Abschlüssen, die dem gleichen Wissenschaftsgebiet zugeordnet sind.[179] Hierzu gehören z.B. Wirtschaftswissenschaft, Physik, Biologie, Pädagogik, Informatik, Humanmedizin.[180] *Lipke*[181] weist die Fachrichtungen den Hochschulen und die Forschungsbereiche den Forschungseinrichtungen zu. Dies mag historisch bedingt sein, trifft heute indes nicht mehr unbedingt zu, da die Hochschulen inzwischen im Rahmen ihrer Profilbildung verstärkt (Sonder-) Forschungsbereiche eingerichtet, haben, weshalb die Forschungsbereiche gerade auch an Hochschulen anzutreffen sind. Für Forschungseinrichtungen bedeutet die Verwendung des Begriffs Forschungsbereich, dass zwar kein Tarifvertrag i. S. d. Norm für eine bestimmte Forschungseinrichtung geschlossen werden kann, aber – sofern ein Forschungsbereich nur an einer Forschungseinrichtung existiert – ein Tarifvertrag für diesen abgeschlossen werden kann.[182]

Der Wortlaut engt die Abweichungsmöglichkeit auf „bestimmte" Forschungsbereiche und Fachrichtungen ein. Das bedeutet, dass die Fachrichtung und Forschungsbereiche eindeutig aus der tarifvertraglichen Regelung hervorgehen und im Tarifvertrag hinreichend individuell bezeichnet sein müssen.[183] Unklar ist deshalb, ob damit Haustarifverträge ausgeschlossen sind. Eine Ansicht folgert dies aus dem eben dargestellten.[184] Nach anderer Ansicht werden Haustarifverträge für eine gesamte Hochschule nicht ausgeschlossen, sofern sie für die verschiedenen Fachrichtungen und Forschungsbereiche unterschiedliche Regelungen vorsehen.[185] Die Frage eines Haustarifvertrages stellt sich jedoch nur in den Fällen, in denen die Hochschule durch das Land in die Arbeitgeberstellung versetzt wurde. Dies ist allerdings in den meisten Ländern nicht der Fall. Hier ist das Personal direkt beim Land angestellt, da es der Hochschule sonst an der Tariffähigkeit nach § 2 Abs. TVG mangelt. Sofern die Hochschule jedoch Arbeitgeber ist, kann sie einen auf einen bestimmten Forschungs- oder

---

176 KR-*Lipke*, § 57 a HRG, Rn. 50.
177 KSchR-*Däubler*, § 1 WissZeitVG Rn. 18; *Reich*, HRG/WissZeitVG, § 1 WissZeitVG Rn. 4; *Preis*, WissZeitVG, § 1 Rn. 51.
178 KR-*Lipke*, § 57 a HRG, Rn. 50.
179 *Waldeyer*, in Hailbronner/Geis, HRG, § 57 a Rn. 47; *Preis*, WissZeitVG, § 1 Rn. 51.
180 Beispiele nach *Waldeyer*, in Hailbronner/Geis, HRG, § 57 a Rn.48, sowie KR-*Lipke*, § 57 a HRG, Rn. 50.
181 KR-*Lipke*, § 57 a HRG, Rn. 50.
182 *Waldeyer*, in: Hailbronner/Geis, HRG, § 57 d Rn. 18.
183 *Waldeyer*, in Hailbronner/Geis, HRG, § 57 a Rn. 47; *Preis*, WissZeitVG, § 1 Rn. 54.
184 *Lakies*, ZTR 2002, 250, 253.
185 *Henrici*, in: Knopp/Gutheil, Neues HRG, S. 46; *Reich*, HRG/WissZeitVG, § 1 WissZeitVG Rn. 4.

Fachbereich bezogenen Tarifvertrag abschließen.[186] Anliegen des Gesetzgebers war es, allgemeine Tarifverträge zu unterbinden, die sich nicht mit den Besonderheiten einer Fachrichtung oder eines Forschungsbereiches auseinandergesetzt haben. Diesen Anforderungen würde ein Haustarifvertrag genügen, der für die jeweilige Fachrichtung oder den jeweiligen Forschungsbereich eine spezifische Regelung enthält.

Generell geltende Regelungen, wie sie Nr. 1 der SR 2y des BAT[187] enthielt oder der TVöD und TVL enthalten, können wegen der Einschränkung der tariflichen Abweichung auf bestimmte Fachrichtungen und Forschungsbereiche keine Anwendung finden.[188] § 30 Abs. 1 S. 2 TVöD bestimmt ausdrücklich, dass die abweichenden tarifvertraglichen Regelungen in den Abs. 2 bis 5 nicht auf Arbeitsverhältnisse anzuwenden sind, für die die §§ 57 a bis f HRG unmittelbar oder entsprechend gelten. Die Norm ist gesetzesakzessorisch ausgestaltet.[189]

III. Einbeziehung eines Tarifvertrages durch nicht tarifgebundene Vertragsparteien

Gemäß § 1 Abs. 1 S. 4 WissZeitVG können nicht tarifgebundene Vertragsparteien die Anwendung der tariflichen Regelungen vereinbaren. Vertragsparteien i. S. dieser Regelung sind Arbeitgeber und Arbeitnehmer im Anwendungsbereich des WissZeitVG. Für die Anwendung von § 1 Abs. 1 S. 4 WissZeitVG ist nicht Voraussetzung, dass beide Vertragsseiten nicht tarifgebunden sind. Der Plural („nicht tarifgebundene Vertragsparteien") soll lediglich die Unbestimmtheit ausdrücken,[190] d.h., der Gesetzgeber lässt offen, welche der Vertragsparteien die tarifungebundene ist. Ausreichend ist somit, dass nur eine Vertragspartei nicht tarifgebunden ist.[191] Es können auch beide Seiten nicht tariflich gebunden sein und durch vertragliche Regelung die Einbeziehung etwaiger tariflicher Regelungen vereinbaren. Hierbei ist zu berücksichtigen, dass beide Seiten jedoch der jeweiligen Fachrichtung bzw. dem Forschungsbereich des Tarifvertrages entsprechen müssen, d.h. dem Geltungsbereich des in Bezug genommen Tarifvertrages unterfallen.[192]

---

186 *Waldeyer*, in Hailbronner/Geis, HRG, § 57 a Rn. 49; KR-*Lipke*, § 57 a HRG, Rn. 50; *Preis*, WissZeitVG, § 1 Rn. 47.

187 BAG, Urt. v. 11.07.2007 – 7 AZR 197/06, zitiert nach www.bundesarbeitsgericht.de, Rn. 23.

188 KSchR-*Däubler*, § 1 WissZeitVG Rn. 20; KR-*Lipke*, § 57 a HRG, Rn. 53; *Preis*, WissZeitVG, § 1 Rn. 48; *Schlachter*, in: Laux/Schlachter, TzBfG, Anhang 2 § 1 WissZeitVG Rn. 13; APS-*Schmidt*, § 1 WissZeitVG Rn. 28.

189 APS-*Schmidt*, § 1 WissZeitVG Rn.

190 *Reich*, HRG/WissZeitVG, § 1 WissZeitVG Rn. 5.

191 *Waldeyer*, in Hailbronner/Geis, HRG, § 57 a Rn. 56.

192 KR-*Lipke*, § 57 a HRG, Rn. 55; *Preis*, WissZeitVG, § 1 Rn. 55; *Waldeyer*, in Hailbronner/Geis, HRG, § 57 a Rn. 56.

Umstritten ist, ob auf den gesamten Tarifvertrag Bezug genommen werden muss. Dies ist nach einer Ansicht[193] nicht notwendig. Es reiche vielmehr aus, auf die Normen zu verweisen, die von der gesetzlichen Regelung abweichen. Dies ergebe sich aus dem Zusammenspiel mit S. 3,[194] da dort explizit geregelt ist, wovon durch Tarifvertrag abgewichen werden kann, nämlich von der Dauer sowie der Anzahl der Verträge. Nach anderer Ansicht kann die Anwendung des Tarifvertrages nur in Gänze vereinbart werden, da ansonsten zu befürchten sei, dass nur diejenigen Regelungen einbezogen würden, die für den Arbeitnehmer im Verhältnis zu den gesetzlichen Regelungen nachteilig sind.[195] Dieser Ansicht ist zu folgen. Zwar spricht § 1 Abs. 1 S. 4 WissZeitVG davon, dass „im Geltungsbereich eines solchen Tarifvertrages" die Vertragsparteien die Anwendung der tariflichen Regelungen vereinbaren können. Aus der Formulierung „eines solchen Tarifvertrages" folgt, dass ein Tarifvertrag i. S. d. S. 3 gemeint ist. Dieser ist jedoch auf die Anzahl der zulässigen Verlängerungen oder eine Veränderungen der Fristen beschränkt. § 1 Abs. 1 S. 3 WissZeitVG enthält allerdings nur die beschränkte Öffnung für die Tarifvertragsparteien, in welchen Bereichen sie eigene, von der gesetzlichen Normierung abweichende Regelungen treffen können. Gleichzeitig können die Tarifvertragsparteien Regelungen in anderen Bereichen treffen, die nicht vom WissZeitVG erfasst sind, denn es sind durch § 1 Abs. 1 S. 4 WissZeitVG nur Regelungen ausgeschlossen, die dem WissZeitVG widersprechen. So betrachtet können in einem Tarifvertrag, der die Anforderungen von S. 3 erfüllt, sowohl Regelungen hinsichtlich der Anzahl der Verlängerungen als auch Regelungen aus anderen Bereichen, die tarifvertraglicher Regelung zugänglich sind, getroffen werden. Praktisch bedeutet dies, dass diese Vereinbarungen meist das Ergebnis längerer Verhandlungen sind, bei denen ein Regelungspunkt gegen einen anderen verhandelt wird. Dieser „Paketlösung" wird man allerdings nur gerecht, wenn der Tarifvertrag in Gänze einzubeziehen ist.

---

193 *Henrici*, in: Knopp/Gutheil, Neues HRG, S. 48.
194 *Henrici*, in: Knopp/Gutheil, Neues HRG, S. 48.
195 KSchR-*Däubler*, § 1 WissZeitVG Rn. 21; KR-*Lipke*, § 57 a HRG, Rn. 55; *Preis*, WissZeitVG, § 1 Rn. 55; *Waldeyer*, in Hailbronner/Geis, HRG, § 57 a Rn. 57.

Kapitel 4 Anwendungsbereich des WissZeitVG

Der Anwendungsbereich des WissZeitVG ist sowohl in institutioneller als auch personeller Hinsicht beschränkt. Das bedeutet, dass zunächst zu klären ist, ob die Einrichtung, die Arbeitgeber des Mitarbeiters werden soll bzw. bei der gerichtlichen Überprüfung des Arbeitsvertrages war, grundsätzlich Hochschule oder Forschungseinrichtung i. S. d. Wissenschaftszeitvertragsgesetzes ist. Anschließend ist zu untersuchen, ob der anzustellende oder klagende Mitarbeiter zu dem wissenschaftlichen Personal mit Ausnahme der Hochschullehrer i. S. d. WissZeitVG gehört.

A. Sachlicher Anwendungsbereich

Das WissZeitVG gilt gemäß § 1 Abs. 1 S. 1 WissZeitVG für alle Einrichtungen des Bildungswesens, die nach Landesrecht staatliche Hochschule sind. Darüber hinaus finden die §§ 1 bis 3 und 6 entsprechende Anwendung auf die nach Landesrecht staatlich anerkannten Hochschulen (§ 4), sowie auf staatliche, überwiegend staatliche, institutionell überwiegend staatliche oder auf Grundlage von Artikel 91 b GG finanzierte Forschungseinrichtungen (§ 5).

Gemeinsam ist den in den Anwendungsbereich des WissZeitVG fallenden Einrichtungen, dass sie die gesetzliche oder satzungsmäßige Aufgabe der Grundlagenforschung oder der angewandten Forschung sowie - mit unterschiedlicher Ausprägung - der Förderung des wissenschaftlichen Nachwuchses haben.[196]

I. Hochschulen

Als das Befristungsrecht in das HRG inkorporiert war, galt der Anwendungsbereich des HRG auch für die §§ 57 a ff HRG. Gemäß § 1 HRG waren Hochschulen im Sinne des HRG die Universitäten, die Pädagogischen Hochschulen, die Kunsthochschulen, die Fachhochschulen und die sonstigen Einrichtungen des Bildungswesens, die nach Landesrecht staatliche Hochschulen sind. § 70 Abs. 5 HRG erklärte die §§ 57 a bis f auf nach Landesrecht nicht staatliche Einrichtungen für entsprechend anwendbar, die nach Landesrecht die Anerkennung einer staatlich anerkannten Hochschule erhalten haben.

Da das Befristungsrecht nunmehr in einem gesonderten Gesetz geregelt wurde, bedurfte es einer eigenen Bestimmung des institutionellen Anwendungsbereichs. Die Regelungen des Wissenschaftszeitvertragsgesetzes finden gemäß § 1 WissZeitVG Anwendung auf Einrichtungen des Bildungswesens, die nach

196 *Dallinger*, NZA 1985, 648, 649.

Landesrecht staatliche Hochschulen sind. Die Bestimmung, welche Hochschulen hierzu gehören, erfolgt in den Landesgesetzen meist nicht materiell, sondern enumerativ[197] durch Benennung der Hochschulen. Hierzu zählen auch Fachhochschulen.[198] Ebenso gelten diese Vorschriften für die nach Landesrecht staatlich anerkannten Hochschulen i. S. d. § 4 WissZeitVG. § 4 WissZeitVG ersetzt damit § 70 Abs. 5 HRG. Nicht-staatliche Hochschulen sind solche, die in der Trägerschaft einer Kommune oder einer öffentlich-rechtlichen Körperschaft stehen und nach Maßgabe landesrechtlicher Regelungen als staatliche Hochschulen anerkannt werden können.[199] Die Anerkennung erfolgt durch Gesetz oder Verwaltungsakt.[200] Das WissZeitVG findet hingegen keine Anwendung auf rechtlich verselbständigte Universitätskliniken, die keine eigene Forschung betreiben.[201] Für diese gilt das Gesetz über befristete Arbeitsverträge mit Ärzten in der Weiterbildung. Dies trifft jedoch nur dann zu, wenn nach dem Landesrecht das rechtlich verselbstständigte Universitätsklinikum und nicht die Hochschule Arbeitgeber des ärztlichen Personals ist.[202]

Zu den staatlich anerkannten Hochschulen gehören diejenigen des Bundes, wie die Hochschulen der Bundeswehr sowie die Fachhochschulen des Bundes,[203] die Hochschulen in kirchlicher Trägerschaft[204], nicht jedoch die Führungsakademie der Bundeswehr.[205] Auf private Hochschulen findet das WissZeitVG keine Anwendung,[206] es sei denn, es handelt sich um staatlich anerkannte private Hochschulen wie die Bucerius Law School.[207] Sofern diese Anerkennung nicht vorliegt, kann an privaten Hochschulen eine befristete Beschäftigung nur nach Maßgabe des TzBfG erfolgen.

Auf die Hochschulen i. S. d. § 4 WissZeitVG findet § 2 Abs. 2 entsprechende Anwendung, § 4 S. 2 WissZeitVG.

---

197 *Preis*, WissZeitVG, § 1 Rn. 4, mit Nachweisen der Landesgesetze.

198 BAG, Urt. v. 19.8.1992, AP Nr. 2 zu § 57 b HRG; *Müller-Glöge* – EK, § 1 WZVG Rn. 2; *Schlachter*, in: Laux/Schlachter, TzBfG, Anhang 2 § 1 WissZeitVG Rn. 2.

199 APS-*Schmidt*, § 4 WissZeitVG Rn. 2.

200 *Preis*, WissZeitVG, § 4 Rn. 2.

201 KSchR-*Däubler*, § 1 WissZeitVG Rn. 3; *Hesse*-MüKoBGB, § 23 Rn. 32; KR-*Lipke*, § 57 a HRG, Rn. 42; *Reich*, HRG/WissZeitVG, § 4 WissZeitVG Rn. 1.

202 *Waldeyer*, in Hailbronner/Geis, HRG, § 57 a Rn. 3; *Preis*, WissZeitVG, § 1 Rn. 6.

203 *Müller-Glöge* – EK, § 1 WZVG Rn. 9; Annuß/Thüsing – *Lambrich*, § 23 Rn. 88; APS-*Schmidt*, § 1 WissZeitVG Rn. 9; *Waldeyer*, in Hailbronner/Geis, HRG, § 57 a Rn. 2; *Zimmermann*, Befristete Arbeitsverhältnisse, S. 7.

204 *Waldeyer*, in Hailbronner/Geis, HRG, § 57 a Rn. 2; *Müller-Glöge* – EK, § 1 WissZeitVG Rn. 9; *Preis*, WissZeitVG, § 4 Rn. 3.

205 *Thieme*, WissR 80, 10, 12 und 15.

206 KR-*Lipke*, § 57 a HRG, Rn. 28; *Müller-Glöge* – EK, § 1 WZVG Rn. 9; APS-*Schmidt*, § 1 WissZeitVG Rn. 9; *Preis*, WissZeitVG, § 4 Rn. 4.

207 Annuß/Thüsing – *Lambrich*, § 23 Rn. 88.

II. Forschungseinrichtungen, § 5 WissZeitVG

Über die Hochschulen hinaus gelten die §§ 1 – 3, 6 WissZeitVG gemäß § 5 S. 1 WissZeitVG für das wissenschaftliche Personal an staatlichen Forschungseinrichtungen, an überwiegend staatlich, an institutionell überwiegend staatlich oder auf der Grundlage von Artikel 91 b GG finanzierten Forschungseinrichtungen. Gemäß § 5 S. 2 WissZeitVG gelten § 2 Abs. 2 Satz 2, Abs. 4 Satz 1 und 2 ebenso für nicht-wissenschaftliches Personal. Durch die Erstreckung des Anwendungsbereichs des WissZeitVG und vorher des HRG nach dem 5. HRGÄndG auf Forschungseinrichtungen konnte das Gesetz über befristete Arbeitsverträge mit wissenschaftlichem Personal an Forschungseinrichtungen (Art. 2 HFVG 14. Juni 1985, BGBl. I S. 1065) aufgehoben werden. Aufgrund der Berücksichtigung der Forschungseinrichtungen im WissZeitVG können diese einerseits von dem vereinfachten Befristungsrecht, insbesondere bei der Drittmittelfinanzierung, profitieren.[208] Andererseits wird durch wechselseitige Anrechnung von Beschäftigungszeiten zwischen Hochschule und Forschungseinrichtung gewährleistet, dass die Befristungszeiten nicht mehrfach in Anspruch genommen werden können. Nur so kann dem Anliegen des Gesetzgebers, kurze Qualifizierungsphasen zu fördern, Rechnung getragen werden. Für Forschungseinrichtungen ist ebenso wie für Hochschulen von elementarer Bedeutung, dass es eine vereinfachte Möglichkeit zum Abschluss befristeter Verträge gibt, da auch Forschungseinrichtungen dem Grundgedanken des WissZeitVG entsprechend von der Innovation in der Forschung sowie der Nachwuchsförderung profitieren.

Außeruniversitäre Forschungseinrichtungen sind Träger von Forschung und Entwicklung, die sich unter Verzicht auf die Lehraufgabe der Hochschule wissenschaftlicher Forschung widmen, und zwar zum Teil mit umfassender Aufgabenstellung auf bestimmten Fachgebieten.[209] Sie übernehmen solche Aufgaben, die wegen ihrer Eigenart, den langfristigen Bindungen aufgrund hoher Kosten und internationaler Verflechtungen nicht von den Universitäten geleistet werden können.[210] Außeruniversitäre Forschungseinrichtungen betreiben bzw. fördern wissenschaftliche Forschung sowie technische Entwicklung und sind „staatsnah“, da sie in ihren Organen und/oder durch Finanzzuwendungen staatlich (mit-)beherrscht sind.[211]

Staatliche Forschungseinrichtungen sind die institutionell von dem Bund oder einem Land oder vom Bund und mehreren Ländern gemeinsam getragenen For-

208 BT-Drucks. 14/6853, S. 35.
209 *Oppermann* - HdStR, § 145 Rn. 49.
210 *Meusel*, in: HdB d WissR, S. 1238.
211 *Meusel*, in: HdB d WissR, S. 1238.

schungseinrichtungen,[212] wobei sich die staatlichen Forschungseinrichtungen meist allein in der Trägerschaft des Bundes oder nur eines Landes befinden.[213]

Die überwiegend staatlich finanzierten Forschungseinrichtungen umfassen solche Forschungseinrichtungen, die mehr als die Hälfte des Haushalts vom Bund, einem Bundesland oder vom Bund und mehreren Ländern erhalten.[214] Hierzu zählen häufig Stiftungen[215] oder staatlich dominierte Einrichtungen ohne Erwerbscharakter.[216]

Von § 5 S. 1 WissZeitVG umfasst sind ebenso die institutionell überwiegend staatlich finanzierten Forschungseinrichtungen. Hierunter fallen Institutionen, die hinsichtlich ihrer Gesamtfinanzierung zwar überwiegend private Drittmittel einwerben, deren Grundfinanzierung jedoch zu mehr als die Hälfte staatlich ist.[217]

Eingeschlossen in den Anwendungsbereich des § 5 WissZeitVG sind auch die auf der Grundlage des Art. 91 b Grundgesetz geförderten Forschungseinrichtungen. Der Bereich der Forschungsförderung ist durch die Föderalismusreform,[218] die zum 1. 9. 2006 in Kraft trat, geändert worden. Art. 91 b GG wurde zwar durch die Föderalismusreform geändert. Die Möglichkeit des Zusammenwirkens von Bund und Ländern bei der Förderung überregional bedeutsamer wissenschaftlicher Forschung wird allerdings beibehalten.[219] Dies war zwar im Rahmen der Verhandlungen zur Föderalismusreform lange umstritten, ist jedoch nach Forderung der Länder wieder aufgenommen worden.

Gemäß Art. 91 Abs. 1 Nr. 1 können Bund und Länder aufgrund von Vereinbarungen in Fällen überregionaler Bedeutung bei der Förderung von Einrichtungen und Vorhaben der wissenschaftlichen Forschung außerhalb von Hochschulen zusammenwirken. Die Förderung der Forschungseinrichtungen und Projekte erfolgt meist über die Deutsche Forschungsgemeinschaft und über Sonderforschungsbereiche.[220] Aufgrund des notwendigen Zusammenwirkens zwischen Bund und Ländern ist ausgeschlossen, dass sich der Bund der Angelegenheiten selbst bemächtigt, die als Gemeinschaftsaufgabe im GG angeführt sind.[221] Bei den nach Art. 91 b GG geförderten Forschungseinrichtungen kommt es auf die Höhe des Anteils der staatlichen Finanzierung nicht an.[222] Forschungseinrich-

---

212 *Reich*, HRG/WissZeitVG, § 5 WissZeitVG Rn. 1.
213 *Waldeyer*, in: Hailbronner/Geis, HRG, § 57 d Rn. 4; *Preis*, WissZeitVG, § 5 Rn. 4.
214 *Preis*, WissZeitVG, § 5 Rn. 5.
215 *Lohfeld*, Befristung von Arbeitsverhältnissen, S. 59; *Preis*, WissZeitVG, § 5 Rn. 5.
216 APS-*Schmidt*, § 5 WissZeitVG Rn. 3.
217 BT-Drucks. 14/6853, S. 35; *Schlachter*, in: Laux/Schlachter, TzBfG, Anhang 2 § 1 WissZeitVG Rn. 2; APS-*Schmidt*, § 5 WissZeitVG Rn. 3.
218 BGBl. I S. 2304.
219 Vgl. zur alten Rechtslage *Oppermann*, DÖV 1972, 591 ff.
220 *Reich*, HRG/WissZeitVG, § 5 WissZeitVG, Rn. 1.
221 *Reich*, HRG/WissZeitVG, § 5 WissZeitVG, Rn. 1.
222 KR-*Lipke*, § 57 d Rn. 5a.; *Preis*, WissZeitVG, § 5 Rn. 7; *Zimmermann*, Befristete Arbeitsverhältnisse, S. 7.

tungen i. S. d. § 5 sind demnach insbesondere die Max-Planck-Gesellschaft, die Institute der Fraunhofer-Gesellschaft sowie die in der Hermann von Helmholtz-Gemeinschaft Deutscher Forschungszentren und in der Wissensgemeinschaft Gottfried Wilhelm Leibniz zusammengeschlossenen Einrichtungen (ehemals die Institute der „Blauen Liste“[223]) sowie die Großforschungseinrichtungen[224]. Die Großforschungseinrichtungen betreuen und bearbeiten langfristig angelegte komplexe Forschungs- und Entwicklungsaufgaben von überregionaler bzw. volkswirtschaftlicher Bedeutung, die eine kontinuierliche Bearbeitung erfordern, da sie mit erheblichen technischen und ökonomischen Risiken sowie einem erhöhten Planungs- und Managementaufwand verbunden sind.[225]

Forschungseinrichtungen, die sich in privater Trägerschaft befinden, sind nicht vom Anwendungsbereich des WissZeitVG umfasst.[226] Hieran ändert auch die Einwerbung von Drittmitteln staatlicher Herkunft nichts.[227] Der Anwendungsbereich des WissZeitVG beschränkt sich damit auf den staatlichen bzw. mit öffentlichen Mitteln eingerichteten und unterhaltenen Wissenschaftsbetrieb.[228] Ein Verstoß gegen den allgemeinen Gleichheitssatz aus Art. 3 Abs. 1 GG lässt sich in der unterschiedlichen Behandlung von staatlicher und privater Forschung nicht erblicken. Die Industrieforschung ist in erster Linie kommerziell orientiert und die im grundrechtlichen Verständnis von Wissenschaft vorausgesetzte Unabhängigkeit wird durch ökonomische Aspekte mitunter vollständig verdrängt.[229] Aufgabe industrieller Forschung kann nicht die zweckfreie Grundlagenforschung sein,[230] weshalb sie nicht in den Anwendungsbereich einzubeziehen ist. Auch nimmt der Staat seine Pflicht zur Förderung der Wissenschaft durch die Unterhaltung von Forschungseinrichtungen wahr. An der Industrieforschung ist der Staat jedoch nicht beteiligt, weshalb hier kein öffentlicher Einfluss vorliegt[231] und sich keine Pflicht des Staates aus Art. 5 Abs. 3 S. 1 GG zur Bereitstellung der personell-organisatorischen Rahmenbedingungen ergeben kann.[232] Dies folgt auch daraus, dass sich auf die organisationsrechtliche Komponente der Wissenschaftsfreiheit nur diejenigen

---

223 Ausführlich zu den Einrichtungen der „Blauen Liste“ *Meusel*, WissR 1981, 149; *Henrici*, in: Knopp/Gutheil, Neues HRG, S. 38, Fn. 97; Annuß/Thüsing – *Lambrich*, § 23 Rn. 89; *Paulig*, in: HdB d WissR, S. 1325 ff.

224 *Löwer*, in: HdB d WissR, S. 1223.

225 *Löwer*, in: HdB d WissR, S. 1227.

226 *Dörner*, Der befristete Arbeitsvertrag, Rn. 720; *Nagel*, Fristverträge an Hochschulen, Einl. Rn. 3; KR-*Lipke*, § 57 d Rn. 5a; *Müller-Glöge* - EK, § 5 WZVG Rn. 1; *Preis*, WissZeitVG, § 5 Rn. 8; APS-*Schmidt*, § 5 WissZeitVG Rn. 3; *Zimmermann*, Befristete Arbeitsverhältnisse, S. 108.

227 *Löwisch/Wertheimer*, HochschulR-Praxishandbuch, VII Rn. 221, KR-*Lipke*, § 57 d Rn. 5; *Müller-Glöge* - EK, § 5 WZVG Rn. 1.

228 *Zimmermann*, Befristete Arbeitsverhältnisse, S. 98.

229 *Zimmermann*, Befristete Arbeitsverhältnisse, S. 99.

230 *Stiller*, Das drittmittelfinanzierte Arbeitsverhältnis, S. 43.

231 *Löwisch*, Stellungnahme, BT- A – Drucks. 16(18)139f, S. 5.

232 *Zimmermann*, Befristete Arbeitsverhältnisse, S. 99.

Wissenschaftseinrichtungen berufen können, die vom Staat unterhalten werden und somit der Allgemeinheit dienen. Hieraus darf aber nicht gefolgert werden, Industrieforschung als solche würde von vornherein nicht der Wissenschaft i. S. d. Art. 5 Abs. 3 GG entsprechen, da Wissenschaft immer auf wahre oder falsche Erkenntnisse gerichtet ist. Dies gilt ebenso für die Industrieforschung, auch wenn deren Forschung zwar nicht um ihrer selbst willen erfolgt, sondern sich daran orientiert, ob Erkenntnisse auf dem Markt zu verwerten sind.[233] Träger der Forschungsfreiheit sind in der Industrieforschung jedoch nur die Forschenden und nicht die Institutionen selbst. Insoweit kann ein Befristungsrecht, das seine Rechtfertigung maßgeblich aus Art. 5 Abs. 3 GG herleitet, nicht auf diese Einrichtungen erstreckt werden.

Zimmermann[234] will deshalb den Anwendungsbereich des Sonderbefristungsrechtes der Hochschulen und Forschungseinrichtungen dahingehend verfassungskonform auslegen, dass in den Fällen, in denen die Forschung rein kommerzielle Zwecke verfolge, wie es bei der Auftragsforschung und der Übernahme von Projektträgerschaft der Fall sein kann, das WissZeitVG keine Anwendung finden könne, auch wenn die Einrichtung grundsätzlich dem institutionellen Anwendungsbereich unterfalle. Als Abgrenzungskriterium zwischen wirtschaftlichem Geschäftsbetrieb, der nicht geschützt wäre, und Gemeinnützigkeit soll dienen, ob bei typologischer Betrachtungsweise der wirtschaftliche Zweck die Tätigkeit präge oder nur untergeordneter Nebenzweck sei.

Eine derartige Einschränkung ist nicht praktikabel, da sie eine Prognose über die Beschäftigung wissenschaftlicher Mitarbeiter erfordert, die nicht getroffen werden kann, da ein Lehrstuhlinhaber von vornherein ausschließen müsste, dass der Mitarbeiter in einem derartigen Projekt eingesetzt werden wird. Zudem muss bei Hochschulen die Kalkulation eines Projektes nicht kostendeckend erfolgen. Insofern kann hier nicht von einer kommerziellen Orientierung ausgegangen werden. Bei der Auftragsforschung steht zwar die Erfüllung des Auftrages im Vordergrund. Sie ist dennoch nicht frei von wissenschaftlichen Aspekten. Das BAG hat deshalb entschieden, dass eine Einrichtung der Ressortforschung dann eine Forschungseinrichtung i. S. d. § 5 WissZeitVG ist, wenn sie über eine Organisation verfügt, die eine freie wissenschaftliche Betätigung i. S. v. Art. 5 Abs. 3 GG ermöglicht. Dies sei dann der Fall, wenn die Einrichtung über eine eigene Organisation verfüge, die erteilten Forschungsaufträge mit wissenschaftlichen Methoden und in freier Methodenwahl bearbeitet würden und die Publikation der Forschungsergebnisse für den Regelfall vorgesehen sei.[235] Der Aspekt der Nachwuchsförderung kann auch bei Auftragsforschung u.ä. zum Tragen kommen, da im Rahmen von kommerziell orientierten Projekten Nach-

---

233 *Seibert*, WissR 1983, 130, 140.
234 *Zimmermann*, Befristete Arbeitsverhältnisse, S. 100.
235 BAG, Urt. v. 19.03.2008, 7 AZR 1100/08, zitiert nach www.juris.de

wuchswissenschaftler die Möglichkeit erhalten, Erfahrungen sowohl in der Forschung als auch in der Projektarbeit (beginnend bei der Konzeption bis zum Abschluss des Forschungsprojektes) zu sammeln. Eine Differenzierung, die sich daran orientieren soll, ob der wirtschaftliche Zweck die Tätigkeit prägt, wird sich an Hochschulen und Forschungseinrichtungen kaum durchhalten lassen, da ein und dasselbe Projekt für den einen nur aus kommerziellen Gründen durchgeführt wird, für den anderen jedoch der wissenschaftliche Aspekt im Vordergrund steht. Dies zu bewerten, berührt maßgeblich die Wissenschaftsfreiheit und ist unzulässig.

Demnach kann eine Befristung nach Maßgabe des WissZeitVG erfolgen, sofern es sich bei dem künftigen Arbeitgeber um eine Hochschule i. S. d. § 1 bzw. 4 WissZeitVG oder eine Forschungseinrichtung i. S. d. § 5 WissZeitVG handelt.

III. Privatdienstverträge, § 3 WissZeitVG

Auf Privatdienstverträge i. S. d. § 3 S. 1 WissZeitVG finden die §§ 1, 2 und 6 WissZeitVG entsprechend Anwendung. Der Hinweis auf § 6 ist jedoch ein redaktionelles Versehen. Durch § 3 ist sichergestellt, dass bei Privatdienstverträgen die nach § 2 Abs. 1 WissZeitVG zulässige Höchstdauer nicht überschritten wird. Die Einbeziehung von Privatdienstverträgen in den Anwendungsbereich ermöglicht zum einen die Anwendung des einfachen Befristungsrechts sowie der neuen Befristungsmöglichkeit bei Drittmittelfinanzierung auch im Bereich der Privatdienstverträge. Zum anderen fließen somit Befristungen in Privatdienstverträgen in die Höchstgrenzenberechnung ein, da durch Wechsel der Arbeitgeber (Hochschule, Forschungseinrichtung und Privatdienstverträge mit Professoren) keine mehrfache Ausschöpfung der Befristungshöchstgrenzen möglich sein soll.[236] So kann ein Vertrag nach § 3 WissZeitVG auf die Befristungsgründe des § 2 WissZeitVG gestützt werden. Umgekehrt wird ein solcher Vertrag gemäß § 2 Abs. 3 S. 1 Var. 3 WissZeitVG auf die Höchstbefristungszeiten des § 2 Abs. 1 WissZeitVG angerechnet.

Eine entsprechende Vorschrift war bereits im HRG von 1985 in § 57 e enthalten. Voraussetzung war jedoch, dass der Mitarbeiter vollständig aus Drittmitteln bezahlt wurde. Eine nur überwiegende Bezahlung aus Drittmitteln, wie sie für die Befristung aufgrund Drittmittelfinanzierung nach § 57 b Abs. 2 Nr. 4 ausreichte und weiterhin ausreicht, genügte nicht.

Der Privatdienstvertrag wird in § 3 S. 1 WissZeitVG beschrieben als ein befristeter Arbeitsvertrag, den ein Mitglied einer Hochschule, das Aufgaben seiner Hochschule selbständig wahrnimmt, zur Unterstützung bei der Erfüllung dieser Aufgaben mit aus Mitteln Dritter vergütetem Personal i. S. d. § 1 Abs. 1 S. 1 WissZeitVG abschließt.

---

236 BT-Drucks. 16/6438 S. 16.

Durch einen Privatdienstvertrag i. S. d. § 3 WissZeitVG wird kein unmittelbares oder mittelbares Arbeitsverhältnis des Mitarbeiters mit der Hochschule begründet.[237] Ausschließlich der Hochschullehrer und der Arbeitnehmer sind Parteien eines Arbeitsverhältnisses, weshalb sämtliche Haftungsfälle eines Zwei-Personen-Arbeitsverhältnisses möglich sind.[238] Demnach trägt der Mittelempfänger das Arbeitgeberrisiko und haftet dem im Rahmen eines Privatdienstvertrages angestellten Arbeitnehmer für sämtliche arbeitsrechtlichen Verpflichtungen, selbst wenn aus den Drittmitteln keine Deckung für seine Verpflichtungen besteht.[239]

Die Verwaltung von Drittmitteln kann je nach Hochschule oder Bundesland in unterschiedlichen Verfahren erfolgen. Hierzu zählen das Drittmittelverfahren, das Verwahrkontenverfahren sowie das Sonderkontenverfahren. Diese Verfahren unterscheiden sich hinsichtlich des Anteils der Hochschule bei der Verwaltung der Drittmittel sowie der Verfügungsbefugnisse des Hochschullehrers als Drittmittelempfänger. Insoweit ist darzustellen, in welchen Verfahren der Hochschullehrer Arbeitgeber ist und somit ein Privatdienstvertrag i. S. d. § 3 WissZeitVG vorliegt.

Im sog. Drittmittelverfahren werden die Mittel von der Hochschule verwaltet oder in den Landeshaushalt eingestellt.[240] Die Hochschule übernimmt die gesamte Verantwortung gegenüber dem Drittmittelgeber. Der Mitarbeiter wird deshalb Arbeitnehmer der Hochschule oder des Landes, weshalb ein Privatdienstvertrag ausscheidet. Die Arbeitgeberstellung der Hochschule hat zur Folge, dass das gesamte Haushalts- und Tarifrecht Anwendung findet.[241] Der Hochschule verbleibt jedoch die Möglichkeit, den Mitarbeiter entweder gemäß § 2 Abs. 1 WissZeitVG befristet anzustellen, sofern die Verweildauer des Mitarbeiters an der Hochschule die darin enthaltenen Höchstbeschäftigungsdauern nicht übersteigt, oder die Befristung auf § 2 Abs. 2 WissZeitVG zu stützen, sofern die Drittmittel nicht als geplante Einnahmen in den laufenden Haushalt eingestellt werden.[242] Das Drittmittelverfahren ist nicht nur für den Arbeitnehmer vorteilhaft, sondern auch für den Drittmittelgeber, da er aufgrund der Anwendbarkeit der haushaltsrechtlichen Grundsätze der Wirtschaftlichkeit und Spar-

---

237 *Löwisch/Wertheimer*, Hochschulrecht-Praxishandbuch, VII Rn. 10; *Müller-Glöge* - EK, § 3 WZVG Rn. 1; *Preis*, WissZeitVG, § 3 Rn. 24 f.; *Schlachter*, in: Laux/Schlachter, TzBfG, Anhang 2 § 3 WissZeitVG Rn. 1; APS-*Schmidt*, § 3 WissZeitVG Rn. 6. Ein mittelbares Arbeitsverhältnis bei Personalverwaltung durch die Hochschule annehmend KSchR-*Däubler*, § 3 WissZeitVG Rn. 11.

238 *Stiller*, Das drittmittelfinanzierte Arbeitsverhältnis, S. 140.

239 *Zimmermann*, Befristete Arbeitsverhältnisse, S. 132, vgl. ebenda., S. 136 ff. zur Verpflichtung der Hochschulen bei Privatdienstverträgen.

240 *Nagel*, Fristverträge an Hochschulen, § 57 e Rn. 10.

241 *Stiller*, Das drittmittelfinanzierte Arbeitsverhältnis, S. 52.

242 Vgl. hierzu den Gliederungspunkt „Drittmittelbegriff", Kapitel 4 § 1 III. 4. a).

samkeit sowie der Kontrollmöglichkeit durch die Rechnungshöfe geschützt wird.[243]

Bei dem sog. Verwahrkontenverfahren ist allein der Projektleiter verfügungsberechtigt, die Hochschule übernimmt jedoch die Verwaltung der Projektmittel für den Projektleiter. Sie „fungiert als Zahlstelle“[244] und wird zum Verwaltungshelfer des Zuwendungsempfängers,[245] wobei die Mittel nicht in den Haushalt integriert werden. Unerheblich ist für die Arbeitgebereigenschaft des Projektleiters und damit das Vorliegen eines Privatdienstvertrages, ob der Projektleiter allein über die Drittmittel verfügt oder die Hochschule diese verwaltet und auszahlt.[246] Der Projektleiter wird alleiniger Arbeitgeber, sofern dies mit den Bedingungen des Drittmittelgebers vereinbar ist und er die Arbeitsverträge in eigenem Namen unterzeichnet.[247] Sofern sowohl Hochschule als auch Drittmittelforscher den Vertrag unterzeichnen, ist die Benennung der Vertragparteien im Vertrag entscheidend.[248] Selbst wenn die Hochschule die Abwicklung der Personalverwaltung vornimmt, wird der Projektleiter alleiniger Arbeitgeber,[249] da nur ihm das Weisungsrecht gegenüber dem Arbeitnehmer zusteht.[250] *Stiller* spricht insofern von einer „Aufspaltung von Arbeitgeberfunktionen“, vergleichbar mit der Aufspaltung der Arbeitgeberfunktionen bei Leiharbeitsverhältnissen, die jedoch keine Auswirkung auf die Arbeitgeberstellung des Hochschullehrers habe.[251] Es existiert nämlich kein Rechtssatz, wonach ein (unmittelbares) Arbeitsverhältnis mit dem Hintermann des vertraglichen Arbeitgebers als begründet anzusehen ist, nur weil dem Arbeitnehmer das Kündigungsschutzgesetz nicht zur Seite stehen würde.[252] Aufgrund dieser für den Arbeitnehmer unübersichtlich erscheinenden Situation (Hochschullehrer wird Arbeitgeber, obwohl die Hochschule für ihn die Abwicklung der Personalangelegenheiten übernimmt), will *Stiller*[253] die Anwendung des Verwahrkontenverfahrens untersagen. Hiergegen spricht, dass Mitarbeiter, die mit einem Hochschullehrer einen Privatdienstvertrag abschließen, wissen, dass Arbeitgeber der Hochschullehrer wird. Dies wird aus den Gesprächen, die vor der Einstellung stattfinden, deutlich und ergibt sich zudem aus dem Arbeitsvertrag. Mitarbeitern, die im Rahmen eines Privatdienstvertrages angestellt werden, wird außerdem der Wissenschaftsbe-

---

243 *Stiller*, Das drittmittelfinanzierte Arbeitsverhältnis, S. 52.
244 *Zimmermann*, Befristete Arbeitsverhältnisse, S. 13.
245 *Stiller*, Das drittmittelfinanzierte Arbeitsverhältnis, S. 54.
246 KR-*Lipke*, § 57 c HRG, Rn. 6.
247 KR-*Lipke*, § 57 c HRG Rn. 6.
248 *Reich*, HRG/WissZeitVG, § 2 WissZeitVG Rn. 3.
249 *Koch*, AuA 1994, 317, 319; *Zimmermann*, Befristete Arbeitsverhältnisse, S. 136.
250 *Stiller*, Das drittmittelfinanzierte Arbeitsverhältnis, S. 171.
251 *Stiller*, Das drittmittelfinanzierte Arbeitsverhältnis, S. 174 sowie 189.
252 BAG, Urt. v. 29.6.1988, Az. 7 AZR 552/86, ZTR 1989, 81, 82.
253 *Stiller*, Das drittmittelfinanzierte Arbeitsverhältnis, S. 49 f. *Stiller* nimmt aber – sofern das Verwahrkontoverfahren angewendet wird – zutreffend eine alleinige Arbeitgeberstellung des Hochschullehrers an, S. 53.

reich nicht gänzlich unbekannt sein, weshalb diese Mitarbeiter hier nicht vor ihrer vermeintlichen Unwissenheit besonders zu schützen sind.

Stiller[254] selbst bezeichnet des Verwahrkontenverfahren als „Kompromiß zwischen einer uneingeschränkten Autonomie des einzelnen Hochschullehrers und einer uneingeschränkten Einbindung der Drittmittel in die staatliche Mittelbewirtschaftung." Das Verwahrkontenverfahren ist ein an den Hochschulen sehr weit verbreitetes Verfahren, das gerade für den Hochschullehrer eine große Erleichterung in der Verwaltung von Drittmittelprojekten darstellt. Eine Versagung des Verwahrkontenverfahrens würde eine enorme Belastung für den Hochschullehrer darstellen, der gezwungen würde, seine gesamten Drittmittel selbst zu verwalten. Auch können sich Drittmittelgeber auf eine ordnungsgemäße Verwaltung verlassen, da Hochschulverwaltungen über eigens hierfür angestelltes Personal verfügen. Eine Abschaffung dieses Verfahrens würde zwar für den Arbeitnehmer mehr Übersichtlichkeit bedeuten, jedoch würden die Nachteile, die hieraus für Hochschullehrer und Drittmittelgeber folgen, überwiegen. Bereits im Hinblick auf die grundsätzliche Möglichkeit, befristete Arbeitsverhältnisse für Drittmittelprojekte abschließen zu können, wurde angeführt, dass die Bereitschaft zur Einwerbung von Drittmitteln deutlich zurückginge, wenn befristete Arbeitsverträge nicht wirksam geschlossen werden könnten. Für die Versagung des Verwahrkontenverfahrens gilt dies erst recht.

Anders zu behandeln ist das Sonderkontenverfahren, bei dem das Hochschulmitglied direkter Zuwendungsempfänger ist und selbständig sämtliche Entscheidungen trifft sowie Abrechnungen vornimmt, weshalb die Drittmittel auf ein externes Konto überwiesen werden. Aufgrund der alleinigen Verantwortung des Hochschulmitgliedes für das Projekt ist der Hochschullehrer unproblematisch Arbeitgeber.

Die entsprechende Anwendung des WissZeitVG hat nicht zur Folge, dass ein Hochschullehrer einen Privatdienstvertrag nach dem WissZeitVG abschließen muss. Unberührt bleibt das Recht, den Vertrag aufgrund der allgemeinen Vorschriften – etwa nach TzBfG – abzuschließen.[255] Hierbei muss jedoch beachtet werden, dass eine Befristung nach TzBfG einen Sachgrund erfordert, der einer gerichtlichen Überprüfung standhalten muss. Damit weist die Anwendung des TzBfG deutlich mehr Rechtsunsicherheit auf als die Anwendung des WissZeitVG. *Löwisch/Wertheimer*[256] raten hingegen dazu, einen unbefristeten Arbeitsvertrag abzuschließen, sofern die Anzahl der Mitarbeiter, die die Anwendung des Kündigungsschutzgesetzes auslöst, nicht überschritten wird, da hier eine Lösung innerhalb der gesetzlichen Kündigungsfristen vom Arbeitsvertrag möglich ist.

---

254 *Stiller*, Das drittmittelfinanzierte Arbeitsverhältnis, S. 54.
255 *Löwisch/Wertheimer*, HochschulR-Praxishandbuch, VII Rn. 218.
256 *Löwisch/Wertheimer*, HochschulR-Praxishandbuch, VII Rn. 218.

Das durch die entsprechende Anwendung des § 1 WissZeitVG mit einbezogene Verbot der tariflichen Abweichung dürfte praktisch wegen der fehlenden Tarifbindung des Hochschulmitglieds leer laufen, da allein die Tarifbindung des Arbeitnehmers die Rechtsfolge nicht auslösen kann.[257] Dennoch ist den Vertragsparteien möglich, in analoger Anwendung von § 1 Abs. 1 S. 4 WissZeitVG die Anwendung eines Tarifvertrages zu vereinbaren.[258]

§ 3 WissZeitVG enthält entgegen der Fassung des HRG einen S. 2, wonach § 2 Abs. 2 S. 2 sowie Abs. 4 S. 1 und 2 auch für nicht-wissenschaftliches und nicht-künstlerisches Personal entsprechend gelten. Hiermit verweist das Gesetz im Rahmen des Privatdienstvertrages auf den Befristungsgrund „Drittmittelfinanzierung", der in § 2 Abs. 2 WissZeitVG eingefügt wurde und gemäß § 2 Abs. 2 S. 2 WissZeitVG auch für das sog. akzessorische Personal gilt. Dass die Anwendbarkeit des Drittmittelgrundes nun auch auf das akzessorische Personal im Rahmen von Privatdienstverträgen erweitert wurde, ist konsequent. Es wäre nicht nachvollziehbar, warum eine befristete Anstellung im Rahmen eines Drittmittelvertrages mit der Hochschule durch Gesetz ermöglicht werden soll, dies jedoch für dieselbe Personengruppe im Rahmen eines Privatdienstvertrages nicht gilt. Problematisch könnte dies lediglich im Hinblick auf den Kündigungsschutz sein. Im Gegensatz zu einer Hochschule oder Forschungseinrichtung wird ein Lehrstelleninhaber in den seltensten Fällen den Schwellenwert von § 23 Abs. 1 S. 2 KSchG für die Anwendbarkeit des KSchG erreichen.

Damit § 3 S. 1 WissZeitVG Anwendung finden kann, muss 1.) ein Mitglied einer Hochschule, das 2.) Aufgaben seiner Hochschule selbständig wahrnimmt, 3.) zur Unterstützung bei Erfüllung dieser Aufgaben 4.) Verträge mit aus Drittmitteln vergütetem Personal abschließen.

1. Mitglied einer Hochschule

Wer Mitglied einer Hochschule ist, bestimmt sich alleinig nach Landesrecht. Grundsätzlich ist davon auszugehen, dass Mitglieder der Hochschule die an der Hochschule nicht nur vorübergehend oder gastweise hauptberuflich Beschäftigten sind.[259] Demnach sind auch emeritierte Professoren und Honorarprofessoren zum Abschluss von Privatdienstverträgen berechtigt, sofern das Landesrecht sie als Mitglieder von Hochschulen benennt.[260] Ebenso gehören hierzu die Junior-

257 *Reich*, HRG/WissZeitVG, § 3 WissZeitVG Rn. 7; *Waldeyer*, in Hailbronner/Geis, HRG, § 57 c Rn. 12.

258 *Waldeyer*, in: Hailbronner/Geis, HRG, § 57 c Rn. 12.

259 *Preis*, WissZeitVG, § 3 Rn. 5.

260 KSchR-*Däubler*, § 3 WissZeitVG Rn. 3; Annuß/Thüsing – *Lambrich*, § 23 Rn. 90; KR-*Lipke*, § 57 c Rn. 3; *Müller-Glöge* - EK, § 3 WZVG Rn. 2; APS-*Schmidt*, § 3 WissZeitVG Rn. 3.

professoren und Professoren auf Lebenszeit.[261] Auch zu berücksichtigen sind die außerplanmäßigen Professoren.[262] Mitglied einer Hochschule sind auch die wissenschaftlichen Mitarbeiter. Hier erlangt die Voraussetzung der selbständigen Wahrnehmung von Aufgaben der Hochschule gesonderte Bedeutung.

2. Selbständige Wahrnehmung von Aufgaben seiner Hochschule

Die Aufgaben der Hochschule bestimmen sich ebenfalls nach Landesrecht. Im HRG ist in § 2 Abs. 1 definiert, dass die Hochschulen der Pflege und Entwicklung der Wissenschaften und der Künste durch Forschung und Lehre dienen. Diese Aufgabe findet sich in einer Vielzahl von Hochschulgesetzen.[263] Zudem ergänzt § 57 c HRG i. d. F. 5. HRGÄndG § 25 Abs. 5 S. 3 HRG, wonach für den Bereich der Drittmittelforschung der Abschluss von Privatdienstverträgen zugelassen ist. Gemäß § 26 HRG findet diese Norm auch entsprechende Anwendung auf Entwicklungsvorhaben.

Selbständig nehmen Professoren sowie Juniorprofessoren die Aufgaben der Hochschule wahr; wie aus § 43 HRG folgt. Nunmehr liegt es in der Ausgestaltung der Landesgesetze, wer selbständig zur Forschung und Lehre befugt ist. Die Wahrnehmung von Aufgaben der Hochschule i. S. d. § 3 WissZeitVG ist nicht gleichzusetzen mit der Vertretung der Hochschule oder ihrer Organe.[264]

Auch bei emeritierten Professoren muss das Landesrecht ihnen den Status des Mitglieds der Hochschule verleihen und die selbständige Wahrnehmung von Forschungsaufgaben zuweisen.[265]

Ebenso ist es nach § 53 Abs. 1 S. 3 HRG möglich, wissenschaftlichen Mitarbeitern die selbständige Wahrnehmung von Aufgaben in Forschung und Lehre zu übertragen. Sofern dies geschehen ist, können auch sie als Arbeitsgeber fungieren.[266]

Honorarprofessoren nehmen zwar selbständig die Aufgaben ihrer Hochschule wahr, jedoch muss ihnen zusätzlich durch Landesrecht die selbständige Wahrnehmung von Aufgaben in Forschung, Entwicklung oder künstlerischen Entwicklungsvorhaben zugewiesen werden.[267]

---

261 KR-*Lipke*, § 57 c Rn. 3; *Preis*, WissZeitVG, § 3 Rn. 5; APS-*Schmidt*, § 3 WissZeitVG Rn. 3;.
262 *Reich*, HRG/WissZeitVG, § 3 WissZeitVG Rn. 4; *Preis*, WissZeitVG, § 3 Rn. 13 – mit landesrechtlichen Nachweisen.
263 Vgl. u. a. Art. 2 Abs. 1 S. 1 BayHSchG, § 4 Abs. 1S. 1 BerlHG, § 4 Abs. 1 S. 1 BremHG, § 3 Abs. 1 S. 1 LHG M-V, § 3 Abs. 1 S. 1 HSG NRW
264 *Reich*, HRG/WissZeitVG, § 3 WissZeitVG, Rn. 4.
265 *Preis*, WissZeitVG, § 3 Rn. 8 - mit landesrechtlichen Nachweisen.
266 Annuß/Thüsing – *Lambrich*, § 23 Rn. 90; *Löwisch/Wertheimer*, HochschulR-Praxishandbuch, VII Rn. 217; *Preis*, WissZeitVG, § 3 Rn. 7; *Waldeyer*, in: Hailbronner/Geis, HRG, § 57 c Rn. 3.
267 *Waldeyer*, in: Hailbronner/Geis, HRG, § 57 c Rn. 5.

Lehrbeauftragte können hingegen nicht Arbeitgeber eines Privatdienstvertrages nach § 3 WissZeitVG sein, selbst wenn sie nach Landsrecht Mitglied der Hochschule sind, da sie nur die ihnen übertragenen Lehraufgaben selbständig wahrnehmen. § 3 S. 1 WissZeitVG setzt jedoch die selbständige Wahrnehmung von Aufgaben in Forschung, Entwicklung oder Kunst voraus.[268]

3. Vertrag dient der Unterstützung der Erfüllung dieser Aufgaben

Der Vertrag muss gemäß § 3 S. 1 WissZeitVG der Unterstützung des Mitgliedes der Hochschule bei Erfüllung der Aufgaben der Hochschulen (und damit in Forschung und Lehre) dienen. Damit erfüllt ein Vertrag, der die Unterstützung der Nebentätigkeit des Mitglieds zum Inhalt hat, nicht die Voraussetzung des § 3 WissZeitVG,[269] da die Nebentätigkeit gesondert vergütet wird, bei einem Drittmittelprojekt es sich jedoch lediglich um eine Aufwandsentschädigung handelt.[270]

Unbedeutend ist, ob die Mittel für Aufgaben der Forschung oder der Lehre zur Verfügung gestellt sind und ob der Mitarbeiter entsprechend einer etwaigen Zweckbestimmung des Drittmittelgebers beschäftigt wird.[271] Die Beschäftigung entsprechend der Zweckbestimmung des Drittmittelgebers muss jedoch beachtet werden, sofern es um die Anstellung von nicht-wissenschaftlichem Personal geht, da § 3 S. 2 WissZeitVG auf § 2 Abs. 2 verweist, der sich wiederum auf § 2 Abs. 2 S. 1 WissZeitVG bezieht und als eine der Voraussetzungen die zweckentsprechende Beschäftigung enthält.

4. Personal wird überwiegend aus Drittmitteln vergütet

§ 3 S. 1 WissZeitVG verweist hinsichtlich des Personals auf § 1 Abs. 1 S. 1 WissZeitVG. Damit können Privatdienstverträge nach § 3 S. 1 WissZeitVG nur mit wissenschaftlichem und künstlerischem Personal unterhalb der Hochschullehrer abgeschlossen werden. Werden Privatdienstverträge nur zur Erfüllung sonstiger Dienstaufgaben abgeschlossen, kann eine Befristung im Rahmen

---

268 Annuß/Thüsing – *Lambrich*, § 23 Rn. 90; *Waldeyer*, in: Hailbronner/Geis, HRG, § 57 c Rn. 4; *Preis*, WissZeitVG, § 3 Rn. 11.

269 KSchR-*Däubler*, § 3 WissZeitVG Rn. 6; *Lakies*, ZTR 2002, 250, 256; KR-*Lipke*, § 57 c Rn. 4; *Löwisch/Wertheimer*, HochschulR-Praxishandbuch, VII Rn. 217; *Müller-Glöge* - EK, § 3 WZVG Rn. 2; *Preis*, WissZeitVG, § 3 Rn. 18; *Reich*, HRG/WissZeitVG, § 3 WissZeitVG Rn. 5; *Schlachter*, in: Laux/Schlachter, TzBfG, Anhang 2 § 3 WissZeitVG Rn. 2; APS-*Schmidt*, § 3 WissZeitVG Rn. 4; *Waldeyer*, in: Hailbronner/Geis, HRG, § 57 c Rn. 8; *Zimmermann*, Befristete Arbeitsverhältnisse, S. 134.

270 KSchR-*Däubler*, § 3 WissZeitVG Rn. 6; KR-*Lipke*, § 57 c Rn. 4; BAG, Urt. v. 27.9.2000, Az. 7 AZR 229/99, n. v., zitiert nach www. juris.de.; *Preis*, WissZeitVG, § 3 Rn. 18

271 *Löwisch/Wertheimer*, HochschulR-Praxishandbuch, VII Rn. 218.

eines Privatdienstvertrages nur nach Maßgabe von § 3 S. 2 WissZeitVG erfolgen.[272]

a) Drittmittelbegriff

aa) Definition

Das HRG definiert in § 25 Abs. 1 HRG, dass die in der Forschung tätigen Hochschulmitglieder berechtigt sind, im Rahmen ihrer dienstlichen Aufgaben solche Forschungsvorhaben durchzuführen, die nicht aus den der Hochschule zur Verfügung stehenden Haushaltsmitteln, sondern aus Mitteln Dritter finanziert werden.[273] Die der Hochschule zur Verfügung stehenden Haushaltsmittel entsprechen den regulären Haushaltsmitteln.[274] Drittmittel sind somit nicht nur Gelder Privater, sondern alle zusätzlichen finanziellen und sonstigen Zuwendungen.[275] Demnach müssen Drittmittel nicht von einer anderen juristischen Person stammen, sondern können auch öffentliche Gelder sein und sogar von dem Unterhaltsträger Hochschule selbst stammen, sofern sie nicht zu den der Hochschule zur Verfügung gestellten laufenden Haushaltsmitteln gehören.[276] Sind die Mittel nicht für unmittelbare wissenschaftliche Zwecke, sondern zur Förderung anderer Ziele gewährt, liegen keine Drittmittel i. S. d. Norm vor.[277] Aus alledem folgt folgende Definition: Drittmittel sind Mittel, die zur Förderung von Forschung und Lehre zusätzlich zum regulären Haushalt (Grundausstattung) von öffentlichen oder privaten Stellen eingeworben werden.[278]

Für die Anwendbarkeit von § 3 WissZeitVG ist entscheidend, dass eigene Mittel des Hochschulmitglieds nicht zu Drittmitteln zählen.[279]

Nicht zu Drittmitteln zählen ABM-Verträge, da diese nicht auf die Finanzierung eines Forschungsprojektes, sondern auf die Förderung einzelner Arbeitsloser gerichtet sind. Bei einem drittmittelfinanzierten Projekt ist es Sache der Hochschule zu entscheiden, wie und woher sie ihre Mitarbeiter rekrutiert. Bei ABM-Geldern wird die Förderung jedoch nur für arbeitslose bzw. –suchende

---

272 *Reich*, HRG/WissZeitVG, § 3 WissZeitVG Rn. 6.

273 So auch die Definition, die das BAG verwendete, vgl. BAG, Urt. v. 15.1.1997, AP Nr. 14 zu § 57 b HRG.

274 BAG, Urt. v. 31.1.1990, AP Nr. 1 zu § 57 b HRG; BAG, Urt. v. 15.1.1997 AP HRG § 57 b Nr. 14.

275 *Zimmermann*, Befristete Arbeitsverhältnisse, S. 10; *Schlachter*, in: Laux/Schlachter, TzBfG, Anhang 2 § 2 WissZeitVG Rn. 15.

276 BAG, 31.1.1990, AP Nr. 1 § 57 b HRG; Urt. v. 22.11.1995, BAGE 81, 301, 306; *Dörner*, Der befristete Arbeitsvertrag, Rn. 782; *Hesse*-MüKoBGB, § 23 Rn. 55; *Müller-Glöge* – EK, § 2 WZVG Rn. 10; APS-*Schmidt*, § 2 WissZeitVG Rn. 29; *Zimmermann*, Befristete Arbeitsverhältnisse, S. 10.

277 *Zimmermann*, Befristete Arbeitsverhältnisse, S. 10 f.

278 *Zimmermann*, Befristete Arbeitsverhältnisse, S. 11.

279 APS-*Schmidt*, § 3 WissZeitVG Rn. 5; *Müller-Glöge* - EK, § 3 WZVG Rn. 3.

Arbeitnehmer gewährt, die dem Arbeitgeber vom Arbeitsamt zugewiesen sind.[280]

bb) Studiengebühren

Studiengebühren, die von einigen Ländern eingeführt wurden, stellen keine Drittmittel dar. Sie sind von den Gesetzgebern als feste Einnahmen vorgesehen, da sie erst den Zugang zur Hochschule ermöglichen. Dementsprechend sind sie wie Haushaltsmittel zu behandeln. Zudem werden sie von Mitgliedern der Hochschule erbracht,[281] so dass es sich eher um Beiträge handelt als um Drittmittel. Auch fehlt es Studiengebühren an einer konkreten Zweckbestimmung.[282] Studiengebühren können von den Hochschulen frei eingesetzt werden. Darüber hinaus fehlt es im Hinblick auf die Prognoseentscheidung an einer Zweckbestimmung und konkreten Beschäftigung mit den Aufgaben der durch die Gelder geschaffenen Stelle, da Studiengebühren der Finanzierung von Daueraufgaben der Hochschule dienen.

cc) Spenden

Voraussetzung für das Vorliegen von Drittmitteln ist eine unmittelbare Entscheidung eines Dritten, weshalb Spenden, die einer Hochschule zuteil werden, keine Drittmittel i. S. d. Norm sind, selbst wenn sie unter einer Auflage zugewendet werden.[283]

dd) Überschüsse

Fraglich ist, ob auch Überschüsse, die im Rahmen eines anderen Drittmittelprojektes erwirtschaftet wurden, zu Drittmitteln zählen. Das LAG Berlin hat dies verneint.[284] Das BAG geht hingegen davon aus, dass eigenverdiente Mittel aus einem Forschungsprojekt Drittmittel seien, soweit es sich nicht um laufende Haushaltsmittel handele.[285] Gegen die Ansicht des BAG spricht, dass es somit in der Hand des Haushaltsgesetzgebers liegen würde, durch die Nichtveranlagung der zu erwartenden Einnahmen aus dem Drittmittelprojekt in den Haushalt den Drittmitteltatbestand auslösen zu können. Nur wenn offensichtlich keine Umgehung arbeits- bzw. haushaltsrechtlicher Bestimmungen vorliegt, kann eine ü-

---

280 BAG, Urt. v. 13.4.1994, AP Nr. 1 zu § 57 c HRG m. Anm. Wegner; KSchR-*Däubler*, § 2 WissZeitVG Rn. 50; *Hesse*-MüKoBGB, § 23 Rn. 55; *Preis*, WissZeitVG, § 2 Rn. 62. Kritisch hierzu *Hauck-Scholz/Neie*, NZA-RR 1999, 169, 177.

281 *Preis*, WissZeitVG, § 2 Rn. 77.

282 *Preis*, WissZeitVG, § 2 Rn. 77.

283 *Reich*, HRG/WissZeitVG, § 2 WissZeitVG Rn. 7.

284 LAG Berlin 30.10.1992, ZTR 1993, 169.

285 BAG Urt. v. 15.1.1997, AP Nr. 14 zu § 57 b HRG.

berwiegende Vergütung des Mitarbeiters aus eigenverdienten Mitteln i. S. d. § 2 Abs. 2 WissZeitVG vorliegen.[286] Dem BAG ist aber insoweit zuzustimmen, dass die Herkunft der Mittel nicht aus dem Haushalts-, sondern dem Drittmittelbereich stammt. Wären die Mittel in dem Projekt verbraucht worden, für das sie ursprünglich gewährt wurden, würde es sich unstreitig um Drittmittel handeln. Überschüsse erfüllen zudem sämtliche Merkmale obiger Drittmitteldefinition: Sie sind (im Rahmen des Ausgangsprojektes) zur Förderung von Forschung und Lehre von einer öffentlichen oder privaten Stelle eingeworben worden und stehen dem Hochschullehrer bzw. der Hochschule nicht ständig zur Verfügung. Dass dem Haushaltsgesetzgeber durch geschickte Planung obliegen soll, neue Befristungsmöglichkeiten zu schaffen, widerspricht dem Anliegen des WissZeitVG nicht, kurze Qualifikationszeiten zu fördern, da Befristungen nach § 2 Abs. 2 und § 3 WissZeitVG gemäß § 2 Abs. 3 WissZeitVG auf die Höchstzeiten von Abs. 1 anzurechnen sind. Da im Rahmen von Privatdienstverträgen die Höchstbefristungszeiten des § 2 Abs. 1 WissZeitVG gelten, besteht auch nicht die Gefahr einer endlosen Kette von befristeten Arbeitsverträgen.

Fraglich ist, ob die Überschüsse auch im Rahmen von Befristungen aufgrund § 2 Abs. 2 WissZeitVG als Drittmittel anzusehen sind. Für die Beantwortung der Frage, ob es sich bei Überschüssen um Drittmittel handelt, kann nichts anderes gelten. Problematisch ist, dass gemäß § 2 Abs. 2 WissZeitVG eine „überwiegende Beschäftigung des Mitarbeiters der Zweckbestimmung der Mittel entsprechend" vorliegen muss. Aus der Gesamtheit der Anforderungen des § 2 Abs. 2 WissZeitVG wird deutlich, dass der Mitarbeiter in einem konkreten Projekt beschäftigt werden soll, für das ein Dritter der Hochschule oder Forschungseinrichtung Mittel zur Verfügung stellt. Bei der Verwendung von Überschüssen ist das konkrete Projekt jedoch bereits abgeschlossen, weshalb eine Beschäftigung entsprechend der Zweckbestimmung der Mittel nicht mehr erfolgen kann. Eine Verbindung zwischen Geldfluss und Einsatz des Mitarbeiters ist nicht mehr gegeben, weshalb eine befristete Beschäftigung aufgrund § 2 Abs. 2 WissZeitVG ausscheiden müsste. Da nach Ansicht des BAG auch Restbestände aus abgeschlossenen Drittmittelprojekten, die vom Drittmittelgeber nicht zurückverlangt werden können, als Drittmittel i. S. d. Norm eingesetzt werden können, kann ein universitätsangehöriger Mitarbeiter anstelle eines externen Drittmittelgebers ein Forschungsvorhaben projektieren und den Verwendungszweck der Drittmittel festlegen, was dazu führen würde, dass wie bei einer Zweckbestimmung durch externe Dritte das Vorschieben des Befristungsgrundes ausgeschlossen sei.[287] Dies bedeutet, dass hier gerade ein Einstellen in den Haushalt verhindert wird. Durch die „Projektierung" eines neuen Vorhabens wird auch dem Merkmal von Drittmitteln nicht permanenten Vorhandenseins

---

286 *Zimmermann*, Befristete Arbeitsverhältnisse, S. 116.
287 BAG, Urt. v. 15.1.1997, AP Nr. 14 zu § 57 b HRG.

entsprochen. Die Schaffung eines neuen Projektes wäre wahrscheinlich im Rahmen der Haushaltsmittel nicht möglich. Insofern kann auch bei Überschüssen zunächst eine Zweckbestimmung erfolgen. Überschüsse, die in ein neues Projekt fließen sollen, sind ebenso begrenzt vorhanden, wie Drittmittel im Allgemeinen. Wird mit diesem beschränktem Geld ein neues Projekt entworfen, wird sich derjenige, der das Projekt entwickelt hat, konkret mit der Dauer des Projekts und dem zu beschäftigten Personal beschäftigt haben. Dies folgt bereits aus den begrenzten Mitteln, die möglichst exakt verplant werden müssen. Nach Projektierung kann auch eine der Zweckbestimmung der Mittel entsprechende Beschäftigung erfolgen, weshalb sie als Grundlage einer Befristung aufgrund von § 2 Abs. 2 WissZeitVG dienen können,[288] sofern eine Zweckbestimmung innerhalb der Hochschule oder Forschungseinrichtung stattgefunden hat.

b) „Überwiegende" Finanzierung

Gemäß § 3 S. 1 WissZeitVG ist ausreichend, dass das Personal nur überwiegend aus Mitteln Dritter vergütet wird.[289] Das HRG (§ 57 b Abs. 2 Nr. 4 HRG i. d. F.1999 sowie vom 27.12.2004) sprach im Rahmen des Privatdienstvertrages im Gegensatz zum Tatbestand der Befristung aufgrund Mitarbeit im drittmittelfinanzierten Projekt nicht davon, dass die Finanzierung „überwiegend" aus Mitteln Dritter erfolgen muss, weshalb hierzu die Auffassung vertreten wurde, dass Personal, das auf Grundlage von § 57 c HRG befristet werden soll, vollständig aus Mitteln Dritter finanziert werden müsse.[290] Das WissZeitVG stellt klar, dass das Personal lediglich überwiegend aus Drittmitteln finanziert sein muss. Damit ist innerhalb des WissZeitVG eine konsequente Regelung getroffen worden: Sowohl bei der Befristung des nicht-wissenschaftlichen Personals, die sich nach § 2 Abs. 2 WissZeitVG bestimmt, als auch bei den Privatdienstverträgen mit dem wissenschaftlichen Personal ist die überwiegende Finanzierung aus Mitteln Dritter und nicht die vollständige entscheidend.

Die überwiegende Finanzierung bezieht sich auf die konkrete Stelle und nicht auf die Finanzierung des gesamten Projektes.[291] Für die Berechnung des Drittmittelanteils sind ausschließlich die Personalkosten des betreffenden Beschäftigten maßgeblich,[292] wobei die Drittmittel zur Finanzierung auch von verschiede-

288 A.A. *Preis*, WissZeitVG, § 2 Rn. 69.
289 A.A. *Schlachter*, in: Laux/Schlachter, TzBfG, Anhang 2 § 3 WissZeitVG Rn. 2.
290 Vgl. *Zimmermann*, Befristete Arbeitsverhältnisse, S. 135 m.w.N. in Fn. 594.
291 *Müller-Glöge* – EK, § 2 WZVG Rn. 11; *Preis*, WissZeitVG, § 2 Rn. 65; *Schlachter*, in: Laux/Schlachter, TzBfG, Anhang 2 § 2 WissZeitVG Rn. 15; *Sievers*, TzBfG, § 23 Rn. 152.
292 APS-*Schmidt*, § 2 WissZeitVG Rn. 30.

nen Drittmittelgebern stammen können.[293] Eine überwiegende Finanzierung liegt vor, wenn die Vergütung zu mehr als 50 % aus Drittmitteln erfolgt.[294] Eine überwiegende Finanzierung aus Drittmitteln ist auch dann gegeben, wenn bei Vertragsschluss mit hinreichender Sicherheit davon ausgegangen werden konnte, dass die Vergütung des Mitarbeiters jedenfalls nur für den geringeren Teil der vereinbarten Vertragsdauer aus laufenden Haushaltsmitteln bezahlt werden muss.[295] Entscheidend ist somit der Zeitpunkt des Vertragsschlusses, wie sich die Finanzierung später entwickelt, ist unerheblich.[296] Die dabei zugrunde liegenden Prognosetatsachen sind durch den Arbeitgeber nachzuweisen.[297] Ausreichend ist, dass die Drittmittel verbindlich zugesagt sind. Sofern ein Anspruch auf Zahlung der Drittmittel besteht, kann zunächst aus Haushaltsmitteln in Vorleistung gegangen werden.[298]

Die Aufstockung einer halben Hochschulstelle durch einen Privatdienstvertrag in Höhe einer weiteren halben Stelle ist möglich, wobei es sich dann um zwei getrennte Verträge handelt.[299]

B. Personeller Anwendungsbereich

I. Kompetenzrechtliche Problematik

Gemäß § 1 Abs. 1 WissZeitVG gilt das Wissenschaftszeitvertragsgesetz für den Abschluss von befristeten Arbeitsverträgen mit wissenschaftlichem und künstlerischem Personal mit Ausnahme der Hochschullehrer. Im Gesetzentwurf des WissZeitVG[300] war – wie im HRG i. d. F.5. HRGÄndG und allen Fassungen, die eine sachgrundlose Befristung enthielten – der Anwendungsbereich für den Abschluss von befristeten Arbeitsverträgen mit wissenschaftlichen und künstlerischen Mitarbeiterinnen und Mitarbeitern sowie mit wissenschaftlichen und künstlerischen Hilfskräften beschrieben. An die Stelle der Aufzählung ist somit

---

293 BAG, Urt. v. 22 .11.1995, AP HRG zu § 57 b Nr. 8; *Müller-Glöge* – EK, § 2 WZVG Rn. 10; APS-*Schmidt*, § 2 WissZeitVG Rn. 29; *Zimmermann*, Befristete Arbeitsverhältnisse, S. 116.

294 *Zimmerling*, ZTR 1998, 15, 19f; *Hesse*-MüKoBGB, § 23 Rn. 55; *Kortstock*, ZTR 2007, 2, 4; *Müller-Glöge* – EK, § 2 WZVG Rn. 11; *Preis*, WissZeitVG, § 2 Rn. 65, § 3 Rn. 20; *Schlachter*, in: Laux/Schlachter, TzBfG, Anhang 2 § 2 WissZeitVG Rn. 15; APS-*Schmidt*, § 2 WissZeitVG Rn. 30 sowie § 3 WissZeitVG Rn. 5; *Sievers*, TzBfG, § 23 Rn. 151.

295 BAG, Urt. v. 22.11.1995 AP HRG § 57 b Nr. 8 = BAGE 81, 32, 307; *Müller-Glöge* – EK, § 2 WZVG Rn. 11.

296 *Waldeyer*, in: Hailbronner/Geis, HRG, § 57 c Rn. 9; *Reich*, HRG/WissZeitVG, § 3 WissZeitVG Rn. 6.

297 *Schlachter*, in: Laux/Schlachter, TzBfG, Anhang 2 § 2 WissZeitVG Rn. 15.

298 *Preis*, WissZeitVG, § 2 Rn. 66.

299 *Nagel*, Fristverträge an Hochschulen, § 57 e Rn. 9.

300 BT- Drucks. 16/3438.

der Oberbegriff des wissenschaftlichen und künstlerischen Personals getreten.[301] Die Veränderung des Gesetzentwurfes erfolgte durch die Annahme eines Änderungsantrages der CDU/CSU- sowie SPD-Fraktion, der im Ausschuss für Bildung, Forschung und Technikfolgenabschätzung Zustimmung fand.[302] Hintergrund des Antrages war u.a. die Forderung im Gesetzgebungsverfahren zum WissZeitVG, den Anwendungsbereich auch auf Lehrkräfte für besondere Aufgaben auszudehnen.[303] Dies sollte insbesondere vor dem Hintergrund geschehen, dass die Kategorie des Lecturers sowohl als wissenschaftlicher Mitarbeiter als auch als Lehrkraft für besondere Aufgaben angesehen werden kann. Gleichzeitig wurde eine Ausdehnung der Qualifizierungszeit auf sechs Jahre bei wissenschaftlichen Hilfskräften[304] sowie für studentische Hilfskräfte gefordert.[305] Da somit das Ansinnen im Raum war, allen bisher vom Anwendungsbereich des WissZeitVG umfassten Beschäftigten eine Qualifizierungszeit von sechs Jahren zu ermöglichen, war der Weg zu einem deutlich erweiterten Anwendungsbereich bereitet. *Hartmer*[306] wies zudem daraufhin, dass die Länder seit der Föderalismusreform befugt seien, eigene Personalkategorien zu schaffen, weshalb Vorsorge getroffen werden sollte, alle Mitglieder des wissenschaftlichen Personals mit Ausnahme der Professoren und der Juniorprofessoren von den Regelungen des WissZeitVG zu erfassen, auch wenn die Länder gänzlich neue Kategorien schaffen sollten. Der Ausschuss nahm die Anregungen auf und beschloss, einen Änderungsantrag zum Gesetzesentwurf zu stellen.[307] Dieser enthielt im Wesentlichen die Änderungen in § 1 Abs. 1 sowie die Ergänzung § 2 Abs. 3 WissZeitVG. Ebenso aufgehoben wurde damit die Anlehnung an das HRG, das in § 53 Abs. 1 HRG eine Beschreibung des wissenschaftlichen Mitarbeiters enthielt. Weggefallen ist der Sonderbefristungstatbestand für wissenschaftliche Hilfskräfte, der sich in § 2 Abs. 1 S. 4 WissZeitVG i. d. F.des Ge-

---

301 *Müller-Glöge* – EK, § 1 WZVG Rn. 3; *Schlachter*, in: Laux/Schlachter, TzBfG, Anhang 2 § 1 WissZeitVG Rn. 3.

302 Vgl. Beschlussempfehlung und Bericht des Ausschusses für Bildung, Forschung und Technologiefolgenabschätzung, BT-Drucks. 16/4043, S. 3.

303 *Löwisch*, Stellungnahme, BT – A – Drucks. 16(18)139f, S. 4; *Hartmer*, Stellungnahme DHV, BT- A – Drucks. 16(18)139h, S. 3.

304 *Hartmer*, Stellungnahme DHV, BT- A – Drucks. 16(18)139h, S. 4 sowie in der öffentlichen Anhörung zum WissZeitVG durch den Ausschuss des Deutschen Bundestages für Bildung, Forschung und Technikfolgenabschätzung am 29.11.2006, Protokoll 16/21, S. 8.

305 *Löwisch*, in der öffentlichen Anhörung zum WissZeitVG durch den Ausschuss des Deutschen Bundestages für Bildung, Forschung und Technikfolgenabschätzung am 29.11.2006, Protokoll 16/21, S.12, a.A. *Hartmer*, Stellungnahme DHV, BT- A – Drucks. 16(18)139h, S. 4.

306 *Hartmer*, Stellungnahme DHV, BT- A – Drucks. 16(18)139h, S. 3 sowie in der öffentlichen Anhörung zum WissZeitVG durch den Ausschuss des Deutschen Bundestages für Bildung, Forschung und Technikfolgenabschätzung am 29.11.2006, Protokoll 16/21, S. 8; 31.

307 Beschlussempfehlung und Bericht des Ausschusses für Bildung, Forschung und Technikfolgenabschätzung (18. Ausschuss), BT-Drucks. 16/4043, S. 5.

setzentwurfes und vorher in § 57 b Abs. 1 S. 3 HRG i. d. F.des 5. HRGÄndG sowie vom 27.12.2004 befand. Ebenso entfallen ist der Befristungstatbestand für studentische Hilfskräfte, den § 57 e HRG und § 6 WissZeitVG-E enthielten.

Die Änderung des personellen Anwendungsbereiches als Folge der Föderalismusreform ist konsequent. Durch die Vermeidung der Begrifflichkeiten können die Länder die Personalstruktur neu gliedern, ohne dabei berücksichtigen zu müssen, dass in einem geltenden Bundesgesetz erneut Personalkategorien festgeschrieben sind. Würden die alten Personalstrukturen festgeschrieben, könnte dies einer zukünftigen Fortentwicklung in den Ländern entgegenstehen.[308] Dies beugt Unsicherheiten bei der Auslegung von Landesgesetzen im Hinblick darauf vor, ob die dort enthaltenen Mitarbeiterbeschreibungen wissenschaftlichen Mitarbeitern oder wissenschaftlichen Hilfskräften i. S. d. § 1 S. 1 WissZeitVG entsprechen.

Somit müssen Rechtsanwendern zwar nicht Landespersonalkategorien unter die ursprünglichen Kategorien des HRG subsumieren, es wurden mit der Erweiterung des personellen Anwendungsbereiches jedoch neue Probleme geschaffen. Das WissZeitVG ist ein Bundesgesetz mit eigenem Anwendungsbereich. Den Ländern ist die Ausgestaltung und Benennung des wissenschaftlichen/künstlerischen Personals überlassen, dennoch muss eine landesgesetzliche Definition von wissenschaftlichem/künstlerischem Personal unberücksichtigt bleiben, sofern das darin enthaltene Personal nicht mit dem Begriff des wissenschaftlichen/künstlerischen Personals übereinstimmt, den der Bundesgesetzgeber gewählt hat. Entgegen der Auffassung des Bundesministeriums, dass die Länder durch Zuordnung von Personalkategorien zum wissenschaftlichen Personal die Anwendbarkeit des WissZeitVG auslösen können,[309] kann es gerade nicht den Ländern überlassen werden, durch gekonnte Einordnung von Personalkategorien diese dem Anwendungsbereich zu unterwerfen.[310] Die Bestimmung des Anwendungsbereiches dieses Bundesgesetzes kann nicht mit Hilfe eines Landesgesetzes erfolgen.

Eine ähnliche Problematik, wie sie sich nun für die gesamte Anwendbarkeit des WissZeitVG stellt, existierte bereits im ehemaligen HRG i. d. F.1985. Dort enthielt § 57 c Abs. 5 HRG den Begriff der wissenschaftlichen Hilfskraft, der im Gegensatz zu den wissenschaftlichen Mitarbeitern sowie Lehrkräften für besondere Aufgaben nicht im HRG selbst beschrieben war, sondern dessen Ausformung dem Landesrecht überlassen war. *Plander*[311] wies deshalb zu Recht darauf hin, dass die §§ 57 a ff. HRG jegliche Kontur verlören, „wenn man annähme,

---

308 BT-Drucks. 16/4043, S. 9.

309 BMBF, Handreichung zum Wissenschaftszeitvertragsgesetz, S. 2 f., www.bmbf.de/pub/informationen_wissenschaftszeitvertragsgesetz.pdf.

310 Ebenso *Kortstock*, ZTR 2007, 350, 352; *Müller-Glöge* – EK, § 1 WissZeitVG Rn. 10; *Preis*, WissZeitVG, § 1 Rn. 7; APS-*Schmidt*, § 1 WissZeitVG Rn. 5.

311 *Plander*, WissR 1987, 127, 137 f.

es habe im Belieben der einzelnen Bundesländer verbleiben sollen, die danach für Hilfskräfte geltenden Sonderregelungen dadurch für anwendbar zu erklären, daß sie bestimmte Nachwuchskräfte ungeachtet bestehender Unterschiede schlicht als solche bezeichnen." Aus diesem Grund stellte *Plander* auf den Begriff der wissenschaftlichen Hilfskraft ab, wie er sich aus dem HRG ableiten ließ. Für das WissZeitVG kann – bis auf die Ableitung aus dem HRG - nichts anderes gelten.

So hatte auch das BAG[312] zur Anwendbarkeit der §§ 57 a ff. HRG entschieden, dass sich der maßgebliche Begriff des wissenschaftlichen Mitarbeiters allein nach § 53 HRG bestimmen würde und landesrechtliche Vorschriften diesen nicht mit Wirkung für die Anwendung der §§ 57 a ff. HRG verändern könnten. Wären Landesgesetzgeber in der Lage, den Begriff des wissenschaftlichen Mitarbeiters zu erweitern, hätten sie die Möglichkeit, dadurch arbeitsrechtliche Befristungsmöglichkeiten für einen Personenkreis zu schaffen, die das Bundesrecht nicht vorsieht, was sich nicht mit der Gesetzgebungskompetenz des Art. 74 Abs. 1 Nr. 12 GG vereinbaren lasse. Die Befristungsmöglichkeiten seien bundesgesetzlich abschließend geregelt, weshalb es den Landesgesetzgebern verwehrt sei, weitergehende Befristungsmöglichkeiten zu schaffen. Landesgesetzliche Vorschriften, die den Aufgabenbereich erweitern, seien deshalb für die Sonderregelungen ohne Bedeutung. Dies galt zur Zeiten des Rahmenrechts insbesondere für die Personalkategorien, die nicht abgeändert werden konnten, um die vereinfachten Befristungsregeln auch anderen Beschäftigtengruppen zugänglich zu machen. Änderte der Landegesetzgeber die inhaltliche Bestimmung der Aufgaben einer Personalkategorie, so hatte dies nur Einfluss auf den landesrechtlichen Status des Arbeitnehmers, nicht jedoch auf das unmittelbar geltende Befristungsrecht.[313]

Da sich die Gesetzkompetenz des Bundes in dieser Hinsicht nicht geändert hat, bleiben die Ausführungen des BAG zum WissZeitVG gültig, auch wenn der Bundesgesetzgeber den Ländern die Möglichkeit zur Neugestaltung der Personalstrukturen geben wollte. Der Bundesgesetzgeber ging jedoch nicht davon aus, dass dies zu Missbrauch führen könnte. Den Ländern bleibt es somit zwar überlassen, neue Beschäftigtengruppen zu entwickeln oder auch die bisherigen fortzuführen.[314] Durch das WissZeitVG hat der Bundesgesetzgeber erneut das Befristungsrecht der Hochschulen und durch die Schaffung eigenständiger Personaltypen wie des wissenschaftlichen/künstlerischen Personals sowie der Hochschullehrer auch den Begriff des wissenschaftlichen Personals abschließend geregelt.[315] Damit ist es den Ländern verwehrt, weitere hinzuzufügen[316] und die

312 BAG, Urt. v. 28.1.1998, BAGE 87, 362, 369 f.
313 *Dörner*, Der befristete Arbeitsvertrag, Rn. 635.
314 *Schlachter*, in: Laux/Schlachter, TzBfG, Anhang 2 § 1 WissZeitVG Rn. 3.
315 *Preis*, WissZeitVG, § 1 Rn. 7.

Voraussetzungen abzuändern, unter denen das WissZeitVG Anwendung findet.[317] Eine Erweiterung des wissenschaftlichen und künstlerischen Personals über den bundesrechtlich durch das WissZeitVG vorgegeben Begriff kann daher die Anwendbarkeit des WissZeitVG nicht begründen.[318]

Die Anwendung von Bundesrecht setzt voraus, dass es einheitliche Tatbestandsvoraussetzungen gibt, die den Anwendungsbereich des Gesetzes bestimmen. Dies ist nur möglich, wenn der Versuch unternommen wird, eine Definition des wissenschaftlichen Personals zu finden. Das HRG enthält in § 42 HRG eine Aufzählung der Mitglieder einer Hochschule, die zum wissenschaftlichen Personal zählen. Dieser kann jedoch zum einen deswegen nicht herangezogen werden, weil das HRG abgeschafft werden soll. Zum anderen verweist das WissZeitVG gerade nicht auf das HRG, was sich zwingend aus der Möglichkeit der Länder ergibt, von den im HRG enthaltenen Personaltypen abzuweichen. Berücksichtigt man, dass Ausgangspunkt des Sonderbefristungsrechts der Aspekt der Qualifizierung in Forschung und Lehre war, muss somit an die ausgeübte Tätigkeit angeknüpft werden.

Ausgangspunkt der Schaffung eines Sonderbefristungsrechtes für wissenschaftliche Mitarbeiter und Hilfskräfte war die Annahme, dass ihre Beschäftigung der eigenen Aus-, Fort- und Weiterbildung dient. Ein weiterer Aspekt ist der regelmäßige Austausch des Personals, der zur Sicherung der Innovation in Forschung und Lehre an den Hochschulen notwendig ist, weshalb die Befristungen ausnahmslos im Interesse der Nachwuchs- und Qualifikationsförderung erfolgten.[319] Dies ist bei der Begriffsbestimmung des wissenschaftlichen / künstlerischem Personals zu berücksichtigen. Durch die Begriffsbestimmung des wissenschaftlichen/künstlerischen Personals hat der Bundesgesetzgeber zugleich die Voraussetzungen der Personalkategorien festgelegt. Deren Bestimmung kann allerdings nicht formal, sondern nur materiell erfolgen.[320] Demnach muss wissenschaftliches Personal „wissenschaftlich" arbeiten. Dies mag zwar zunächst tautologisch klingen, bedarf jedoch der Klarstellung, da es gerade nicht den Ländern überlassen sein kann, zu bestimmen, wer wissenschaftlich tätig i. S. d. des WissZeitVG ist. Den Ländern steht es frei, Personalkategorien zu schaffen und diesen Tätigkeiten wissenschaftlicher und nicht-wissenschaftlicher Art zuzuweisen. Entscheidend ist damit, dass es sich um eine wissenschaftliche Tätigkeit handelt, da anderenfalls das Sonderbefristungsrecht des wissenschaftlichen und künstlerischen Personals unterlaufen würde und somit der befristete Ar-

316 *Löwisch/Wertheimer*, HochschulR-Praxishandbuch, VII Rn. 163; *Dörner*, Der befristete Arbeitsvertrag, Rn. 635.

317 *Dörner*, Der befristete Arbeitsvertrag, Rn. 635.

318 *Müller-Glöge* – EK, § 1 WZVG Rn. 10; ebenso *Preis*, WissZeitVG, Einl. Rn. 38.

319 BT – Drucks. 15/4132 (HdaVÄndG), S. 17, *Dieterich/Preis*, Befristete Arbeitsverhältnisse, S. 54.

320 *Preis*, WissZeitVG, § 1 Rn. 7.

beitsvertrag an den Hochschulen und Forschungseinrichtungen zum Regelvertrag würde.

Handelt es sich um eine Mischtätigkeit von wissenschaftlichen Dienstleistungen und organisatorischen Zuarbeiten muss der wissenschaftliche Teil überwiegen, d.h. der Gesamttätigkeit das Gepräge geben.[321] Damit gelten die Vorschriften des WissZeitVG nicht für das technische bzw. sonstige Personal, [322] mit Ausnahme der § 2 Abs. 2 WissZeitVG sowie § 3 S. 2, § 4 S. 2 und § 5 S. 2, sofern die Beschäftigung im Drittmittelbereich erfolgt. Für Professoren im Angestelltenverhältnis ist das WissZeitVG ebenfalls unanwendbar.[323] Auf die Frage, zu welchem Zeitpunkt die wissenschaftliche Tätigkeit vorliegen muss, wird in einem gesonderten Abschnitt (Kapitel 4 § 2 IX) eingegangen.

Ausgenommen wurde bereits durch das 5. HRGÄndG das Personal mit ärztlichen Aufgaben, da bei diesem kein sachlicher Grund vorliegt, diese Beschäftigtengruppe mit einem eigenen Sonderbefristungstatbestand zu versehen. Der Gesetzgeber hatte die Personalkategorie des Personals mit ärztlichen Aufgaben, die vorher in § 54 HRG enthalten war, aufgehoben und deren Tätigkeiten denen der wissenschaftlichen Mitarbeiter zugeordnet. Sofern also entsprechende Dienstleistungen erbracht werden, kommt somit eine Anstellung als wissenschaftlicher Mitarbeiter in Betracht.[324] Selbst die Erlangung der Facharztqualifikation von Ärzten kann in dem von § 2 Abs. 1 WissZeitVG gesteckten Rahmen erlangt werden.[325] Für Ärzte in der Weiterbildung gilt das Gesetz über befristete Arbeitsverträge mit Ärzten in der Weiterbildung (ÄArbVtrG), wonach die darin enthaltenen Regelungen nicht gelten, sofern der Arbeitsvertrag dem Anwendungsbereich des WissZeitVG unterfällt. Das ÄArbVtrG findet hingegen Anwendung, wenn die Weiterbildung in Krankenhäusern kommunaler, kirchlicher oder freier Träger durchgeführt wird.[326]

Für Beschäftigtengruppen, die nicht unter das Wissenschaftszeitvertragsgesetz fallen, gelten die allgemeinen Vorschriften. Für die Befristung bedeutet dies, dass sich das Befristungsrecht nach dem TzBfG richtet. Eine Abweichung von diesen Vorgaben ist durch den Landesgesetzgeber nicht möglich, da es sich bei dem WissZeitVG um unmittelbar geltendes Bundesrecht handelt, welches eine Ausnahmeregelung für wissenschaftliches Personal vorsieht, und als solches restriktiv anzuwenden ist.

---

321 *Waldeyer*, in Hailbronner/Geis, HRG, § 57 a Rn. 6.
322 KR-*Lipke*, § 57 a HRG, Rn. 33.
323 *Müller-Glöge* - EK, 6. Aufl., § 57 a Rn. 20.
324 APS-*Schmidt*, § 1 WissZeitVG Rn. 22.
325 Vgl. Gesetzesbegründung, BT-Drucks. 15/4132 S. 18.
326 *Lakies*, ZTR, 2002, 250, 250.

II. Definition des wissenschaftlichen und künstlerischen Personals

Wie oben aufgezeigt, bedarf es einheitlicher Kriterien, um eine Bestimmung des wissenschaftlichen und künstlerischen Personals vornehmen zu können.

Da es dem Gesetzgeber des WissZeitVG auch um die Förderung des wissenschaftlichen Nachwuchses ging, soll dieser zunächst definiert werden. Der Wissenschaftsrat hat bereits 1980 Nachwuchswissenschaftler als die Personen definiert, die sich „im Anschluß an einen ersten Studienabschluß durch wissenschaftliche Arbeit an einer Hochschule oder einer außeruniversitären Forschungseinrichtung für eine Tätigkeit qualifizieren, in der sie an der Mehrung und Weiterentwicklung der wissenschaftlichen Erkenntnisse und technischen Innovation mitwirken können."[327] Hiernach zählen zum wissenschaftlichen Nachwuchs folgende Personen:

- Hochschulabsolventen, die sich weiterqualifizieren, ohne damit eine Promotion anzustreben (Post-Graduierte)
- Hochschulabsolventen, die sich auf eine Promotion vorbereiten (Doktoranden)
- Hochschulabsolventen, die sich im Anschluss an die Promotion wissenschaftlich weiterqualifizieren, ohne mit einem unmittelbaren Verbleib an der Hochschule oder vergleichbaren Institutionen zu rechnen (Post-Doktoranden)
- Hochschulabsolventen, die sich im Anschluss an die Promotion wissenschaftlich weiterqualifizieren, mit dem Ziel eines Verbleibs an der Hochschule (Hochschullehrernachwuchs).[328]

Eine Förderung des wissenschaftlichen Nachwuchses kann einerseits durch Stipendien, andererseits durch die Anstellung an einer Hochschule oder Forschungseinrichtung erfolgen, wobei Stipendien neben Personalstellen die wichtigste Möglichkeit zur Förderung von Nachwuchswissenschaftlern darstellen.[329] Ein Vorteil der Arbeit an der Hochschule besteht in der besseren Integration in den Wissenschaftsbetrieb.[330] Zurzeit können nur durch die Eingliederung in den Wissenschaftsapparat ständiger wissenschaftlicher Diskurs sowie eine wissenschaftliche Anleitung gewährleistet werden, auch wenn die Realität an deutschen Hochschulen gelegentlich anders aussieht. Wissenschaftliche Betreuung und Anleitung sollten nicht davon abhängig gemacht werden, ob jemand im Rahmen eines Stipendiums oder Beschäftigungsverhältnisses forscht. Für die

327 Wissenschaftsrat, Empfehlung zur Förderung des wissenschaftlichen Nachwuchses, S. 7 f.

328 Wissenschaftsrat, Empfehlung zur Förderung des wissenschaftlichen Nachwuchses, S. 9.

329 Wissenschaftsrat, Personalstruktur und Qualifizierung, S. 28.

330 *Lübbert*, Befristete Arbeitsverhältnisse, S. 229.

Doktoranden sollte deshalb der durch das 5. HRGÄndG eingefügte § 21 eine gewisse Absicherung bringen. Leider ist diese Norm aufgrund des Bundesverfassungsgerichtsurteils zum 5. HRGÄndG wieder gestrichen worden.

Zur Begriffsbestimmung des wissenschaftlichen und künstlerischen Personals i. S. d. WissZeitVG werden verschiedene Ansätze vertreten.

1. Ansatz: alle bisherigen Kategorien

Ein Ansatz ist die – wenn auch nicht näher begründete – pauschale Aufnahme aller bisher in den Anwendungsbereich einbezogenen Personalkategorien, wie die wissenschaftlichen und künstlerischen Mitarbeiter.[331] Hinzuzunehmen seien lediglich Lehrkräfte für besondere Aufgaben[332].

Dieser Ansatz berücksichtigt zwar, dass der Gesetzgeber den ursprünglichen Anwendungsbereich des 5. HRGÄndG auf das WissZeitVG übertragen wollte und diesen nur wegen der Föderalismusreform verändert hat. Insofern können die ursprünglichen Kategorien als Orientierung zur Bestimmung des personellen Anwendungsbereiches des WissZeitVG herangezogen werden. Sofern Länder die alten Personalkategorien fortführen, ist für diese das WissZeitVG anwendbar.[333] Für neue Personalkategorien sind jedoch von diesen Kategorien unabhängige Kriterien zu entwickeln, weshalb dieser Ansatz für die zukünftige Bestimmung des personellen Anwendungsbereiches ungeeignet ist. Eine ausschließliche Orientierung an der Bezeichnung könnte darüber hinaus dazu führen, dass der Anwendungsbereich des WissZeitVG auf technisches Personal ausgedehnt wird.[334] Eine Orientierung an den ursprünglichen Kategorien und insbesondere den diesen zugeteilten Dienstaufgaben ist hingegen notwendig, um die Intention des Gesetzgebers angemessen berücksichtigen zu können.

2. Ansatz: Tätigkeitsbezug / wissenschaftliche bzw. künstlerische Dienstleistungen

Untersucht man die Gemeinsamkeit des wissenschaftlichen und künstlerischen Personals (mit Ausnahme der Hochschullehrer) stellt man einen Tätigkeitsbezug des Tatbestandes fest. Dem wissenschaftlichen und künstlerischen Personal wird eine wissenschaftliche oder künstlerische Tätigkeit übertragen, die durch selbständige, schöpferische Forschung, Lehre bzw. Kunstausübung einschließlich der Vorbereitungsarbeiten geprägt wird, wobei eine eigene unmittelbare Ein-

---

331 *Reich*, HRG/WissZeitVG, § 1 WissZeitVG Rn. 2.
332 *Reich*, HRG/WissZeitVG, § 1 WissZeitVG Rn. 2.
333 *Müller-Glöge* – EK, § 1 WZVG Rn. 10.
334 *Preis*, WissZeitVG, § 1 Rn. 8.

flussnahme auf das Ergebnis erforderlich ist.[335] Demnach sind wissenschaftliches Personal diejenigen Personen, die wissenschaftliche Dienstleistungen erbringen[336] bzw. nach *Schlachter* die Beschäftigten, denen wissenschaftliche/künstlerische Aufgaben übertragen werden, die über das bloße Unterrichten hinausgehen.[337] Dabei muss es sich um Dienstleistungen handeln, die dem unmittelbaren Zweck der Hochschulen, wie er zurzeit noch in § 2 HRG enthalten ist, dienlich sind.[338]

Da die Anlehnung an die eigenständige, schöpferische Arbeit als wissenschaftlicher Dienstleistung durch den Begriff der „Wissenschaft", wie er durch Art. 5 Abs. 3 GG festgeschrieben ist, geprägt wird, soll auf diese im Folgenden näher eingegangen werden. So ist bereits *Lohfeld*[339] zu dem Ergebnis gelangt, dass derjenige zum wissenschaftlichen Personal zu zählen sei, dessen Dienstverhältnis durch eine wissenschaftliche Tätigkeit – wie sie aus Art. 5 Abs. 3 GG folgt – geprägt ist, wobei unerheblich sei, ob der Arbeitnehmer an einer Einrichtung mit wissenschaftlicher Zielrichtung beschäftigt sei.

a) Wissenschaftsfreiheit – wissenschaftliche Dienstleistungen

aa) Personeller Schutzbereich des Art. 5 Abs. 3 GG

Gemäß Art. 5 Abs. 3 S. 1 GG sind Wissenschaft, Forschung und Lehre frei. Eine Einschränkung hinsichtlich der Träger der Wissenschaftsfreiheit lässt sich dem Wortlaut nicht entnehmen Um den persönlichen Schutzbereich sinnvoll zu beschreiben, hat sich folgende Formulierung herausgebildet: Träger des Grundrechts ist jeder, der wissenschaftlich tätig ist oder tätig werden will – unabhängig von der Tätigkeit in Hochschulen und ähnlichen Instituten.[340] Der Relativsatz „der wissenschaftlich tätig ist oder tätig werden will" knüpft bereits an den Begriff der Wissenschaft an, der im Rahmen des sachlichen Schutzbereichs zu definieren ist. Er führt jedoch zu keiner handhabbaren Einschränkung des geschützten Personenkreises, sondern beschreibt lediglich, dass nur derjenige geschützt sein kann, durch den der sachliche Anwendungsbereich des Art. 5 Abs. 3 GG eröffnet wird. Nach Ansicht von *Scholz* ist „...die Grundrechtsträgerschaft des Art. 5 Abs. III [...] mit dem Tatbestand der wissenschaftlichen Betätigung qualifikationsmäßig verbunden: Nur derjenige ist legitimierter Grundrechtsträger, der tatsächlich Wissenschaft, d.h. Forschung und Lehre im

335 Annuß/Thüsing – *Lambrich*, § 23 Rn. 91; *Reich*, HRG, WissZeitVG, § 1 WissZeitVG Rn. 2.
336 APS-*Schmidt*, § 1 WissZeitVG Rn. 11; *Preis*, WissZeitVG, § 1 Rn. 12.
337 *Schlachter*, in: Laux/Schlachter, TzBfG, Anhang 2 § 1 WissZeitVG Rn. 3. Auch hier findet sich eine Darstellung anhand der bisherigen Beschäftigtengruppen.
338 Annuß/Thüsing – *Lambrich*, § 23 Rn. 91.
339 *Lohfeld*, Befristung von Arbeitsverhältnissen, S. 48.
340 BVerfGE 15, 256, 263.

verfassungsmäßigen Sinne, ausübt."[341] *Menger*[342] hat für die Beschreibung des Phänomens, dass das Grundrecht nur den Angehörigen eines bestimmten Personenkreises Schutz gewährt, die Formulierung gefunden „es steht nicht der Person an sich, sondern nur dem in Forschung und Lehre Tätigen zu". Nach *Kimminich*[343] ist deshalb der Begriff „Jedermannsrecht" für Art. 5 Abs. 3 GG zutreffend, da die Wissenschaftsfreiheit für jedermann gelte, der wissenschaftlich tätig sei – und nicht bloß für jemanden, der in der Hochschule arbeite.

In vielen Darstellungen der Wissenschaftsfreiheit[344] findet sich eine Differenzierung der Träger der Wissenschaftsfreiheit nach Personengruppen. So trifft *Lüthje*[345] im Rahmen des Abschnittes „Träger der Forschungsfreiheit" die Aussage, dass Träger des Rechtes auf freie Forschung alle Hochschulmitglieder sein können, die Forschungstätigkeiten selbst ausüben. Damit knüpft auch *Lüthje* direkt an die Frage an, ob das, was durch die Hochschulmitglieder getan wird, Forschung i. S. d. Art. 5 Abs. 3 S. 1 GG ist. Hieraus leitet *Lüthje* zu Recht ab, dass zumindest als Abwehrrecht durch die Forschungsfreiheit auch forschende Studenten geschützt seien. Wenn der persönliche Schutzbereich jeden umfasst, der wissenschaftlich tätig ist, kann nicht pauschal die Aussage getroffen werden, eine Personengruppe bzw. sogar Statusgruppe, wie z.B. der wissenschaftlichen Mitarbeiter, genieße den Schutz des Art. 5 Abs. 3 S. 1 GG. Abzustellen ist vielmehr auf die im Einzelfall ausgeübte Tätigkeit. Sofern diese unter den sachlichen Schutzbereich der Wissenschaftsfreiheit subsumiert werden kann, genießt auch die ausübende Person den grundrechtlich gewährten Schutz. Dies gilt auch für Arbeitnehmer und somit für wissenschaftliche Mitarbeiter, wissenschaftliche Hilfskräfte und ebenso für studentische Hilfskräfte. Da die Wissenschaftsfreiheit ein Jedermannsgrundrecht ist, findet sie auch auf diejenigen Wissenschaftler Anwendung, die in außeruniversitären Forschungseinrichtungen tätig sind, da die freiwillig eingegangen Bindungen zu einer thematisch umgrenzten Forschung sowie bestimmten Forschungsgegenständen dem nicht entgegenstehen.[346]

bb) Sachlicher Schutzbereich der Wissenschaftsfreiheit

Dem Grundrecht der Wissenschaftsfreiheit werden drei Funktionen zugewiesen: es ist im klassischen Verständnis Abwehrrecht, grundsätzliche Wertentscheidung und vermittelt ein Teilhaberecht.

---

341 *Scholz*, in: Maunz-Dürig, GG-Kommentar, Art. 5 Abs. III, Rn. 119.

342 *Menger*, VerwArch 65 (1974), 75, 77.

343 HdB d WissR, Bd. 1, S.137.

344 Eine etwas differenziertere Darstellung findet sich bei *Denninger* – AK, Art. 5 Abs. 3 S. 1 Rn. 28, der von dem Jedermannsgrundrecht ausgeht und hieraus Folgefragen ableitet.

345 *Lüthje*, in: Denninger, HRG, § 3 Rn. 17.

346 *Meusel*, in: HdB d WissR, S. 1261.

Der Schutzbereich der Wissenschaftsfreiheit umfasst Forschung und Lehre, die in Art. 5 Abs. 3 S. 1 GG separat erwähnt werden. „Wissenschaft“ wird deshalb weitestgehend als Oberbegriff von Forschung und Lehre verstanden[347], der die Vorgänge der Gewinnung gesicherter Erkenntnis (Forschung) und ihrer Vermittlung (Lehre) beinhaltet.[348]

In der Rechtsprechung des Bundesverfassungsgerichtes wird von einem weiten Wissenschaftsbegriff ausgegangen. Art. 5 Abs. 3 GG schützt „nicht eine bestimmte Auffassung von der Wissenschaft oder eine bestimmte Wissenschaftstheorie. [...] Seine Freiheitsgarantie erstreckt sich vielmehr auf jede wissenschaftliche Tätigkeit, d.h. auf alles was nach Inhalt und Form als ernsthafter planmäßiger Versuch zur Ermittlung der Wahrheit anzusehen ist. Dies folgt unmittelbar aus der prinzipiellen Unabgeschlossenheit jeglicher wissenschaftlicher Erkenntnis.“[349] Der Begriff der Planmäßigkeit ist von entscheidender Bedeutung für die Definition der Wissenschaft, da das Streben nach Wahrheit nicht allein ausreichend ist für die Charakterisierung von Wissenschaft. Um Wahrheit bemüht ist auch der Poet, was dessen Dichtung aber nicht zur Wissenschaft werden lässt.[350] Der Begriff der Planmäßigkeit meint daher in der Definition des Bundesverfassungsgerichtes das Vorgehen nach einer bestimmten nachvollziehbaren Gesetzmäßigkeit bzw. Methode.[351] Wissenschaft bedeutet ebenso Reflexion, die Prüfung, Erklärung und Einordnung dessen, was man herausgefunden hat.[352] Hiernach fallen einige Bereiche, die sich selbst als Wissenschaft definieren, aus dieser jedoch heraus. Als Beispiel hierfür sei Astrologie[353] genannt, da in der Astrologie die Erkenntnisse gerade nicht in sich zu einem konsistenten System von Aussagen zusammengefasst werden und das Finden der Aussagen nicht aufgrund von Methoden erfolgt, die sich aus dem Gegenstand selbst ergeben.[354]

An der Definition des Bundesverfassungsgerichtes von Wissenschaft wird vielfach Kritik geäußert,[355] da das Verhältnis wissenschaftlicher Erkenntnis zur

---

347 BVerfGE 35, 79, 113; a.A. *Hailbronner*, Funktionsgrundrecht, S. 73 ff.

348 *Oppermann*-HdStR, § 145 Rn. 37.

349 BVerfGE 35, 79, 113. Vgl. zu den ausführlichen Darstellungen zu dem Begriff der „Wissenschaft“ *Starck*, Bonner Grundgesetz, Art. 5 Abs. 3 Rn. 322 ff, zur Geschichte der Wissenschaftsfreiheit vgl. *Denninger* - AK, Art. 5 Abs. 3 I Rn. 1 ff; *Hailbronner*, Funktionsgrundrecht, S. 51.

350 *Schmitt Glaeser*, WissR 1974, 107, 116.

351 *Pernice*, Dreier-GG, Art. 5 III (Wissenschaft), Rn. 27; *Scholz*, in: Maunz/Dürig, GG-Kommentar, Art. 5 Abs. III, Rn. 91, betrachtet Sachbezogenheit und methodische Reflexion als zusätzliche Kriterien, die neben der Planmäßigkeit zur Definition der Wissenschaft herangezogen werden sollen.

352 *Starck*, GG, Art. 5 Abs. 3, Rn.22.

353 *Scholz* in: Maunz/Dürig, GG Kommentar, Art. 5 Abs. III, Rn. 92; *Thieme*, Deutsches Hochschulrecht, Rn. 110.

354 *Thieme*, Deutsches Hochschulrecht, Rn. 110.

355 Eine besonders intensive Auseinandersetzung mit dem Begriff „Wissenschaft“ findet sich bei *Denninger* – AK, Art. 5 Abs. 3 I Rn. 13 ff, eine kurze Darstellung der Kritiker

Wahrheit kein taugliches Kriterium zur Definition des Normbereiches sei. Auch andere Bereiche als die Wissenschaft würden den Anspruch der Ermittlung und Erkenntnis von Wahrheit und Wirklichkeit für sich erheben.[356] *Lüthje* schlägt daher folgende Definition vor: Wissenschaft sei jeder Versuch, „durch planvolles Sammeln und Ordnen von Informationen sowie durch deren Deutung mittels logisch schlüssiger Hypothesen, Theorien und Systeme Aussagen mit einzelfallüberschreitender Geltung zu gewinnen, sie rational nachvollziehbar zu begründen, ständig kritisch zu überprüfen, systematisch zu ordnen und zu vermitteln."[357] Diese Definition berücksichtigt ebenso wie die des Bundesverfassungsgerichtes, dass bei dem Schutz von Wissenschaft nicht auf deren Erfolg abzustellen ist, sondern das Bemühen um Ergebnisse ausreichend ist. Der Vorteil dieser Definition liegt darin, dass sie hinsichtlich des Zieles von Wissenschaft auf die nicht abschließend zu definierenden und bei aktuellem Forschungsstand nicht überprüfbaren Begriffe „Wahrheit" und „Wirklichkeit" verzichtet, sondern vielmehr darauf abstellt, dass das Ergebnis von Forschung Aussagen sind, die nicht nur im konkreten Einzelfall Gültigkeit besitzen. Danach umfasst die Wissenschaftsfreiheit auch den wissenschaftlichen Irrtum. Darüber hinaus ermöglicht diese Definition eine eindeutigere Zuordnung von Tätigkeiten, die ebenfalls zur Wissenschaft gehören, losgelöst betrachtet aber nicht als solche einzustufen wären, da keine Tätigkeiten geschützt sind, die nur bei Gelegenheit der wissenschaftlichen Beschäftigung ausgeführt werden und damit nicht elementarer Bestandteil des wissenschaftlichen Denk- und Handlungsprozesses sind.[358] Die Definition, die *Lüthje* vorschlägt, ist demnach geeignet, innerhalb der Hochschule wissenschaftliche von nichtwissenschaftlicher Arbeit zu unterscheiden, weshalb von dieser Definition im Rahmen dieser Arbeit ausgegangen wird.

Da es für die Frage, ob Wissenschaft vorliegt, nicht nur auf das Ergebnis ankommt, sondern ebenso der Weg zur Erkenntnis geschützt ist, muss die subjektive Absicht, nach neuen Erkenntnissen zu streben und hierbei diejenigen Methoden anzuwenden, die nach dem heutigen Stand der Erkenntnisse als wissenschaftlich anerkannt werden,[359] maßgeblich sein. Dem widerspricht der Versuch, „objektivere" Indizien heranzuziehen. So sei nach einer Ansicht neben der Intention und des Selbstverständnisses das Urteil der „scientific community" ausschlaggebend, ob das Erzielte den Anforderungen an Wissenschaft genüge.[360]

---

der einzelnen Elemente des Wissenschaftsbegriffes ist durch *Schulze-Fielitz*, HdVerf, § 27 Rn. 2 vorgenommen worden. Eine ausführliche Darstellung des Streitsstandes um den Begriff der „Wissenschaft" soll hier nicht vorgenommen werden, da die Streitfälle im Rahmen einer Universität kaum praktische Relevanz aufweisen.

356 *Lüthje*, in: Denninger, HRG, Vor § 3 Rn. 33.

357 *Lüthje*, in: Denninger, HRG, Vor § 3 Rn. 33.

358 *Schulze-Fielitz*, HdVerf, § 27 Rn. 4, der zu Recht darauf verweist, dass die grundrechtliche Normbereichsanalyse den Grundrechtsschutz nicht vorschnell beseitigen darf.

359 *Thieme*, Deutsches Hochschulrecht, Rn. 126.

360 *Schulze-Fielitz*, HdVerf, § 27 Rn 2.

Wissenschaft solle vorliegen, wenn die Tätigkeit durch das „System Wissenschaft“ als solche anerkannt werde.[361]

Objektive Kriterien sind zwar wünschenswert, müssen aber ihren eigenen Maßstäben gerecht werden. Auch die autonome Betrachtung eines Vorgangs birgt die Gefahr eines Irrtums, da das System Wissenschaft nicht fehlerfrei ist.[362] Am Beispiel des Nikolaus Kopernikus, dem Begründer des heliozentrischen Weltsystems, wird deutlich, zu welchen absurden Ergebnissen diese Ansicht führen kann: Kopernikus hat seine Entdeckung bewusst gegen das geozentrische System von Ptolemäus gesetzt. Nach damaliger Auffassung bildete die Erde den Mittelpunkt unseres Planetensystems. Kopernikus hat seine Ergebnisse nicht nach dem aktuellen Kenntnis- und Forschungsstand entwickelt, den die Scientific community zu der Zeit hatte, sondern hat gerade diesen Wissensstand weiter entwickelt. Das „System Wissenschaft“ hätte ihm den Grundrechtsschutz versagt.

Die Regelung des Art. 5 Abs. 3 GG stellt eine Wertentscheidung dar,[363] die das „Einstehen des Staates, der sich als Kulturstaat versteht, für die Idee einer freien Wissenschaft und seine Mitwirkung an ihrer Verwirklichung [...] und verpflichtet ihn, sein Handeln positiv danach auszurichten, d.h. schützend und fördernd einer Aushöhlung dieser Freiheitsgarantie vorzubeugen“[364] bedeutet, weshalb der Staat für die Wissenschaft ausreichende personelle, finanzielle und organisatorische Mittel bereitstellen muss.[365] Damit ist das Grundrecht im klassischen Sinne ein Abwehrrecht, aus dem das Verbot jeglicher Fremdbestimmung folgt, das für beamtete sowie nicht-beamtete wissenschaftliche Mitarbeiter gilt, sofern diese innerhalb des Dienstverhältnisses eigenverantwortlich Wissenschaft betreiben.[366]

Aus der Bereitstellungspflicht wird darüber hinaus ein Recht des einzelnen Grundrechtsträgers auf notwendige organisatorische Maßnahmen zum Schutz seines grundrechtlichen Freiraums abgeleitet.[367] Erkennt man die Ableitung des Teilhaberechts an, bleibt dennoch sein Inhalt unbestimmt. Dieses Recht beinhaltet keinen Leistungsanspruch auf eine bestimmte, bezifferte Grundausstattung, sondern gewährt vielmehr einen Anspruch auf angemessene Berücksichtigung bei der Verteilung der vorhandenen Mittel.[368] Betrachtet man – wie *Hailbronner*[369] – die Wissenschaftsfreiheit als Funktionsgrundrecht, führt dies zur grund-

---

361 *Denninger*, AK, Art. 5 Abs. 3 I, Rn. 18.
362 *Pernice*, in: Dreier-GG, Art. 5 III (Wissenschaft), Rn. 25.
363 BVerfGE 35, 79, 112.
364 BVerfGE 35, 79 112.
365 BVerfGE 88, 129, 136; 35, 79, 114.
366 *Scholz*, Maunz-Dürig, GG-Kommentar, Art. 5 Abs. III, Rn. 172.
367 *Oppermann* - HdBStR, § 145 Rn. 21; *Pernice*, in: Dreier-GG, Art. 5 III (Wissenschaft), Rn. 53.
368 *Lüthje*, in: Denninger, HRG, § 3 Rn. 16.
369 Funktionsgrundrecht, S. 125 ff.

sätzlichen Anerkennung eines Anspruchs auf Funktionsgrundausstattung. Zu einem ähnlichen Ergebnis gelangt *Lüthje*, der davon ausgeht, dass den Hochschulmitgliedern, zu deren Aufgaben die Forschung gehört, der Anteil an der Ausstattung der Hochschule zugewiesen werden muss, der zur Wahrnehmung des übertragenen Aufgabenbereiches notwendig ist.[370]

Die Herleitung eines Teilhaberechts und die Möglichkeit, hieraus subjektive Ansprüche ableiten zu können, ist möglicher Hintergrund der Debatte, ob wissenschaftliche Mitarbeiter von dem Schutzbereich des Art. 5 Abs. 3 S. 1 GG umfasst sind. Zum einen wird Mitarbeitern teilweise die eigenständige wissenschaftliche Arbeit abgesprochen.[371] Zum anderen ergibt sich eine weitere Besonderheit bei der Untersuchung der Wissenschaftsfreiheit von wissenschaftlichen Mitarbeitern daraus, dass diese sich im Angestelltenverhältnis befinden. Das Bundesverfassungsgericht hat festgestellt, dass das Freiheitsrecht aus Art. 5 Abs. 3 S. 1 GG wissenschaftlichen Mitarbeitern in Bezug auf ihre wissenschaftliche Tätigkeit ebenso zustehe wie Hochschullehrern und keiner näheren Begründung bedürfe.[372] Dies stimmt zwar mit dem persönlichen Schutzbereich des Grundrechts überein, erscheint aber zu pauschal. Genauer differenziert *Schulze-Fielitz*. Hiernach können sich „die beamteten Hochschullehrer, ihre Mitarbeiter und Studenten [...], funktionsspezifisch differenziert nach Hochschultyp und Aufgaben, auch als Amtsinhaber auf den Schutz des Art. 5 Abs. 3 GG berufen."[373] Nach Auffassung des Bundesverwaltungsgerichtes komme jemandem im Rahmen seiner dienstlichen Tätigkeit die Wissenschaftsfreiheit nur dann zugute, soweit das ihm übertragene Aufgabenfeld wissenschaftliche Tätigkeiten umfasse.[374] Dies bedeutet für die wissenschaftlichen Mitarbeiter, dass ihnen der Schutz aus Art. 5 Abs. 3 S. 1 GG nicht versagt werden kann, sofern ihnen wissenschaftliche Dienstleistungen übertragen werden. Welche Aufgaben übertragen werden und inwieweit diese dann wissenschaftlicher Natur sind, muss im Einzelfall beurteilt werden.

Da sich die Wissenschaftsfreiheit in ihrer Primärfunktion als Abwehrrecht gegen die öffentliche Gewalt darstellt,[375] ist auch die Universität Grundrechtsverpflichteter. Diese Pflicht besteht insbesondere gegenüber ihren Mitgliedern.

---

370 *Lüthje*, in: Denninger, HRG, § 3 Rn. 16; a.A. *Scholz*, Maunz-Dürig, GG-Kommentar, Art. 5 Abs. III, Rn. 116.

371 Vgl. hierzu den Abschnitt zur Forschungsfreiheit. In den Unterabschnitten zur Forschungs- und Lehrfreiheit wird detaillierter untersucht, ob Tätigkeiten der wissenschaftlichen Mitarbeiter und Hilfskräfte den Schutzbereichsanforderungen genügen. An dieser Stelle sollen nur Aussagen zur grundsätzlichen Möglichkeit gemacht werden.

372 BVerfGE 35, 79, 125.

373 *Schulze-Fielitz*, HdVerf, § 27 Rn. 5.

374 BVerwG, Beschluss v. 24.7.1986 – 7 B 26/86, NVwZ 1987, 681.

375 BVerfGE 35, 79, 113: Die Wissenschaft bildet einen „von staatlicher Fremdbestimmung freien Bereich persönlicher und autonomer Verantwortung des einzelnen Wissenschaftlers".

Scholz[376] spricht von einem „spezifischen Doppelstatus der Universitätsmitglieder als Angehörige des öffentlichen Dienstes und gleichzeitig als 'staatsfreie' Grundrechtsträger der Wissenschaftsfreiheit". Diese Doppelstellung führt zu Sonderrechten und Sonderpflichten, die sich aus dem Status- und Funktionszusammenhang von Art. 5 Abs. 3, Art. 33 Abs. 4, 5 bzw. Art. 12 Abs. 1 GG ergeben, da das Dienstverhältnis des Wissenschaftlers die Freiheit der Wissenschaft, Forschung und Lehre zum Gegenstand habe.[377] Der Grundrechtsschutz steht damit den Mitgliedern und somit auch den wissenschaftlichen Mitarbeitern auch in Bezug auf Entscheidungen der Universität zu.[378]

i.) Forschungsfreiheit

Die Forschungsfreiheit des Art. 5 Abs. 3 S. 1 GG ist in § 4 Abs. 2 HRG einfachgesetzlich ausgestaltet worden. Hier hat der Gesetzgeber die Definition der Freiheit der Forschung übernommen, wie sie das Bundesverfassungsgericht[379] 1973 prägte. § 4 Abs. 2 HRG lautet: „Die Freiheit der Forschung (Artikel 5 Abs. 3 Satz 1 des Grundgesetzes) umfasst insbesondere die Fragestellung, die Grundsätze der Methodik sowie die Bewertung des Forschungsergebnisses und seine Verbreitung. Entscheidungen der zuständigen Hochschulorgane in Fragen der Forschung sind insoweit zulässig, als sie sich auf die Organisation des Forschungsbetriebes, die Förderung und Abstimmung von Forschungsvorhaben und auf die Bildung von Forschungsschwerpunkten beziehen; sie dürfen die Freiheit im Sinne von Satz 1 nicht beeinträchtigen. Die Sätze 1 und 2 gelten für künstlerische Entwicklungsvorhaben und für die Kunstausübung entsprechend." Die meisten Landesgesetzgeber haben die Formulierung aus § 4 Abs. 2 HRG (fast) wortgleich übertragen.[380]

Die Darstellung der Forschungsfreiheit im HRG ist nicht abschließend, was durch „insbesondere" zu Beginn der Aufzählung signalisiert wird;[381] sie enthält vielmehr die wichtigsten Charakteristika des Forschungsprozesses.

---

376 *Scholz*, Maunz-Dürig, GG-Kommentar, Art. 5 Abs. III, Rn. 141.
377 *Scholz*, Maunz-Dürig, GG-Kommentar, Art. 5 Abs. III, Rn. 172.
378 *Scholz*, in: Maunz-Dürig, GG-Kommentar, Art. 5 Abs. III, Rn. 128.
379 BVerfGE 35, 79, 113.
380 Vgl. § 7 Abs. 2 BremHG, § 4 Abs. 2 BbgHG, § 5 Abs. 2 SächsHG, § 3 Abs. 2 UG Saarland, § 4 Abs. 3 HSG S-H, § 4 Abs. 2 HG NRW, § 3 Abs. 2 BayHSchG, § 3 Abs. 2 HochSchG RP, § 4 Abs. 3 HSG LSA, § 7 Abs. 2 Thür HG, § 5 Abs. 2 LHG M-V, § 3 Abs. 2 LHG BW. Das HG Hessen enthält in § 7 Abs. 1 S. 2 einen Verweis auf § 4 Abs. 2-4 HRG. § 11 Abs. 2 HmbHG enthält zwar eine fast wortgleiche Formulierung für die Forschungsfreiheit, knüpft jedoch die Gewährung dieser daran, dass Forschung zu den Dienstaufgaben des jeweiligen Hochschulmitgliedes gehört. § 3 BerlHG enthält keine ähnliche Formulierung, verweist in § 5 Abs. 3 jedoch auf § 3 HRG. Bei diesem handelt es sich um die Gleichberechtigung von Frauen und Männern. In § 3 HRG a.F. war jedoch die Forschungsfreiheit enthalten. Das Niedersächsische HG enthält hierzu keine vergleichbare Regelung.
381 *Lohfeld*, Befristung von Arbeitsverhältnissen, S. 39.

Die in § 4 Abs. 2 HRG enthaltene Freiheit der Fragestellung umfasst das Recht, jede bisher als gültig anerkannte Aussage in Frage zu stellen und den Forschungsgegenstand frei zu wählen. Wird in einem Arbeitsverhältnis die übertragene Forschungsaufgabe begrenzt, so begrenzt dies lediglich die Reichweite der Verpflichtung zur Forschung. Dem Verpflichteten steht es jedoch weiterhin frei, auch andere Fragestellungen zum Gegenstand eigener Forschung zu machen.[382]

Um die eigene Tätigkeit als wissenschaftliche Forschung qualifizieren zu können, muss die Forschung eigenverantwortlich durchgeführt werden.[383] *Scholz*[384] definiert daher die wissenschaftliche Verantwortung als „Selbständigkeit und Freiheit in der erkenntnistheoretischen Fragestellung, im thematischen Untersuchungsgang und in der Bestimmung der erkenntnisvermittelnden Methoden." Die wissenschaftliche Verantwortung fordere dann auch die qualifizierte Eigenverantwortung des Wissenschaftlers.[385] Das Maß an Eigenverantwortlichkeit entscheidet nach *Scholz* auch darüber, ob Hilfsdienste eines wissenschaftlichen Mitarbeiters als Wissenschaft anzuerkennen seien. Er geht dabei davon aus, dass es bei wissenschaftlichen Mitarbeitern „in der Regel an der wissenschaftlichen Eigenverantwortung" fehle, weshalb der Schutz der Wissenschaftsfreiheit insoweit nicht dem Mitarbeiter, sondern demjenigen zukomme, der die betreffende Tätigkeit anleite (z.B. Hochschullehrer im Verhältnis zum wissenschaftlichen Mitarbeiter).[386] Unterstütze der Mitarbeiter in abhängiger Stellung die wissenschaftliche Tätigkeit eines anderen, werde das Dienstverhältnis nicht von der Wissenschaftsfreiheit des Mitarbeiters, sondern von der der weisungsberechtigten Person bestimmt, weshalb sich der Grundrechtsschutz für den wissenschaftlichen Mitarbeiter allein aus Art. 33 Abs. 4, 5 bzw. Art. 12 Abs. 1 GG herleite.[387] Dem ist insoweit zuzustimmen, als es sich bei fehlender Eigenverantwortlichkeit nicht um eigene Forschung handelt, sondern um Zuarbeiten zu der Forschung eines anderen, der vollumfänglich die Forschungsfreiheit in Anspruch nehmen kann. Ähnlich wie *Scholz* geht *Leuze* davon aus, dass die wissenschaftlichen Assistenten (§ 47 Abs. 1 HRG) am Recht aus Art. 5 Abs. 3 GG partizipieren dürfen, da sie selbständig agieren könnten.[388] Dies schließt er bei den wissenschaftlichen Mitarbeitern, die bereits unter dem HRG vor Inkrafttreten des 5. HRGÄndG im Rahmen ihrer Dienstaufgaben Gelegenheit zur Vorbereitung einer Promotion erhalten sollten, jedoch vollständig aus. Bei diesen handele es sich um rein weisungsabhängige Tätigkeiten.[389]

382 *Lüthje*, in: Denninger, HRG, § 3 Rn. 11.
383 *Pernice*, Dreier-GG, Art. 5 III (Wissenschaft), Rn. 30.
384 In: Maunz-Dürig, GG-Komentar, Art. 5 Abs. III, Rn. 100.
385 *Scholz*, in: Maunz-Dürig, GG-Kommentar, Art. 5 Abs. III, Rn. 100.
386 *Scholz*, in: Maunz-Dürig, GG-Kommentar, Art. 5 Abs. III, Rn. 100.
387 *Scholz*, Maunz-Dürig, GG-Kommentar, Art. 5 Abs. III, Rn. 172.
388 *Leuze*, in: HdB d WissR, Bd. 1, S. 874 f.
389 *Leuze*, in: HdB d WissR, Bd. 1, S. 876.

Die Weisungsabhängigkeit bzw. die Tatsache, dass wissenschaftliche Mitarbeiter und Hilfskräfte angeleitet würden, kann schon deshalb nicht pauschal den Schutz der Wissenschaftsfreiheit ausschließen, da selbst Hochschullehrer durch ihre Berufung sich verpflichten, bestimmte Fächer in Forschung und Lehre zu vertreten.[390] Eine generelle Aberkennung der Wissenschaftsfreiheit für wissenschaftliche Mitarbeiter, wie sie durch *Scholz* vorgenommen wird, (die zwar durch „in der Regel" aufgeweicht wird) lässt zudem das Abstellen auf die tatsächlich ausgeübte Tätigkeit unberücksichtigt, weshalb sich an dieser Stelle jegliche Pauschalisierung verbietet. An anderer Stelle räumt deshalb auch *Scholz* ein, dass der wissenschaftliche Mitarbeiter Träger der Wissenschaftsfreiheit ist, soweit er eigenverantwortlich Wissenschaft betreibt.[391]

Die Tätigkeit von wissenschaftlichen Mitarbeitern ist ohnehin nicht ausschließlich weisungsabhängig. Selbst unter der Rechtslage des HRG vor dem 5. HRGÄndG vernachlässigt der Hinweis auf die reine Weisungsabhängigkeit, dass auch die Tätigkeit im Forschungsprojekt eines anderen Forschung i. S. d. Art. 5 Abs. 3 S. 1 GG sein kann. Dies ist der Fall, wenn bei dem Forschungsprojekt zwar die Einordnung in dessen Fragestellung und Methoden, nicht jedoch die wissenschaftlichen Meinungen und Ergebnisse vorgegeben sind.[392] Wissenschaftliche Tätigkeit liegt selbst dann vor, wenn gemeinsam mit anderen oder unter der Leitung eines anderen wissenschaftlich gearbeitet wird.[393] „Charakteristisch für die Forschungstätigkeit wissenschaftlicher Mitarbeiter ist die Einsetzung des eigenen wissenschaftlichen Urteils bei der Mitwirkung an einem Forschungsprojekt. Sie unterscheidet sich dadurch ihrer Intention nach von der Tätigkeit des nicht wissenschaftlich arbeitenden Laboranten oder Technikers. Sie ist deshalb im Prinzip dem nicht wissenschaftlichen reinen Weisungsvollzug entgegengesetzt."[394] Gerade aus der selbständigen wissenschaftlichen Beurteilung kann der grundrechtlich geschützte wissenschaftliche Spielraum gefolgert werden, der sowohl im Innen- als auch Außenverhältnis verteidigt werden kann.[395] Der wissenschaftliche Mitarbeiter wird zwar nicht durch die Forschungsfreiheit von der Erfüllung seiner Dienstleistungspflichten entbunden, die Forschungsfreiheit bewirkt jedoch, dass dem Mitarbeiter bei der Ausübung seiner Tätigkeit das mit den Dienstleistungspflichten zu vereinbarende Maß an Forschungsfreiheit belassen werden muss.[396] Ein Mitarbeiter kann nicht gezwungen werden, ein Ergebnis bzw. eine Meinung zu vertreten, das bzw. die er für wissenschaftlich unvertretbar hält. Anders kann es sein, wenn es eher um eine in-

---

390 *Lohfeld*, Befristung von Arbeitsverhältnissen, S. 47.
391 *Scholz*, in: Maunz-Dürig, GG-Kommentar, Art. 5 Abs. III, Rn. 121.
392 *Lüthje*, in: Denninger, HRG, § 3 Rn. 17.
393 *Lohfeld*, Befristung von Arbeitsverhältnissen, S. 47.
394 *Hailbronner*, Funktionsgrundrecht, S. 265.
395 *Hailbronner*, Funktionsgrundrecht, S. 106.
396 *Lüthje*, in: Denninger, HRG, § 3 Rn. 17.

haltliche Bewertung, denn um die wissenschaftliche Analyse geht. Ebenso können Mitarbeitern Methoden dann vorgegeben werden, wenn es gerade darum geht, diese Methode zu erforschen. Ansonsten ist auch ein Mitarbeiter in der Wahl seiner Methode frei. Demnach ist ein Mitarbeiter, sofern er zu selbständiger Forschungsarbeit qualifiziert ist, so einzusetzen, dass der Konflikt zwischen Weisungsinhalt und individueller Freiheit vermieden wird.[397] Der wissenschaftliche Mitarbeiter kann nicht gezwungen werden, Forschungsergebnisse und -meinungen zu vertreten, die er nicht teilt. Sofern der wissenschaftliche Mitarbeiter nicht nur Serviceleistungen erbringt, genießt er demnach den Schutz der Wissenschaftsfreiheit.[398]

Die individuelle Forschungsfreiheit umfasst Selbstbestimmung bei jedem Arbeitsschritt des Forschungsprozesses[399] inklusive notwendiger Vorarbeiten,[400] ungehinderte Sammlung oder Verbreitung von Informationen und Aussagen sowie das Recht auf ungehinderte Formulierung und Verbreitung wissenschaftlicher Meinungen.[401] Handlungen, die zwar mit dem Forschungsvorhaben eng verbunden sind, aber lediglich aus Anlass des Vorhabens durchgeführt werden, fallen nicht mehr in den geschützten Normbereich.[402] Dementsprechend ist allein entscheidend, ob der Tätigkeit selbst die Eigenschaft „wissenschaftlich" zugesprochen werden kann, weshalb das planmäßige Sammeln und Klassifizieren von Informationen ebenso wissenschaftlich ist wie der Versuch, eine Hypothese zu beweisen.[403] Eine Tätigkeit kann demnach nicht aus dem Schutzbereich der Wissenschaftsfreiheit ausgeschlossen werden, weil sie vorbereitender und materialsammelnder Natur ist.[404] Dass Vorbereitungsarbeiten, wie Materialsammlung nicht aus der Forschungsfreiheit ausgenommen werden dürfen, folgt bereits aus der zugrunde gelegten Definition von Wissenschaft, wie *Lüthje* sie prägte, wonach Wissenschaft jeder Versuch ist, „durch planvolles Sammeln und Ordnen von Informationen sowie durch deren Deutung mittels logisch schlüssiger Hypothesen, Theorien und Systeme Aussagen mit einzelfallüberschreitender Geltung zu gewinnen, sie rational nachvollziehbar zu begründen, ständig kritisch zu überprüfen, systematisch zu ordnen und zu vermitteln."[405] Demnach ist Voraussetzung für ein „wissenschaftliches" Sammeln von Material, dass es aufgrund

---

397 *Denninger* – AK, Art. 5 Abs. 3 I Rn. 49.
398 *Thieme*, Deutsches Hochschulrecht, Rn. 115; *Lüthje*, in: Denninger, HRG, § 3 Rn. 17.
399 Eine umfangreiche Aufzählungen von Handlungen, die zur wissenschaftlichen Forschung gehören, findet sich bei *Starck*, Bonner Grundgesetz, Art. 5 Abs. 3 Rn. 331 sowie *Pernice*, Dreier-GG, Art. 5 III (Wissenschaft), Rn. 30.
400 Jarass/Pieroth – *Jarass*, Art. 5 Rn. 122a.
401 *Lüthje*, in: Denninger, HRG, § 3 Rn. 10.
402 *Lüthje*, in: Denninger, HRG, § 3 Rn. 10.
403 *Schmitt Glaeser*, WissR 1974, 107, 111; *Hailbronner*, WissR 1980, 212, 218; *Lohfeld*, Befristung von Arbeitsverhältnissen, S. 46.
404 *Schmitt Glaeser*, WissR 1974, 107, 112.
405 *Lüthje*, in: Denninger, HRG, Vor § 3 Rn. 33.

einer methodisch durchdachten Vorgehensweise erfolgt und anschließend „gedeutet“ wird um allgemeingültige Aussagen zu erhalten.

Aus den Tätigkeiten, die dem Schutzbereich der Forschungsfreiheit unterfallen, kann abgeleitet werden, was „wissenschaftliche“ Dienstleistungen sind.

Zu den wissenschaftlichen Dienstleistungen zählen nach *Schmidt* die Betreuung von Sammlungen, Mitarbeit in der Forschung, Vermittlung von Fachkenntnissen und persönlichen Fertigkeiten oder der Anwendung künstlerischer Formen und Ausdrucksmittel.[406] Eine ähnliche Aufzählung findet sich bei *Lohfeld.* Hiernach gehört zu den wissenschaftlichen Dienstleistungen die unterstützende Zuarbeit in Forschung und Lehre, d.h. Tätigkeiten, die sammelnden, ordnenden und organisierenden Charakter haben.[407]

Nach *Dallinger* sind wissenschaftliche Dienstleistungen bereits vom Wortsinn her etwas anderes als die eigene wissenschaftliche Betätigung, die dem Erwerb einer wissenschaftlichen Qualifikation dient.[408] Wissenschaftliche Dienstleistungen umfassen auch nach *Waldeyer* demnach nicht nur solche, die unmittelbar der Forschung und Lehre dienen, sondern auch damit zusammenhängende Dienstleistungen.[409] Aus der Konzeption des HRG ging jedoch hervor, dass „Dienstleistungen“ einen mehrfach dienenden Charakter aufweisen. Sie unterstützten zum einen den Hochschullehrer und konnten zum anderen dem Mitarbeiter zur Weiterbildung dienen.

Nach *Preis* ist eine Tätigkeit und damit auch Dienstleistung dann wissenschaftlich, „wenn sie durch selbständige schöpferische Forschung, einschließlich der Vorbereitungsarbeiten, geprägt ist. Dabei muss zumindest eine Einflussmöglichkeit auf das Forschungsergebnis bestehen.“[410] Organisatorisch vorbereitende und unterstützende Tätigkeiten zählen nach *Preis* jedoch nicht zu den wissenschaftlichen Dienstleistungen.[411] Ähnlich ist die Definition von *Lipke*, wonach wissenschaftliche Tätigkeit geprägt wird durch selbständige, schöpferische Forschung einschließlich der hierzu erforderlichen Vorbereitungsarbeiten.[412]

Die Aufzählung bei *Reich* ist etwas umfangreicher. Hiernach gehören zu den wissenschaftlichen Dienstleistungen die Betreuung wissenschaftlicher Apparate oder Sammlungen, forschende Mitarbeit in wissenschaftlichen Einrichtungen der Hochschule, wissenschaftliche Tätigkeit in Bibliotheken, Rechenzentren, Laboratorien, Prüf- und Messstellen.[413]

Diese unterschiedlichen Aufzählungen verdeutlichen, wie schwer es ist, den Begriff der wissenschaftlichen Dienstleistungen zu fassen. Selbst bei bundes-

---

406 Aufzählung nach APS-*Schmidt*, § 1 WissZeitVG Rn. 13.
407 *Lohfeld*, Befristung von Arbeitsverhältnissen, S. 52.
408 *Dallinger*, JZ 1980, 337, 340.
409 *Waldeyer*, in Hailbronner/Geis, HRG, § 57 a Rn. 6.
410 *Preis*, WissZeitVG, § 1 Rn. 14.
411 *Preis*, WissZeitVG, § 1 Rn. 16.
412 KR-*Lipke*, § 57 a HRG, Rn. 33.
413 *Reich*, HRG/WissZeitVG, § 53 Rn. 2.

rechtlicher Rahmenregelung zu den wissenschaftlichen Mitarbeitern herrschte Unklarheit über den Begriff der wissenschaftlichen Dienstleistungen. Was hierzu zu zählen ist, erlangt nunmehr besondere Bedeutung bei der Beschäftigung studentischer Hilfskräfte, auf die deshalb gesondert eingegangen wird.

Die Definitionen von *Lipke* und *Preis* entsprechen dem zur Forschungsfreiheit Gesagten, weshalb die darin enthaltenen Tätigkeiten unproblematisch zu wissenschaftlichen Dienstleistungen zu zählen sind. Bei der Auslegung des Begriffs „wissenschaftlich“ sollte nicht nur die Wissenschaftsfreiheit, sondern ebenso die Annahme des Gesetzgebers, Stellen des wissenschaftlichen Personals unterhalb der Hochschullehrer dienten der wissenschaftliche Qualifizierung, im Hinblick auf die ausgeübte Tätigkeit berücksichtigt werden. Qualifizierung meint nicht das Anstreben eines formalen Abschlusses, da es im Rahmen des § 2 Abs. 1 WissZeitVG nicht darauf ankommt, ob ein solcher angestrebt wird. Vielmehr geht es hier um eine Erweiterung von Kompetenzen, die grundsätzlich dazu geeignet sind, eine berufliche Laufbahn in der Wissenschaft, d.h. sowohl in Forschung als auch Lehre, anzustreben.

Das Bundesarbeitsgericht berücksichtigte die Nachwuchsförderung ebenfalls, als es entschied, dass zu den wissenschaftlichen Dienstleistungen ebenso wenig die für die Organisation einer Hochschule oder einer ihrer Einrichtungen notwendige Verwaltungsarbeit zählt, auch wenn sie von einem wissenschaftlich ausgebildeten Mitarbeiter vorgenommen wird.[414] Zu diesem Ergebnis ist das BAG durch eine teleologische Würdigung der an die Begriffsbestimmung des § 53 Abs. 1 HRG anknüpfenden Regelung der §§ 57 a ff. HRG gelangt. Mit den Regelungen der §§ 57 a ff. HRG habe der Gesetzgeber für bestimmte Arbeitsverhältnisse erleichterte Befristungsmöglichkeiten schaffen wollen und die Hochschulen und wissenschaftlichen Einrichtungen als Träger der Wissenschaftsfreiheit des Art. 5 Abs. 3 GG von den Anforderungen der arbeitsgerichtlichen Befristungskontrolle freistellen wollen. Eine Erleichterung für Befristung von Verträgen mit Verwaltungsmitarbeitern sei nicht beabsichtigt und verfassungsrechtlich geboten gewesen.[415] Tätigkeiten in der Verwaltung, Prüfungsämtern oder in Bibliotheken dienen nicht der Nachwuchsförderung und können auch nicht das Fluktuationsinteresse begründen.[416]

Demnach muss auch bei der Betreuung wissenschaftlicher Sammlungen differenziert werden. Das bloße Verwalten des Bestandes stellt keine eigene wissenschaftliche (Dienst-)Leistung dar, wohingegen die Neuerfassung eines Gegenstandes verbunden mit der Einordnung in Epochen o. ä. einen eigenständigen Er-

---

414 BAG, Urt. v. 28.1.1998, BAGE 87, 362, 368 = AP Nr. 3 zu § 57 a HRG. Ebenso *Dörner*, Der befristete Arbeitsvertrag, Rn. 667; KR-*Lipke*, § 57 a HRG, Rn. 45; APS-*Schmidt*, § 1 WissZeitVG Rn. 13; *Schlachter*, in: Laux/Schlachter, TzBfG, Anhang 2 § 1 WissZeitVG Rn. 416.

415 BAG, Urt. v. 28.1.1998, BAGE 87, 362, 368 = AP Nr. 3 zu § 57 a HRG.

416 So schon zuvor *König*, Bestandsschutz, S. 187.

kenntniswert enthält und somit als wissenschaftlich zu bewerten ist, da die Einordnung anhand wissenschaftlicher Methoden erfolgt, deren Ergebnisse ihrerseits interpretationsbedürftig sind.

Durch die Zuarbeit zu Forschungsprojekten erfolgt eine vertiefte Beschäftigung mit wissenschaftlichen Arbeitsweisen und Methoden sowie die Möglichkeit, Einblick in Organisation und Funktionsweisen von Forschungseinrichtungen zu gewinnen.[417]

Das bloße Zusammenstellen von Literatur aus einer Datenbank mit anschließendem Kopieren der Fundstellen kann jedoch noch nicht die Zugehörigkeit zum wissenschaftlichen Personal begründen, da es an der Bewertung der Materialien mit dem Versuch, allgemeingültige Aussagen zu finden, sowie dem Erwerb wissenschaftlicher Qualifikation fehlt.[418]

Demnach muss für die Annahme einer wissenschaftlichen Tätigkeit ein eigener wissenschaftlicher Beitrag vorliegen.

ii.) Lehrfreiheit

Lehre ist nach dem Bundesverfassungsgericht die „wissenschaftlich fundierte Übermittlung der durch die Forschung gewonnenen Erkenntnisse".[419] Der Bundesgesetzgeber hat in § 4 Abs. 3 HRG[420] eine ähnliche Interpretation gewählt. Diese Regelung wurde von vielen Landesgesetzgebern annähernd wortgleich übernommen.[421]

Der absolut geschützte Kernbereich inhaltlich methodischer Gestaltung der Lehrveranstaltungen betrifft ihre konkrete Ausgestaltung unter Berücksichtigung

---

417 *König*, Bestandsschutz, S. 187.

418 Zur Einbeziehung der studentischen Hilfskräfte in den Anwendungsbereich des WissZeitVG vgl. unten Kapitel 4 § 2 VI.

419 BVerfGE 35, 79, 113.

420 § 4 Abs. 3 HRG „Die Freiheit der Lehre (Artikel 5 Abs. 3 Satz 1 des Grundgesetzes) umfasst, unbeschadet des Artikels 5 Abs. 3 Satz 2 des Grundgesetzes, im Rahmen der zu erfüllenden Lehraufgaben insbesondere die Abhaltung von Lehrveranstaltungen und deren inhaltliche und methodische Gestaltung sowie das Recht auf Äußerung von wissenschaftlichen und künstlerischen Lehrmeinungen. Entscheidungen der zuständigen Hochschulorgane in Fragen der Lehre sind insoweit zulässig, als sie sich auf die Organisation des Lehrbetriebes und auf die Aufstellung und Einhaltung von Studien- und Prüfungsordnungen beziehen; sie dürfen die Freiheit im Sinne von Satz 1 nicht beeinträchtigen."

421 Vgl. § 7 Abs. 3 BremHG, § 4 Abs. 1 BbgHG, § 3 Abs. 3 BayHSchG, § 5 Abs. 3 SächsHG, § 3 Abs. 3 UG Saarland, § 4 Abs. 4 HSG S-H, § 4 Abs. 4 HG NRW, § 3 Abs. 3 HochSchG RP, § 4 Abs. 4 HSG LSA, § 7 Abs. 3 Thür HG, § 3 Abs. 3 LHG BW, § 5 Abs. 3 LHG M-V, § 5 Abs. 3 BerlHG verweist auf § 3 HRG, wobei wohl § 4 HRG gemeint ist. § 7 Abs. 1 HG Hessen verweist auf das HRG. § 11 Abs. 1 HmbHG ist hinsichtlich den Aspekten der Lehrfreiheit wortgleich, jedoch wird die Gewährung der Lehrfreiheit daran geknüpft, dass diese zu den übertragenen Dienstaufgaben des Hochschulmitgliedes gehört. Das Hochschulgesetz Niedersachsens enthält hierzu keine Regelung.

der Vorgaben der Prüfungs- und Studienordnungen.[422] Die Freiheit der wissenschaftlichen Bewertung und Gewichtung darf durch die Vorgabe eines Themas nur soweit eingeschränkt werden, wie dies für die Vollständigkeit des Lehrangebotes notwendig ist.[423] Der Begriff der Lehre umfasst sämtliche Lehrveranstaltungen in allen Hochschulen, gleichgültig unter welcher Bezeichnung die Lehrveranstaltung firmiert.[424] Zur eigenständigen Lehre gehört es, dass der Vorschlag des Lehrenden zu Ort und Zeit der Veranstaltung zu berücksichtigen ist.[425] Ebenso gehört auch die Bescheinigung der Teilnahme an Lehrveranstaltungen und die Bewertung erbrachter Leistungen zum Schutzbereich der Lehrfreiheit.[426]

Die Lehrfreiheit ist als Unterfall der Wissenschaftsfreiheit ein Jedermannsgrundrecht. Um die Lehrfreiheit dennoch zu beschränken, wird z.T. vertreten, dass die Selbständigkeit der Lehre und damit die Lehrfreiheit an das Vorliegen der venia legendi oder zumindest an einen besonderen Lehrauftrag anknüpft, der die wissenschaftliche Qualität der Lehre gewährleistet,[427] da die Lehrperson auf ihrem Fachgebiet wissenschaftlich tätig bzw. ausgewiesen sein muss.[428] *Scholz*[429] spricht von einer „qualifikationsmäßig formalisierten Voraussetzung". Nur wenn in eine Lehrveranstaltung eigenverantwortlich gewonnene wissenschaftliche Erkenntnisse des Lehrenden eingehen, handele es sich um wissenschaftliche Lehre, was durch dies Qualifikationserfordernis gewährleistet werde.[430] Jeder, der diese Voraussetzungen nicht aufweisen könne und dennoch zur dementsprechend unselbständigen Lehre herangezogen werde, könne sich nicht den aus der Unselbständigkeit folgenden Bindungen unter Berufung auf die Lehrfreiheit entziehen.[431] Nach *Starck*[432] hat „nicht jeder, der in der Forschung etwas leistet, [...] Anspruch aus Art. 5 Abs. 3 S. 1, als Universitätslehrer zugelassen zu werden". Diese Auffassung hätte zur Folge, dass wissenschaftlichen Mitarbeitern grundsätzlich die Lehrfreiheit versagt bliebe, es sei denn, ihre Lehrtätigkeit würde auf einen Lehrauftrag zurückzuführen sein.

Durch die Anknüpfung an die wissenschaftliche Ausgewiesenheit in dem Fachgebiet wird jedoch nur gewährleistet, dass jemand in der Lage ist zu forschen. Nach dem Abschluss des Habilitationsverfahrens wird dem Antragsteller

---

422 *Lüthje*, in: Denninger, HRG, § 3 Rn. 29.
423 *Hailbronner*, Funktionsgrundrecht, S 183.
424 *Thieme*, Deutsches Hochschulrecht, Rn. 119.
425 *Krüger*, in: HdB d WissR, Bd. 1, S. 314.
426 *Lüthje*, in: Denninger, HRG, § 3 Rn. 33.
427 *Starck*, Bonner Grundgesetz, Art. 5 Abs. 3 Rn. 329 sowie Rn. 367.
428 *Scholz*, Maunz-Dürig, GG-Kommentar, Art. 5 Abs. III Rn. 105.
429 *Scholz*, Maunz-Dürig, GG-Kommentar, Art. 5 Abs. III Rn. 105.
430 *Scholz*, Maunz-Dürig, GG-Kommentar, Art. 5 Abs. III Rn. 105.
431 *Starck*, Bonner Grundgesetz, Art. 5 Abs. 3 Rn. 329, der als Beispiel Assistenten und Beamte des sog. Mittelbaus, Lektoren, die Sprachfertigkeiten vermitteln, und Tutoren anführt.
432 *Starck*, Bonner Grundgesetz, Art. 5 Abs. 3 Rn. 329.

die Lehrbefähigung (facultas docendi) erteilt. In den meisten Bundesländern fällt die Erteilung der Lehrbefugnis (venia legendi), welche die Berechtigung zu selbständiger Lehre vermittelt, mit der Erteilung der Lehrbefähigung zusammen.[433] Das Auseinanderfallen hat in der Praxis ohnehin keine Bedeutung, da eine Fakultät, die zwar die facultas docendi erteilt, die venia legendi jedoch versagt, sich lächerlich macht.[434] So sieht § 44 Nr. 2 HRG für Professoren als Einstellungsvoraussetzung eine pädagogische Eignung vor. „Problematisch ist, wie die pädagogische Befähigung festgestellt werden soll; voraussichtlich wird dies wie bisher in den meisten Fällen eine leere Floskel bleiben, der keine wirkliche Bedeutung zukommt."[435] Damit ist selbst eine formale Voraussetzung nicht geeignet, Aussagen über die Qualität oder das Maß des Einflusses eigener Arbeit zu treffen.

Neben der Tatsache, dass ein Anknüpfen an eine formelle Qualifikation wenig aussagekräftig ist, lassen sich derartige Einschränkungen dem Grundgesetz nicht entnehmen. Aufgrund der verfassungsrechtlichen Garantie der Lehrfreiheit in Art. 5 Abs. 3 S. 1 GG kann die Lehrbefugnis nicht als Zulässigkeitsvoraussetzung für die Wahrnehmung von wissenschaftlichen oder künstlerischen Lehraufgaben angesehen werden, sondern nur als förmlicher Eignungsnachweis.[436] Die Lehrfreiheit ist gerade nicht von Formalqualifikationen abhängig gemacht worden, sondern ausschließlich von der materiellen Einordnung der übertragenen und wahrgenommenen Lehraufgabe als wissenschaftliche Lehre.[437] Sofern Lehrfreiheit als Unterfall der Wissenschaftsfreiheit betrachtet wird, muss jede Kommunikation wissenschaftlicher Ideen und Meinungen von Art. 5 Abs. 3 GG umfasst sein, was gegen formale Qualifikationserfordernisse spricht, da diese Erfordernisse auch auf wissenschaftliche Kommunikation außerhalb der Universität angewendet werden müssten, worin eine gravierende Freiheitsbeschränkung liegen würde.[438] Demnach bedeutet das Aufstellen zusätzlicher Voraussetzungen für die Gewährung eines Grundrechtes eine unzulässige Verkürzung des Schutzbereiches. Die Lehrfreiheit kann somit nicht aufgrund formaler Anforderungen beschränkt werden.

Vergleichbar mit der Anknüpfung an formale Voraussetzungen ist der Versuch, die wissenschaftliche Lehre auf die Vermittlung eigener Ergebnisse zu begrenzen. *Knemeyer*[439] vertritt die Ansicht, dass sich nur derjenige auf die Lehrfreiheit berufen könne, der auf seinem Lehrgebiet forsche. Dass die Lehrfreiheit auf diejenigen beschränkt werde, die zugleich forschen und lehren, folge zum

433 *Hartmer*, Hochschulrecht-Praxishandbuch, III Rn. 64.
434 *Hartmer*, Hochschulrecht-Praxishandbuch, III Rn. 64.
435 *Thieme*, Deutsches Hochschulrecht, Rn. 655.
436 *Lüthje*, in: Denninger, HRG, § 3 Rn. 38.
437 *Lüthje*, in: Denninger, HRG, § 3 Rn. 38.
438 *Hailbronner*, Funktionsgrundrecht, S. 162.
439 *Knemeyer*, Lehrfreiheit, S.34, ebenso *Scholz*, in: Maunz-Dürig, GG-Kommentar, Art. 5 Abs. III Rn. 105.

einen aus dem Wortlaut des Art. 5 Abs. 3 GG, zum anderen auch aus der Bedeutung dieses Grundrechts als wertentscheidende Grundsatznorm.[440]

Wie für die wissenschaftliche Tätigkeit im Bereich der Forschung setzt *Preis* für eine Lehrtätigkeit als wissenschaftlicher Dienstleistung ebenso voraus, dass die Lehre eigener Forschung entspring, da Forschung die notwendige Voraussetzung sei, um den Charakter der Lehre als wissenschaftlich zu wahren.[441] Hieran anzuknüpfen, ergebe sich bereits aus dem Qualifizierungsgedanken des WissZeitVG. Auch die Einbeziehung der künstlerischen Mitarbeiter könne dem nicht entgegenstehen, da auch der künstlerischen Betätigung ein schöpferisches Element innewohne, das bei reiner Lehrtätigkeit konsumiert würde.[442]

Zur wissenschaftlichen Lehre gehört jedoch gerade die Auseinandersetzung mit anderen Meinungen.[443] Insofern kann den Ansichten von *Preis* und *Knemeyer* nicht gefolgt werden. Das Recht auf Äußerung von wissenschaftlichen und künstlerischen Lehrmeinungen kann nicht eingeschränkt werden. Hierzu gehören sowohl die Darstellung der eigenen Forschungsergebnisse und Lehrmeinungen, als auch das Recht zur Darstellung und Kritik der Ergebnisse anderer Wissenschaftler.[444] Die Vermittlung lediglich der eigenen Meinung lässt diese als unreflektiert erscheinen und widerspricht dem Begriff der Wissenschaft, zu dem auch das ständige kritische Hinterfragen gehört. Demnach gehört die Vermittlung von Erkenntnissen anderer Wissenschaftler dann zur wissenschaftlichen Lehre, wenn sie als Äußerung einer nach wissenschaftlichen Methodiken erarbeiteten Lehrmeinung erfolgt.[445]

Ausschlaggebend für den Schutz durch Art. 5 Abs. 3 GG ist daher nicht die Kategorisierung in wissenschaftliche Lehre und nicht-wissenschaftlichen Unterricht, die ohnehin kein handhabbares Kriterium liefert, sondern die eigenständige Auseinandersetzung mit wissenschaftlichen bzw. künstlerischen Erkenntnissen und Methoden.[446] Die Eigenständigkeit ist deshalb ausschlaggebend, da die mechanische Weitergabe bestimmter Kenntnisse oder Fertigkeiten keine Lehre darstellen kann.[447] Daher ist vielmehr entscheidend, ob die Lehrveranstaltung lediglich unterstützenden Charakter für eine Veranstaltung eines anderen Lehrenden hat oder aber es sich um die eigenverantwortliche Durchführung einer durch den Fachbereich inhaltlich bestimmten und übertragenen Lehrveranstal-

---

440 *Kimminich*, in: HdB d WissR, Bd. 1, S. 137.
441 *Preis*, WissZeitVG, § 1 Rn. 14.
442 *Preis*, WissZeitVG, § 1 Rn. 14.
443 Die Vermittlung fremder Erkenntnisse als Lehre anerkennend: *Pernice*, Dreier-GG, Art. 5 III (Wissenschaft), Rn. 32; *Starck*, Bonner Grundgesetz, Art. 5 Abs. 3 Rn. 328; *Lüthje*, in: Denninger, HRG, § 3 Rn. 27; *Hufen*, Die Freiheit der Kunst, S. 143.
444 *Starck*, Bonner Grundgesetz, Art. 5 Abs. 3 Rn. 329; *Lüthje*, in: Denninger, HRG, § 3 Rn. 36.
445 *Denninger* – AK, Art. 5 Abs. 3 I Rn. 30.
446 *Lüthje*, in: Denninger, HRG, § 3 Rn. 27.
447 *Hailbronner*, Funktionsgrundrecht, S. 170.

tung handelt. Der Umfang der Lehrfreiheit steht daher in direktem Zusammenhang mit der konkret übertragenen Aufgabe.[448] Aus den unterschiedlichen Funktionen folgen demnach auch unterschiedliche Handlungsspielräume, womit ebenso eine gewisse Weisungsunterworfenheit verknüpft ist.[449] Durch die Zuordnung zu einer Einheit wird zwar der wissenschaftliche Spielraum eingeschränkt, was sich jedoch bei der ergänzenden Lehre auf den Gegenstand der Lehre bezieht. Wenn nach dem HRG zu den wissenschaftlichen Dienstleistungen auch die Vermittlung von Fachwissen und praktischen Fertigkeiten gehört, ist in diesem Bereich auch eine Festlegung auf gewisse Themengebiete zulässig, die jedoch nicht die Freiheit von Methode und Inhalt der Lehrveranstaltungen beeinträchtigen darf.[450] Zwar können Mitarbeiter neben der Festlegung auf ein Generalthema sowie einer bestimmten Form auch darauf festgelegt werden, dass z.B. eine vorlesungsbegleitende Arbeitsgemeinschaft sich am inhaltlichen und zeitlichen Plan der Vorlesung zu orientieren hat. Dennoch genießt der Mitarbeiter selbst in diesem eng zugeschnitten Rahmen im Ergebnis Lehrfreiheit,[451] da in jeder Lehrveranstaltung ein wissenschaftlicher Spielraum erhalten bleibt, in dem eigene wissenschaftliche Meinungen vertreten werden können.[452] Selbst bei unterstützendem Charakter werden wissenschaftliche Methoden angewandt.

Nicht mehr der Lehrfreiheit unterfallen hingegen studentische Tutoren.[453] Tutoren sind Hilfskräfte, die im Rahmen der Studienordnung Studierende in ihrem Studium unterstützen.[454] Studentischen Tutoren werden in den meisten Fällen Zeitplan, Literaturliste, konkret zu behandelnde und zu diskutierende Abschnitte einer Literaturauswahl vorgegeben. Häufig beinhalten diese Vorgaben auch bereits die gemeinsam mit den Hörern zu findenden Ergebnisse. In einigen Fällen hospitiert ein Hochschullehrer oder wissenschaftliche Mitarbeiter bei der Durchführung der ersten Veranstaltungen, um neben den inhaltlichen auch methodische Vorgaben machen und deren Umsetzung überwachen zu können. Hier ist jeglicher Spielraum in der Gestaltung der Lehrveranstaltung sowie in dem Vertreten von wissenschaftlichen Meinungen ausgeschlossen. Insoweit kann weder von einer eigenständigen Lehre ausgegangen werden noch von einer Lehre, die auf eigenständiges Bewerten (fremder) Lehrmeinungen zurückgeht. Studentische Tutorien stellen die Wiedergabe einer fremden Lehrmeinung – und zwar desjenigen, der den Tutor anleitet – dar.

Aufgrund der verschiedenen Rechtsverhältnisse sowie der Aufgaben des Lehrangebotes, sind Umfang und Inhalt der Lehrfreiheit an Hochschulen unter-

---

448 *Lüthje*, in: Denninger, HRG, § 3 Rn. 38.
449 *Hailbronner*, Funktionsgrundrecht, S. 170 ff.
450 *Hailbronner*, Funktionsgrundrecht, S. 174.
451 *Pieroth/Schlink*, WissR 78, 115, 123.
452 *Hailbronner*, Funktionsgrundrecht, S. 172; *Lüthje*, in: Denninger, HRG, § 3 Rn. 38.
453 Jarass/Pieroth – *Jarass*, Art. 5 Rn. 124.
454 *Haratsch/Holljesiefken*, NZA 2008, 207, 209.

schiedlich ausgestaltet.[455] Die Lehrfreiheit ist deshalb nicht nur ein Jedermannsgrundrecht, sondern hat den Charakter eines „Grundrechts im Sonderstatus“,[456] da es jedem zusteht, dem im Rahmen der Lehrangebote der Hochschule Lehraufgaben übertragen werden. So kann bisher gemäß § 53 Abs. 1 S. 2 HRG wissenschaftlichen Mitarbeitern in begründeten Fällen die selbständige Wahrnehmung von Aufgaben in der Lehre übertragen werden.[457] In diesen Fällen muss die Lehrfreiheit vollumfänglich gelten, da hier gerade die selbständige und damit eigenverantwortliche Lehre durch den wissenschaftlichen Mitarbeiter bereits formal ausgeführt wird. Eine Überprüfung des genauen Inhaltes und Umfanges der Lehre bedarf es in diesen Fällen nicht. Dass es bei der Eigenständigkeit nicht auf die Übertragung von Lehrfunktion mittels Lehrauftrag ankommt, hat das VG Berlin bestätigt und darüber hinaus für Seminarleiter betont, dass sie „jedenfalls aufgrund ihrer tatsächlichen Aufgabenstellung im Fachbereich Germanistik eigenständig in Wissenschaft, Forschung und Lehre tätig waren und ihnen deshalb durch Art. 5 Abs. 3 GG ein Grundrecht auf freie wissenschaftliche Betätigung zustand“[458]. Deshalb ist die Eigenständigkeit wie bei der Forschung auch für wissenschaftliche Mitarbeiter der Maßstab für Gewährung der Lehrfreiheit.

Wie bereits dargestellt, darf die Lehrfreiheit nicht nur auf die Fälle beschränkt sein, in denen ein formaler Akt zur Durchführung der Lehre berechtigt. *Hailbronner* kritisiert deshalb zu Recht die Feststellung, dass Eigenständigkeit und somit Lehrfreiheit erst dann gegeben sein soll, wenn eine Lehrveranstaltung zur selbständigen Durchführung übertragen wurde.[459] Sofern wissenschaftliche Mitarbeiter eigenverantwortlich tätig sind, können sie sich daher auch auf die Lehrfreiheit berufen.[460] Die Freiheit, wissenschaftliche Meinungen oder einen bestimmten Wissenschaftsbegriff zu vertreten, wird als Kern der Lehrfreiheit angesehen und gilt für alle wissenschaftlich Lehrenden, selbst wenn sie in der Methodenwahl nicht frei sind oder nach Richtlinien Lehrveranstaltungen abhalten.[461] Besonders anschaulich formuliert *Hailbronner*[462]: „Unverständlich ist [...] auch, warum ein Klausurenkurs oder ein Examensrepetitorium eines Hochschullehrers dem Schutz der Lehrfreiheit unterfällt, während die gleichartige Lehrveranstaltung eines wissenschaftlichen Assistenten nicht von Art. 5 Abs. 3 GG geschützt sein soll.“ Bereits das Bundesverfassungsgericht hat zur Rolle der wissenschaftlichen Mitarbeiter in der Lehre festgestellt: „Im Be-

---

455 *Bauer*, Wissenschaftsfreiheit, S. 53 f, *Hailbronner*, Funktionsgrundrecht, S. 169ff.
456 *Lüthje*, in: Denninger, HRG, § 3 Rn. 38; *Thieme*, Deutsches Hochschulrecht, Rn. 115.
457 Generell zu Lehrverpflichtungen bei wissenschaftlichen Mitarbeitern *Thews*, WissR 1995, 225 ff.
458 VG Berlin, 15.3.1971, JZ 1971, 615 ff.
459 *Hailbronner*, Funktionsgrundrecht, S. 170 ff.
460 *Kempen*, HSchR-Praxishandbuch, I Rn. 87.
461 *Krüger*, in: HdB d WissR, Bd. 1, S. 315; *Lüthje*, in: Denninger, HRG, § 3 Rn. 36.
462 Funktionsgrundrecht, S. 162.

reich der Lehre erfüllen nicht nur die Hochschullehrer, sondern auch die wissenschaftlichen Mitarbeiter wesentliche Funktionen. Sie haben in der modernen Massenuniversität zwar einen je nach Fakultäten und Fachbereichen nicht immer gleichen, jedoch quantitativ bedeutenden Teil der anfallenden Lehraufgaben übernommen."[463]

Sofern lediglich praktische Fertigkeiten und Kenntnisse vermittelt werden, die keine Auseinandersetzung mit wissenschaftlichen Erkenntnissen oder Methoden beinhalten, handelt es sich dagegen nicht um Lehre auf wissenschaftlicher Grundlage.[464] Dies bedeutet für Lehrkräfte für besondere Aufgaben, dass ihnen dann die Lehrfreiheit zusteht, sofern ihre Tätigkeit über die Vermittlung praktischer Fertigkeiten hinausgeht.[465] Aufgrund der ausschließlichen Vermittlung praktischer Fertigkeiten und Kenntnisse sind Lehrkräfte für besondere Aufgaben nicht Träger des Grundrechts aus Art. 5 Abs. 3 GG. Ihnen steht pädagogische Freiheit soweit zu, wie sie auch Schullehrer in Anspruch nehmen können.[466] Deshalb wurde für wissenschaftliche Mitarbeiter unter dem HRG in der alten Fassung genau differenziert zwischen der Vermittlung von Fachwissen und praktischen Fertigkeiten. § 53 Abs. 2 a.F. HRG definierte, dass zu den wissenschaftlichen Dienstleistungen, die wissenschaftliche Mitarbeiter zu erbringen haben, auch gehört, dass den Studenten Fachwissen und praktische Fertigkeiten vermittelt werden und sie in der Anwendung wissenschaftlicher Methoden zu unterweisen sind.

Nach alledem ist festzuhalten, dass wissenschaftlichen Mitarbeitern und Hilfskräften nicht von vornherein der Schutz der Lehrfreiheit versagt werden kann. In der Praxis ist es durchaus üblich, dass Lehrveranstaltungen durch wissenschaftliche Mitarbeiter selbständig durchgeführt werden.[467] Die Lehrfreiheit ist nicht abhängig von dem Vorliegen einer formalen Qualifikation. Darüber hinaus kann nicht nach Art der Lehrveranstaltung differenziert werden, da auch einem weisungsabhängigen Mitarbeiter immer ein Gestaltungsspielraum verbleibt. Eine Grenze ist jedoch dort zu ziehen, wo die Lehre bereits nach den Studienordnungen lediglich die Vorlesungen eines anderen unterstützt und die Lehre des Mitarbeiters in enger Absprache mit demjenigen erfolgt, der die Vorlesung abhält. Der wissenschaftliche Spielraum endet dort, wo der gesamte Inhalt der Lehrveranstaltung vorgegeben wird, wenn so z.B. in der Rechtswissenschaft dem Leiter einer Arbeitsgemeinschaft vorgeschrieben wird, den Lehrstoff anhand von Fällen zu präsentieren und dem Leiter hierzu auch die Fälle nebst Lösungen vorgegeben werden. Hier wird der wissenschaftliche Spielraum soweit

---

463 BVerfGE 35, 79, 131 zur Beteiligung der Gruppe der wissenschaftlichen Mitarbeiter in Selbstverwaltungsgremien hinsichtlich Lehre.
464 *Lüthje*, in: Denninger, HRG, § 3 Rn. 27.
465 *Lüthje*, in: Denninger, HRG, § 3 Rn. 38.
466 *Thieme*, Deutsches Hochschulrecht, Rn. 788.
467 *Hailbronner*, Funktionsgrundrecht, S. 172.

zurückgedrängt, dass nicht mehr von eigenverantwortlicher Lehre gesprochen werden kann. Diese Kriterien gelten ebenso für wissenschaftliche Hilfskräfte.[468]

In dem Maße, in dem ein Mitarbeiter sich bei seiner Tätigkeit auf die Lehrfreiheit berufen kann, liegt ebenso wie bei forschenden Tätigkeiten eine wissenschaftliche Tätigkeit vor, die eine Befristung auf Grundlage des WissZeitVG rechtfertigt.

Auch bei den wissenschaftlichen Dienstleistungen im Bereich der Lehre muss der Qualifikationsgedanke des WissZeitVG mit bedacht werden. Erfahrungen in der Lehre können nur praktisch gesammelt werden. Insofern dient die Abhaltung von Vorlesungsstunden, Arbeitsgemeinschaften, Übungen der Qualifizierung. Demnach können pädagogische Erfahrungen in der Vermittlung und Weitergabe von Forschungsergebnissen fast ausschließlich in derartigen Beschäftigungsverhältnissen gesammelt werden,[469] wobei es wünschenswert wäre, wenn hier bereits während der Beschäftigungszeit als wissenschaftlicher Mitarbeiter verstärkt eine pädagogische Anleitung erfolgen würde. Betrachtet man tatsächlich diese Stellen als Qualifikantenstellen, die sowohl dem Mitarbeiter als auch der Hochschule aufzeigen sollen, ob eine ausreichende Eignung für eine wissenschaftliche Laufbahn vorliegt, darf der Bereich der Lehre nicht vernachlässigt werden. Nachwuchsförderung beinhaltet auch eine Anleitungs- und Ausbildungspflicht, wobei die Anleitung die selbständige Lehre nicht verdrängen darf.

b) Kunstfreiheit – künstlerische Dienstleistungen

Auf den Abschluss befristeter Verträge mit künstlerischem Personal kann das WissZeitVG ebenso Anwendung finden wie auf den Abschluss der Verträge mit wissenschaftlichem Personal. Für künstlerische Mitarbeiter sind künstlerische Dienstleistungen der Anknüpfungspunkt. Im Gegensatz zu den wissenschaftlichen Dienstleistungen findet sich kaum eine Darstellung künstlerischer Tätigkeiten. Insoweit ist hier die Herleitung der künstlerischen Dienstleistungen aus dem Schutzbereich der Kunstfreiheit besonders erforderlich.

Die Kunstfreiheit ist in Art. 5 Abs. 3 S. 1 Var. 1 GG enthalten. Sie dient wie die Wissenschaftsfreiheit dem Schutz der schöpferischen Kraft des Menschen sowie der Kommunikation zwischen Künstler und Betrachter.[470]

Ebenso wie für die Wissenschaftsfreiheit enthält Art. 5 Abs. 3 S. 1 GG „zunächst eine objektive, das Verhältnis des Bereiches Kunst zum Staat regelnde wertentscheidende Grundsatznorm“,[471] aus der die Aufgabe des Staates abgelei-

468 *Pernice*, Dreier-GG, Art. 5 III (Wissenschaft), Rn. 33, „Wissenschaftliche Assistenten und Hilfskräfte genießen als Lehrbeauftragte und wie diese den Schutz der Lehrfreiheit, soweit sie eigenverantwortlich tätig sind“.
469 *König*, Bestandsschutz, S. 187.
470 *Pernice*, Dreier-GG, Art. 5 III (Kunst) Rn. 12.
471 BVerfGE 30, 173, 188.

tet wird, ein freiheitliches Kunst- und Wissenschaftsleben zu erhalten und zu fördern.[472]

aa) Sachlicher Schutzbereich

Schwierigkeiten bei der Definition des sachlichen Schutzbereiches ergeben sich nicht erst dann, wenn der Versuch unternommen wird, Kunst zu umschreiben, sondern schon bei dem Versuch einer Definition von Kunst, da jede Eingrenzung des Begriffs bereits zu einer Begrenzung des Freiheitsrechts führt, weshalb der Kunstbegriff als solcher keine einheitliche Definition für alle Kunstgattungen erlaubt.[473] Selbst das Bundesverfassungsgericht erkennt an, dass es unmöglich ist, Kunst generell zu definieren.[474] Dennoch muss der Begriff der Kunst anhand von Kriterien umrissen werden können, da der Staat die Grundrechte nicht beachten kann, wenn nicht eindeutig ist, was durch ihn zu schützen ist.[475] Insofern kann auch Art. 5 Abs. 3 GG kein Definitionsverbot für Kunst entnommen werden.[476] Demnach muss die Frage entschieden werden können, ob Kunst vorliegt, d.h. auch nach Auffassung des Bundesverfassungsgerichtes ist die Unterscheidung zwischen Kunst und Nichtkunst erlaubt und notwendig.[477]

Gewisse Bereiche gehören unstrittig zur Kunst. Hierzu gehören diejenigen, welche an künstlerischen Hochschulen gelehrt und ausgeübt werden.[478] Da nur diese Thema der vorliegenden Arbeit sind, sollen an dieser Stelle nur die gängigsten Abgrenzungstheorien, wie sie auch das Bundesverfassungsgericht in seiner Entscheidung zum Anachronistischen Zug[479] zugrunde gelegt hat, dargestellt werden. In der benannten Entscheidung hat das Gericht sämtliche Theorien nacheinander dahingehend überprüft, ob das zu beurteilende Werk unter Kunst zu subsumieren sei.

Ausgangspunkt ist „das Wesentliche der künstlerischen Betätigung [...] die freie schöpferische Gestaltung, in der die Eindrücke, Erfahrungen, Erlebnisse des Künstlers durch das Medium einer bestimmten Formensprache zu unmittelbarer Anschauung gebracht werden. Alle künstlerische Tätigkeit ist ein Ineinan-

---

472 BVerfGE 36, 321, 331.

473 *Scholz*, in: Maunz-Dürig, GG-Kommentar, Art. 5 Abs. III Rn. 23.

474 BVerfGE 75, 369, 377.

475 *Pernice*, Dreier-GG, Art. 5 III (Kunst) Rn. 17.

476 *Denninger* – HdBStR, § 146 Rn. 1; *Pernice*, Dreier-GG, Art. 5 III (Kunst) Rn. 17. *Scholz*, in: Maunz-Dürig, GG-Kommentar, Art. 5 Abs. III, Rn. 25; *Starck*, Bonner Grundgesetz, Art. 5 Abs. 3 Rn. 298, gehen sogar von einem Definitionsgebot aus.

477 BVerfGE 67, 213, 224 f.; zustimmend: *Denninger* – HdBStR, § 146 Rn. 1; *Scholz*, in: Maunz-Dürig, GG-Kommentar, Art. 5 Abs. III, Rn. 39; *Pernice*, Dreier-GG, Art. 5 III (Kunst) Rn. 17; *Wendt*; in v. Münch, GG, Art. 5 Rn. 92.

478 Ebenso *Thieme*, Deutsches Hochschulrecht, Rn. 494, mit anschaulichen Beispielen für Tätigkeiten, die unstrittig Kunst darstellen wie z.B. das Spielen einer Sonate von Beethoven durch einen Pianisten oder eines Dramas von Brecht von einer Theatergruppe.

479 BVerfGE 67, 213, 225f.

der von bewußten und unbewußten Vorgängen, die rational nicht aufzulösen sind. Beim künstlerischen Schaffen wirken Intuition, Phantasie und Kunstverstand zusammen; es ist primär nicht Mitteilung, sondern Ausdruck und zwar unmittelbarster Ausdruck der individuellen Persönlichkeit des Künstlers"[480].

Nach dem formalen Kunstbegriff liegt das Wesentliche eines Kunstwerks darin, „dass bei formaler, typologischer Betrachtung die Gattungsanforderungen eines bestimmten Werktyps erfüllt sind."[481] Angeknüpft werde nur an die Tätigkeit und deren Ergebnisse wie z.B. des Malens, Bildhauens, Dichtens. Problematisch ist an dem formalen Kunstbegriff, dass er gerade nicht offen für neue avantgardistische Formen ist,[482] die ebenso wie die bekannten Formen zur Kunst gehören müssen.

Dem offenen Kunstbegriff folgend, ist kennzeichnendes Merkmal einer künstlerischen Äußerung, „dass es wegen der Mannigfaltigkeit ihres Aussagegehaltes möglich ist, der Darstellung im Wege einer fortgesetzten Interpretation immer weiter reichende Bedeutungen zu entnehmen, so dass sich eine praktisch unerschöpfliche, vielstufige Informationsvermittlung ergibt."[483]

Als wesentliche Elemente des Kunstbegriffs lassen sich das Menschlich-Schöpferische sowie die damit verbundene Formgebung, d.h. das Stil- bzw. Ausdrucksmittel feststellen.[484] Nach *Scholz*[485] ist als Kunst „grundsätzlich jeder schöpferisch-individuale Akt sinnlich-anschaulicher Formgebung zu begreifen, der der 'objektivierte' Ausdruck eines persönlichen Erlebnisses seines Schöpfers ist und auf kommunikative Sinnvermittlung nach außen gerichtet ist."

Nicht ausreichend ist das Selbstverständnis des Urhebers.[486] Ausschlaggebend kann ebenso wenig die Anerkennung durch Rezipienten und Sachverständige sein, d.h. Kunst kann nicht nur dort vorliegen, wo eine solche Anerkennung auch im künstlerischen Bereich zu erlangen ist.[487] Während Wissenschaft insoweit objektivierbar ist, dass sich hinsichtlich Gegenstand und Methode ein ausreichender Konsens erzielen lässt, ist die Frage, ob ein Werk Kunst ist, vollständig das Ergebnis individuellen Erlebens.[488]

---

480 BVerfGE 30, 173, 188 f. (Mephisto).
481 BVerfGE 67, 213, 226.
482 *Pernice*, Dreier-GG, Art. 5 III (Kunst) Rn. 18.
483 BVerfGE 67, 213, 227.
484 *Pernice*, Dreier-GG, Art. 5 III (Kunst) Rn. 19 f.
485 *Scholz*, in: Maunz-Dürig, GG-Kommentar, Art. 5 Abs. III, Rn. 29.
486 *Denninger* – HdBStR, § 146 Rn. 8; *Pernice*, Dreier-GG, Art. 5 III (Kunst) Rn. 23; *Scholz*, in: Maunz-Dürig, GG-Kommentar, Art. 5 Abs. III, Rn. 26.
487 *Bethge*; in: Sachs, GG, Art. 5 Rn. 185; *Scholz*, in: Maunz-Dürig, GG-Kommentar, Art. 5 Abs. III, Rn. 26; *Pernice*, Dreier-GG, Art. 5 III (Kunst) Rn. 23; a.A.: *Wendt*; in v. Münch, GG, Art. 5 Rn. 92.
488 *Denninger* – HdBStR, § 146 Rn. 4.

Der Schutz von Art. 5 Abs. 3 GG umfasst „in gleicher Weise den Werkbereich und den Wirkbereich des künstlerischen Schaffens".[489] Werkbereich ist die Tätigkeit des Künstlers sowie das Werk in seiner realen Gestalt und seinem Fortbestand, Wirkbereich die Sphäre der Kommunikation.[490] Zum Werkbereich gehört auch die Vorbereitung,[491] das Üben, der Materialerwerb, der Prozess des Schaffens, wie das Schreiben des Romans, das Malen des Bildes, die Aufführung des Dramas,[492] sowie der Schutz des Ergebnisses.[493] Damit sind wie bei der Wissenschaftsfreiheit auch Vorbereitungshandlungen umfasst, sofern diese im engen Zusammenhang mit dem eigentlichen schöpferischen Akt stehen. Geschützt sind alle Tätigkeiten, welche die Kriterien der Kunst erfüllen: Malerei, Dichtung, Musik, Tanz, Pantomime, (Straßen-)Theater, Film, Baukunst, Happening, Performance, Lichtkunstwerke etc.[494]

Wirkbereich meint die „unentbehrliche Mittlerfunktion zwischen Künstler und Publikum"[495]. Zu dem Wirkbereich gehört auch die künstlerische Lehre, die für den Künstler, der an einer Kunst- und Musikhochschule tätig ist, wohl den wichtigsten Bereich seines künstlerischen Lebens darstellt.[496] Hinsichtlich der Lehre kann - anders als bei der Wissenschaftsfreiheit – nicht zwischen selbständiger und unselbständiger Lehre unterschieden werden, was zum einen aus der Einheit von Werk- und Wirkbereich und zum anderen aus der Widersprüchlichkeit von Kunst und Weisung folgt.[497]

Zu den künstlerischen Tätigkeiten an Hochschulen zählt die Mitarbeit an künstlerischen Entwicklungsvorhaben. Diese stellen ausgehend von ihrem Gegenstand Kunst dar, stehen jedoch aufgrund der Planmäßigkeit des Vorgehens und der Nachprüfbarkeit der Forschung näher.[498] § 4 Abs. 2 S. 3 HRG erklärt die Aussagen zur Forschungsfreiheit auf künstlerische Entwicklungsvorhaben sowie die Kunstausübung für entsprechend anwendbar. Betrachtet man die Systematik der Grundrechte, muss dies überraschen, da Art. 5 Abs. 3 GG die Kunst der Wissenschaft gegenüberstellt.[499] Nach *Lynen* bilden Kunstausübung und künstlerische Entwicklungsvorhaben gemeinsam das Pendant zur Forschung.[500]

---

489 BVerfGE 30, 173, 189. Zur Typologie der geschützten Handlungen an Kunst- und Musikhochschulen *Hufen*, Die Freiheit der Kunst, S. 133 ff.
490 *Pernice*, Dreier-GG, Art. 5 III (Kunst) Rn. 14.
491 Zur Vorbereitungsphase als geschützter Handlung *Hufen*, Die Freiheit der Kunst, S. 137 ff.
492 *Denninger* – HdBStR, § 146 Rn. 18.
493 *Pernice*, Dreier-GG, Art. 5 III (Kunst) Rn. 24.
494 Aufzählung nach *Pernice*, Dreier-GG, Art. 5 III (Kunst) Rn. 24; ähnlich *Scholz*, in: Maunz-Dürig, GG-Kommentar, Art. 5 Abs. III, Rn. 30.
495 BVerfGE 30, 173, 191.
496 *Hufen*, Die Freiheit der Kunst, S. 163.
497 *Hufen*, Die Freiheit der Kunst, S. 281 f. Grundlegend zum Dienstrecht des Künstlerischen Personals ebenda S. 288 ff.
498 *Hufen*, Die Freiheit der Kunst, S. 150; *Reich*, HRG/WissZeitVG, § 4 HRG Rn. 15.
499 *Reich*, HRG/WissZeitVG, § 4 HRG Rn. 15.
500 *Lynen*, in: HochschulR-Praxishandbuch, XI Rn. 31.

Die Übertragung der Forschungsfreiheit auf die Kunst beinhaltet die Freiheit der Fragestellung, der Grundsätze der Methodik sowie die Bewertung der Ergebnisse künstlerischer Entwicklungsvorhaben und Kunstausübung sowie deren Verbreitung.[501] Eine Definition künstlerischer Entwicklungsvorhaben ist in dem Kunsthochschulgesetz Baden-Württembergs zu finden. § 35 Abs. 1 BWKHG lautet: „Künstlerische Entwicklungsvorhaben fassen die Entwicklung und Vermittlung künstlerischer Formen und Ausdrucksmittel im Rahmen der Kunstausübung. Sie orientieren sich an gestalterischen, künstlerisch-praktischen sowie intellektuellen Grundsätzen." Auch an Kunsthochschulen haben die Mitarbeiter über künstlerische Entwicklungsvorhaben hinaus die Wahl der theoretischen Ansätze und Methoden und nehmen eigenverantwortlich die Vertretung ihres Faches wahr. Daraus folgt, dass Forschung an Kunst- und Musikhochschulen nicht auf künstlerische Entwicklungsvorhaben beschränkt werden kann.[502] Demnach kann ein Grundrechtsinhaber bei ein und derselben Handlung sowohl dem Schutzbereich der Kunst- als auch der Wissenschaftsfreiheit unterfallen, wobei die Abgrenzung beider Schutzbereiche nicht trennscharf erfolgen muss, da sich am Ergebnis kaum etwas ändert.[503] Auch bleibt aufgrund der Überlagerung der Normbereiche keine Handlung ungeschützt.[504] Parallelen gibt es auch bei der Lehre. Ebenso wie bei der Wissenschaftsfreiheit meint künstlerische Lehre nicht nur die Vorstellung eigener Werke, sondern auch die Wiedergabe fremder Kunst.[505]

bb) Personeller Schutzbereich

Art. 5 Abs. 3 GG ist, wie bereits bei der Wissenschaftsfreiheit festgestellt wurde, ein Jedermannsrecht. Demnach ist von Art. 5 Abs. 3 Var. 1 GG der Künstler selbst geschützt.[506] Ausgedehnt wird der personelle Anwendungsbereich aufgrund der kommunikativen Funktion dieses Grundrechts auf alle Personen, die für die Verbreitung des Werkes tätig sind, d.h. eine „unentbehrliche Mittlerfunktion"[507] ausüben, wie z.B. Verleger, Galeristen, Aussteller, Musiker und Schau-

---

501 *Reich*, HRG/WissZeitVG, § 4 HRG Rn. 15.
502 *Hufen*, Die Freiheit der Kunst, S. 175.
503 *Hufen*, Die Freiheit der Kunst, S. 253.
504 Zur Überschneidung der Schutzbereiche *Hufen*, Die Freiheit der Kunst, S. 254 f.
505 *Hufen*, Die Freiheit der Kunst, S. 143.
506 *Starck*, Bonner Grundgesetz, Art. 5 Abs. 3 Rn. 323; *Scholz*, in: Maunz-Dürig, GG-Kommentar, Art. 5 Abs. III, Rn. 46; *Pernice*, Dreier-GG, Art. 5 III (Kunst) Rn. 27.
507 BVerfGE 30, 174, 191.

spieler als ausübende Künstler.[508] Bloßer Kunstgenuss oder Kunstkritik sind nicht ausreichend.[509]

An Kunsthochschulen bleibt der wirkende Künstler selbst Träger des Grundrechts,[510] wobei die Hochschule nach Maßgabe des Art. 19 Abs. 3 GG das Grundrecht auch in eigenem Namen geltend machen kann.[511] Die Gewährung des Grundrechtsschutzes ist auch bei der Tätigkeit an einer künstlerischen Hochschule von keinem Status abhängig, weshalb sich die Mitglieder einer Kunsthochschule auch nicht auf eine besondere Kunstfreiheit berufen können.[512] „Ungeachtet der Lehrverpflichtung und anderer Dienstaufgaben hat jeder an der Hochschule tätige Künstler einen Anspruch auf einen rechtlichen und zeitlichen 'Freiraum' individueller künstlerischer Arbeit, die durch die Ausgestaltung des konkreten Dienstverhältnisses nicht an den Rand gedrängt werden darf, sondern eine der wichtigsten Dienstaufgaben im unfassenden Sinne des Wortes darstellt."[513] Der künstlerisch tätige Angestellte ist Träger der Kunstfreiheit, jedoch nicht über die ihm übertragenen Aufgaben hinaus.[514] Außerhalb des Aufgabenkreises unterliegt er jedoch keinerlei Beschränkungen im Hinblick auf die Grundrechtsausübung.[515]

Demnach sind die an einer künstlerischen Hochschule Lehrenden durch die jedem Künstler unabhängig von einer Zuordnung zu einer Hochschule oder anerkannten kunstausübenden Einrichtung Garantie der Freiheit der Kunstausübung in Werk- und Wirkbereich und hinsichtlich der künstlerischen Lehrfreiheit als spezifischer Ausprägung des Wirkbereichs geschützt.[516]

Künstlerische Tätigkeiten gibt es an verschiedenen Hochschultypen und in unterschiedlichen Fachrichtungen,[517] am ausgeprägtesten ist dies naturgemäß an den künstlerischen Hochschulen. Künstlerischem Personal obliegen künstlerische Dienstleistungen. Zu ihnen gehören auch die Vermittlung von Fachwissen und künstlerisch-praktischen Fertigkeiten sowie die Unterweisung der Studierenden in der Anwendung künstlerischer Formen und Ausdrucksmittel.[518] Nach § 53 Abs. 4 HRG war für die Einstellung eines künstlerischen Mitarbeiters nicht

---

508 *Denninger* – HdBStR, § 146 Rn. 20; *Starck*, Bonner Grundgesetz, Art. 5 Abs. 3 Rn. 290; *Pernice*, Dreier-GG, Art. 5 III (Kunst) Rn. 27; *Bethge*; in: Sachs, GG, Art. 5 Rn. 191a.

509 *Pernice*, Dreier-GG, Art. 5 III (Kunst) Rn. 28; *Starck*, Bonner Grundgesetz, Art. 5 Abs. 3 Rn. 323.

510 *Hufen*, Die Freiheit der Kunst, S. 266.

511 *Scholz*, in: Maunz-Dürig, GG-Kommentar, Art. 5 Abs. III, Rn. 49.

512 *Hufen*, Die Freiheit der Kunst, S. 266.

513 *Hufen*, Die Freiheit der Kunst, S. 136.

514 *Starck*, Bonner Grundgesetz, Art. 5 Abs. 3 Rn. 325.

515 *Starck*, Bonner Grundgesetz, Art. 5 Abs. 3 Rn. 325.

516 *Hufen*, Die Freiheit der Kunst, S. 164.

517 Eine Darstellung hierzu findet sich bei *Thieme*, Deutsches Hochschulrecht, Rn. 495 ff. sowie *ders.*, in: Hailbronner/Geis, HRG, § 43 Rn. 48.

518 *Waldeyer*, in Hailbronner/Geis, HRG, § 57 a Rn. 8; *Preis*, WissZeitVG, § 1 Rn. 21.

Voraussetzung, dass dieser über ein abgeschlossenes Hochschulstudium verfügte. Da dies dem Gesetzgeber bekannt gewesen sei, ist nach Ansicht von *Preis* davon auszugehen, nach wie vor sei für künstlerisches Personal nach dem WissZeitVG kein abgeschlossenes Hochschulstudium erforderlich.[519]

Auf die Frage, ob ein Hochschulstudium erforderlich ist, kann es ohnehin nicht ankommen. Wie oben bereits festgestellt, erfolgt die Bestimmung des wissenschaftlichen und künstlerischen Personals materiell und nicht formell nach Bezeichnung durch das Landesgesetz. Zudem ist den Ländern gerade überlassen, die Voraussetzungen für ihr Personal selbst zu bestimmen. Dazu zeigen § 2 Abs. 3 S. 3 WissZeitVG sowie die Gesetzgebungsgeschichte, dass § 2 Abs. 1 WissZeitVG nach dem Willen des Gesetzgebers ohne Unterschied auch auf studentische Beschäftigte angewendet werden soll. Nach alledem kann es nicht auf ein formelles Kriterium, wie das Vorliegen eines abgeschlossenen Hochschulstudiums ankommen.

III. formeller Hochschullehrerbegriff

Aus dem Anwendungsbereich des WissZeitVG sind die Hochschullehrer ausgenommen. Hierdurch soll den Ländern ermöglicht werden, von ihrer subsidiären Gesetzgebungskompetenz Gebrauch zu machen, sofern die Hochschullehrer nicht ohnehin im Beamtenverhältnis stehen.[520]

Unter Hochschullehrern sind die ordentlichen Professorinnen und Professoren sowie Juniorprofessoren zu verstehen. Insoweit gilt hier der formelle Hochschullehrerbegriff.

Die Befristung der Juniorprofessoren erfolgte bisher auf Grundlage von § 48 Abs. 1 HRG. Durch die Herausnahme der Hochschullehrer soll klargestellt werden, dass die konkurrierende Gesetzgebungskompetenz für die Regelung der Befristung der Juniorprofessoren nach Aufhebung des HRG bei den Ländern liegt, solange der Bund nicht eine Befristungsregelung für die Juniorprofessoren geschaffen hat.[521] Da das WissZeitVG eine abschließende Regelung für das gesamte wissenschaftliche Personal darstellt, sind die Länder nicht befugt, eigenständige Befristungsregelungen zu erlassen.[522] Für die Juniorprofessoren, die sich im Angestelltenverhältnis zum Bund befinden, sieht der Gesetzentwurf zur Aufhebung des Hochschulrahmengesetzes[523] eine Aufnahme eines eigenen Sachgrundes in einen neu einzufügenden § 6 WissZeitVG vor.

---

519 *Preis*, WissZeitVG, § 1 Rn. 21.
520 *Schlachter*, in: Laux/Schlachter, TzBfG, Anhang 2 § 1 WissZeitVG Rn. 1.
521 BT-Drucks. 16/4043, S. 9.
522 *Preis*, WissZeitVG, § 1 Rn. 33.
523 BT-Drucks. 16/6122.

IV. Leitendes Personal an Forschungseinrichtungen i. S. d. § 5 WissZeitVG und an staatlich anerkannten Hochschulen nach § 4 WissZeitVG

§ 5 S. 1 WissZeitVG dehnt die Anwendung der §§ 1 – 3, 6 WissZeitVG auf das wissenschaftliche Personal an Forschungseinrichtungen aus. Durch die Bezeichnung „Personal" wird der Anwendungsbereich über den des § 1 Abs. 1 S. 1 WissZeitVG hinaus erweitert, der sich nur auf das reine wissenschaftliche Personal an den Hochschulen bezieht. Damit sollen nach der Intention des Gesetzgebers auch Wissenschaftler in Leitungspositionen erfasst werden, was der gegenüber Hochschulen abweichenden Personalstruktur der außeruniversitären Forschungseinrichtungen Rechnung trägt.[524] Eine ähnliche Ausweitung findet sich in § 4 WissZeitVG, weshalb auch an den nach Landesrecht anerkannten Hochschulen das WissZeitVG auf wissenschaftliches Personal in Leitungsfunktionen angewendet werden soll.

Hiergegen wendet *Reich*[525] ein, es handele sich bei den Regelungen des WissZeitVG um arbeitsrechtliche Sonderregelungen, die restriktiv zu interpretieren seien, weshalb das Führungspersonal nicht in den Geltungsbereich einbezogen werden könne. Auch sei eine Auslegung, die den vermeintlichen Willen des Gesetzgebers zu berücksichtigen versuche und sich auf ein redaktionelles Versehen stütze, nicht zutreffend, da durch erneute Gesetzesänderungen, wie das Gesetz zur Änderung dienst- und arbeitsrechtlicher Vorschriften im Hochschulbereich vom 27.12.2004 (BGBl. I S. 3835) sowie nunmehr die Überführung der Vorschrift in das Wissenschaftszeitvertragsgesetz dieses Versehen hätte behoben werden können. Da hier nur von Personal gesprochen wurde, müsse die Norm auch im Zusammenhang des gesamten HRG gesehen werden und sich der Begriff des wissenschaftlichen Personals aus der Legaldefinition des § 42 HRG ableiten lassen.[526]

Das WissZeitVG enthält den früheren 2. Abschnitt wissenschaftliches Personal des HRG nicht mehr, weshalb dieser Zusammenhang nicht weiter besteht. Darüber hinaus verweist § 3 WissZeitVG, der § 57 e HRG entspricht, auf das Personal im Sinne von § 1 Abs. 1 Satz 1, so dass in § 3 WissZeitVG das Personal dem des § 1 Abs. 1 WissZeitVG entspricht, weshalb hier zweifelsfrei nicht das Personal in Leitungsfunktionen gemeint sein kann. §§ 4 und 5 WissZeitVG beschränken die Gruppe des wissenschaftlichen Personals jedoch gerade nicht durch Verweis auf das Personal i. S. d. § 1 Abs. 1 S. 1 WissZeitVG, sondern sprechen allgemein von wissenschaftlichem (§§ 4; 5) und künstlerischem (§ 4) Personal. Vergleicht man somit die Verweisungstechnik, wird deutlich, dass der

---

524 BT – Drucks. 15/4132 S. 22.
525 *Reich*, HRG/WissZeitVG, § 5 WissZeitVG Rn. 2.
526 *Löwisch*, WissR 1992, 56, 62.

Begriff des Personals in §§ 4, 5 weiter sein muss als der des § 3 WissZeitVG. Zudem erstreckt § 1 Abs. 1 WissZeitVG den Anwendungsbereich auf das gesamte wissenschaftliche Personal. Wenn damit zum Ausdruck gebracht wird, dass alle zum wissenschaftlichen Personal gehörenden Personen den besonderen Befristungsregelungen unterliegen sollen, dann muss dies erst recht für § 5 WissZeitVG gelten.[527] Außerdem hat der Gesetzgeber in § 1 Abs. 1 die Hochschullehrer explizit ausgenommen. Sollte dies auch für andere Anwendungsbereiche gelten, hätte dies der Gesetzgeber auch dort entsprechend regeln müssen.[528]

Die Regelung für Forschungseinrichtungen ist deshalb sinnvoll, weil an den außeruniversitären Forschungseinrichtungen erst nach Ablauf der Qualifizierungsphase der mit einer Professur verbundene Beamtenstatus der Regelfall ist,[529] Leitungsfunktionen jedoch häufig mit Angestellten besetzt sind.[530] Würden an den Forschungseinrichtungen die Befristungsmöglichkeiten auf die wissenschaftlichen Mitarbeiter beschränkt, würden die Befristungsmöglichkeiten dort lediglich der Nachwuchsförderung dienen, was der umfassenderen Intention des Gesetzgebers, die Leistungs- und Innovationsfähigkeit des Wissenschafts- und Forschungssystems zu stärken und die Wettbewerbsfähigkeit der deutschen Hochschul- und Forschungslandschaft auch im internationalen Vergleich zu sichern,[531] nicht entsprechen würde.[532]

Dass sich das WissZeitVG aufgrund der Verweisungstechnik auch auf Hochschullehrer in Leitungsfunktion auf nach Landesrecht staatlich anerkannte Hochschulen i. S. d. § 4 WissZeitVG erstreckt, wurde eben bereits dargestellt.[533] Dies ist für diese Hochschulen neu, da sie nicht mehr – wie noch im HRG - in der Ausgangsnorm neben den staatlichen Hochschulen (dort § 1 i.V.m. § 70 Abs. 5 HRG) genannt werden. Ob der Gesetzgeber eine Erweiterung des Anwendungsbereichs im Vergleich zur alten Rechtslage gewünscht hat, ist der Begründung zum WissZeitVG nicht zu entnehmen. Vielmehr findet sich dort nur der Hinweis, dass durch § 4 WissZeitVG die Regelungen zu den Hochschulen auch auf die nach Landesrecht staatlich anerkannten Hochschulen finden kann.[534] Hieraus könnte gefolgert werden, dass der Gesetzgeber die Regelungen auch mit identischem Anwendungsbereich i. S. d. § 1 Abs. 1 WissZeitVG für

527 *Löwisch*, NZA 2007, 479, 480.
528 *Preis*, WissZeitVG, § 5 Rn. 9. Im Ergebnis ebenso: Annuß/Thüsing – *Lambrich*, § 23 Rn. 95; KR-*Lipke*, § 57 a HRG Rn. 35; *Müller-Glöge* - EK, § 5 WZVG Rn. 1; *Waldeyer*, in: Hailbronner/Geis, HRG, § 57 d Rn. 12.
529 *Dieterich/Preis*, Befristete Arbeitsverhältnisse, S. 64; *Dörner*, Der befristete Arbeitsvertrag, Rn. 721, KR-*Lipke*, § 57 d Rn. 6.
530 *Löwisch*, WissR 1992, 56, 62.
531 BT-Drucks. 14/6358, S. 1.
532 Vgl. *Löwisch*, WissR 1992, 56, 62.
533 Im Ergebnis ebenso *Preis*, WissZeitVG, § 4 Rn. 5; APS-*Schmidt*, § 1 WissZeitVG Rn. 17.
534 BT-Drucks. 16/3438 S. 16.

die Hochschulen i. S. d. § 4 WissZeitVG regeln wollte. Jedoch war bereits vor Änderung des personellen Geltungsbereichs im Gesetzgebungsverfahren die Formulierung für § 4 WissZeitVG identisch mit der in § 5 WissZeitVG getroffenen Regelung, für die sich in der Gesetzbegründung der ausdrückliche Hinweis auf den weiteren Anwendungsbereich findet, welcher der abweichenden Personalstruktur der außeruniversitären Forschungseinrichtungen Rechnung tragen soll.[535] Aufgrund dieser parallelen Verwendung des Begriffes ist davon auszugehen, dass die Ausweitung des personellen Anwendungsbereiches dem Willen des Gesetzgebers entspricht.

V. Wissenschaftliche Hilfskräfte

Das WissZeitVG war nach der Entwurfsfassung auf wissenschaftliche Hilfskräfte anwendbar. Für diese konnte gemäß § 2 Abs. 1 S. 4 WissZeitVG ein befristeter Arbeitsvertrag bis zu einer Dauer von insgesamt vier Jahren geschlossen werden. Da diese Beschäftigtengruppe explizit im HRG i. d. F.des 5. HRGÄndG und des WissZeitVG-E enthalten war, soll hierauf kurz eingegangen werden.

Wissenschaftliche Hilfskräfte sind für Hochschulen von besonderer Bedeutung, da sie unabhängig von Planstellen aus zusätzlichen Finanzmitteln vergütet werden können, wissenschaftliche Dienstleistungen erbringen und zusätzlich typischerweise mit einer Promotion abschließen.[536]

Eine einheitliche bundesgesetzliche Regelung zu wissenschaftlichen Hilfskräften hat nie bestanden. Zwar sah der Vorentwurf zum HFVG, den das Bundesministerium für Bildung und Wissenschaft am 27.7.1984 eine eigenständige Regelung in § 57 f für die wissenschaftlichen Hilfskräfte vor, wonach diese "wissenschaftliche Dienstleistungen bis zur Hälfte der regelmäßigen Arbeitszeit der im öffentlichen Dienst Beschäftigten" erbringen.

Wissenschaftliche Hilfskräfte waren in die Regelungen für Befristungen im Wissenschaftsbereich einbezogen, damit die Qualifikationsphase durch eine Beschäftigung als wissenschaftliche Hilfskraft und anschließend als Mitarbeiter nicht über das notwendige Maß hinaus ausgedehnt werden kann. Die Zusammenfassung des Befristungsrechts für die wissenschaftlichen und künstlerischen Mitarbeiter sowie Hilfskräfte erfolgt aufgrund des Tätigkeitsbezugs, da auch wissenschaftliche Hilfskräfte Dienstleistungen in Forschung und Lehre erbringen und ebenso wie wissenschaftliche Mitarbeiter zur eigenen Qualifizierung beschäftigt werden. Der Unterschied zu den wissenschaftlichen Mitarbeitern besteht nur darin, dass wissenschaftliche Hilfskräfte ihre Dienstleistungen zu we-

535 BT-Drucks. 16/3438 S. 16.
536 KR-*Lipke*, § 57 a HRG, Rn. 37.

niger als der Hälfte der regelmäßigen Arbeitszeit der im öffentlichen Dienst Beschäftigten erbringen.[537]

Aufgrund der Inhaltsgleichheit der Aufgaben von wissenschaftlichen Hilfskräften mit denen der wissenschaftlichen Mitarbeiter kann auch weiterhin eine Zuordnung zum wissenschaftlichen Personal erfolgen,[538] sofern sie überwiegend wissenschaftlich tätig sind, was überwiegend der Fall ist. Da das wissenschaftliche Personal nach dem WissZeitVG einer einheitlichen Befristung unterliegt, hat damit die Unterscheidung zwischen wissenschaftlichen Hilfskräften und Mitarbeitern an Bedeutung verloren.[539] Somit können auch wissenschaftliche Hilfskräfte gemäß § 2 Abs. 1 S. 1 und 2 WissZeitVG befristet beschäftigt werden.

Reich[540] sieht sogar in § 2 Abs. 3 S. 3 WissZeitVG, der die Nichtanrechnung von Zeiten, die vor Abschluss eines Studiums liegen, auf die Höchstfristen regelt, die Aussage enthalten, dass wissenschaftliches und künstlerisches Personal unabhängig davon einbezogen werde, in welchem Umfang es beschäftigt werde, weshalb das WissZeitVG auch Anwendung auf wissenschaftliche Hilfskräfte finde. S. 3 wurde jedoch im Zuge der Abänderung des personellen Anwendungsbereiches in § 1 WissZeitVG sowie der Streichung von § 6 aufgenommen. Insofern kann hieraus nur eine Ableitung für studentische Beschäftigte getroffen werden, deren Beschäftigungszeiten auch nach der Fassung des HRG sowie des WissZeitVG-Entwurfes vor Abschluss eines Studiums nicht angerechnet werden sollte. Die Einbeziehung der wissenschaftlichen Hilfskräfte kann nicht aus dem Wortlaut des § 2 Abs. 3 S. 3 WissZeitVG gefolgert werden, sondern vielmehr aus der Tatsache, dass der Gesetzgeber den ursprünglichen Anwendungsbereich im Hinblick auf die Beschäftigten nicht verkleinern wollte. *Reich* stellt im Anschluss an die Behauptung zu S. 3 sämtliche bereits in der Vorauflage gemachten Aspekte zu wissenschaftlichen Hilfskräften dar. Dies verdeutlicht, dass er die neue Entwicklung im Hinblick auf sich verändernde Personalkategorien nicht hinreichend berücksichtigt hat, auch wenn in derselben Randnummer richtigerweise auf den Tätigkeitsbezug des Tatbestandes eingegangen wird.

VI. studentische Beschäftigte

Erstmalig enthielt das 5. HRGÄndG einen Befristungstatbestand für studentische Hilfskräfte. Bis dahin wurden die studentischen Hilfskräfte unter die wissenschaftlichen Hilfskräfte subsumiert, die gemäß § 57 c Abs. 5 S. 1 HRG für die Dauer von vier Jahren befristet eingestellt werden konnten. § 57 c Abs. 5

---

537 BT-Drucks. 15/4132, S. 18; BAG, Urt. v. 20.9.1995, AP Nr. 2 zu § 57 c HRG; *Dieterich/Preis,* Befristete Arbeitsverhältnisse, S. 54; APS-*Schmidt*, § 1 WissZeitVG Rn. 18.

538 APS-*Schmidt*, § 1 WissZeitVG Rn. 18.

539 *Müller-Glöge* – EK, § 1 WZVG Rn. 13.

540 *Reich*, HRG/WissZeitVG, § 1 WissZeitVG Rn. 2.

S. 3 HRG enthielt die Regelung, dass Zeiten, die vor dem Abschluss eines Studiums liegen, nicht auf die Höchstgrenzen anzurechnen sind. Die Regelung des HRG nach dem 5. HRGÄndG sah einen eigenen Tatbestand vor. Der Abschluss von Arbeitsverträgen mit studentischen Hilfskräften war gemäß § 57 e HRG i. d. F. d 5. HRGÄndG für die Dauer von bis zur vier Jahren möglich. Der Gesetzentwurf des WissZeitVG[541] enthielt in § 6 eine dem entsprechende Befristungsmöglichkeit. § 6 WissZeitVG wurde jedoch im Gesetzgebungsverfahren aufgrund eines Änderungsantrages der Fraktionen der SPD und CDU/CSU gestrichen, der der Beschlussempfehlung[542] des Ausschusses für Bildung, Forschung und Technikfolgenabschätzung entsprach. Aufgenommen wurde jedoch § 57 c Abs. 5 S. 3 HRG i. d. F.1999, wonach die Zeiten, die vor dem Abschluss eines Studiums liegen, nicht angerechnet werden. Dieser Satz ist nunmehr Bestandteil der allgemeinen Anrechnungsvorschrift, § 2 Abs. 3 S. 3 WissZeitVG.

Die studentischen Hilfskräfte waren in § 57 e S. 1 HRG und § 6 WissZeitVG-E als Hilfskräfte definiert, die als Studierende an einer deutschen Hochschule eingeschrieben sind. Die genaue Beschreibung der studentischen Hilfskraft war dem Landesrecht überlassen. Demnach musste der zu Beschäftigende eingeschriebener Student an einer Hochschule sein. Da § 57 e HRG lediglich die Einschreibung an „einer" Hochschule erforderte, wurde tatbestandlich nicht vorausgesetzt, dass der Studierende an der Hochschule eingeschrieben ist, mit der das Arbeitsverhältnis begründet werden soll.[543] Nicht-staatliche, aber staatlich-anerkannte Hochschulen i. S. d. § 4 WissZeitVG sollten hierfür jedoch nicht ausreichen.[544] Ebenso ausgeklammert war die Einschreibung an einer ausländischen Hochschule, selbst wenn diese im EU- Bereich lag.[545] Da Voraussetzung von § 57 e HRG war, dass die studentische Hilfskraft eingeschriebener Student ist, war das Beschäftigungsverhältnis mit Ende des Studiums zu beenden, sei es, dass das Studium durch Erreichen des Studienabschlusses oder durch Exmatrikulation beendet wurde.

Nach Auffassung des Bundesministeriums für Bildung und Forschung sollen studentische Hilfskräfte vom Geltungsbereich des WissZeitVG umfasst sein, sofern sie durch das Landesrecht dem wissenschaftlichen Personal zugeordnet sind.[546] Auf die Zuordnung zum Landesrecht kann es jedoch bei den studentischen Hilfskräften ebenso wenig ankommen, wie bei dem übrigen Personal. Entscheidend ist vielmehr, dass es sich um wissenschaftliches Personal i. S. d. WissZeitVG handelt.

---

541 BT-Drucks. 16/3438.
542 BT-Drucks. 16/4043.
543 *Reich*, HRG, 9. Aufl., § 57 e Rn. 1.
544 *Reich*, HRG, 9. Aufl., § 57 e Rn. 1.
545 *Reich*, HRG, 9. Aufl., § 57 e Rn. 1.
546 BMBF, Handreichung zum Wissenschaftszeitvertragsgesetz, S. 2 f., www.bmbf.de/pub/informationen_wissenschaftszeitvertragsgesetz.pdf

Voraussetzung für die Anwendbarkeit des § 57 e HRG oder § 6 WissZeitVG waren demgegenüber nicht bzw. wären nicht die Tätigkeiten gewesen, die der Studierende als Hilfskraft auszuüben hatte. Anknüpfungspunkt war allein die Studierendeneigenschaft. Aufgrund des fehlenden Tätigkeitsbezugs bereitet die Einordnung der studentischen Beschäftigten in das System des WissZeitVG, für dessen Anwendbarkeit maßgeblich auf wissenschaftliche Dienstleistungen ankommt, einige Schwierigkeiten.

Für die studentischen Beschäftigten kann bei der Bestimmung des personellen Anwendungsbereiches nichts anderes gelten als für wissenschaftliche Mitarbeiter: Anknüpfungspunkt müssen nach der neuen Konzeption des personellen Anwendungsbereichs wissenschaftliche Tätigkeiten sein. Sobald die studentische Hilfskraft[547] selbst an der Forschung beteiligt ist, obliegen ihr diese. Die Kriterien, die für die Wissenschaftlichkeit herangezogen wurden, dürfen angesichts der Legitimierung eines Sonderbefristungsrechtes für Hochschulen und Forschungseinrichtungen aus Art. 5 Abs. 3 GG trotz Bedürfnisses, studentische Hilfskräfte in den Anwendungsbereich des WissZeitVG einzubeziehen, nicht aufgeweicht werden.

Sofern studentische Hilfskräfte mit wissenschaftsspezifischen Aufgaben, wie dem Erstellen und Aufarbeiten wissenschaftlichen Materials oder der Korrektur von Übungsarbeiten beauftragt werden und die Hochschullehrer sowie anderen Beschäftigten und Angehörigen des wissenschaftlichen Personals in ihren Hauptaufgaben unterstützen, kann eine Zugehörigkeit zum wissenschaftlichen Personal bejaht werden.[548] So kann z.B. die Erarbeitung eines juristischen Klausursachverhaltes Forschung sein, sofern nicht lediglich ein Urteil in einen Klausursachverhalt umgearbeitet wird. Neben der eigenen Entwicklung eines Sachverhaltes gilt es, Literatur auszuwerten, eine eigene Klausurlösung zu entwerfen, bei der verschiedene Ansichten berücksichtigt und argumentativ bewertet werden. Diese Tätigkeit unterscheidet sich von der richterlichen derart, dass bei der Tätigkeit eines Richters der Sachverhalt, der rechtlich zu bewerten ist, (zur Überzeugung des Gerichtes) feststeht.

Wie bei der Wissenschaftsfreiheit und der hieraus erfolgten Ableitung wissenschaftlicher Dienstleistungen kann jedoch das Einsortieren von Loseblattsammlungen, die schlichte Text- und Fundstellenkontrolle oder die Wahrnehmung von Bibliotheks- bzw. Sekretariatsdiensten nicht zu den wissenschaftsspe-

---

547 Vgl. hierzu *Kimminich*, in: HdB d WissR, Bd. 1, S. 148 f., dem man entnehmen kann, dass es Fälle an den Hochschulen gibt, in denen studentische Hilfskräfte durchaus an Forschung beteiligt werden „[…] den Studierenden an wissenschaftlichen Hochschulen, soweit sie nicht selbst an der wissenschaftlichen Forschung und Lehre als wissenschaftliche (studentische) Hilfskräfte beteiligt sind, das Grundrecht der Wissenschaftsfreiheit nicht zur Verfügung steht."

548 APS-*Schmidt*, § 1 WissZeitVG Rn. 19; *Haratsch/Holljesiefken*, NZA 2008, 207, 209; *Müller-Glöge* – EK, § 1 WZVG Rn. 13; *Preis*, WissZeitVG, § 1 Rn. 22.

zifischen Aufgaben gezählt werden,[549] auch wenn sie häufig die Tätigkeit von studentischen Hilfskräften prägen. Diese Tätigkeiten stehen weder im Zusammenhang mit einem methodischen Vorgehen und Erkenntnisgewinn noch sind sie der Förderung wissenschaftlichen Nachwuchses dienlich.

Preis dehnt dennoch den Begriff der wissenschaftlichen Dienstleistung aus. Soweit „Vorbereitungsarbeiten dieser Art [Wahrnehmung von Annexaufgaben, wie Bibliotheksverwaltung und Sekretariatsaufgaben] im Rahmen eines Beschäftigungsverhältnisses als studentische Hilfskraft erfolgen, ist auf Grund der Förderung des Forschungsprozesses von Wissenschaftlichkeit der Dienstleistung auszugehen."[550] Dieser Auffassung kann nicht gefolgt werden. Zwar stehen die studentischen Hilfskräfte in engem Zusammenhang zur Tätigkeit der wissenschaftlichen und Mitarbeiter und dem Hochschullehrer. Dennoch kann die Arbeit im Sekretariat nicht als wissenschaftlich bezeichnet werden. Mit dieser Argumentation könnte das gesamte technische Personal nach § 2 Abs. 1 WissZeitVG befristet werden.

Nur wenn die studentischen Beschäftigten ihre Dienstleistungen in Form wissenschaftlicher Vorbereitungsarbeiten erbringen, kann von wissenschaftlichen Dienstleistungen ausgegangen werden.[551] Entscheidend ist somit auch bei studentischen Hilfskräften für eine Befristung auf Grundlage des WissZeitVG, dass wissenschaftliche Tätigkeiten der Beschäftigung das Gepräge geben.

Die Aufgabenverteilung bei studentischen Beschäftigten hing in den letzten Jahren sehr stark vom Lehrstuhlinhaber ab. Manche Hochschullehrer begriffen die Stellen der studentischen Hilfskräfte als Qualifikanten- bzw. Förderstellen und vergaben hauptsächlich inhaltliche Aufträge, wie z.B. die Ausarbeitung von Klausuren oder Besprechungsfällen. An anderen Lehrstühlen wurden ausschließlich Telefon- und Kopierdienste abgefordert. Der Gesetzgeber wollte die studentischen Hilfskräfte nicht aus seinem Regelungskonzept ausnehmen, sondern ihnen sogar vielmehr die Verlängerungsmöglichkeiten des § 2 Abs. 5 WissZeitVG zugute kommen lassen, was auch aus § 2 Abs. 3 S. 3 WissZeitVG gefolgert werden kann.[552] Insofern kann die gesetzestechnisch missglückte Neuregelung des personellen Anwendungsbereiches eine Stärkung der studentischen Hilfskräfte dahingehend bedeuten, dass inhaltliche Arbeit gefördert werden soll. Da es für studentische Beschäftigte ebenso wie für das andere Personal darauf ankommt, ob sie überwiegend wissenschaftlich tätig sind, können die Landesgesetzgeber bei der Beschreibung der Aufgaben der studentischen Beschäftigten darauf hinwirken, dass auch diesen wissenschaftliche Aufgaben übertragen werden. Eine einfache Eingliederung der studentischen Beschäftigten in eine Norm,

549 *Müller-Glöge* – EK, § 1 WZVG Rn. 13; APS-*Schmidt*, § 1 WissZeitVG Rn. 19.
550 *Preis*, WissZeitVG, § 1 Rn. 17.
551 *Preis*, WissZeitVG, § 1 Rn. 22.
552 *Müller-Glöge* – EK, § 1 WZVG Rn. 13; *Preis*, WissZeitVG, § 1 Rn. 22; *Reich*, HRG/WissZeitVG, § 1 WissZeitVG Rn. 2.

welche die Personalkategorien auflistet, die zum wissenschaftlichen Personal gehören, ist nach dem bisher Gesagten nicht ausreichend.

VII. Lehrkräfte für besondere Aufgaben / Lecturer

Ausgenommen aus den Befristungsregeln des HRG waren die Lehrkräfte für besondere Aufgaben (§ 56 HRG), die vor dem 5. HRGÄndG sowie der Änderung des HRG vom 27.12.2004 von dem Befristungsrecht des HRG mit umfasst waren, da § 57 b Abs. 3 HRG i. d. F. vom 19.1.1999 § 57 Abs. 2 HRG für entsprechend anwendbar erklärte. Für diese Beschäftigtengruppe ist der unbefristete Arbeitsvertrag der Regelvertrag und die Sicherstellung eines aktualitätsbezogenen Unterrichts, die bis zum 5. HRGÄndG die Sonderbefristungsmöglichkeit gerechtfertigt hat, kann auch mit den allgemeinen Befristungsregeln erreicht werden.[553] Mitarbeiter, die ausschließlich in der Lehre tätig sind, können zwar den Anschluss an den allgemeinen Wissensstand verlieren, weshalb es hier schwierig wäre, im Anschluss an den befristeten Arbeitsvertrag eine geeignete Arbeitsstelle zu finden. Läuft ein befristeter Vertrag aber mehrere Jahre und wird dem Arbeitnehmer nicht aus der Art der Tätigkeit bewusst, dass die Aufgabe zeitlich begrenzt ist, wird der Arbeitnehmer die Befristung aus den Augen verlieren.[554] Das Sonderbefristungsrecht lässt sich zudem nur aus Art. 5 Abs. 3 GG und dem besonderen Befristungsbedürfnis der Hochschulen herleiten. Dies lässt sich jedoch bei Lehrkräften mit besonderen Aufgaben nicht rechtfertigen,[555] da sie nicht wissenschaftlich tätig sind.

Dass die Lehrkräfte nicht von dem Sonderbefristungsrecht des wissenschaftlichen Personals umfasst sind, entspricht dem Ansatz des Gesetzgebers, die Stellen der wissenschaftlichen Mitarbeiter und Hilfskräfte als Qualifikantenstellen anzusehen. Ausgehend von dem Hintergrund, dass der Sonderbefristungstatbestand daran anknüpft, dass die Stellen des wissenschaftlichen Personals der eigenen Qualifizierung dienen, mussten die Lehrkräfte für besondere Aufgaben aus dem Befristungsrecht des HRG ausgenommen werden. Das Bundesverfassungsgericht[556] hatte in dem Bewusstsein der Europarechtswidrigkeit den Befristungstatbestand für fremdsprachige Lektoren, der in § 57 b Abs. 3 HRG i. d. F. HFVG enthalten war, unter Hinweis auf das Ziel, den Aktualitätsbezug zur Sprache zu erhalten, für verfassungskonform erklärt. Zu § 57 b Abs. 2 Nr. 1 HRG, wonach eine Befristung aus Gründen der Aus-, Fort- und Weiterbildung zulässig war, hat es jedoch ausgeführt, dass entsprechende Beschäftigungsverhältnisse eine gewisse Alimentierung während einer Phase der beruflichen Qualifikation gewähren würden, die auf eine vollwertige wissenschaftliche

553 BT-Drucks. 15/4132 S. 18; *Dieterich/Preis,* Befristete Arbeitsverhältnisse, S. 56.
554 *Wiedemann/Palenberg*, RdA 1977, 85, 95.
555 Arbeitsrechtshandbuch-*Koch*, § 39 Rn. 27.
556 BVerfGE 268, 291 f.

Arbeit vorbereiten soll. Dieser Sinn würde sich verflüchtigen, wenn das Arbeitsverhältnis über einen gewissen Zeitraum hinaus andauere. Der Einübungseffekt würde sich abnutzen und jede berufliche Lernphase müsse einmal zu Ende gehen. Kontinuierliche Nachwuchsförderung in Arbeitsverhältnissen könne nur betrieben werden, wenn die beschränkt vorhandenen Stellen immer wieder frei würden.[557] Überträgt man dies auf die Lektoren sowie den Sinn und Zweck des WissZeitVG können Lektoren bzw. Lecturer nur unter den Anwendungsbereich des WissZeitVG subsumiert werden, soweit sie eine Qualifikation anstreben. Die Stellen von Lehrkräften für besondere Aufgaben dienen jedoch nicht der Qualifikation, auch wenn selbst bei ihnen ein legitimes Interesse an der Nachwuchsförderung und an der Erneuerung der wissenschaftlichen Lehre bestehen kann.[558] Anderenfalls würde dem Begründungsansatz des Gesetzebers sowie des Bundesverfassungsgerichtes, der auf den Zusammenhang von Qualifizierung – Alimentierung – Fluktuation gestützt wird, nicht genüge getan werden.

Mit Blick auf die Lehrkräfte für besondere Aufgaben hat das Bundesministerium für Bildung und Forschung in Punkt 4 seiner Handreichungen zum WissZeitVG[559] festgehalten, dass eine Befristung der Lehrkräfte nach § 2 Abs. 1 WissZeitVG grundsätzlich für die Dauer von sechs Jahren möglich ist und in dieser Zeit auch kein formaler Abschluss wie eine Promotion angestrebt werden muss. Danach ist eine weitere befristete Beschäftigung von sechs bzw. neun Jahren möglich, sofern eine Promotion erfolgreich abgeschlossen wurde. Das BMBF schränkt dies selbst ein. Mit Lehrkräften für besondere Aufgaben und „Lecturern" solle der erhöhte Lehrbedarf der Hochschulen dauerhaft bzw. über längere Zeiträume gedeckt werden. Damit seien die Befristungsregelungen für die Qualifizierungsphase für eine Beschäftigung von hauptberuflich tätigen Lehrenden, deren Qualifizierungsphase in der Regel abgeschlossen sein dürfte, wenig praxisrelevant. Jedoch könnten sie genutzt werden, sofern eine Promotion angestrebt würde oder Lehrerfahrungen gesammelt werden sollten.

Die Anknüpfung an das Anfertigen einer Promotion bereitet jedoch erhebliche Schwierigkeiten. Zum einen gehört es bisher gerade nicht zu den Aufgaben einer Lehrkraft für besondere Aufgaben, eine Promotion anzufertigen. Insofern ist die Ausgestaltung von Arbeitsverträgen, in denen Gelegenheit zur Promotion gegeben wird, bei dieser Personalkategorie sehr schwierig. Eine Promotion in der Freizeit kann nicht den Anwendungsbereich des WissZeitVG auslösen, da zum einen eine wissenschaftliche Tätigkeit im Rahmen des Arbeitsverhältnisses Voraussetzung für den Anwendungsbereich des WissZeitVG ist und zum anderen Ausgangspunkt der Schaffung des Sonderbefristungsrechtes u.a. war, dass es sich hierbei um echte Qualifikantenstellen handele. Findet die Qualifizierung

557 BVerfGE 94, 268, 286.
558 *Dörner*, Der befristete Arbeitsvertrag, Rn. 649.
559 BMBF, Handreichung zum Wissenschaftszeitvertragsgesetz, S. 2 f., www.bmbf.de/pub/informationen_wissenschaftszeitvertragsgesetz.pdf

jedoch in der Freizeit statt, ist die Arbeitsstelle gerade keine Stelle, die zu einer Qualifikation führt. Zum anderen ist nicht ersichtlich, warum bei Lehrkräften das Anstreben einer Promotion Voraussetzung soll, jedoch nicht bei den wissenschaftlichen Mitarbeitern. Hier ist eine befristete Beschäftigung gemäß § 2 Abs. 1 S. 1 WissZeitVG auch möglich, wenn eine Promotion für den Mitarbeiter nicht in Betracht kommt. Erforderlich ist jedoch, dass die Beschäftigung der Erbringung zusätzlicher wissenschaftlicher Leistungen förderlich ist, weshalb es nach der Zwecksetzung der Norm nicht zulässig ist, Lehrkräfte für besondere Aufgaben hiernach befristet zu beschäftigen.[560] Sofern das Interesse besteht, die Lektoren oder Lehrkräfte auch zur Qualifizierung zu beschäftigen, sollten diese als wissenschaftliche Mitarbeiter beschäftigt werden.[561] Problematisch ist jedoch, dass der Aufgabenbereich der Lehrkraft für besondere Aufgaben ein anderer ist als der von wissenschaftlichen Mitarbeitern.[562] Die Tätigkeit der Lehrkraft für besondere Aufgaben beschränkt sich auf die Lehre, wohingegen wissenschaftlichen Mitarbeitern auch Dienstleistungen in der Forschung obliegen. Im Gegensatz zu den Lehrkräften für besondere Aufgaben gehört es zu den Dienstaufgaben der wissenschaftlichen Mitarbeiter neben der Vermittlung von Fachwissen und praktischen Fertigkeiten Studierende in der Anwendung wissenschaftlicher Methoden zu unterweisen.[563]

Folgt man dieser Argumentation, müssen die Lehrkräfte für besondere Aufgaben vom Anwendungsbereich des WissZeitVG ausgenommen werden. Selbst die Zuordnung der Lehrkräfte für besondere Aufgaben in § 42 S. 1 HRG zum wissenschaftlichen Personal kann als Kriterium nicht herangezogen werden. Zum einen obliegt es nunmehr den Bundesländern, das wissenschaftliche Personal zu definieren, auch wenn sie nicht den Anwendungsbereich des WissZeitVG bestimmen können. Zum anderen geht die bisher vorgenommene Zuordnung darauf zurück, dass die Lehrkräfte weder exakt zur Gruppe der wissenschaftlichen als auch der sonstigen Mitarbeiter passen.[564]

Nach *Löwisch* gibt es hingegen keinen Anhaltspunkt dafür, warum das WissZeitVG die Lehrkräfte nicht zu dem wissenschaftlichen Personal zählen wolle.[565] Die Erstreckung auf die Lehrkräfte unterliege auch keinen europarechtlichen Bedenken. Ausschlaggebend für das Urteil des EuGH[566] sei die Ungleichbehandlung von Fremdsprachenlektoren, deren Befristung keines sachlichen Grundes bedurfte, und den sonstigen Lehrkräften für besondere Aufgaben, deren

560 KR-*Lipke*, § 57 b HRG, Rn. 22a.
561 *Dieterich/Preis*, Befristete Arbeitsverhältnisse, S. 56; *Preis/Hausch*, NJW 2002, 927, 928; *Dörner*, Der befristete Arbeitsvertrag, Rn. 649, KR-*Lipke*, § 57 a HRG, Rn. 44; allgemein zum Begriff des Typenzwangs *Chantelau*, WissR 90, 45 ff.
562 *Löwisch/Wertheimer*, HochschulR-Praxishandbuch, VII Rn. 227.
563 *Krüger*, in: Hailbronner/Geis, HRG, § 56 Rn. 2.
564 *Kortstock*, ZTR 2007, 350, 352.
565 *Löwisch*, NZA 2007, 479, 479.
566 EuGH, NZA 2002, 377.

Befristung gesondert gerechtfertigt werden musste, gewesen. Da nunmehr alle Lehrkräfte von dem WissZeitVG umfasst wären, liege keine Ungleichbehandlung vor.[567]

Lehrkräfte für besondere Aufgaben müssen nach der bisherigen Konzeption des HRG mit mehr als der Hälfte ihrer regelmäßigen Arbeitszeit praktische Fertigkeiten und Kenntnisse vermitteln, was sie von wissenschaftlichen Mitarbeitern unterscheidet.[568] Hauptfall der Lehrkräfte für besondere Aufgaben sind Sprachlehrer. Darüber hinaus werden als Lehrkräfte für besondere Aufgaben Sportlehrer,[569] Sonderschullehrer in pädagogischen Studiengängen, Fachlehrkräfte in künstlerischen Fächern (Korrepetition, Tanz etc.) und technisches Personal (z.B. Vermittlung praktischer Kenntnisse und Fähigkeiten bei der Bearbeitung von Material in der Zahnmedizin) beschäftigt.[570] Demnach ist ihre Tätigkeit nicht von wissenschaftlicher Tätigkeit bzw. wissenschaftlichen Dienstleistungen geprägt. Die Wissenschaftlichkeit muss selbst bei Lehraufgaben verneint werden, was jedoch Voraussetzung für die Zugehörigkeit zum wissenschaftlichen Personal ist. Auch nach Auffassung des Wissenschaftsrates zielt die Ausbildung der Lehrkräfte für besondere Aufgaben nicht auf wissenschaftliche Lehre, sondern auf die reine Vermittlung von Wissen und praktische Unterweisung ab.[571] Eine Vermittlung eigener Forschungsergebnisse bzw. eine Auseinandersetzung mit Lehrmeinungen und deren Bewertung kann bei Lehrkräften gerade nicht mehr angenommen werden. Von einer wissenschaftlichen Lehre und Dienstleistung kann zudem nicht mehr ausgegangen werden, wenn Arbeitszeit und Lehrverpflichtung einander entsprechen.[572] Dies gilt auch dann, wenn die Lehrverpflichtung mit unmittelbar zugehörigen Aufgaben wie der Korrektur von Arbeiten verbunden ist und diese den überwiegenden Teil der Arbeitszeit in Anspruch nehmen.[573] Eine faktische Selbständigkeit in der Erledigung von Dienstaufgaben ist nicht ausreichend um die Lehrtätigkeit als selbständige Lehre zu qualifizieren.[574] Insofern kann sogar davon gesprochen werden, dass es sich nicht um eine Lehrtätigkeit, sondern eine Unterrichtstätigkeit handelt.[575]

Demnach gilt für Lehrkräfte für besondere Aufgaben derselbe Maßstab wie für die übrigen Mitarbeiter (wissenschaftliche Mitarbeiter oder studentische Hilfskräfte): Lehrkräfte für besondere Aufgaben sind durch das WissZeitVG einbezogen, wenn ihnen wissenschaftliche oder künstlerische Aufgaben übertra-

---

567 *Löwisch*, NZA 2007, 479, 480.
568 *Walter*, in: Hailbronner/Geis, HRG, § 42 Rn. 15.
569 *Thieme*, Deutsches Hochschulrecht, Rn. 786.
570 *Krüger*, in: Hailbronner/Geis, HRG, § 56 Rn. 1.
571 Wissenschaftsrat, Personalstruktur und Qualifizierung, S. 12.
572 *Preis*, WissZeitVG, § 1 Rn. 14.
573 *Preis*, WissZeitVG, § 1 Rn. 14.
574 *Krüger*, in: Hailbronner/Geis, HRG, § 56 Rn. 3.
575 *Deumeland*, AuA 1991, 307, 308.

gen werden.[576] Dafür muss jedoch die Erbringung wissenschaftlicher Dienstleistungen das Arbeitsverhältnis prägen und nicht die Sprachvermittlung.[577] Dann entsprechen sie jedoch nicht dem bisherigen Bild der Lehrkraft für besondere Aufgaben, sondern vielmehr wissenschaftlichen Mitarbeitern mit überdurchschnittlicher Lehrverpflichtung. Eine befristete Beschäftigung von Lehrkräften für besondere Aufgaben kann somit nur nach allgemeinen Regeln, d.h. insbesondere nach TzBfG, erfolgen, wobei das Erfordernis des aktualitätsbezogenen Unterrichts für sich genommen keinen eigenen Sachgrund liefert.[578]

Durch die Föderalismusreform ist es – wie bereits dargestellt – den Ländern überlassen, neue Beschäftigungstypen zu entwickeln. Hierzu zählen auch die so genannten Lecturer. Diese Personalkategorie, die ursprünglich aus dem angelsächsischen Raum stammt, stellt, angepasst an das deutsche Hochschulsystem, eine Zwischenstufe zwischen wissenschaftlichen Mitarbeitern und Professoren dar. Nach den Vorstellungen des Deutschen Hochschulverbandes übernehmen Lecturer eine Lehrverpflichtung von 12 bis 14 Semesterwochenstunden und werden entweder befristet oder unbefristet im Angestellten- oder Beamtenverhältnis beschäftigt. Bei *Schmidt* sind Lecturer Beschäftigte, die entweder als Hochschullehrer vom WissZeitVG ausgenommen sind oder die ohne Hochschullehrer zu sein, ausschließlich mit der Erfüllung eines Lehrdeputats betraut sind.[579]

Überwiegend wird vertreten, dass auch Lecturer nicht zu dem wissenschaftlichen Personal i. S. d. WissZeitVG zählen. Eine reine Konzentration auf Lehraufgaben sei wie bei den Lehrkräften für besondere Aufgaben nicht dem wissenschaftlichen Prinzip einer sich durch Forschung erneuernden Lehre verpflichtet. Es sei deshalb nicht erkennbar, welche wissenschaftliche Qualifizierung mit einer entsprechenden befristeten Beschäftigung verbunden sei.[580] Ohnehin stünde ein zu hohes Volumen an Lehrverpflichtung dem Qualifizierungsgedanken entgegenstehen.[581] Zudem würde eine Beschäftigung, die auf Lehre orientiert sei, kaum von der Unterrichtsverpflichtung von Lehrern im Schulbereich zu unterscheiden sein, die als solche auch keine Befristung rechtfertige,[582] weshalb eine ausschließliche Konzentration auf Lehraufgaben eine Zuordnung der damit beauftragten Beschäftigten zum wissenschaftlichen Personal nach WissZeitVG nicht rechtfertigen dürfe. Dasselbe solle nach Ansicht von *Schmidt* auch dann

576 Annuß/Thüsing – *Lambrich*, § 23 Rn. 93; *Müller-Glöge* – EK, § 1 WZVG Rn. 15; i.E. ebenso KSchR-*Däubler*, § 1 WissZeitVG Rn. 7.
577 APS-*Schmidt*, § 1 WissZeitVG Rn. 20.
578 *Dörner*, Der befristete Arbeitsvertrag, Rn. 649. Im Ergebnis ebenso *Kortstock*, ZTR 2007, 350, 352; *Preis*, WissZeitVG, § 1 Rn. 36; *Schlachter*, in Laux/Schlachter, TzBfG, Anhang 2 § 1 WissZeitVG Rn. 7.
579 APS-*Schmidt*, § 1 WissZeitVG Rn. 13.
580 APS-*Schmidt*, § 1 WissZeitVG Rn. 13.
581 *Preis*, WissZeitVG, § 1 Rn. 10.
582 APS-*Schmidt*, § 1 WissZeitVG Rn. 13.

gelten, wenn der betreffende Beschäftigte als wissenschaftlicher Mitarbeiter eingestellt werde und dann überwiegend in der Lehre eingesetzt würde. Zumindest mit der letzten Aussage weicht *Schmidt* von den übrigen Autoren und der auch hier vertretenen Aussage ab, wonach es den Hochschulen unbenommen ist, Lehrkräfte für besondere Aufgaben auch als wissenschaftliche Mitarbeiter – oder anderer vergleichbarer Beschäftigungskategorien – einzustellen, sofern eine über die einfache Lehrtätigkeit hinausgehende Qualifizierung oder Tätigkeit angestrebt wird. Interessanterweise nimmt dies *Schmidt* jedoch dann für die Lehrkräfte für besondere Aufgaben wieder an, sofern sie für die eigene Qualifizierung beschäftigt werden.[583] Warum eine derartige Qualifizierungsmöglichkeit nicht auch für Lecturer akzeptiert wird, ist nicht ersichtlich, da es sich bei den Qualifizierungen gerade nicht um formelle Abschlüsse handeln muss.

Sofern zwar die Wissenschaftlichkeit der Lehre von Lehrkräften für besondere Aufgaben verneint wurde, muss für Lecturer ein anderes gelten. Lecturer werden entweder als Hochschullehrer oder auf einer nicht klar zu definierenden Stufe zwischen wissenschaftlichen Mitarbeitern oder Hochschullehrern eingestellt. Damit führen sie mit Hochschullehrern vergleichbare Lehrveranstaltungen durch. Unter dem Gesichtspunkt der Lehrfreiheit sind sie mindestens vergleichbar mit wissenschaftlichen Mitarbeitern, denen der Schutz der Lehrfreiheit zusteht, sofern sie entsprechende Freiheiten bei der Gestaltung der von ihnen durchgeführten Lehrveranstaltung genießen. Da die Lecturer nicht nur praktische Fertigkeiten – wie Lehrkräfte für besondere Aufgaben - vermitteln, muss für diese das gleiche gelten. Auch werden Lecturer meist in einem Gebiet eingesetzt, zu dem sie selbst geforscht haben, z.B. ihre Promotion angefertigt haben. Somit fließen sogar eigene Forschungsergebnisse in die Lehre ein, was nach einer Ansicht Voraussetzung für wissenschaftliche Lehre ist.

Berücksichtigt man zudem den Qualifizierungsgedanken des WissZeitVG, gelangt man erst recht zu dem Ergebnis, dass eine Befristung von Lecturern möglich sein muss. Gerade die zweite Qualifizierungsphase (Post-doc) ist nicht nur konzipiert worden, um eine Habilitation anzufertigen, sondern sie soll wissenschaftlichen Mitarbeitern die Gelegenheit geben, sich durch die „Erbringung weiterer wissenschaftlicher Leistungen und Tätigkeiten in der Lehre auf ein Professorenamt vorzubereiten."[584] Die Stellen, die mit Lecturern besetzt werden, dienen nicht nur Einsparungen der Hochschulen, sondern können auch eine Chance zur Weiterentwicklung für diejenigen bieten, die auf eine Berufung warten. Insofern ist eine Befristung von Lecturern nach Maßgabe des WissZeitVG möglich.

583 APS-*Schmidt*, § 1 WissZeitVG Rn. 20.
584 BT-Drucks. 14/6853 S. 33.

VIII. Nicht-wissenschaftliches und nicht-künstlerisches Personal

Das nicht-wissenschaftliche Personal ist grundsätzlich nicht in den Anwendungsbereich des WissZeitVG einbezogen. Angestellte dieser Beschäftigtengruppe können demnach nicht gemäß § 2 Abs. 1 WissZeitVG beschäftigt werden. Eine Ausnahme zur Nichtanwendbarkeit des WissZeitVG auf nicht-wissenschaftliches Personal stellen sämtliche drittmittelfinanzierten Arbeitsverhältnisse im Rahmen des WissZeitVG dar.

In das WissZeitVG ist der Befristungsgrund der Drittmittelfinanzierung eingefügt worden, § 2 Abs. 2 WissZeitVG. Ein weiterer Fall der Drittmittelfinanzierung liegt bei Privatdienstverträgen vor, die in § 3 geregelt sind. Darüber hinaus verweisen § 4 S. 2 und § 5 S. 2 WissZeitVG auf die Anwendbarkeit von § 2 Abs. 2 S. 2 WissZeitVG. In allen Fällen ist die Anwendbarkeit auf das nicht-wissenschaftliche und nicht-künstlerische Personal erweitert (§ 2 Abs. 2 S. 2 sowie § 3 S. 2 WissZeitVG). Jedoch erstreckt sich die Anwendung des WissZeitVG nur in diesen Fällen auf das nicht-wissenschaftliche Personal, d.h. die sachgrundlose Befristung des § 2 Abs. 1 WissZeitVG findet auf das nicht-wissenschaftliche Personal gerade keine Anwendung, was sich bereits aus dem § 2 Abs. 1 WissZeitVG zugrunde liegenden Qualifizierungsgedanken ergibt. Vielmehr knüpft die erleichterte Befristung dieser Personalgruppe an das Vorliegen einer Drittmittelfinanzierung und eine entsprechende Beschäftigung an.

Eine Aufzählung bzw. Beschreibung des nicht-wissenschaftlichen Personals, wie sie für das wissenschaftliche Personal in § 42 HRG enthalten ist, existiert nicht. In einigen Landesgesetzen findet das nicht-wissenschaftliche Personal ausdrücklich Erwähnung.[585]

Das nicht-wissenschaftliche Personal wurde vom Gesetzgeber auch als Unterstützungspersonal oder so genanntes akzessorisches Personal bezeichnet.[586] Hierunter fallen u. a. technische Angestellte, Verwaltungsangestellte, Laborpersonal, Personal für das Projektmanagement, Bibliothekspersonal,[587] Reinigungskräfte oder Wachleute.[588] Die Gemeinsamkeit dieser Berufsgruppen liegt darin, dass sie keine unmittelbar wissenschaftlichen Leistungen erbringen und Forschung und Lehre nicht im Kern beeinflussen.[589]

Da gerade der sonst maßgebliche Qualifizierungsgedanke bei dieser Beschäftigtengruppe nicht greift, müssen andere Gründe vorliegen, die eine unterschiedliche Behandlung von nicht-wissenschaftlichen Beschäftigten auf Haushaltsstel-

---

585 Vgl. § 78 LHG M-V (weitere Mitarbeiter).

586 Vgl. Gesetzesbegründung zum Gesetz zur Änderung arbeitsrechtlicher Vorschriften in der Wissenschaft, BT-Drucks. 16/3438, S. 14 f.

587 BT-Drucks. 16/3438, S. 14 f.; *Schlachter*, in: Laux/Schlachter, TzBfG, Anhang 2 § 2 WissZeitVG Rn. 18; APS-*Schmidt*, § 2 WissZeitVG Rn. 35.

588 *Müller-Glöge* – EK, § 2 WZVG Rn. 12.

589 *Zimmermann*, Befristete Arbeitsverhältnisse, S. 160.

len und nicht-wissenschaftlichen Beschäftigten in Drittmittelprojekten rechtfertigen.[590] Zwar nehmen nicht-wissenschaftliche Beschäftigte häufig Aufgaben war, die zu den Daueraufgaben einer Hochschule gehören.[591] Jedoch ist das akzessorische Personal nicht zwingend deckungsgleich mit dem nicht-wissenschaftlichen Personal, das an den Hochschulen und Forschungseinrichtungen für Daueraufgaben angestellt ist,[592] weshalb die Einbeziehung unter den engen Voraussetzungen des Drittmittelbereichs in das Sonderbefristungsrecht gerechtfertigt ist. Der Gesetzgeber wollte einen Gleichlauf zwischen wissenschaftlichem und nicht-wissenschaftlichem Personal erreichen, da dies die Beschäftigung aufeinander eingespielter Teams erlaubt und somit ein reibungsloser Ablauf des Projektes ermöglicht würde.[593] Die Einbeziehung des nicht-wissenschaftlichen Personals in diesen Bereich dient damit der Umsetzung des organisatorischen Auftrags, der sich aus Art. 5 Abs. 3 GG für den Staat ergibt. Zwar können sich diese Berufsgruppen nicht selbst auf den Schutz des Art. 5 Abs. 3 GG berufen, da sie zwar an der Forschung beteiligt sind, jedoch nicht deren Inhalt bestimmen.[594] Dennoch ist ihre unterstützende Leistung im Wissenschaftsbetrieb von so hoher Bedeutung, dass zumindest im Drittmittelbereich, bei dem der projektbezogene Einsatz durch die Tatbestandsvoraussetzung „überwiegende Beschäftigung des Mitarbeiters entsprechend der Zweckbestimmung" dafür Sorge trägt, dass hier gerade kein Einsatz in der Verwaltung erfolgt, ein sehr enger Zusammenhang zur Forschungsarbeit eines Mitglieds der Hochschule besteht, das sich auf Art. 5 Abs. 3 GG berufen kann. Auch folgt aus diesem Zusammenhang ein enger Bezug zwischen der Tätigkeit und dem Drittmittelprojekt. Insoweit kann auch von einer Konkretisierung des § 14 Abs. 1 S. 2 Nr. 1 TzBfG gesprochen werden.[595] Aus den Ausführungen des Gesetzgebers zum Gleichlauf ergibt sich die Rechtfertigung der unterschiedlichen Behandlung des akzessorischen Personals gegenüber vergleichbaren Arbeitnehmern außerhalb von Hochschulen und Forschungseinrichtungen, deren Befristung nur aufgrund des TzBfG erfolgen kann.[596] Daraus folgt sowohl die Vereinbarkeit der Norm mit Art. 12 Abs. 1 als auch Art. 3 Abs. 1 GG.[597]

Hinsichtlich des Umfangs der Einbeziehung der nicht-wissenschaftlichen Mitarbeiter muss dieser auf diejenigen beschränkt werden, deren Tätigkeit für das Forschungsteam und somit das Projekt von Gewicht ist.[598] So dürfte die Be-

---

590 Zu Bedenken an der Verfassungsmäßigkeit der Einbeziehung des nicht-wissenschaftlichen Personals vgl. *Kortstock*, ZTR 2007, 2, 7.
591 *Zimmermann*, Befristete Arbeitsverhältnisse, S. 160.
592 BT-Drucks. 16/3438, S.15.
593 BT-Drucks. 16/3438, S. 15.
594 Vgl. *Zimmermann*, Befristete Arbeitsverhältnisse, S. 161.
595 *Preis*, WissZeitVG, § 2 Rn. 85.
596 APS-*Schmidt*, § 2 WissZeitVG Rn. 36.
597 Ebenso APS-*Schmidt*, § 2 WissZeitVG Rn. 36.
598 APS-*Schmidt*, § 2 WissZeitVG Rn. 37.

schäftigung eines Hausmeisters nicht hierunter fallen.[599] In dem Fall handelt es sich um eine Daueraufgabe, so dass der Sachgrund der Drittmittelfinanzierung nur vorgeschoben wäre. Ein Hausmeister, der in einem eigens für das Projekt angemieteten Objekt tätig ist, könnte jedoch schon wieder in engerem Zusammenhang zu dem Projekt stehen. Jedoch ist zu verlangen, dass es sich um eine Tätigkeit handelt, die in wirklichem engem Bezug zum Projekt steht. Beim nicht-wissenschaftlichen Personal ist entscheidend, dass es auf das spezielle Wissen, das durch Einarbeitung in das Projekt(team) erworben wurde, und somit auf die Beschäftigung gerade dieser Person ankommt und der Beschäftigte im Hinblick auf den Erfolg des Projektes nicht durch einen andern Arbeitnehmer ersetzt werden kann. Diese Voraussetzungen dürften bei einem Hausmeister nicht gegeben sein.

Nach Auffassung von *Löwisch*[600] könnte in den Fällen akuter Finanznot von Hochschulen, wo die Drittmittelfinanzierung auch auf Infrastrukturstellen ausgedehnt wird, das nicht-wissenschaftliche bzw. nicht-künstlerische Personal unter die mit der Drittmittelfinanzierung verbundenen Befristungsmöglichkeiten einbezogen werden. Dies widerspricht jedoch sowohl dem Wortlaut der Norm als auch der Intention des Gesetzgebers. Zudem würde eine so weit reichende Interpretation die Begründung zur Verfassungsmäßigkeit der Norm aufheben und wäre somit verfassungswidrig.

IX. Zeitpunkt der Feststellung, ob die Voraussetzungen für eine Befristung nach § 2 Abs. 1 S. 1 bzw. S. 2 WissZeitVG vorliegen

Nachdem geklärt wurde, welche Voraussetzungen erfüllt sein müssen, damit ein Mitarbeiter dem wissenschaftlichen Personal zuzurechnen ist, muss entschieden werden, in welchem Zeitpunkt diese Voraussetzungen vorliegen müssen und welche Auswirkung eine hiervon abweichende Beschäftigung hat.

Die Zuordnung zu einer dem WissZeitVG entsprechenden Personalkategorie erfolgt auf Grundlage einer Prognose bei Vertragsschluss. Erweist sich diese bezogen auf den Vertragsschluss als zutreffend, kann die Befristung wirksam auf das WissZeitVG gestützt werden.[601] Bei einer Mischtätigkeit von wissenschaftlicher Tätigkeit und organisatorischen Zuarbeiten muss die wissenschaftliche überwiegen und der Tätigkeit das Gepräge geben.[602]

Grundsätzlich ist es unerheblich, ob das Personal tatsächlich das bei Vertragsschluss angestrebte Maß an Selbständigkeit erreicht, da die Qualität keine Nach-

---

599 APS-*Schmidt*, § 2 WissZeitVG Rn. 37.
600 *Löwisch*, NZA 2007, 479, 481.
601 *Reich*, HRG/WissZeitVG, § 2 WissZeitVG Rn. 12; APS-*Schmidt*, § 1 WissZeitVG Rn. 16.
602 KR-*Lipke*, § 57 a HRG, Rn. 33; Annuß/Thüsing – *Lambrich*, § 23 Rn. 91; *Preis*, WissZeitVG, § 1 Rn. 17; APS-*Schmidt*, § 1 WissZeitVG Rn. 15.

bewertung des Arbeitsvertrages erlaubt.[603] Hierbei darf es jedoch nicht zu einer Umgehung der Voraussetzungen des § 1 WissZeitVG kommen. Die bloße Benennung von Tätigkeiten, die den Voraussetzungen des § 1 WissZeitVG entsprechen würden, bei tatsächlich anderer Beschäftigung kann eine Befristung gemäß WissZeitVG nicht rechtfertigen. Nach der Rechtsprechung des BAG[604] zu §§ 57 a ff. HRG kommt es für die Frage, ob jemand wissenschaftlicher Assistent, Mitarbeiter oder sonstiger Mitarbeiter ist, und somit, wonach sich eine Befristung rechtfertigen lässt, auf die vertragliche Vereinbarung an. Aus der späteren tatsächlichen Durchführung könnten allenfalls Rückschlüsse auf den Willen der Vertragsparteien gezogen werden. Ebenso sei die im Vertrag verwendete Bezeichnung lediglich ein bei der Auslegung zu berücksichtigender Umstand. Entscheidend käme es darauf an, ob die Parteien die in den Kategorien des HRG enthaltenen Rechte und Pflichten arbeitsvertraglich vereinbart hätten und der Angestellte die formellen Einstellungsvoraussetzungen erfülle. Demnach müssen die Arbeitsvertragsparteien für das WissZeitVG entweder auf Personalkategorien Bezug nehmen, die der Landesgesetzgeber mit entsprechenden wissenschaftlichen Tätigkeiten betraut hat, oder sie vereinbaren entsprechende wissenschaftliche Dienstleistungen durch Benennung im Arbeitsvertrag. Der spätere funktionswidrige Einsatz kann daher nur Indiz eines Prognosefehlers sein, der z.B. gegeben ist, wenn der Beschäftigte schon bisher nicht überwiegend mit wissenschaftlichen oder künstlerischen Dienstleistungen betraut war und auch bei Abschluss des Verlängerungsvertrages keine Veränderung der Aufgaben absehbar ist.[605]

Fraglich ist zudem, wie es sich auswirkt, wenn die Hochschule ihren Mitarbeiter nicht vereinbarungsgemäß beschäftigt hat und diesem somit keine Möglichkeit zur Qualifikation verblieben ist. Nach Ansicht von *Däubler*[606] soll es gegen Treu und Glauben verstoßen, wenn sich die Universität in dem Fall funktionswidriger Beschäftigung auf Fristablauf beriefe, da sie selbst die Ursache für den nicht erfolgten wissenschaftlichen Qualifikationserwerb gesetzt habe. Deshalb sei § 2 Abs. 5 WissZeitVG analog anzuwenden, so dass sich der Vertrag auf Wunsch des Arbeitnehmers um die Zeit verlängern würde, in der keine wissenschaftliche Tätigkeit erfolgte. Gegen die Ansicht von *Däubler* spricht, dass für die Anwendung des § 2 Abs. 1 WissZeitVG nicht zwingende Voraussetzung ist, dass die Tätigkeit dem Qualifikationserwerb dient, obwohl die Norm grundsätzlich zur Nachwuchs- und Qualifizierungsförderung geschaffen wurde.[607] Ein Verstoß gegen Treu und Glauben kann nur angenommen werden, sofern die nicht-wissenschaftliche Tätigkeit alleinige Folge des arbeitgeberseitigen Direk-

603 *Reich*, HRG, WissZeitVG, § 1 WissZeitVG Rn. 2.
604 BAG, Urt. v. 26.06.2003, Az 7 AZR 87/01, zitiert nach www.juris.de.
605 APS-*Schmidt*, § 1 WissZeitVG Rn. 16.
606 KSchR-*Däubler*, § 1 WissZeitVG Rn. 26.
607 Vgl. *Preis*, WissZeitVG, § 1 Rn. 19.

tionsrechts ist, was bei dem vertraglich vereinbarten Aufgabenbereich selten der Fall sein dürfte.[608] Werde die neue Tätigkeit einvernehmlich mit dem Arbeitnehmer vereinbart, habe der Arbeitnehmer nach Ansicht von *Lambrich* der Änderung des Aufgabenbereichs zugestimmt. Mangels einer wissenschaftlichen Tätigkeit sei jedoch der Zeitraum nicht gemäß § 2 Abs. 3 WissZeitVG auf die Höchstzeiten anzurechnen, in dem die neue Tätigkeit ausgeführt wurde.[609] Hieraus ergibt sich jedoch weder eine Hemmung der Zeitanrechnung nach § 2 Abs. 3 WissZeitVG noch ein Verstoß gegen Treu und Glauben.

Nach *Preis* soll der Arbeitnehmer bei deutlich funktionswidriger Beschäftigung einen Anspruch auf Verlängerung des Arbeitsverhältnisses analog § 2 Abs. 5 um die Zeit der funktionswidrigen Beschäftigung haben.[610] Bei geringfügigem Überwiegen der nicht-wissenschaftlichen Tätigkeit solle dies jedoch nicht zu einer Verlängerung des Arbeitsverhältnisses führen.[611] Überwiege die nicht-wissenschaftliche Arbeit etwas deutlicher, solle die Vertragslaufzeit nicht auf die Höchstfristen angerechnet werden. Das Arbeitsverhältnis könne dementsprechend verlängert werden, wobei der Arbeitnehmer keinen Anspruch auf Vertragsverlängerung habe.[612]

Dieses dreistufige System (geringe Abweichung, Überwiegen der nicht-wissenschaftlichen Beschäftigung und krasses Überwiegen) ermöglicht eine Einordnung, die dem Interesse des Arbeitnehmers hinsichtlich der Nichtanrechnung auf Qualifizierungszeiten gerecht wird. Konsequent angewendet, kann es jedoch die Hochschulen dazu verleiten, eine Abweichung von dem arbeitsvertraglich Vereinbarten bewusst in Kauf zu nehmen. Zwar kann eine Befristung nicht auf das WissZeitVG gestützt werden, sofern die Beschäftigung von vornherein nicht-wissenschaftlich erfolgen sollte. Die Nichtanrechnung der funktionswidrigen Beschäftigung auf die Qualifizierungszeit bringt dem Arbeitnehmer seine qualifikationslos gebliebene Lebenszeit nicht zurück. Sollte er einen Prozess hinsichtlich einer Verlängerung analog § 2 Abs. 5 WissZeitVG führen müssen, da er offensichtlich keine Gelegenheit zur Qualifizierung hatte, könnte dies das Verhältnis zum Betreuer der Arbeit merklich verschlechtern. Liegt ein Fall des krassen Überwiegens der nicht-wissenschaftlichen Arbeit vor, sollte entgegen der Auffassung von *Preis* davon ausgegangen werden, dass dies ein Fall ist, der nicht mit § 2 Abs. 5 WissZeitVG vergleichbar ist, sondern mit der anfänglich intendierten Falschbeschäftigung, bei der die Befristung gar nicht auf das WissZeitVG gestützt werden kann. Zudem würde dies der Rechtsprechung des BAG entsprechen, dass aus der anderweitigen Beschäftigung Rückschlüsse auf das Nichtvorliegen der Voraussetzung für eine Befristung zu schließen seien.

608 Annuß/Thüsing – *Lambrich*, § 23 Rn. 91.
609 Annuß/Thüsing – *Lambrich*, § 23 Rn. 91; a.A. KR-*Lipke*, § 57 a HRG, Rn. 45.
610 *Preis*, WissZeitVG, § 2 Rn. 46.
611 *Preis*, WissZeitVG, § 1 Rn. 20.
612 *Preis*, WissZeitVG, § 2 Rn. 45.

Ein deutliches Missverhältnis, wie *Preis* es fordert, kann daher Indiz dafür sein, dass von vornherein nicht die Absicht bestand, den Arbeitnehmer wissenschaftlich zu beschäftigen. Dies führt auch zu einer gerechteren Verteilung der Beweislast. Würde man § 2 Abs. 5 WissZeitVG analog anwenden, müsste der Arbeitnehmer dass Vorliegen der Fehlbeschäftigung beweisen, da er für § 2 Abs. 5 WissZeitVG nachweisen muss, dass die zur Verlängerung führenden Umstände gegeben sind. Geht man von einem krassen Überwiegen verbunden mit einer fehlerhaften Befristung auf Grundlage des WissZeitVG aus, muss der Arbeitgeber darlegen, dass er die Befristung auf das WissZeitVG stützen konnte. Konnte er dies nicht, ist die Befristung nicht wirksam geschlossen worden und der Arbeitnehmer erhält so im Rahmen des unbefristeten Arbeitsvertrages die Möglichkeit, die Qualifizierung nachzuholen.

In den Fällen, in denen die Abweichung von der vertraglich vereinbarten und der tatsächlich geleisteten Arbeit zwischen Lehrstuhlinhaber und Arbeitnehmer einvernehmlich erfolgt, entweder weil beide Seiten bewusst eine Vertragsverlängerung herbeiführen wollen oder zu dem Zeitpunkt das Interesse an nichtwissenschaftlicher Arbeit das Interesse an Qualifizierung überwiegt, besteht kein Bedarf an einer Nichtanrechnung dieser Beschäftigungszeiten. Ein Berufen darauf, in dieser Zeit keine Gelegenheit zur Qualifizierung gehabt zu haben, wäre rechtsmissbräuchlich. Der Arbeitnehmer hätte Möglichkeiten gehabt, dieses Einverständnis aufzuheben.

Bei einem geringfügigen Überwiegen besteht ebenso kein Bedarf an einer Vertragsverlängerung. Die Arbeit an Lehrstühlen ist ohnehin sehr unterschiedlich ausgestaltet. Einige Lehrstuhlinhaber betrachten die ihnen zur Verfügung stehenden Stellen als echte Qualifikantenstellen und vergeben diese ähnlich einem Stipendium. Dementsprechend wenig werden die Mitarbeiter durch den Lehrstuhlinhaber in Anspruch genommen, der Mitarbeiter erhält Gelegenheit zur eigenen Forschung und wird im Rahmen seiner Lehrverpflichtung auch an diesen Bereich der wissenschaftlichen Arbeit herangeführt. Andere hingegen schöpfen die Arbeitszeit des Mitarbeiters vollständig aus, vernachlässigen hierbei auch die Gelegenheit zur Promotion, und aus einer halben Stelle wird – von der für den Lehrstuhlinhaber zu leistenden (wissenschaftlichen!) Arbeit – gelegentlich eine ganze. In diesen Fällen will niemand dem Mitarbeiter die verloren gegangene Zeit zurückgeben. Es ist insofern an dem Mitarbeiter, seinen Unmut über die Zuvielbeschäftigung zu äußern und ggf. unter Beteiligung der Gremien eine Klärung herbeizuführen. Ebenso liegt der Fall des geringfügig funktionswidrig beschäftigten Mitarbeiters.

Kapitel 5 Darstellung der Befristungstatbestände gemäß § 2 Abs. 1 WissZeitVG

Der Gesetzgeber hat in § 2 Abs. 1 WissZeitVG Höchstzeiten für die Befristung von wissenschaftlichem und künstlerischem Personal festgelegt. In § 2 Abs. 2 WissZeitVG ist ein Befristungstatbestand für Drittmittelbeschäftigung geschaffen worden. Die Hochschulen haben dennoch die Möglichkeit, das wissenschaftliche und künstlerische Personal nach Maßgabe des TzBfG zu befristen oder unbefristet zu beschäftigen, § 1 Abs. 2 WissZeitVG. Zudem sind in § 2 Abs. 4 WissZeitVG Vorgaben gemacht worden, die beim Abschluss eines befristeten Arbeitsvertrages zu beachten sind. Im folgenden Kapitel soll auf diese Regelungen eingegangen werden. Die Darstellung der auf die Höchstzeiten anzurechnenden Beschäftigungsverhältnisse, Verlängerungen nach § 2 Abs. 5 WissZeitVG sowie aufgrund der Betreuung eines Kindes erfolgt wegen der besonderen Bedeutung in gesonderten Kapiteln.

Bei der Neuregelung des Befristungsrechtes unterteilte der Gesetzgeber den Gesamtzeitrahmen der möglichen befristeten Beschäftigung in eine Qualifizierungsphase, die der Anfertigung einer Promotion dienen soll, und eine Post-doc-Phase, die durch Erbringung weiterer Dienstleistungen als Qualifizierung für die Tätigkeit als Hochschullehrer vorbereiten soll. Wie bereits dargestellt, hat der Gesetzgeber bei der Neuregelung sowohl das Wohl der Beschäftigten als auch das Interesse der Hochschulen an einem regelmäßigen Austausch des Personals zur Sicherung der Innovation berücksichtigt.

Zu begrüßen ist, dass keine Einstellungsgrenze für die erstmalige Anstellung eingeführt wurde. § 57 Abs. 6 HRG i. d. F. von 1999 enthielt die Regelung, dass der erstmalige Abschluss eines Arbeitsvertrages mit einer Hochschule nicht vier Jahre nach der letzen Hochschul- oder Staatsprüfung liegen soll. Würde jedoch eine Begrenzung in Altersjahren vorgenommen, würde zwar eine Überalterung des wissenschaftlichen Nachwuchses verhindert werden, jedoch würde eine Sollvorschrift nicht effektiv sein und eine zwingende Regelung wohl auf verfassungsrechtliche Bedenken im Rahmen von Art. 12 Abs. 1 GG stoßen.[613] Aus hochschulpolitischer Sicht ist eine Begrenzung der Befristungsmöglichkeiten nach Altersgrenzen insbesondere problematisch, da zum einen biographische Besonderheiten von Müttern – und nach modernem Rollenverständnis auch Vätern - schwer zu berücksichtigen sind. Hier müssten erneut eine Reihe von Ausnahmetatbeständen geschaffen werden, welche die Handhabung des Gesetzes erschweren würden. Eine weitere Besonderheit ergibt sich bei Wissenschaftlern, die praktische Erfahrungen in der Industrie gesammelt haben und sich erst hier-

613 *Dieterich/Preis,* Befristete Arbeitsverhältnisse, S. 60; KR-*Lipke*, § 57 b Rn. 24.

nach der Wissenschaft zuwenden wollen.[614] Den Hochschulen wäre über eine an das Lebensalter anknüpfende Befristungsgrenze verwehrt, hochspezialisierte Arbeitnehmer einzustellen.

Der Gesetzgeber[615] ging bei der Schaffung der zweiten Qualifizierungsphase zutreffend davon aus, dass die Hochschule für Mitarbeiter ohne abgeschlossene Promotion keine dauerhafte Perspektive bieten kann. Bei promoviertem hochqualifiziertem wissenschaftlichem Personal wird dabei der Aspekt der Karriereentwicklung in den Vordergrund gestellt, da es für den Mitarbeiter von großer Bedeutung ist, ob eine Professur erreicht, eine Weiterbeschäftigung unbefristet erfolgen oder das Beschäftigungsverhältnis nicht fortgesetzt werden kann. Diese scheinbar sozial motivierte Argumentation kann jedoch nicht gänzlich überzeugen. Der Gesetzgeber hat das gesamte Befristungsrecht der Hochschulen an der Funktionsfähigkeit dieser und nicht dem Schutz der Arbeitnehmer orientiert. Insofern ist diese sich an dem Arbeitnehmer orientierende Argumentation systemfremd. Sofern man jedoch eine soziale Diskussion als dem Zweck dienend erachtet, ist zunächst festzustellen, dass ein befristeter Arbeitsvertrag besser sein kann als der Weg in die Arbeitslosigkeit. Ein Mitarbeiter, der sich auf weitere befristete Arbeitsverhältnisse einlässt, wird sich diesen Schritt überlegt haben. Außerdem widerspricht diese Argumentation der Möglichkeit, im Rahmen von Drittmittelprojekten beschäftigt zu werden, wie sie § 2 Abs. 3 WissZeitVG vorsieht. Hier ist gerade keine Höchstdauer vorgesehen. Gerade im Drittmittelbereich kommt es jedoch zu kürzeren Befristungen, da die Mittel nicht immer regelmäßig bereitgestellt werden oder ein Projekt in verschiedenen Phasen beantragt und bewilligt werden muss. Dies führt für die Mitarbeiter zu einer wesentlich größeren Unsicherheit als die pauschale Möglichkeit einer Weiterbeschäftigung als wissenschaftlicher Mitarbeiter – auch im Anschluss an eine Promotion. Gerade der unterschiedlichen Motivation der Mitarbeiter (Anstreben einer Qualifikation und Tätigkeit an der Hochschule als „Durchgangsstadium“ versus angestrebte Karriere in der Wissenschaft/ Angebot einer Professur) scheint die Möglichkeit, befristete Arbeitsverträge abschließen zu können, Rechnung zu tragen, wobei auch kontinuierliches Arbeiten, Erfahrung und auf Dauer präsentes Fachwissen entscheidende Voraussetzungen wissenschaftlichen Arbeitens sind und nicht jeder Arbeitsplatz an einer Hochschule Ausbildungscharakter aufweisen kann.[616]

§ 2 Abs. 1 S. 1 und 2 WissZeitVG sprechen davon, dass die Befristung „zulässig“ ist und nicht lediglich gerechtfertigt. Hierdurch wird zunächst der Ausnahmecharakter unterstrichen, wohingegen aus dem „zulässig“ gefolgert werden

614 *Dieterich/Preis,* Befristete Arbeitsverhältnisse, S. 60; BT-Drucks. 14/6853, S. 32; Annuß/Thüsing – *Lambrich,* § 23 Rn. 106; KR-*Lipke,* § 57 b Rn. 24.
615 BT – Drucks. 15/4132 S. 19, nach *Dieterich/Preis,* Befristete Arbeitsverhältnisse, S. 59.
616 Vgl. *Bauschke,* ZTR 1998, 49, 50.

kann, dass eine befristete Beschäftigung keiner zusätzlichen Begründung bedarf.[617]

Die Angabe der Befristungsdauer bezieht sich nicht auf die Länge eines Arbeitsvertrages, sondern bezeichnet die Möglichkeit eines befristeten Dienstverhältnisses zu einer deutschen Hochschule auf Grundlage des WissZeitVG. Durch die Formulierung „zulässig" in § 2 Abs. 1 S. 1 und 2 WissZeitVG wird deutlich, dass es sich hierbei um eine Grenze handelt, die nicht überschritten werden darf,[618] es sei denn, es liegen die Ausnahmen vor, die § 2 Abs. 5 WissZeitVG abschließend nennt.

Die Zeitangaben in § 2 Abs. 1 WissZeitVG stellen Höchstbefristungsdauern dar. Hieraus kann nicht gefolgert werden, dass ein Anspruch auf Ausschöpfung des gesetzlichen Rahmens besteht.[619] Deshalb ist es den Vertragsparteien unbenommen, kürzere Befristungen als in § 2 Abs. 1 S. 1 und S. 2 WissZeitVG vorgesehen, vorzunehmen.[620] Dies wird zum einen durch den Wortlaut bestätigt („bis zu einer Dauer...zulässig"),[621] zum anderen aus § 2 Abs. 1 S. 2 WissZeitVG,[622] der es ermöglicht, Zeiträume, die in der Promotionsphase eingespart wurden, für die sog. Post-doc-phase zu verwenden. Dies wäre nicht möglich, wenn bereits in der Promotionsphase die Höchstdauer ausgeschöpft werden müsste. Auch wäre der Abschluss eines Verlängerungsvertrages nach § 2 Abs. 1 S. 4 WissZeitVG nicht möglich, wenn bereits durch den ersten Arbeitsvertrag die Zeiten auszuschöpfen wären. Dies bestätigt § 2 Abs. 3 WissZeitVG, der die Anrechnung von vorherigen Arbeitsverhältnissen mit einer deutschen Hochschule oder Forschungseinrichtung regelt. Hierbei werden auch Arbeitsverhältnisse berücksichtigt, die auf der Grundlage des HRG geschlossen wurden und sogar die gleiche 6-Jahresfrist betreffen. Ein Anspruch auf den Abschluss eines Verlängerungsvertrages, sofern die Höchstbefristungszeit mit dem ersten Vertrag noch nicht ausgeschöpft wurde, besteht nicht.[623]

Bei einem Fächerwechsel können die Befristungszeiten dennoch nur einmal ausgeschöpft werden,[624] da ansonsten eine Verdopplung der Höchstfristen eintreten kann. Dies widerspräche eindeutig dem Anliegen, eine zügige Qualifizierung zu fördern.

---

617 *Reich*, HRG, 9. Aufl., § 57 b Rn. 2.
618 *Reich*, HRG/WissZeitVG, § 2 WissZeitVG Rn. 2.
619 KSchR-*Däubler*, § 2 WissZeitVG Rn. 28; APS-*Schmidt*, § 2 WissZeitVG Rn. 3.
620 *Löwisch/Wertheimer*, HochschulR-Praxishandbuch, VII Rn. 164; *Dörner*, Der befristete Arbeitsvertrag, Rn. 668; APS-*Schmidt*, § 2 WissZeitVG Rn. 23.
621 *Waldeyer*, in: Hailbronner/Geis, HRG, § 57 b Rn. 4.
622 *Reich*, HRG/WissZeitVG, § 2 WissZeitVG Rn. 2.
623 *Müller-Glöge* – EK, § 2 WZVG Rn. 2; *Schlachter*, in: Laux/Schlachter, TzBfG, Anhang 2 § 2 WissZeitVG Rn. 2; APS-*Schmidt*, § 2 WissZeitVG Rn. 4.
624 *Preis*, WissZeitVG, § 2 Rn. 122.

A. Befristete Beschäftigung von unpromoviertem wissenschaftlichen Personal, § 2 Abs. 1 S. WissZeitVG

Wissenschaftliche Mitarbeiter, die nicht promoviert sind, können bis zu sechs Jahre an einer Hochschule befristet beschäftigt werden (§ 2 Abs. 1 S. 1 WissZeitVG). Voraussetzung für eine Einstellung gemäß § 2 Abs. 1 S. 1 WissZeitVG ist jedoch nicht, dass der Mitarbeiter eine Promotion anstrebt,[625] auch wenn die sechs Jahre so gewählt wurden, dass eine Promotion in der Regel in diesem Zeitrahmen abgeschlossen werden kann. Die Sechsjahresfrist[626] setzt sich zusammen aus zwei Jahren, die der Heranführung an wissenschaftliches Arbeiten dienen. Drei bis vier Jahre dienen der Anfertigung der Dissertation. Sofern man davon ausgeht, dass nur drei Jahre zur Anfertigung benötigt werden oder die Heranführungsphase kürzer ist, ist die Differenz als Spielraum zu betrachten, der auch den Abschluss des Promotionsverfahrens berücksichtigt, da zwischen endgültiger Fertigstellung der Dissertation und dem Abschluss einige Monate vergehen. Bedenkt man, dass auf die Frist auch Zeiten der Beschäftigung als wissenschaftliche Hilfskraft anzurechnen sind, ist die Sechsjahresfrist zwar eine sehr knappe, aber ausreichende Frist.[627] Ein Vorteil der knappen Frist soll zudem darin beruhen, dass die Begutachtung fertig gestellter Doktorarbeiten möglichst zeitnah erfolgt, sofern der Mitarbeiter nach WissZeitVG weiterbeschäftigt werden soll.[628] Selbst wenn das Landesgesetz als Beschreibung für den wissenschaftlichen Mitarbeiter die Gelegenheit zur Promotion im Rahmen des Dienstverhältnisses einräumt und dies nicht geschieht, liegen dennoch die Voraussetzungen des § 1 Abs. 1 S. 1 WissZeitVG vor.[629] Da das Anstreben einer Promotion nicht Voraussetzung des Befristungsgrundes ist, kann dieser auch auf Mitarbeiter an Fachhochschulen angewendet werden, sofern dem Mitarbeiter wissenschaftliche Dienstleistungen obliegen.[630] Wäre Voraussetzung, dass eine Promotion angestrebt würde, könnten Arbeitsverhältnisse mit studentischen Beschäftigten in den meisten Fällen nicht nach dieser Norm begründet werden. Ausnahme wären

---

625 *Dörner*, Der befristete Arbeitsvertrag, Rn. 666; *Henrici*, in: Knopp/Gutheil, Neues HRG, S. 49; *Lakies*, ZTR 2002, 250, 254; Annuß/Thüsing – *Lambrich*, § 23 Rn. 105; KR-*Lipke*, § 57 b HRG, Rn. 22; *Müller-Glöge* – EK, § 2 WZVG Rn. 2; *Preis*, WissZeitVG, § 2 Rn. 16; *Reich*, HRG/WissZeitVG, § 2 WissZeitVG Rn. 2; *Schlachter*, in: Laux/Schlachter, TzBfG, Anhang 2 § 2 WissZeitVG Rn. 2; APS-*Schmidt*, § 2 WissZeitVG Rn. 3; *Waldeyer*, in: Hailbronner/Geis, HRG, § 57 b Rn. 2. Zweifel an der Zulässigkeit, Funktionsstellen zu schaffen, ohne dass die Arbeit der Weiterqualifizierung dient, bei KSchR-*Däubler*, § 2 WissZeitVG Rn. 6.

626 Zur Entwicklung der Höchstbefristungsdauer vgl. BT – Drucks. 15/4132 S. 19.

627 *Dieterich/Preis,* Befristete Arbeitsverhältnisse, S. 59; *Dörner*, Der befristete Arbeitsvertrag, Rn. 664.

628 *Preis/Hausch*, NJW 2002, 927, 929.

629 KR-*Lipke*, § 57 b HRG Rn. 22; *Schlachter*, in: Laux/Schlachter, TzBfG, Anhang 2 § 2 WissZeitVG Rn. 2; APS-*Schmidt*, § 2 WissZeitVG Rn. 3.

630 Vgl. BAG, Urt. v. 19.8.1992, AP Nr. 2 zu § 57 b HRG zu § 57 b Abs. 2 Nr. 1 HRG a.F.

hier lediglich die studentischen Beschäftigten im Bereich der Medizin, die in aller Regel die Promotion bereits während ihres Studiums anfertigen.

Für die Wirksamkeit der Befristung ist der Zeitpunkt des Vertragschlusses maßgeblich, so dass es unerheblich ist, wenn das Promotionsvorhaben vor dem Ende des befristeten Arbeitsvertrages abgeschlossen wird.[631] Dies könnte insoweit problematisch sein, als zur Umgehung der Befristungsregelungen ein wissenschaftlicher Mitarbeiter, der kurz vor Abschluss seiner Promotion steht, nach § 2 Abs. 1 S. 1 WissZeitVG eingestellt wird, um so in den Nutzen beider Befristungszeiträume zu gelangen. Die nachfolgende Zeit ist jedoch auf die Post-doc-Phase anzurechnen.[632] Wird während der Vertragslaufzeit nach § 2 Abs. 1 S. 1 WissZeitVG die Promotion erfolgreich abgeschlossen, empfiehlt *Dörner*[633] einen Aufhebungsvertrag zu schließen, um die somit eingesparte Zeit für die zweite Qualifizierungsphase zu gewinnen, wobei der Mitarbeiter keinen Anspruch auf den Abschluss eines Aufhebungsvertrages und eines neuen Vertrages hat. Hier bliebe dem Mitarbeiter nur, bereits in der ersten Qualifizierungsphase mit den Arbeiten für eine Weiterqualifizierung zu beginnen und sich dem Risiko auszusetzen, nach Auslaufen des alten Vertrages keinen neuen Vertrag für die zweite Qualifizierungsphase zu erhalten.

Eine Befristung nach § 2 Abs. 1 S. 1 WissZeitVG scheidet aus, wenn der Mitarbeiter bereits promoviert ist.[634] Dies gilt auch, wenn die Beschäftigung an einer anderen Fakultät erfolgen soll.[635] Hier greift nur die Befristungsmöglichkeit des § 2 Abs. 1 S. 2 WissZeitVG. Deshalb muss ein Verlängerungsvertrag nach § 2 Abs. 1 S. 4 WissZeitVG, der abgeschlossen wird, um die Sechsjahresfrist von § 2 Abs. 1 S. 1 WissZeitVG auszuschöpfen, vor Abschluss der Promotion liegen.[636]

Kann die Promotion im Laufe der sechs Jahre nicht erfolgreich abgeschlossen werden, ist der Abschluss eines weiteren befristeten Arbeitsvertrags nur nach Maßgabe des allgemeinen Befristungsrechts möglich.[637] Im Rahmen der Anschlussbefristung sollte die grundlegende Wertung des WissZeitVG nicht außer

---

631 *Henrici*, in: Knopp/Gutheil, Neues HRG, S. 49; § 57 b Rn. 3; Annuß/Thüsing – *Lambrich*, § 23 Rn. 103; *Preis*, WissZeitVG, § 2 Rn. 14; *Reich*, HRG/WissZeitVG, § 2 WissZeitVG Rn. 2; *Schlachter*, in: Laux/Schlachter, TzBfG, Anhang 2 § 2 WissZeitVG Rn. 3; APS-*Schmidt*, § 2 WissZeitVG Rn. 4; *Waldeyer*, in: Hailbronner/Geis, § 57 b Rn. 4.

632 *Dörner*, Der befristete Arbeitsvertrag, Rn. 664; *Preis*, WissZeitVG, § 2 Rn. 14; *Schlachter*, in: Laux/Schlachter, TzBfG, Anhang 2 § 2 WissZeitVG Rn. 3; APS-*Schmidt*, § 2 WissZeitVG Rn. 4.

633 *Dörner*, Der befristete Arbeitsvertrag, Rn. 682 f.

634 APS-*Schmidt*, § 2 WissZeitVG Rn. 3; *Müller-Glöge* – EK, § 2 WZVG Rn. 2; *Schlachter*, in: Laux/Schlachter, TzBfG, Anhang 2 § 2 WissZeitVG Rn. 2.

635 *Dörner*, Der befristete Arbeitsvertrag, Rn. 664; *Müller-Glöge* – EK, § 2 WZVG Rn. 2; *Schlachter*, in: Laux/Schlachter, TzBfG, Anhang 2 § 2 WissZeitVG Rn. 2.

636 APS-*Schmidt*, § 2 WissZeitVG Rn. 4.

637 *Müller-Glöge* – EK, § 2 WZVG Rn. 2; *Schlachter*, in: Laux/Schlachter, TzBfG, Anhang 2 § 2 WissZeitVG Rn. 3.

acht gelassen werden. *Müller-Glöge*[638] folgert daraus zu Recht, dass die Promotion keinen eigenen Sachgrund im Sinne des § 14 Abs. 1 TzBfG darstellen kann. Der Gesetzgeber hat mit den sechs Jahren einen Zeitrahmen gewählt, der in sämtlichen Fachrichtungen eine Promotion ermöglicht. Darüber hinaus ist es auch zum Schutze des jeweiligen Mitarbeiters sinnvoll, ein aussichtsloses Promotionsvorhaben zu beenden. Insofern sollte diese Wertung nicht durch endlose Anschlussbefristungen aufgeweicht werden. Vielmehr sollte eine Befristung im Anschluss an die sechs Jahre nur dann erfolgen, wenn tatsächlich absehbar ist, dass in der vereinbarten Zeit die Promotion zu einem erfolgreichen Abschluss gebracht werden kann.

B. Befristete Beschäftigung von bereits promoviertem wissenschaftlichen Personal, § 2 Abs. 1 S. 2 WissZeitVG

Sofern eine Promotion[639] bereits abgeschlossen wurde, richtet sich die Befristungsdauer nach § 2 Abs. 1 S. 2 WissZeitVG. Dabei ist eine Dauer von sechs Jahren, im Bereich der Medizin sogar von neun Jahren, möglich. In den sechs Jahren soll es Wissenschaftlern möglich sein, sich durch Erbringung weiterer wissenschaftlicher Leistungen für die Übernahme eines Professorenamtes zu qualifizieren.[640] Die Sechsjahresfrist entspricht der bisherigen Höchstbefristungsdauer, wie sie für wissenschaftliche Assistenten in § 48 Abs. 1 HRG i. d. F. 19.1.1999 vorgesehen war. Nach Planung des Gesetzgebers des 5. HRGÄndG sollte die Juniorprofessur die wissenschaftliche Assistentur ablösen und die bis dahin notwendige Habilitation ersetzen. Die Juniorprofessur scheiterte jedoch an der fehlenden Gesetzgebungskompetenz des Bundes. In das WissZeitVG soll nunmehr die Befristungsmöglichkeit für eine Juniorprofessur an Hochschulen des Bundes in § 6 WissZeitVG eingefügt werden.[641]

Unerheblich ist, ob die Promotion an einer deutschen oder ausländischen Hochschule erfolgte. Voraussetzung ist jedoch, dass der Doktorgrad in Deutschland als gleichwertig anerkannt ist.[642]

Für den Bereich der Medizin kann die zweite Qualifizierungsphase bis zu neun Jahre betragen. Der Bereich der Medizin umfasst sowohl die Humanmedi-

638 *Müller-Glöge* – EK, § 2 WZVG Rn. 2.
639 Zur Frage, wann eine Promotion vorliegt und wie Promotionszeiten zu berücksichtigen sind vgl. Kapitel 5 § 2 I, II.
640 BT – Drucks. 15/4132 S. 20.
641 Vgl. Gesetzentwurf der Bundesregierung zur Abschaffung des HRG.
642 KSchR-*Däubler*, § 2 WissZeitVG Rn. 12; *Reich*, HRG/ WissZeitVG, § 2 WissZeitVG Rn. 2; *Waldeyer*, in: Hailbronner/Geis, § 57 b Rn. 7.

zin (inklusive der zahnärztlichen Ausbildung) als auch die Veterinärmedizin,[643] wobei es sich um klinische Medizin handeln muss[644].

Strittig ist, wonach sich der Bereich „Medizin" bestimmt. Dies richtet sich nach einer Ansicht danach, ob der Professor, dem der Mitarbeiter zugewiesen ist, im Bereich der Medizin tätig ist.[645] So will *Lipke*[646] den Anwendungsbereich ausweiten, indem er auch andere akademische Mitarbeiter mit wissenschaftlichen Zielsetzungen, die dem Bereich der Medizin zuarbeiten, einbeziehen möchte, weil hier zumeist eine sehr starke Vernetzung mit der Medizin bestünde und die dortigen Beschäftigten häufig eine Doppelqualifikation als Arzt/Biologe oder Arzt/Chemiker aufweisen würden.

Nach anderer Ansicht gilt die Frist von neun Jahren nur für Ärzte und nicht für Wissenschaftler anderer Bereiche, die nur für die klinische Forschung arbeiten, da in den neun Jahren die Facharztausbildung enthalten sein soll.[647] Die Tätigkeit im Rahmen von klinischen Forschungsprojekten durch Biologen o.a. Naturwissenschaftler ist somit nicht ausreichend.[648] Sowohl der rein institutionelle Bezug als auch die pauschale Ausweitung bedeuten eine unzulässige Ausweitung des Anwendungsbereiches. „Im Bereich der Medizin" meint bereits sprachlich, dass es sich hier um eine unmittelbare medizinische Tätigkeit handelt. Nur die Erforschung von neuen Materialien, die u. a. im Bereich der Medizin eingesetzt werden können, rechtfertigt noch nicht die unterschiedliche Behandlung von Chemikern, die Materialien für Kraftfahrzeuge entwickeln und denjenigen, die an Medizinprodukten forschen. Der Gesetzgeber wollte erreichen, dass die Promotion der Medizin in Zukunft auf einem Niveau erfolgt, das dem anderer Fachrichtungen vergleichbar ist und insbesondere berücksichtigt, dass in der Medizin die Facharztausbildung absolviert werden muss.[649] Diese Besonderheit liegt jedoch nur im Bereich der Medizin vor und nicht bei Fachrichtungen, die „lediglich" der Medizin dienen.[650] Sofern eine Doppelqualifikation, wie *Lipke* sie angesprochen hat, vorliegt, ist darauf abzustellen, in welchem Bereich der Schwerpunkt der Tätigkeit erfolgt und ob eine Facharztausbildung angestrebt wird. Wurde lediglich ein Medizinstudium absolviert, um ein größeres Verständnis für den eigentlichen Schwerpunkt z.B. der Chemie im Einsatzfeld der Medizin zu erhalten, ist es nicht gerechtfertigt, die längere Qualifizierungsmög-

---

643 KR-*Lipke*, § 57 b Rn. 29; *Müller-Glöge* – EK, § 2 WZVG Rn. 3; *Preis*, WissZeitVG, § 2 Rn. 24; *Waldeyer*, in: Hailbronner/Geis, § 57 b Rn. 12.

644 *Löwisch/Wertheimer*, HochschulR-Praxishandbuch, VII Rn. 181.

645 *Reich*, HRG/WissZeitVG, § 2 WissZeitVG Rn. 3; *Henrici*, in: Knopp/Gutheil, Neues HRG, S. 50.

646 KR-*Lipke*, § 57 b Rn. 29.

647 KSchR-*Däubler*, § 2 WissZeitVG Rn. 13; *Dörner*, Der befristete Arbeitsvertrag, Rn. 675; *Müller-Glöge* – EK, § 2 WZVG Rn. 3, *Preis*, WissZeitVG, § 2 Rn. 24.

648 *Löwisch/Wertheimer*, HochschulR-Praxishandbuch, VII Rn. 181.

649 BT-Drucks.15/4132 S. 15

650 Ebenso LAG Niedersachsen, Urt. v. 11.02.2008, Az.: 8 Sa 1368/07, zitiert nach www.juris.de

lichkeit zu gewähren, da hier die Besonderheit der Facharztausbildung, die den längeren Befristungsrahmen rechtfertigt, nicht vorliegt. Würde der Anwendungsbereich derartig ausgedehnt, hätten diejenigen Beschäftigten anderer Fachrichtungen, die zwar der Medizin zuarbeiten, ohne jedoch Mediziner zu sein, einen nicht zu rechtfertigenden Vorteil gegenüber den Beschäftigten, die unmittelbar in ihrem Fachbereich eingesetzt sind.[651]

Die Höchstdauern des S. 2 verlängern sich, sofern die Beschäftigungszeiten vor Abschluss der Promotion zusammen mit Promotionszeiten ohne Beschäftigung weniger als sechs Jahre betragen, um die Differenz, die in der ersten Qualifikation bis zu den sechs Jahren besteht. Dass nicht nur Beschäftigungszeiten berücksichtigt werden sollen, sondern auch die Promotionszeit ohne Beschäftigung, ist dem Umstand geschuldet, dass es Anliegen der Regelung war, die personelle Durchlässigkeit der Hochschulen zu erhöhen sowie die Qualifikationszeiten kurz zu halten. Außerdem spielt es für die Qualifizierung nach der Promotion keine Rolle, unter welchen Bedingungen die Promotion zustande gekommen ist, d.h. ob im Rahmen eines Beschäftigungsverhältnisses oder nicht. Durch diese Anrechnungsregel wird zum einen gewährleistet, dass die Qualifikationszeit nicht mehr als 12 bzw. 15 Jahre beträgt, zum anderen aber auch die gesamten 12 bzw. 15 Jahre betragen kann. Wurden für die Anfertigung der Dissertation mehr als sechs Jahre benötigt, führt dies nicht zu einer Verkürzung der zweiten Qualifizierungsphase.

Für die Berechnung werden sowohl Zeiten einer befristeten Beschäftigung vor dem Beginn eines Promotionsvorhabens berücksichtigt als auch Promotionszeiten, die vor dem Abschluss der Erstausbildung lagen, wie es im Bereich der Medizin üblich ist. Ebenso berücksichtigt werden Promotionszeiten mit Beschäftigung, auch wenn die Beschäftigung nicht an der Hochschule erfolgte. Als Beispiel hat der Gesetzgeber Lehrer und Juristen angeführt, die während des Referendariates promovieren.[652]

Als Promotionszeit sollen nach einer Ansicht auch die Zeiten angerechnet werden, in denen der Doktorand mit weniger als ein Viertel der regelmäßigen Arbeitszeit als wissenschaftliche Hilfskraft beschäftigt wurde. Zwar fänden diese gemäß § 2 Abs. 3 WissZeitVG keine Anrechnung, jedoch sollten sie innerhalb des § 2 Abs. 1 S. 2, 2. HS WissZeitVG berücksichtigt werden, wenn sogar Promotionszeiten ohne Beschäftigungsverhältnis angerechnet würden.[653] Einer solchen zusätzlichen Anrechnung bedarf es nicht. Hat der Mitarbeiter in dieser Zeit eine Promotion angefertigt, wird diese Zeit bereits angerechnet. In diesem Fall wird zwar nicht die Beschäftigungszeit als Arbeitsverhältnis i. S. d. § 2 Abs. 3 S. 1 WissZeitVG berücksichtigt, jedoch muss sich ein Doktorand, der

---

651 *Waldeyer*, in: Hailbronner/Geis, § 57 b Rn. 13.
652 BT – Drucks. 15 /4132 S. 20.
653 *Waldeyer*, in: Hailbronner/Geis, § 57 b Rn. 15.

zeitgleich an einer Hochschule mit weniger als dem Anrechnungstatbestand auslösenden Viertel beschäftigt wird, so behandeln lassen, als läge eine Promotionszeit ohne Beschäftigung vor.

Trotz der Formulierung „verlängert sich" in § 2 Abs. 1 S. 2 Hs. 2 WissZeitVG handelt es sich nicht um eine selbständige Fiktion, die unabhängig von einem Vertragsabschluss zu einer automatischen Verlängerung des Beschäftigungsverhältnisses um die Einsparungen aus der ersten Qualifizierungsphase führt.[654] Die Regelung stellt vielmehr eine Berechtigung zum Abschluss eines längeren Vertrages dar.[655] Das Gesetz vermittelt jedoch keinen Anspruch darauf, dass der Vertrag um die Einsparungen aus der ersten Qualifizierungsphase verlängert wird.[656] Ein solcher Anspruch ergibt sich weder aus dem Wortlaut noch aus dem Zweck der Norm.[657] Er wäre nur dann denkbar, wenn die Ablehnung aus allgemeinen arbeitsrechtlichen Gründen nicht rechtens ist und daraus ein Anspruch auf Abschluss eines längeren Vertrages folgen kann, was nur bei Willkür gegeben sein kann.[658] Der Rechtsstreit wäre auf die Abgabe einer Willenserklärung zu richten.[659] Eine solche Willkürkonstellation ist hingegen praktisch kaum denkbar, da aus der Wissenschaftsfreiheit des Art. 5 Abs. 3 GG folgt, dass der Lehrstuhlinhaber entscheiden kann, mit wem er an seinem Lehrstuhl arbeiten möchte. Bei einer Abwägung auch und gerade der grundrechtlich geschützten Interessen wäre hier wohl der Wissenschaftsfreiheit des Hochschullehrers der Vorrang zu geben.

Die Befristung nach § 2 Abs. 1 S. 2 WissZeitVG muss sich nicht an die erste Qualifikationsphase unmittelbar anschließen.[660] So hat ein Mitarbeiter keinen Anspruch darauf, auch in die Post-doc-Phase übernommen zu werden.[661] Wird das Promotionsverfahren erst nach Ablauf der ersten Qualifikationsphase beendet, so beginnt die zweite erst, wenn die Promotion abgeschlossen wurde, da

---

654 *Reich*, HRG/WissZeitVG, § 2 WissZeitVG Rn. 4.

655 *Waldeyer*, in: Hailbronner/Geis, HRG; § 57 b Rn. 17; APS-*Schmidt*, § 2 WissZeitVG Rn. 15.

656 *Müller-Glöge* – EK, 6. Aufl., § 57 b Rn 8; *Dörner*, Der befristete Arbeitsvertrag, Rn. 676, 684; Annuß/Thüsing – *Lambrich*, § 23 Rn. 107; APS-*Schmidt*, § 2 WissZeitVG Rn. 15; *Waldeyer*, in: Hailbronner/Geis, § 57 b Rn. 17.

657 APS-*Schmidt*, § 2 WissZeitVG Rn. 15.

658 *Dörner*, Der befristete Arbeitsvertrag, Rn. 684.

659 *Dörner*, Der befristete Arbeitsvertrag, Rn. 684.

660 *Waldeyer*, in: Hailbronner/Geis, HRG, § 57 b Rn. 7; *Dörner*, Der befristete Arbeitsvertrag, Rn. 677; *Hesse*-MüKoBGB, § 23 Rn. 117; *Lakies*, ZTR 2002, 250, 254; KR-*Lipke*, § 57 b Rn. 26; *Müller-Glöge* – EK, § 2 WZVG Rn. 4; *Preis*, WissZeitVG, § 2 Rn. 21; *Schlachter*, in: Laux/Schlachter, TzBfG, Anhang 2 § 2 WissZeitVG Rn. 6; APS-*Schmidt*, § 2 WissZeitVG Rn. 10.

661 Annuß/Thüsing – *Lambrich*, § 23 Rn. 107; KR-*Lipke*, § 57 b Rn. 27; *Müller-Glöge* – EK, § 2 WZVG Rn. 4; *Preis*, WissZeitVG, § 2 Rn. 22; *Schlachter*, in: Laux/Schlachter, TzBfG, Anhang 2 § 2WissZeitVG Rn. 4.

Voraussetzung für die Anwendbarkeit von § 2 Abs. 1 S. 2 WissZeitVG das Vorliegen einer abgeschlossenen Promotion ist.[662]

Dass der Zeitpunkt des Vertragsschlusses maßgeblich ist, gilt ebenso für die Befristung gemäß § 2 Abs. 1 S. 2 WissZeitVG. Entscheidend ist somit das Vorliegen der Promotion im Zeitpunkt des Vertragsschlusses.

Wann eine Promotion vorliegt und wie die Promotionszeit für die Verlängerungsmöglichkeit nach § 2 Abs. 1 S. 2 Hs. 2 WissZeitVG zu bemessen ist, ist in der Literatur umstritten und soll in den folgenden Abschnitten dargestellt werden.

I. Vorliegen der Promotion

Für die Anknüpfung der zweiten Phase des Befristungsrechts ist das Vorliegen der Promotion entscheidend. Eine Promotion liegt vor, wenn jemand zur Führung eines Doktorgrades – wenn auch nur vorläufig – berechtigt ist.[663] Für das Vorliegen der Promotion ist auf landesrechtliche Vorgaben abzustellen,[664] deren Umsetzung in den Promotionsordnungen enthalten sein sollte.[665] Sollte dies nicht der Fall sein, soll nach einer Ansicht der Tag der mündlichen Prüfung mit der Verkündung des Gesamtergebnisses ausschlaggebend sein.[666] Der Abschluss der Prüfungsleistungen und ihre Annahme reichten nach anderer Ansicht jedoch noch nicht, da die Bestimmung eine Öffnung enthalte.[667] Entscheidend war für den Gesetzgeber, den Qualifikationsweg kurz zu halten und einen solchen zu belohnen, weshalb die Verkündung des Gesamtergebnisses oder die Berechtigung zur Führung des Doktorgrades nach Ablieferung der Pflichtexemplare und die Übergabe der Promotionsurkunde nachrangig sind,[668] da der Doktorand z.B. auf den Zeitpunkt der Übergabe der Promotionsurkunde keinen Einfluss hat.[669] Wenn das Vorliegen der Promotion für den Beginn der zweiten Qualifikationsphase und damit den Abschluss eines neuen Vertrages entscheidend ist, muss für den Arbeitgeber aus Gründen der Rechtssicherheit nachvollziehbar sein, dass die Voraussetzungen des § 2 Abs. 1 S. 1 WissZeitVG vorliegen und damit die Pro-

662 *Reich*, HRG/WissZeitVG, § 2 WissZeitVG Rn. 3.
663 *Reich*, HRG/WissZeitVG, § 2 WissZeitVG Rn. 2; APS-*Schmidt*, § 2 WissZeitVG Rn. 3.
664 *Reich*, HRG/WissZeitVG, § 2 WissZeitVG Rn. 3; *Henrici*, in: Knopp/Gutheil, Neues HRG, S. 50.
665 *Dörner*, Der befristete Arbeitsvertrag, Rn. 686; *Müller-Glöge* – EK, § 2 WZVG Rn. 3; *Preis*, WissZeitVG, § 2 Rn. 20; *Schlachter*, in: Laux/Schlachter, TzBfG, Anhang 2 § 2 WissZeitVG Rn. 5; APS-*Schmidt*, § 2 WissZeitVG Rn. 10.
666 *Henrici*, in: Knopp/Gutheil, Neues HRG, S. 50; Annuß/Thüsing – *Lambrich*, § 23 Rn. 107, KR-*Lipke*, § 57 b HRG Rn. 28; *Preis*, WissZeitVG, § 2 Rn. 20; *Reich*, HRG/WissZeitVG, § 2 WissZeitVG Rn. 3; *Schlachter*, in: Laux/Schlachter, TzBfG, Anhang 2 § 2WissZeitVG Rn. 5; APS-*Schmidt*, § 2 WissZeitVG Rn. 10.
667 *Reich*, HRG/WissZeitVG, § 2 WissZeitVG Rn. 2.
668 *Henrici*, in: Knopp/Gutheil, Neues HRG, S. 50.
669 *Preis*, WissZeitVG, § 2 Rn. 20.

motion erfolgreich abgeschlossen wurde, da ein Überschreiten der Höchstfristen zu einer unwirksamen Befristung und damit einem auf unbefristete Zeit geschlossenen Arbeitsverhältnis führt. Dies kann jedoch nur der Fall sein, wenn eine Bescheinigung seitens der promovierenden Einrichtung ausgestellt werden kann, die zumindest die vorläufige Berechtigung zur Führung des Doktorgrades nachweist. Ohne die Berechtigung den Doktorgrad zu führen, ist, allein vom Wortlaut des § 2 Abs. 1 S. 2 WissZeitVG ausgehend, die Promotion nicht abgeschlossen. Es ist insoweit zwischen der abgeschlossenen Promotion (§ 2 Abs. 1 S. 1 1.HS) und der Promotionszeit (§ 2 Abs. 1 S. 1 2.HS) zu unterscheiden. Die abgeschlossene Promotion ist Voraussetzung für die zweite Befristungsphase. Demnach kann dies bereits aus Gründen der Rechtssicherheit nur dann der Fall sein, wenn der Doktorand nachweisen kann, dass er zur Führung eines Doktorgrades – zumindest vorläufig - berechtigt ist. Dies kann somit erst durch Verleihung der Promotionsurkunde geschehen.[670] Bei der Berücksichtigung der Promotionszeit geht es hingegen um eine Belohnung desjenigen, der schnell promoviert hat. Hier ist ein Abstellen auf die Verleihung des Doktorgrades zu spät, da zwischen den Leistungen, die der Doktorand zu erbringen hat, und der Aushändigung der Promotionsurkunde Zeit verstreichen kann, auf die der Doktorand keinen Einfluss nehmen kann.

II. Bemessung der Promotionszeit (Beginn und Ende)

Bei der Berechnung der möglichen Verlängerungszeit in § 2 Abs. 1 S. 2 Hs. 2 WissZeitVG sind sowohl Beschäftigungszeiten als auch Promotionszeiten ohne Beschäftigung anzurechnen. Bei den Beschäftigungszeiten werden alle die angerechnet, die auch nach Abs. 3 zu berücksichtigen sind.[671] Zwar verweist § 2 Abs. 1 S. 2 WissZeitVG nur auf die befristete Beschäftigung nach S. 1. Da aber der Gesetzgeber davon ausging, dass Beschäftigungszeiten unter einem Viertel nicht der Qualifikation dienen, müssen sie auch für die Berechnung der Promotionszeit unberücksichtigt bleiben. Bei der Berechnung sind die Zeiten der Promotion, die mit einem anzurechnenden Arbeitsvertrag i. S. d. § 2 Abs. 2 WissZeitVG zusammenfallen, unproblematisch zu erfassen. § 2 Abs. 1 S. 2 WissZeitVG unterscheidet bei der Anrechnung nur zwischen Zeiten einer befristeten Beschäftigung und Promotionszeiten ohne Beschäftigung. Die Zeit der Promotion während eines Beschäftigungsverhältnisses wird demnach nicht doppelt gezählt (als Promotion sowie Vertrag), sondern berücksichtigt wird lediglich die Vertragslaufzeit. Dies ist in sich konsequent, da es dem Gesetzgeber um die Förderung kurzer Qualifikationsphasen ging. Ein wissenschaftlicher

---

670 Ebenso *Waldeyer*, in: Hailbronner/Geis, § 57 b Rn. 10; a.A. Annuß/Thüsing – *Lambrich*, § 23 Rn. 107.
671 *Preis*, WissZeitVG, § 2 Rn. 27.

Mitarbeiter, der neben seiner Beschäftigung promoviert, zeigt deutlich, dass er den Anforderungen, die an wissenschaftlichen Nachwuchs gestellt werden, nämlich im Bereich Forschung und Lehre tätig zu sein und dabei sein eigenes Forschungsprojekt voran zu treiben, gerecht wird.

Hinzukommen die Zeiten ohne Beschäftigung (oder zumindest unter der anzurechnenden Grenze von mehr als einem Viertel der regelmäßigen Arbeitszeit), in denen an einer Promotion gearbeitet wurde. Berücksichtigt werden hierbei nicht nur Promotionszeiten, die vor Abschluss des Studiums lagen, sondern auch solche, die im Ausland absolviert wurden.[672] Damit sind auch Zeiten einer Drittmittelbeschäftigung anzurechnen, auch wenn die Promotion erst danach begonnen wurde.[673]

Ausgehend von den Promotionsordnungen, die enthalten müssen, wann eine Promotion vorliegt, sollten in den Promotionsordnungen auch Kriterien für Anfang und Ende aufgeführt sein. Dennoch wirft die Frage, wann eine Promotion begonnen und durch den Doktoranden beendet wurde, einige Probleme auf.

Im folgenden Abschnitt werden zunächst die unterschiedlichen Ansichten für den Beginn und das Ende der Promotionszeit sowie die Ansicht, die auf eine Nettopromotionszeit abstellt, diskutiert. Dem schließt sich eine Stellungnahme an, auf deren Grundlage Sonderfälle behandelt werden.

1. Beginn der Promotionszeit

Für den Beginn der Promotion sind verschiedene Zeitpunkte denkbar: Kontaktaufnahme mit Betreuer, Vereinbarung des Promotionsthemas,[674] wie es der Gesetzgeber des 5. HRGÄndG zumindest für den Bereich der Medizin vorsah, sowie die Einschreibung als Promotionsstudent oder die Einleitung des Promotionsverfahrens der Arbeit[675]. Ein anderer Ansatz stellt für die Berechnung auf die tatsächliche Befassung mit der Arbeit ab, sofern keine verbindlichen Vorgaben durch die Promotionsordnungen gemacht und offene Vereinbarungen zwischen dem Doktoranden und dem Hochschullehrer möglich sind.[676] Auf diesen wird unter dem Punkt Nettopromotionszeit eingegangen, da er keine verbindlichen Zeitpunkte für Beginn und Ende der Promotionszeit liefert.

Für das Abstellen auf die Einleitung des Promotionsvorhabens könnte sprechen, dass dies am ehesten dem Wortlaut von § 2 Abs. 1 S. 2 WissZeitVG ent-

---

672 APS-*Schmidt*, § 2 WissZeitVG Rn. 12; *Müller-Glöge* – EK, § 2 WZVG Rn. 5.
673 *Preis*, WissZeitVG, § 2 Rn. 27.
674 BT – Drucks. 14/6853 S. 28; KSchR-*Däubler*, § 2 WissZeitVG Rn. 10; *Hesse*-MüKoBGB, § 23 Rn. 118; *Lakies*, ZTR 2002, 250, 254; Annuß/Thüsing – *Lambrich*, § 23 Rn. 108; *Preis*, WissZeitVG, § 2 Rn. 28; *Reich*, HRG/WissZeitVG, § 2 WissZeitVG Rn. 4; APS-*Schmidt*, § 2 WissZeitVG Rn. 13; *Waldeyer*, in: Hailbronner/Geis, HRG, § 57 b Rn. 15.
675 *Henrici*, in Knopp/ Gutheil, Neues HRG, S: 51.
676 Vgl. *Dörner*, Der befristete Arbeitsvertrag, Rn. 686.

spricht.[677] Gegen die Einleitung des Promotionsvorhabens als Beginn der Promotionszeit spricht jedoch, dass der Zeitpunkt bis zum Einreichen der Arbeit hinausgezögert werden kann[678] und es bei einem zügig durchgeführten Promotionsverfahren nur zu einer sehr kurzen Promotionsdauer kommen würde, die kaum berücksichtigt werden bräuchte und auf die der Promovent zudem keinen Einfluss hat, da er die Arbeit aus der Hand gegeben hat. Zudem spricht gegen die Eröffnung des Promotionsverfahrens als maßgeblichem Zeitpunkt die unterschiedliche Gestaltung der Promotionsordnungen im Hinblick auf die Eröffnung des Promotionsverfahrens durch Beschluss des Promotionsausschusses. So ist an einigen Universitäten die Zulassung zur Promotion bereits nach Bestätigung des Themas durch den Betreuer möglich. An anderen Universitäten erfolgt die Eröffnung des Promotionsverfahrens jedoch erst mit Einreichung der Dissertation.

Denkbarer und gut nachvollziehbarer Ansatzpunkt wäre für den Beginn der Promotionszeit die Einschreibung als Doktorand an der Hochschule, an der die Promotion erfolgen soll. Das 5. HRGÄndG sah in § 21 HRG die Einführung des Doktorandenstatus vor, der neben der verbindlichen Regelung der Betreuung auch die Einschreibung als Doktorand vorsah. Diese Pflicht hätte gerade im Bereich der Medizin zu einer erleichterten Erfassung der Promotionszeit führen können, da die Einschreibung in einem Studiengang nicht die Einschreibung als Doktorand ausschloss. Durch die Streichung des Doktorandenstatus nach Aufhebung des 5. HRGÄndG durch das Bundesverfassungsgericht scheidet die Einschreibung als tauglicher Zeitpunkt aus, da nunmehr gerade keine Pflicht zur Einschreibung besteht. Der Gesetzgeber hat dennoch an seiner Konzeption festgehalten, ohne dabei zu berücksichtigen, dass die Erfassung der Promotionszeit in der Praxis somit sehr schwer möglich ist.

Ein Vorteil der Anknüpfung an die Ausgabe des Themas besteht darin, dass diese ein verifizierbares Kriterium darstellt, da die Angabe des Doktoranden durch Rücksprache mit dem Betreuer überprüft werden kann.[679] Gegen die Vereinbarung des Themas als möglicher Zeitpunkt des Beginns spricht zum einen, dass dieser schwer feststellbar sein kann, da zwischen ersten Gesprächen zwischen Betreuer und möglichen Doktoranden, der Eingrenzung eines zu bearbeitenden Komplexes und der Festlegung auf ein konkret abgegrenztes Thema einige Zeit vergehen kann, die auch schon als Promotionszeit anzusehen ist, da die Findung eines geeigneten Themas die erste größere Hürde ist, die ein Doktorand nehmen muss. Auch kann eine Vereinbarung zwischen Doktoranden und Betreuer bewusst unterlassen werden[680] oder es stellt sich die Frage, ob durch eine Vereinbarung die Promotionszeit auch wieder unterbrochen werden kann.[681] Da

677 *Löwisch/Wertheimer*, HochschulR-Praxishandbuch, VII Rn. 170.
678 *Löwisch/Wertheimer*, HochschulR-Praxishandbuch, VII Rn. 170.
679 Annuß/Thüsing – *Lambrich*, § 23 Rn. 108.
680 *Löwisch/Wertheimer*, HochschulR-Praxishandbuch, VII Rn. 170.
681 *Löwisch/Wertheimer*, HochschulR-Praxishandbuch, VII Rn. 170.

die Bemessung der Promotionszeit erst für die zweite Qualifizierungsphase und damit nach abgeschlossener Promotion virulent wird, bestehen erhebliche Zweifel, ob sich der Betreuer an den Tag der Ausgabe des Themas erinnern wird. Die Zuweisung des Promotionsthemas ist somit nachträglich schwer feststellbar.[682] Die Vereinbarung des Promotionsthemas als maßgeblicher Zeitpunkt soll deshalb durch geeignete dienstliche Erklärung sichergestellt werden.[683] Auf die dienstliche Erklärung abzustellen kann jedoch dazu führen, dass der Doktorand offiziell erst deutlich nach Vereinbarung des Themas mit der Arbeit an der Dissertation beginnt.[684] Damit würde der belohnt, der sich extrem viel Zeit lässt, was dem Grundgedanken der gesetzlichen Regelung zuwiderlaufen würde.

Das Abstellen auf die Vereinbarung lässt zudem einen Fall gänzlich unberücksichtigt, der zwar in der Praxis seltener vorkommt, aber dennoch bei der Ermittlung des geeigneten Zeitpunktes zur Feststellung des Promotionszeitraumes i. S. d. Norm bedacht werden sollte: So wie es keine grundsätzliche Pflicht zur Einschreibung gibt, existiert auch keine Pflicht, betreut zu werden. Demnach ist es möglich, eine wissenschaftliche Abhandlung zu einem Thema der eigenen Wahl anzufertigen und sich erst nach Abschluss der Arbeit einen Betreuer zu suchen, der die Arbeit als ausreichend erachtet, um damit promoviert zu werden. In diesem Fall hat es keinerlei Vereinbarung zwischen Betreuer und Promoventen gegeben, die als Ausgangspunkt für die Promotionszeit ausreichend wäre.

2. Ende der Promotionszeit

Aus den Promotionsordnungen der Fakultäten sollte entnommen werden können, wann der Abschluss der Promotion vorliegt.[685] Wenn dies nicht der Fall ist, muss ein anderer Zeitpunkt bestimmt werden.

Als Ende der Promotionszeit kann nach einer Ansicht das Rigorosum angesehen werden mit anschließender Verkündung des Gesamtergebnisses.[686] Eine andere Ansicht stellt auf die Verleihung des Doktorgrades und gerade nicht den Tag des Rigorosums ab.[687] Der spätestmögliche Zeitpunkt, an den angeknüpft werden kann, ist die Verleihung der Promotionsurkunde. Zwar ist zu diesem Zeitpunkt unstrittig das Promotionsvorhaben erfolgreich abgeschlossen, dennoch ist dieser Zeitpunkt zur Bestimmung der Promotionsdauer im Rahmen der Fristberechnung nach § 2 Abs. 2 S. 2 WissZeitVG ungeeignet, da der Doktorand auf die Häufigkeit und Schnelligkeit der Verleihung von Promotionsurkunden

---

682 *Schlachter*, in: Laux/Schlachter, TzBfG, Anhang 2 § 2WissZeitVG Rn. 8.
683 APS-*Schmidt*, § 2 WissZeitVG Rn. 13.
684 *Preis*, WissZeitVG, § 2 Rn. 28.
685 *Preis/Hausch*, NJW 2002, 927, 928; KR-*Lipke*, § 57 b Rn. 28.
686 KSchR-*Däubler*, § 2 WissZeitVG Rn. 10; KR-*Lipke*, § 57 b Rn. 28; *Preis/Hausch*, NJW 2002, 927, 928; *Reich*, HRG/WissZeitVG § 2 Rn. 4; *Waldeyer*, in: Hailbronner/Geis, § 57 b Rn. 15.
687 *Müller-Glöge* - EK, § 2 WZVG Rn. 2.

keinerlei Einfluss hat.[688] Die Zeitspanne zwischen Rigorosum und Verleihung des Doktorgrades kann insoweit nicht berücksichtigt werden, als die Verleihung meist von der Ablieferung der vorgeschriebenen Pflichtexemplare abhängt, was sich verzögern kann, ohne dass dies der Doktorand zu vertreten hat.[689] Einem Doktoranden, der nicht innerhalb eines Beschäftigungsverhältnisses mit einer Hochschule i. S. d. WissZeitVG promoviert hat, würde demnach ein Teil der Dauer des Promotionsverfahrens zur Last gelegt, den er selbst nicht beschleunigen kann, und dies obwohl bereits alle von seiner Seite zu erbringenden Prüfungsleistungen absolviert wurden.

Der Ansicht, die auf das Ablegen und Bestehen des Rigorosums abstellt, ist deshalb zuzugeben, dass hier berücksichtigt wird, dass der Doktorand auf den zügigen Fortgang nach Ablegen der Prüfung wenig Einfluss hat. Berücksichtigt werden muss jedoch, dass mit dem Rigorosum die letzte mündliche Prüfungsleistung gleichzusetzen ist, sofern die Promotionsordnung kein Rigorosum sondern eine Disputation vorsieht. Dass der Doktorand die Zügigkeit des Promotionsverfahrens nicht auf allen Ebenen beeinflussen kann, ist jedoch auch der Nachteil dieser Regelung. Zwar wird in einigen Landesgesetzen[690] und Promotionsordnungen festgeschrieben, dass die Bewertung der Promotionsleistung einen gewissen Zeitrahmen nach Vorlage der Dissertation nicht überschreiten darf. Dennoch ist die Möglichkeit des Doktoranden, auf die Einhaltung dieser Frist Einfluss zu nehmen, eher gering. Insofern sollte für die Berechnung der Höchstzeit nach S. 2 auf den Zeitpunkt der Einreichung der Dissertation abgestellt werden. Wird das Promotionsverfahren nicht erfolgreich abgeschlossen, bedarf es ohnehin nicht der Berechnung der Promotionszeit, da diese Berechnung nur für die zweite Qualifikationsphase maßgeblich ist, deren Voraussetzung gerade ist, dass eine Promotion vorliegt. Dies ist, nach der hier vertretenen Auffassung erst der Fall, wenn die Berechtigung zur Führung des Titels mittels Urkunde nachgewiesen werden kann.

3. Nettopromotionszeit

Aufgrund der Schwierigkeiten, die der Versuch, einen formalen Anfangs- und Beendigungszeitpunkt der Promotion zu finden, aufweist, ist eine weitere diskutierte Lösung das Abstellen auf die Nettopromotionszeit,[691] d.h. die Zeit, in der sich der Doktorand tatsächlich mit der Promotion befasst.

688 Vgl. ebenso KR-*Lipke*, § 57 b Rn. 28.
689 *Waldeyer*, in: Hailbronner/Geis, § 57 b Rn. 15.
690 Vgl. u. a. § 43 Abs. 5 LHG M-V.
691 *Dörner*, Der befristete Arbeitsvertrag, Rn. 686; KR-*Lipke*, § 57 b HRG, Rn. 27; *Löwisch/Wertheimer*, HochschulR-Praxishandbuch, VII Rn. 170.

Dies würde dem Sinn und Zweck der Regelung entsprechen, nämlich kurze Qualifikationswege zu schaffen und zu belohnen. Der Gesetzgeber[692] hatte bei der Änderung des HRG durch das Gesetz zur Änderung dienst- und arbeitsrechtlicher Vorschriften im Hochschulbereich festgestellt, dass sich aus der Zielsetzung der Verlängerungsregelung ergebe, „dass es bei der Berechnung der Promotionszeiten ohne Beschäftigungsverhältnis auf eine formale Betrachtung dann nicht ankommen kann, wo diese zu offensichtlich sinnwidrigen Ergebnissen führen würde. Während bei einem Promotionsstipendium (formale) Brutto- und (tatsächliche) Nettopromotionszeit im Zweifel identisch sind, ist dies etwa bei Promotionen im Bereich der Medizin regelmäßig nicht der Fall. Hier liegt es deshalb nahe, bei der Berechnung der Promotionszeiten ohne Beschäftigungsverhältnis solche Zeiten der medizinischen Ausbildung nicht zu berücksichtigen, die typischerweise nicht für die Promotion genutzt werden (können). Der Gesetzeswortlaut steht dem Abstellen auf eine Nettopromotionszeit, wenn diese aufgrund nachvollziehbarer Kriterien ermittelt wird, nicht entgegen." Damit wäre das Argument, der Gesetzgeber habe übersehen, dass eine formale Betrachtung in der Praxis aufgrund des Wegfalls von § 21 HRG in der Schärfe nicht mehr möglich ist, etwas entkräftet. Was jedoch hierbei wieder gänzlich in den Hintergrund tritt, ist die Messbarkeit der Nettopromotionszeit. Der Gesetzgeber selbst spricht am Beispiel der Mediziner von Zeiten, die typischerweise nicht zur Promotion genutzt werden können. Damit spielt er in seiner Begründung darauf an, dass es offensichtlich um Zeiten gehen muss, die allgemein bekannt sind und deshalb herauszunehmen sind, wie Zeiten der Facharztausbildung.

Löwisch/Wertheimer[693] schlagen zur Ermittlung der Promotionszeit vor, dass der wissenschaftliche Mitarbeiter eine dienstliche Erklärung über die Zeit der Befassung mit der Promotion abgibt, deren Richtigkeit zugrunde gelegt werden solle, sofern nicht fachspezifische Erfahrungswerte den Angaben deutlich entgegenstehen würden. Der Lösungsansatz für die Praxis von *Löwisch/Wertheimer* wäre gut, wenn auch für wissenschaftliche Mitarbeiter die Promotionszeit für die Fristberechnung von Bedeutung wäre. Bei wissenschaftlichen Mitarbeitern werden jedoch auf die zweite Qualifikationsphase zunächst die Zeiten einer befristeten Beschäftigung angerechnet, wie sich aus § 2 Abs. 1 S. 2 WissZeitVG ergibt, und darüber hinaus Promotionszeiten ohne Beschäftigung. Für Zeiten, in denen der Doktorand jedoch wissenschaftlicher Mitarbeiter ist und damit dienstliche Erklärungen abgeben könnte, bedarf es gar keiner Berücksichtigung der Promotionszeit, da hier allein die Beschäftigung an der Hochschule zu einer Anrechnung führt. Auch ist nicht ersichtlich, wie durch das Abstellen auf die tatsächliche Zeit der Befassung mit der Arbeit Rechtssicherheit gewonnen werden kann, vielmehr erscheint die Angabe der Nettopromotionszeit eher die Gefahr

---

692 BT – Drucks. 15/4132, S. 20.
693 *Löwisch/Wertheimer*, HochschulR-Praxishandbuch, VII Rn. 170.

des Missbrauchs in sich zu bergen.[694] Die Nettopromotionszeit lässt sich nicht exakt bemessen, zumal sich die Frage stellt, ob ein Tag, an dem der Doktorand nur halbtags an der Anfertigung der Dissertation arbeiten konnte, auch nur halb in die Berechnung einzugehen hat. Selbst wenn der Doktorand an der schriftlichen Fixierung seiner Arbeit gehindert ist, kann er dennoch gedanklich an der Arbeit weiterarbeiten.[695] Darüber hinaus würde bei der Berücksichtigung der tatsächlichen Befassung derjenige belohnt, der nach Ausgabe des Themas Zeit verstreichen lässt, bevor er sich der Arbeit zuwendet.[696] Dies würde dem Anliegen, zügiges Promovieren honorieren zu wollen, entgegenstehen. Wollte man dies vermeiden, müsste man bei der Berechnung der Nettopromotionszeit zwischen begründeter und unbegründeter Nichtarbeit an der Dissertation unterscheiden. Ein solches Vorgehen würde endgültig der Rechtssicherheit entgegenstehen und die Bemessung der Promotionszeit in das Belieben des Doktoranden und der anstellenden Hochschule stellen. Auch sollten längere Unterbrechungszeiten, die nicht von § 2 Abs. 5 WissZeitVG erfasst sind, nicht herausgerechnet werden.

Demnach sind Nettopromotionszeiten noch schwerer zu erfassen als es die Erfassung der Promotionszeiten bei den Ansätzen, die an Vereinbarungen des Promotionsthemas und Prüfungsterminen anknüpfen, ist.

4. Stellungnahme

Die gesamte Neuordnung der Befristungszeiten war an dem Modell der Juniorprofessur orientiert, weshalb das Bundesverfassungsgericht von einer „teleologische[n] Sinneinheit“[697] sprach. Nachdem das Bundesverfassungsgericht das 5. HRGÄndG für nichtig erklärte hatte, wurden zwar die Regelungen zur Juniorprofessur den Vorgaben des Bundesverfassungsgerichtes angepasst, im Rahmen des Befristungsrechtes jedoch keine Veränderungen vorgenommen. Dass die Qualifikationszeiten so kurz wie möglich gehalten werden sollen und das Befristungsrecht durch den Wegfall der verschiedenen sachlichen Befristungsgründe erleichtert werden sollte, blieb bei der Orientierung auf die Juniorprofessur gültig. Warum jedoch die Anrechnung der Promotionszeiten ohne Beschäftigung bei fast vollständigem Wegfall des Leitmotivs „Juniorprofessur“ beibehalten wurde, ist nach den dort zu treffenden Änderungen nicht ersichtlich.

Der Bundesgesetzgeber hatte im 5. HRGÄndG in § 21 HRG den Status der Doktorandinnen und Doktoranden aufgenommen. Diese waren in

694 Annuß/Thüsing – *Lambrich*, § 23 Rn. 108.
695 *Preis*, WissZeitVG, § 2 Rn. 30.
696 Annuß/Thüsing – *Lambrich*, § 23 Rn. 108; *Preis*, WissZeitVG, § 2 Rn. 28.
697 BVerfGE 111, 226, 272.

§ 21 Abs. 1 HRG[698] definiert als Personen, die eine Doktorarbeit anfertigen und nach Maßgabe des Landesrechts an der Hochschule, an der sie promovieren wollen, als Doktorandinnen und Doktoranden eingeschrieben werden. Durch die Einschreibungspflicht war gewährleistet, dass die Promotionszeit zumindest bei der Hochschule erfasst worden wäre, an der die Promotion erfolgen sollte. § 21 HRG ist jedoch nach der Nichtigkeitserklärung des 5. HRGÄndG durch das Bundesverfassungsgericht anders als das Befristungsrecht nicht in das Gesetz zur Änderung der dienst- und arbeitsrechtlichen Vorschriften im Hochschulbereich[699] aufgenommen worden. Damit ist der Status des Doktoranden, der zudem Regelungen zur Betreuung (§ 21 Abs. 2 HRG i. d. F. 5. HRGÄndG) sowie die Möglichkeit zur Durchführung forschungsorientierter Studien und den Erwerb von Schlüsselqualifikationen (§ 21 Abs. 3 HRG i. d. F. 5. HRGÄndG) vorsah, leider nicht mehr im HRG enthalten.[700] Die Normierungen des § 21 HRG hätten nicht nur eine besondere Förderung der Doktoranden an den Hochschulen bedeutet, deren Betreuungs- und Förderungssituation teilweise als misslich zu bewerten ist, sondern zugleich durch die Einschreibungsvorgabe eine Nachvollziehbarkeit der Promotionsdauer, wie es der Gesetzgeber des 5. HRGÄndG auch vorsah.[701] Damit hätte eine Vorgehensweise, nach der die Betreuung zwischen Doktorand und Betreuer nur informell vereinbart wird, unterbleiben müssen.[702] Nunmehr sind Doktoranden nicht verpflichtet, sich an der Hochschule als Promotionsstudenten einzuschreiben, weshalb es in der Praxis nicht nachvollziehbar sein dürfte, wie lange die Promotionszeit ohne Beschäftigung war.[703] Hier sind die Hochschulen allein auf die Angabe des Promovierten angewiesen. Nicht einmal bei Promovierten, die ihre Promotion durch den Erhalt eines Stipendiums finanziert haben, entspricht die Förderdauer der tatsächlichen Promotionszeit. Hier sind bereits vor Bewilligung des Stipendiums umfangreiche Vorarbeiten für die Dissertation zu leisten, da zur Beantragung des Stipendiums ein schlüssiges Exposé[704] eingereicht werden muss. Bis zu Bewilligung vergeht ebenfalls ca. ein halbes Jahr, in dem der Doktorand an seinem Thema weiter arbeitet bzw. weiter arbeiten sollte. Ebenso ist nicht in jedem Fall das Promotionsvorhaben mit Erreichen der Höchstförderdauer abgeschlossen, weshalb die Promotionszeit

698 § 21 Abs. 1 HRG lautete in der Fassung des 5. HRGÄndG: „Personen, die eine Doktorarbeit anfertigen, werden nach Maßgabe des Landesrechts als Doktorandinnen und Doktoranden der Hochschule eingeschrieben, an der sie promovieren wollen."

699 Gesetz vom 27.12.2004, BGBl. I S. 3835.

700 Das Landeshochschulgesetz Mecklenburg-Vorpommerns enthält in § 44 weiterhin den Status des Doktoranden.

701 Vgl. Begründung BT – Drucks. 14/6853 S. 28.

702 Annuß/Thüsing – *Lambrich*, § 23 Rn. 108, der jedoch nicht beachtet, dass § 21 HRG bereits in der Fassung des HRG v. 27.12.2004 nicht mehr existierte.

703 Auf Berechnungsschwierigkeiten weist auch *Müller-Glöge* – EK, § 2 WZVG Rn. 5, hin, wobei hier von einer nach Landesrecht erfolgten Einschreibung ausgegangen wird.

704 Dies gilt für sämtliche Stiftungen, die Stipendien im Rahmen der Graduiertenförderung vergeben, sowie für die Graduiertenförderungseinrichtungen der Länder.

über den Förderungszeitraum hinausgeht. Selbst wenn nach der Definition die Promotionszeit unabhängig von einer Einschreibung ist, wäre es lebensnäher gewesen, bei Wegfall des § 21 HRG auch die Regelung des § 2 S. 2 WissZeitVG zu überarbeiten und auf die Anrechnung der Promotionszeit ohne Beschäftigung zu verzichten.

Wünschenswert ist daher, dass sich die Länder entschließen, zum einen den Doktorandenstatus in ihre Landesgesetze aufzunehmen,[705] da die Betreuungssituation der Doktoranden sehr stark divergiert, in einigen Fällen als sehr schlecht zu bewerten und in vielen Fällen verbesserungsfähig ist. Zum anderen sollten die Länder den Doktorandenstatus mit einer Einschreibepflicht versehen, da somit die Zweifel über den Beginn des Promotionsvorhabens ausgeräumt würden. Die Pflicht zur Einschreibung entstünde in dem Moment, in dem die Betreuung der Arbeit mit dem Betreuer vereinbart wurde und sich Promovent und Betreuer auf das Thema verständigt haben. Insofern liegt hier hinsichtlich des Zeitpunktes eine Übereinstimmung mit der Meinung vor, die als maßgeblichen Zeitpunkt für den Beginn der Promotionszeit die Betreuungsvereinbarung vorsieht. Ein Vorteil der Einschreibepflicht bestünde darin, dass durch die Einschreibung für jedermann – auch für den Doktoranden – der maßgebliche Zeitpunkt nachvollziehbar bliebe. Der Betreuer sollte angehalten sein, der für die Einschreibung zuständigen Stelle gegenüber zu erklären, dass er soeben die Betreuung eines Doktoranden übernommen hat, da so einem Missbrauch des Doktoranden durch Verzögerung der Einschreibung vorgebeugt werden kann.

Solange die Regelung in der jetzigen Form besteht, muss jedoch ein Berechnungssystem für die Promotionszeiten gefunden werden. Der Ansatzpunkt für Berechnung der Promotionszeit ohne Beschäftigung sollte zudem an allen Hochschulen einheitlich erfolgen. Dies betrifft nicht nur die Hochschulen eines Bundeslandes, sondern alle, die in den Anwendungsbereich des Wissenschaftszeitvertragsgesetzes fallen, da es gerade Anliegen einer bundeseinheitlichen Regelung war, die Mobilität der Wissenschaftler zwischen den Hochschulen (auch verschiedener Bundesländer) zu erhalten und sogar zu erhöhen.

Für den Beginn der Promotionszeit wird deshalb bei aller Kritik die Ausgabe des Promotionsthemas als einzig möglicher Zeitpunkt erachtet. Wünschenswert wäre, dass möglichst viele Promotions- und Immatrikulationsordnungen an die Zusage zur Betreuung durch einen Hochschullehrer die Verpflichtung zur Einschreibung als Promotionsstudent/Doktorand knüpfen, da so ein gewisses Maß an Nachvollziehbarkeit des Zeitpunktes der Vereinbarung des Promotionsthemas gewährleistet wäre.

Für den Abschluss der Promotionsphase ist auf das Einreichen der Dissertation abzustellen, da dies der Moment ist, in dem der Doktorand zunächst alles ihm

---

705 Für eine Klarstellung durch das Landesrecht ebenso KR-*Lipke*, § 57 b Rn. 28; APS-*Schmidt*, § 2 WissZeitVG Rn. 13.

mögliche getan hat, um promoviert zu werden. Die Zulassung zum Rigorosum oder zur letzten Prüfungsleistung hängt bereits davon ab, ob die eingereichte Arbeit als ausreichend begutachtet wurde, um nach Abschluss des gesamten Prüfungsverfahrens für die Verleihung des Doktorgrades zu genügen. Außerdem hat der Doktorand auf die Phase der Begutachtung keinerlei Einfluss. Dies kann auch zu größeren Unterschieden bereits innerhalb einer Hochschule führen, da je nach Promotionsordnung eine unterschiedliche Anzahl an Gutachtern beteiligt ist.

Damit ergibt sich eine Diskrepanz zwischen dem Anwendungsbereich der zweiten Phase, die nach der hier vertretenen Auffassung erst eröffnet wird, wenn die Berechtigung zur Führung des Titels vorliegt, und dem Abschluss der ersten Qualifikationsphase, die mit dem Einreichen der Dissertation als beendet angesehen wird. Dieser Widerspruch muss jedoch nicht aufgelöst werden, da das genaue Ende der ersten Phase erst dann eine Rolle spielt, wenn die Voraussetzungen der zweiten Phase bereits vorliegen und von dieser Berechung nur diejenigen betroffen sind bzw. profitieren, die während ihrer Promotion nicht Beschäftigte einer Hochschule bzw. Forschungseinrichtung waren. Außerdem wurden bei der Berechung der Promotionszeit sowohl Sinn und Zweck der Regelung als auch die Handhabbarkeit berücksichtigt.

5. Sonderfälle

Im Folgenden sollen Promotionssituationen betrachtet werden, bei denen die Berechnung der Promotionszeit schwierig erscheint.

a) Medizin

Im Bereich der Medizin wird die Dissertation häufig bereits während des Studiums angefertigt. Somit kommen Doktoranden hier z.T. mit einer Promotionszeit von einem Jahr aus.[706] Die Zeiten, die vor Abschluss des Studiums lagen und dennoch Promotionszeiten sind, sollen nach dem Willen des Gesetzgebers ebenso berücksichtigt werden wie bei Doktoranden, die erst nach erfolgreichem Abschluss des Studiums die Arbeit an der Promotion aufnehmen. Wie oben bereits dargestellt, soll gerade im Bereich der Medizin auf die Nettopromotionszeit abgestellt werden. Dies ist jedoch zum einen bereits aus den aufgezeigten Gründen abzulehnen. Vielmehr sind auch im Bereich der Medizin die oben genannten Grundsätze anzuwenden (Vereinbarung des Promotionsthemas als Beginn und Einreichung der Arbeit als Ende). Zum anderen besteht kein Bedarf, die Besonderheiten der medizinischen Ausbildung mehrfach zu berücksichtigen. Gemäß § 2 Abs. 1 2 WissZeitVG beträgt die zweite Qualifizierungsphase für Mediziner

---

706 BT-Drucks. 14/6853, S.33.

bereits neun statt sechs Jahre, um so den Besonderheiten einer Facharztausbildung gerecht zu werden. Insoweit besteht kein Bedürfnis, weitere Ausnahmen für die Anfertigung der Promotion zu schaffen.

b) Fortsetzung der Abschlussarbeit als Promotion

Auf die Vereinbarung eines Themas mit einem Betreuer kann nicht abgestellt werden, sofern die Dissertation die Fortsetzung einer bereits abgelegten Abschlussarbeit aus dem Studium darstellt. Das bedeutet, dass ein Thema, das bereits Grundlage der Diplom-, Magister- bzw. Masterarbeit war, lediglich erweitert und vertieft wird, da die Ausgangsarbeit zum einen noch vertiefungsfähig ist und zum anderen bereits ein sehr hohes Niveau erreicht hatte. Hier stellt sich die Frage, ob in diesem Fall auch Zeiten der Anfertigung der Arbeit für den Abschluss des Studiums auf die Promotionszeit anzurechnen sind. Eine Möglichkeit wäre, in Studiengängen, die ein Prüfungssemester auch für die Anfertigung der Abschlussarbeit vorsehen, dieses Semester bzw. die Bearbeitungszeit, die in den Prüfungsordnungen für die Anfertigung der Arbeit vorgesehen ist, anzurechnen. Da es sich bei diesen Zeiten gerade nicht um Promotionszeiten handelt, sondern um Zeiten, die originär zum Studium gehören, dessen erfolgreicher Abschluss erst zur Promotion berechtigt, scheidet dieser Ansatz aus. Zudem würde eine Anrechnung von Zeiten aus dem Studium dem Grundgedanken von § 2 Abs. 1. S. 2 WissZeitVG widersprechen, der zum einen eine zeitliche begrenzte zweite Qualifizierungsphase schafft, zum anderen jedoch auch eine zügige Promotion belohnen will. Eine Anrechnung der Zeiten aus dem Studium würde demnach zu einer Bestrafung von wissenschaftlicher Exzellenz führen, da nur die Arbeiten fortgeführt werden können, die diese bereits aufweisen. Auch und gerade der exzellente Nachwuchs sollte jedoch die Möglichkeit erhalten, an der Hochschule zu bleiben, um sich weiterhin qualifizieren zu können. Dennoch muss ein Zeitpunkt nach dem Studium definiert werden, ab dem die anzurechnende Promotionszeit beginnt. Hier sind zwei Zeitpunkte denkbar: Erstens wäre der Abschluss des Studiums als Beginn der Promotionszeit ein möglicher Ansatzpunkt. Hiergegen spricht jedoch, dass es nicht zwingend ist, dass sich unmittelbar an das Studium die Promotion anschließt. Vielmehr kann zu einem späteren Zeitpunkt der Wunsch entstehen, promovieren zu wollen, wobei das bereits bearbeitete Thema aufgegriffen wird. Zweitens ist somit in Anlehnung an die Vereinbarung und Ausgabe des Promotionsthemas die Vereinbarung der Promotion unter Beibehaltung der thematischen und inhaltlichen Grundlagen zwischen Betreuer und Doktoranden mögliche Berechnungsgrundlage. Für diesen Zeitpunkt spricht neben der Parallelität zur Bearbeitung eines neuen Themas die Berücksichtigung und Würdigung des guten wissenschaftlichen Nachwuchses. Dass in diesem Fall Vorarbeiten zur Dissertation sowie die Zeit nicht berücksichtigt werden, die der Gesetzgeber als Hinführung zum wissenschaftlichen

Arbeiten bezeichnet hat, widerspricht weder dem Wortlaut der Norm noch der Intention des Gesetzgebers. Demnach ist auch bei Fortführung des Themas auf den Zeitpunkt der Vereinbarung des Promotionsthemas abzustellen, wobei hier nicht das Thema entscheidend ist, sondern die Vereinbarung der Promotionsbetreuung.

c) Abbruch eines Promotionsvorhabens – erfolgreiche Bearbeitung eines anderen

Eine weitere interessante Fallgruppe stellen im Hinblick auf den Beginn der Promotionszeit Doktoranden dar, die zunächst ein Thema mit ihrem Betreuer vereinbart haben, was für den Beginn der Promotionszeit den maßgeblichen Zeitpunkt darstellt, dieses Thema jedoch aus persönlichen oder fachlichen Gründen aufgeben, später jedoch mit Erfolg ein anderes Thema zum Abschluss bringen. Ohne erfolgreiche Promotion wäre diese Fallgruppe uninteressant, da eine Anrechnung von Promotionszeiten ohne Beschäftigung nur für die zweite Qualifikationsphase von Bedeutung ist.

Gibt ein Doktorand ein Promotionsthema zurück, bestimmt sich der Beginn der Promotionszeit nach dem Zeitpunkt der Ausgabe des ersten – und damit abgebrochenen – Promotionsthemas.[707] Schon die Auseinandersetzung mit dem Thema ist Teil wissenschaftlicher Qualifikation. Zu erkennen, dass ein Thema entweder nicht für eine Promotion ausreichend ist oder der Doktorand sich nicht in der Lage sieht, sei es aus objektiven Gründen (z.B. Erscheinen einer nahezu identischen Dissertation zu dem Thema, mangelnde sächliche Ausstattung zur Durchführung von Analysen) oder gar aus mangelndem Interesse an dem konkreten Thema, dieses Thema erfolgreich zu bearbeiten, so gehört dieser Erkenntnisprozess ebenso zur Dissertation wie das Schreiben selbst. Insofern ist es nur konsequent, wenn man diese Zeiten auf die Promotionszeit anrechnet. Liegt zwischen dem Abbruch des einen Themas und der Vereinbarung eines neuen Themas ein erheblicher Zeitraum, muss dieser nicht mit berechnet werden, da in dieser Zeit keine Beschäftigung mit einer Dissertation erfolgte. Die vollständige Nichtanrechnung des Erstversuchs wäre denjenigen gegenüber ungerecht, die nicht zunächst ein (für sie) ungeeignetes Thema bearbeitet haben. Die Bearbeitung eines Themas kann dazu führen, dass das Thema erweitert oder gar eingegrenzt werden muss, ohne das Thema in Gänze aufzugeben. Dies kann dazu führen, dass bereits geschriebene Kapitel hinfällig werden. In diesen Fällen würde niemand die Zeit, die auf die für die Promotion nicht mehr verwertbaren Kapitel verwandt wurde, nicht auf die Promotionszeit nach § 2 Abs. 2 S. 2 WissZeitVG anrechnen.

---

707 APS-*Schmidt*, § 2 WissZeitVG Rn. 13; *Preis*, WissZeitVG, § 2 Rn. 30.

Kapitel 6 Anzurechnende Arbeitsverhältnisse i. S. d. § 2 Abs. 3 WissZeitVG

Der Gesetzgeber hat in § 2 Abs. 3 WissZeitVG geregelt, welche Beschäftigungsverhältnisse auf die in Abs. 1 enthaltenen Höchstfristen anzurechnen sind.

Das alte Befristungsrecht ermöglichte es, dass die Höchstbefristungszeiten bei einem Wechsel der Hochschule neu begannen, da die Anrechnung auf Arbeitsverhältnisse bei der jeweiligen Hochschule beschränkt war. Die Berücksichtigung von Privatdienstverträgen erfolgte eingeschränkt.[708] Ausgenommen waren die Zeiten, in denen der Mitarbeiter ein Stipendium bekam bzw. keinen Arbeitsvertrag mit der Hochschule oder deren Träger hatte.[709] Ebenso unberücksichtigt blieben die Zeiten, in denen Mitarbeiter als Beamte auf Zeit beschäftigt wurden. Auch wurden lediglich die Befristungen berücksichtigt, die auf das HRG gestützt wurden.[710] In diesen Bereichen hat der Gesetzgeber sich nun entschieden, zugunsten einer stringenten Befristungsregelung an den Hochschulen und Forschungseinrichtungen, diese Bereiche auf die Höchstdauer anzurechnen und auch bei einem Wechsel der Hochschulen zu berücksichtigen.

Auf die möglichen Befristungszeiten i. S. d. § 2 Abs. 1 WissZeitVG sind alle befristeten Arbeitsverhältnisse mit mehr als einem Viertel der regelmäßigen Arbeitszeit, die mit einer deutschen Hochschule oder einer Forschungseinrichtung i. S. d. § 5 WissZeitVG[711] abgeschlossen wurden, sowie entsprechende Beamtenverhältnisse auf Zeit und Privatdienstverträge nach § 3 WissZeitVG[712] anzurechnen. Ebenso anzurechnen sind befristete Arbeitsverhältnisse, die nach anderen Rechtsvorschriften abgeschlossen wurden. Unberücksichtigt bleiben Zeiten, die vor dem Abschluss eines Studiums liegen, § 2 Abs. 3 S. 3 WissZeitVG.

Institutionell berücksichtigt die Regelung die Einrichtungen, auf welche die Normen des WissZeitVG Anwendung finden: deutsche Hochschulen und Forschungseinrichtungen. Verträge mit „einer deutschen Hochschule" schließen auch die Hochschulen ein, die keine Dienstherrenfähigkeit besitzen und das Personal demnach im Landesdienst ist, die Arbeitsverträge jedoch de facto von der Hochschule abgeschlossen werden.[713] Nicht berücksichtigt werden nach Auffas-

---

708 Vgl. zur Aufzählung des alten Befristungsrechtes *Lipke*, Befristungen von Arbeitsverhältnissen, S. 65.
709 BAG, Urt. v. 21.02.2001, EzA § 620 BGB Hochschulen Nr. 29.
710 Vgl. *Schweizer*, JZ 1991, 709, 711.
711 Der Begriff der Forschungseinrichtung wurde bereits im Rahmen des sachlichen Anwendungsbereiches der Befristungsregeln beschrieben.
712 Auf Privatdienstverträge i. S. d. § 3 WissZeitVG wurde im Rahmen des sachlichen Anwendungsbereiches eingegangen.
713 Vgl. BT – Drucks. 15/4132 S. 21, *Dörner*, Befristeter Arbeitsvertrag, Rn. 691; *Lakies*, ZTR 2002, 250, 255; KR-*Lipke*, § 57 b Rn. 45; *Müller-Glöge* – EK, § 2 WZVG Rn. 13; *Schlachter*, in: Laux/Schlachter, TzBfG, Anhang 2 § 2 WissZeitVG Rn. 19; APS-*Schmidt*, § 2 WissZeitVG Rn. 43; *Waldeyer*, in: Hailbronner/Geis, HRG, § 57 b Rn. 26.

sung vom *Lambrich* Zeiten an einer nicht staatlichen Hochschule, auch wenn im Übrigen die Normen des WissZeitVG auf diese gemäß § 4 WissZeitVG Anwendung fänden.[714] Die Norm schränkt die Anwendung jedoch nur auf eine deutsche Hochschule ein. Insofern ist davon auszugehen, dass Hochschule hier sowohl die Hochschulen nach § 1 Abs. 1 WissZeitVG als auch die nach § 4 WissZeitVG umfassten Hochschulen einschließt. Dies folgt insbesondere aus der allgemeinen Anwendbarkeitserklärung der §§ 1 – 3 sowie § 6 WissZeitVG in § 4, auch wenn § 2 Abs. 3 S. 1 WissZeitVG im Hinblick auf die Hochschulen keinen Hinweis auf § 4 WissZeitVG enthält, wie er allerdings bei den Forschungseinrichtungen („die mit einer deutschen Hochschule oder Forschungseinrichtung im Sinne des § 5 abgeschlossen wurden") enthalten ist. § 2 Abs. 3 S. 1 WissZeitVG enthält aber gerade auch keinen Verweis lediglich auf die Hochschulen nach § 1 Abs. 1 S. 1 WissZeitVG. Somit ist hier von Hochschulen als Oberbegriff für sämtliche Hochschulen i. S. dieses Gesetzes auszugehen. Ausgeklammert sind ausländische Hochschulen,[715] auch diejenigen, die zur EU zählen. Da die Nichtanrechnung von Verträgen einer nichtdeutschen Hochschule für den Beschäftigten eine Begünstigung darstellt und sich der Regelungsgehalt auf Institutionen bezieht, handelt es sich nicht um eine Diskriminierung i. S. d. EGV.[716] Eine entsprechende Anwendung auf Arbeitsverhältnisse an ausländischen Hochschulen kann auch nicht aus Art. 3 Abs. 1 GG hergeleitet werden, da es an einem vergleichbaren Sachverhalt fehlt und so der internationale Austausch von Wissenschaftlern behindert werden könnte.[717]

§ 2 Abs. 3 WissZeitVG spricht davon, dass alle befristeten Arbeitsverhältnisse mit mehr als einem Viertel der regelmäßigen Arbeitszeit anzurechnen sind. „Alle" meint hier jedoch nur Arbeitsverhältnisse im wissenschaftlichen Bereich, da bereits in der dem Abs. 3 zugrunde liegenden Dauerberechnung in § 2 Abs. 1 S. 2 WissZeitVG nur auf § 2 Abs. 1 S. 1 WissZeitVG abgestellt wurde.[718] In die Anrechnung einbezogen sind damit nur Arbeitsverhältnisse, die der

---

Vgl. allgemein zur Dienstherrenfähigkeit von Hochschulen und Forschungseinrichtungen *Trute/Richter*, ZBR 2002, 11 ff; *Preis*, WissZeitVG, § 2 Rn. 97.

714 Annuß/Thüsing – *Lambrich*, § 23 Rn. 112.

715 KSchR-*Däubler*, § 2 WissZeitVG Rn. 26; KR-*Lipke*, § 57 b Rn. 45; *Müller-Glöge* – EK, § 2 WZVG Rn. 13; APS-*Schmidt*, § 2 WissZeitVG Rn. 43. A.A. Arbeitsrechtshandbuch-*Koch*, § 39 Rn. 40; *Preis*, WissZeitVG, § 2 Rn. 99.

716 *Waldeyer*, in: Hailbronner/Geis, HRG, § 57 b Rn. 27; *Preis*, WissZeitVG, § 2 Rn. 99.

717 KR-*Lipke*, § 57 b Rn. 45; .a.A. *Müller-Glöge* – EK, § 2 WZVG Rn. 13 *Preis*, WissZeitVG, § 2 Rn. 99; Annuß/Thüsing – *Lambrich*, § 23 Rn. 112, der hierin eine nicht mit Art. 3 Abs. 1 GG zu vereinbarende Benachteiligung derjenigen Mitarbeiter sieht, die ausschließlich an inländischen Hochschulen tätig waren.

718 *Reich*, HRG, 9. Aufl., § 57 b Rn. 7, *ders.* geht in der folgenden Auflage jedoch davon aus, dass aus einer verkürzten Tatbestandsaufgreifung aus dem vorgehenden Abs. 1 folge, dass auch nicht-wissenschaftliche Beschäftigungsverhältnisse in die Anrechnung einbezogen werden – *Reich*, HRG/WissZeitVG, § 2 Rn. 9.

wissenschaftlichen oder künstlerischen Qualifizierung dienen.[719] Angerechnet werden jedoch auch Zeiten, die in anderen Fachrichtungen absolviert wurden.[720] Liegen mehrere Arbeitsverträge mit einer Hochschule vor, findet die Beschäftigung jedoch in mehreren Fachbereichen statt, sind diese Arbeitsverträge wie ein einziger zu behandeln. Andere Beschäftigungen als wissenschaftliche, wie Tätigkeiten in der Verwaltung, sind nicht zu berücksichtigen.[721] Dies folgt aus dem Qualifizierungsgedanken des WissZeitVG. Das WissZeitVG will eine zügige Qualifizierung im wissenschaftlichen Bereich belohnen, aber nicht unterbinden. Würden auch Arbeitsverhältnisse berücksichtigt, die nachweislich nicht zu einer wissenschaftlichen Qualifizierung genutzt werden konnten, da sie im technischen Bereich lagen, würde somit z.B. verhindert, dass jemand, der zunächst in der Verwaltung der Hochschule gearbeitet hat und sich später entschließt zu promovieren, dies im Rahmen eines Beschäftigungsverhältnisses als wissenschaftlicher Mitarbeiter tun kann. Ebenso würde der so genannte zweite Bildungsweg abgeschnitten, wenn zuvor eine Beschäftigung im technischen Bereich erfolgte.[722] Für die Beschäftigung in einem anderen Fachbereich muss jedoch dasselbe gelten wie bei einem Fächerwechsel in der Promotionszeit.[723] Für Werkverträge findet keine Anrechnung statt.[724]

Nicht anzurechnen sind Zeiten, die Stipendiaten ohne einen mit einer Hochschule geschlossenen Arbeitsvertrag an der Universität verbringen, z.B. im Rahmen von Graduiertenkollegs,[725] selbst wenn sich der Stipendiat faktisch in ähnlicher Weise wie ein wissenschaftlicher Mitarbeiter in den Betrieb eines Hochschulinstituts einbringt, da ansonsten die Anrechnung von Umständen abhinge, die der Steuerung und Beurteilung durch die Hochschule weitgehend entzogen sind.[726] Stipendien werden demnach nur für die zweite Qualifizierungsphase gemäß § 2 Abs. 1 S. 2 WissZeitVG berücksichtigt, wobei sie hier die Sechsjahresfrist nicht verkürzen, sondern lediglich die Möglichkeit der Erweiterung aufgrund von Einsparungen in der ersten Qualifikationsphase verringern.

---

719 *Waldeyer*, in: Hailbronner/Geis, HRG, § 57 b Rn. 23; *Dörner*, Der befristete Arbeitsvertrag, Rn. 694.
720 *Preis*, WissZeitVG, § 2 Rn. 122.
721 *Henrici*, in: Knopp/Gutheil, Neues HRG, S. 55; Annuß/Thüsing – *Lambrich*, § 23 Rn. 112; KR-*Lipke*, § 57 b Rn. 39; *Müller-Glöge* – EK, § 2 WZVG Rn. 13; *Preis*, WissZeitVG, § 2 Rn. 94.
722 Ebenso *Löwisch/Wertheimer*, HochschulR-Praxishandbuch, VII Rn. 172.
723 Ebenso für eine Anrechnung nach Fächerwechsel KSchR-*Däubler*, § 2 WissZeitVG Rn. 24.
724 *Löwisch/Wertheimer*, HochschulR-Praxishandbuch, VII 176; KR-*Lipke*, § 57 b Rn. 39.
725 *Preis*, WissZeitVG, § 2 Rn. 96.
726 BAG, Urt. v. 21.2.2001, AP Nr. 7 zu § 57 c HRG.

A. Anrechnung von unbefristeten Arbeitsverhältnissen

Nach § 2 Abs. 3 S. 1 WissZeitVG werden nur befristete Arbeitsverhältnisse berücksichtigt, eine Berücksichtigung von vorangegangen unbefristeten Arbeitsverhältnissen sieht der Wortlaut nicht vor. Dies folgt zudem aus S. 2, der auch nur befristete Arbeitsverhältnisse anrechnen lässt, die aufgrund anderer Rechtsvorschriften geschlossen wurde.

An der Nichtanrechnung wird jedoch Kritik geübt.[727] Zwar wird der Fall, dass jemand einen unbefristeten Arbeitsvertrag kündigt, um anschließend einen befristeten Arbeitsvertrag mit einer Hochschule einzugehen, eher selten in der Praxis vorkommen. Denkbar ist jedoch, dass ein Wechsel der Hochschule erfolgt, um in einer anderen Stadt gemeinsam mit dem Lebensgefährten wohnen zu können, der nur in der Stadt Arbeit gefunden hat, in der die Beschäftigung mit der neuen Hochschule angestrebt wird. In solchen Fällen würde die Nichtberücksichtigung der Zeiten aus dem unbefristeten Arbeitsvertrag dem Anliegen der zügigen Qualifizierung widersprechen.

Löwisch/Wertheimer[728] gehen von dem Beispiel aus, dass der unbefristete Arbeitsvertrag aufgehoben werde und danach ein befristeter Arbeitsvertrag unter Ausschöpfung der Höchstbefristungsdauern geschlossen werde. Hierbei sehen sie keine unzulässige Umgehung des Schutzzwecks zeitlicher Befristungsgrenzen, da der wissenschaftliche Mitarbeiter den ursprünglichen unbefristeten Arbeitsvertrag, der den Kündigungsschutz vermitteln würde, nicht aufheben müsse. *Löwisch/Wertheimer* argumentieren hier jedoch nur aus Sicht des Arbeitnehmers. Die Befristungsregelungen im Hochschulbereich sind zumindest in der ersten Qualifikationsphase nicht in erster Linie zum Schutz der Arbeitnehmer geschaffen worden. Wenn man von dem Grundgedanken ausgeht, dass die Möglichkeit zur befristeten Beschäftigung tendenziell eine Umgehung des Kündigungsschutzes darstellt, kann dies jedoch nicht für einen Bereich gelten, für den der Gesetzgeber das Vorliegen von Sachgründen als Rechtfertigung für eine befristete Beschäftigung vollständig aufgegeben hat und nur an das Vorliegen des Merkmals „wissenschaftliches Personal" anknüpft. Demnach ist es nicht konsequent, Zeiten eines unbefristeten Arbeitsverhältnisses, das wie das befristete der Qualifizierung dienen könnte, nicht zu berücksichtigen und so eine weitere Qualifizierungsphase zu schaffen. Will man dem Anliegen des Gesetzgebers, eine zügige Qualifizierung im Sinne der Nachwuchsförderung zu fordern und zu fördern, sowie den daraus resultierenden Regelungen, die eine mehrfache Ausschöpfung von Befristungsgrenzen bei unterschiedlichen Arbeitgebern unterbinden wollen, Rechnung tragen, müsste man auf die Höchstbefristungszeiten auch

727 *Müller-Glöge* EK, § 2 WZVG Rn. 14; unter Verweis darauf, dass die praktische Bedeutung der Nichtanrechnung von Vordienstzeiten in unbefristeten Arbeits- und Beamtenverhältnissen gering bliebe. Ebenso kritisch KR-*Lipke*, § 57 b Rn. 38a.

728 *Löwisch/Wertheimer*, HochschulR-Praxishandbuch, VII Rn. 175.

unbefristete Arbeitsverhältnisse anrechnen, sofern diese der Qualifizierung gedient haben.[729]

Eine solche Anrechnung wäre zwar konsequent und wünschenswert, scheitert jedoch derzeit an dem eindeutigen und nicht interpretationsfähigen Wortlaut der Norm. Infrage käme somit nur die Anwendbarkeit des § 2 Abs. 3 WissZeitVG auf unbefristete Arbeitsverhältnisse im Wege einer Analogie. Unter Analogie versteht man „die Übertragung der für einen Tatbestand (A) oder für mehrere, untereinander 'ähnliche' Tatbestände im Gesetz gegebene Regel auf einen vom Gesetz nicht geregelten, ihm ähnlichen Tatbestand (B)."[730] Voraussetzungen für die Annahme einer Analogie sind eine planwidrige Regelungslücke und eine vergleichbare Interessenlage woraus sich ergeben muss, dass der Normzweck auch den Fall erfasst, auf den die Norm analog anzuwenden ist.[731]

Der vergleichbare Sachverhalt ergibt sich aus dem Sinn der Anrechnungsvorschrift sowie der Tatsache, dass auch hier nur die Arbeitsverträge angerechnet werden sollen, die einer Qualifizierung zugänglich waren.

Bedenken bestehen jedoch bei der planwidrigen Regelungslücke. Von einer Lücke kann erst dann gesprochen werden, wenn eine bestimmte Regelung insgesamt unvollständig ist, d.h. keine Regelung für eine Frage bietet, die nach der zugrunde liegenden Regelungsabsicht einer Regelung bedarf, wobei auf den Regelungszusammenhang des Gesetzes und den mit diesem verfolgten Plan abzustellen ist.[732] Nach *Canaris* liegt eine Lücke vor, „*wenn das Gesetz* innerhalb der Grenzen seines möglichen Wortsinnes *und das Gewohnheitsrecht eine Regelung nicht enthalten, obwohl die Rechtsordnung in ihrer Gesamtheit eine solche fordert*."[733] Die Grenze für eine Analogie verläuft dort, wo es sich nicht um eine Gesetzeslücke, sondern um einen Fehler im Gesetz aus rechtspolitischer Sicht handelt. Kriterium für diese Abgrenzung soll sein, „ob das Gesetz, gemessen an seiner eigenen Regelungsabsicht, unvollständig ist, oder ob nur die in ihm getroffene Entscheidung einer rechtspolitischen Kritik nicht standhält."[734] Handele es sich um eine planwidrige Lücke, sei es die Regelungsabsicht und die immanente Teleologie des Gesetzes selbst, anderenfalls liege lediglich eine an das Gesetz herangetragene, rechtspolitisch begründete Kritik vor.[735]

Den Gesetzgebungsmaterialien lässt sich zwar nicht entnehmen, dass sich der Gesetzgeber mit dieser Konstellation auseinandergesetzt hat. Dennoch handelt

---

729 Vgl. Annuß/Thüsing – *Lambrich*, § 23 Rn. 111.
730 *Larenz/Canaris*, Methodenlehre, S. 202.
731 *Schmalz*, Methodenlehre, Rn. 385 ff.
732 *Larenz/Canaris*, Methodenlehre, S. 193 f.
733 *Canaris*, Die Feststellung von Lücken im Gesetz, S. 39 – Hervorhebungen im Original.
734 *Larenz/Canaris*, Methodenlehre, S. 195, unter Hinweis darauf, dass es sich bei der Entscheidung wohl um eine Frage der Wertung handele und nicht um ein Tatsachenurteil oder eine logische Schlussfolgerung. Ebenso *Canaris*, Die Feststellung von Lücken im Gesetz, S. 197.
735 *Larenz/Canaris*, Methodenlehre, S. 195.

es sich lediglich um Kritik am Gesetz und nicht um eine Analogie begründende planwidrige Regelungslücke. Auch kann nicht von einem Redaktionsversehen ausgegangen werden.[736] Der Gesetzgeber sollte daher bei der anstehenden Überarbeitung des WissZeitVG überdenken, ob er nicht auch unbefristete Arbeitsverhältnisse in den Kanon der anzurechnenden Beschäftigungsverhältnisse aufnehmen will. Eine Anrechnung unbefristeter Arbeitsverhältnisse würde auch keine Ungleichbehandlung in Bezug auf befristete Arbeitsverhältnisse darstellen. Vielmehr scheint der existierende Rechtszustand im Hinblick auf Gleichbehandlungsgesichtspunkte erklärungsbedürftig zu sein, wobei nach der hier vertretenen Ansicht eine Rechtfertigung der ungleichen Behandlung von unbefristeten und befristeten Arbeitsverhältnissen nicht möglich ist.

Ein Argument könnte sein, dass man Arbeitnehmern nicht verwehren will, dass sie den Arbeitsstandort wechseln. Dieses Argument trüge schon deshalb nicht, da die Möglichkeit des Hochschulwechsels auch bei den befristeten Arbeitsverhältnissen bedacht wurde, hier aber eine Anrechnung stattfindet. In diesen Fällen sind Hochschulen und Arbeitnehmer auf die Befristungszeiten beschränkt, die noch nicht genutzt wurden. Anderenfalls verbliebe nur der Abschluss eines unbefristeten Vertrages. Dies entspricht dann den Grundsätzen über die Rechtmäßigkeit befristeter Arbeitsverhältnisse und stellt nur ein konsequentes Ergebnis der Umsetzung der EG-Richtlinie dar. Wenn diese zum einen davon ausgeht, dass unbefristete Arbeitsverhältnisse die Regel darstellen sollen, und zum anderen den nationalen Gesetzgebern die Möglichkeit eröffnet wurde, Befristungen zu ermöglichen, indem Höchstzeiten für diese festgelegt werden, folgt daraus zwingend, dass nach Auslaufen dieser Zeiten sich der unbefristete Arbeitsvertrag anschließen muss oder aber das Beschäftigungsverhältnis zu beenden ist. Für das Ablaufen der Höchstfristen ist jedoch entscheidend, dass möglichst umfassend Beschäftigungsverhältnisse berücksichtigt werden. Zwar steht bei einem Arbeitnehmer, der freiwillig von einem unbefristeten Arbeitsvertrag an der einen Hochschule in einen befristeten Arbeitsvertrag an eine andere Hochschule wechselt,[737] nicht der Arbeitnehmerschutz im Hinblick auf lange Beschäftigungszeiten in befristeten Arbeitsverhältnissen im Vordergrund, es muss aber sehr wohl jenseits der europarechtlichen Dimension die nationale mitbedacht werden. Wenn das Sonderbefristungsrecht der Hochschulen und die sich hieraus ergebenden Einschränkungen auch hinsichtlich des arbeitsrechtlichen Bestandsschutzes (Art. 12 Abs. 1 GG i.V.m. Sozialstaatsprinzip) maßgeblich auf Art. 5 Abs. 3 GG gestützt werden, müssen die sich hieraus ergebenden tragenden Argumente, wie Erhalt der Innovationsfähigkeit durch Fluktuation

736 *Dörner*, Der befristete Arbeitsvertrag, Rn. 695.

737 Eine Konstellation, in welcher der Wechsel nicht freiwillig erfolgt, ist indes schwer vorstellbar, da ein Arbeitnehmer, der an einer Hochschule wirksam (aus nicht betriebsbedingten Gründen) gekündigt wurde, schwerlich an einer anderen Hochschule einen Arbeitsvertrag angeboten bekommen dürfte.

und Nachwuchsförderung, auch bei der Anwendung der hieraus abgeleiteten nationalen Normen finden. Demnach sollte eine Befristung, der ein sechsjähriges unbefristetes Arbeitsverhältnis vorausgegangen ist, nicht mehr auf das WissZeitVG gestützt werden.

B. Befristete Arbeitsverhältnisse mit mehr als einem Viertel der regelmäßigen Arbeitszeit

Im Folgenden soll die Anrechnung von Arbeitsverhältnissen, die mehr als ein Viertel der regelmäßigen Arbeitszeit umfassen, untersucht werden.

I. Arbeitsverhältnisse mit mehr als einem Viertel der regelmäßigen Arbeitszeit

Positiv ist zu bewerten, dass bei der Anrechnung die gesamten Arbeitsverhältnisse im wissenschaftlichen Bereich berücksichtigt werden. Im HRG von 1999 war eine Anrechnung der Zeiten als wissenschaftliche Hilfskraft auf die Zeiten als wissenschaftlicher Mitarbeiter nicht möglich. Eine Nichtberücksichtigung dieser Zeiten bedeutete daher, dass sich die Qualifizierungsphase über Gebühr ausdehnen konnte.[738] Deshalb war es nach Ansicht des Gesetzgebers zur HRG-Änderung wegen der Ähnlichkeit der wissenschaftlichen Hilfskräfte und Mitarbeiter aufgrund der gleichen Tätigkeit aus arbeitsrechtlicher Sicht notwendig, die wissenschaftlichen Mitarbeiter und Hilfskräfte gleich zu behandeln.[739] Diese Frage ist durch die allgemeine Bezeichnung des wissenschaftlichen Personals nunmehr nicht mehr erheblich.

Der befristete Arbeitsvertrag muss mehr als ein Viertel der regelmäßigen Arbeitszeit umfassen, um gemäß § 2 Abs. 3 S. 1 WissZeitVG berücksichtigt werden zu können. Hierbei bezieht sich die regelmäßige Arbeitszeit auf die Arbeitszeit der betreffenden Bedienstetengruppe.[740] Diese ergibt sich aus TVöD, TV-L bzw. den einschlägigen landesrechtlichen Bestimmungen für Beamte.[741]

„Ein Viertel der regelmäßigen Arbeitszeit" bezieht sich nicht auf die tatsächlich aufgewendete Arbeitszeit, sondern auf die Bestimmung im Arbeitsvertrag.[742] *Henrici*[743] will hingegen auf die tatsächlich aufgewendete Arbeitszeit abstellen, die vereinbarte sei nur von untergeordneter Bedeutung. Diese Abweichung von der Privatautonomie wird mit der Rechtssicherheit begründet, da es in der Hand der Parteien läge, die vertragliche Arbeitszeit auf weniger als ein

---

738 Vgl. BT-Drucks. 15/4132 S. 17f; *Müller-Glöge* - EK, 6. Aufl., § 57 b Rn. 17.
739 BT – Drucks. 15/4132 S. 18.
740 *Löwisch/Wertheimer*, HochschulR-Praxishandbuch, VII Rn. 173.
741 APS-*Schmidt*, § 2 WissZeitVG Rn. 40; *Preis*, WissZeitVG, § 2 Rn. 102.
742 *Reich*, HRG/WissZeitVG, § 2 Rn. 9; KSchR-*Däubler*, § 2 WissZeitVG Rn. 22.
743 *Henrici*, in: Knopp/Gutheil, Neues HRG, S. 54.

Viertel der regelmäßigen Arbeitszeit zu vereinbaren, um so die Anrechnungsvorschriften zu umgehen. Eine derartige Umgehungsstrategie kann jedoch nicht unterstellt werden, da diese Auswirkungen auf die Gehaltszahlungen hätte. Außerdem führt die Berücksichtigung der tatsächlich geleisteten Arbeitszeit zu erheblichen Beweisschwierigkeiten, was insbesondere bei einem Arbeitgeberwechsel zu Problemen führen dürfte und für die neue Hochschule oder Forschungseinrichtung im Gegenzug erhebliche Rechtsunsicherheit bedeuten würde, da sich im Nachhinein herausstellen könnte, dass ein anrechnungspflichtiges Beschäftigungsverhältnis vorlag. Insofern ist auf die arbeitsvertraglich vereinbarte Arbeitszeit abzustellen.

Trotz des Abstellens auf mehr als einem Viertel der regelmäßigen Arbeitszeit wird der Arbeitsvertrag vollumfänglich berücksichtigt. Hierbei wird nicht differenziert zwischen Teilzeit- oder Vollzeitbeschäftigung. Sofern der Arbeitsvertrag mehr als ein Viertel der regelmäßigen Arbeitszeit vorsieht, findet eine vollständige Anrechnung statt, das Stundenvolumen wird nicht berücksichtigt.[744]

Zu überdenken ist, ob unregelmäßige Teilzeitarbeit i. S. v. § 2 Abs. 1 S. 2 TzBfG so gestaltet werden kann, dass sie der wissenschaftlichen Qualifizierung dient.[745] Arbeitsverträge an den Hochschulen sind jedoch meist so ausgestaltet, dass eine Wochenarbeitszeit vereinbart ist, was z.B. daran liegt, dass der frühere BAT eine Höchstwochenarbeitszeit festlegte bzw. die Entlohnung nach Stunden erfolgt. Sollte jedoch ein Arbeitsverhältnis i. S. d. Norm existieren, bei dem keine Wochenarbeitszeit vereinbart ist, sollte das Arbeitsverhältnis i. S. d. § 2 Abs. 1 S. 2 TzBfG berücksichtigt werden, sofern die Arbeitszeit im Durchschnitt mehr als ein Viertel der regelmäßigen Arbeitszeit umfasst und das Beschäftigungsverhältnis auch und gerade der wissenschaftlichen Qualifizierung diente. Der Wortlaut von § 2 Abs. 3 WissZeitVG steht einer Anrechnung der unregelmäßigen Teilzeitarbeit nicht entgegen, da S. 1 nur definiert, dass „alle befristeten Arbeitsverhältnisse mit mehr als einem Viertel der regelmäßigen Arbeitszeit“ angerechnet werden. Unter „alle“ fallen damit auch die Arbeitsverhältnisse, bei denen keine Arbeitszeit vereinbart wurde.

II. Anrechnung von Arbeitsverhältnissen mit weniger als einem Viertel der regelmäßigen Arbeitszeit

Arbeitsverhältnisse, deren Umfang weniger als ein Viertel der regelmäßigen Arbeitszeit beträgt, sollen nach dem Wortlaut von § 2 Abs. 3 S. 1 WissZeitVG nicht angerechnet werden. Sie können nach einer Ansicht jedoch angerechnet werden, sofern das Beschäftigungsverhältnis zur wissenschaftlichen Qualifikati-

744 *Preis*, WissZeitVG, § 2 Rn. 123.
745 *Lipke*, Befristungen von Arbeitsverhältnissen, S. 63.

on genutzt werden könne.[746] Anliegen der Regelungen sei die Verhinderung der Überschreitung der Höchstgrenzen, und ein Verbot i. S. d. § 2 Abs. 3 S. 3 WissZeitVG bestünde nicht. *Reich*[747] zieht hieraus die – der Argumentation folgende – notwendige Konsequenz, dass, sofern sich herausstellt, dass Zeiten unter einem Viertel der regelmäßigen Arbeitszeit zur wissenschaftlichen Qualifikation genutzt werden konnten und es bei der Zusammenrechnung der Zeiten von mehr als einem Viertel der regelmäßigen Arbeitszeit, der weiteren Anrechnungstatbestände des § 2 Abs. 3 WissZeitVG und der nicht berücksichtigten Zeiten zu einer Überschreitung der Höchstdauern des § 2 Abs. 1 WissZeitVG käme, von unbefristeten Beschäftigungsverhältnissen auszugehen sei.

Ausgehend vom Grundsatz der Verhältnismäßigkeit hat der Gesetzgeber[748] jedoch selbst festgestellt, dass nur solche Beschäftigungsverhältnisse nicht einbezogen werden dürfen, die realistischerweise nicht zur Qualifizierung genutzt werden können, was bei einem Arbeitsverhältnis bis zu einem Viertel der regelmäßigen Arbeitszeit angenommen wurde. Der Gesetzgeber[749] hat ausdrücklich hervorgehoben, dass damit Nebenbeschäftigungen (etwa von Referendaren oder Korrekturassistenten)[750] unberücksichtigt bleiben. Solche Beschäftigungsverhältnisse können in der Tat nicht der Qualifizierung dienen. Ein Korrekturassistent übt in den meisten Fällen die Tätigkeit aus, um Geld zu verdienen, kann jedoch mit dem Korrigieren von Arbeiten keine Qualifikation erlangen.

Denkbare Beschäftigungsverhältnisse, die der Qualifizierung dienen und die mit weniger als einem Viertel der regelmäßigen Arbeitszeit ausgeübt werden, begleiten immer eine andere Tätigkeit, da sie lediglich eine Nebentätigkeit darstellen. So ist es u.a. Doktoranden, die ein Stipendium erhalten, gestattet, ein Arbeitsverhältnis bis zu einem Viertel der regelmäßigen Arbeitszeit neben dem Stipendium einzugehen, sofern es im Zusammenhang mit dem wissenschaftlichen Projekt steht. Für diese Fallgruppe würde die Anrechnung der möglichen Viertelstelle tatsächlich der Intention des Gesetzgebers, die Qualifikationsphasen möglichst kurz zu halten, entsprechen. Bei bestehender Regelung ist es denkbar, dass die Zeit der Förderung durch den Stipendiumsgeber nicht ausreichend ist, um das Promotionsvorhaben erfolgreich abzuschließen. Der Doktorand könnte dann im Anschluss an das Stipendium als unpromovierter wissen-

---

746 BT-Drucks. 15/4132 S. 18; *Dieterich/Preis,* Befristete Arbeitsverhältnisse S. 55; *Lakies*, ZTR 2002, 250, 255; Annuß/Thüsing - *Lambrich*, § 23 Rn. 111; KR-*Lipke*, § 57 b Rn. 33, der jedoch in Rn. 39 ausnahmslos davon ausgeht, dass Beschäftigungsverhältnisse unter einem Viertel nicht angerechnet würden.

747 Reich, HRG, 9. Aufl., § 57 b Rn. 7. In der Folgeauflage geht *Reich*, HRG/WissZeitVG, § 2 Rn. 9, nur noch davon aus, dass Arbeits- und Beamtenverhältnisse mit weniger als einem Viertel der regelmäßigen Arbeitszeit nicht angerechnet werden müssen, es jedoch können, da es um eine Überschreitung von Höchstgrenzen ginge.

748 BT-Drucks. 15/4132 S. 18.

749 BT-Drucks. 15/4132 S. 18.

750 Beispiel des Gesetzgebers nach *Dieterich/Preis,* Befristete Arbeitsverhältnisse, S. 55.

schaftlicher Mitarbeiter für weitere sechs Jahre gemäß § 2 Abs. 1 S. 1 WissZeitVG beschäftigt werden. Damit könnte die erste Qualifikationsphase für die Doktoranden, die ein Stipendium erhalten haben, bis zu neun Jahre betragen.[751] In diesem Fall wäre eine Anrechnung auch der Arbeitszeit, die nicht mehr als ein Viertel der regelmäßigen Arbeitszeit betragen hat, sinnvoll, da sie im direkten Zusammenhang mit der Anfertigung der Promotion steht. Sofern jedoch in dieser Arbeitszeit tatsächlich reine Dienstleistungen für den Lehrstuhlinhaber erfolgen und innerhalb dieser Arbeitszeit keine Gelegenheit zur Promotion gewährt wird, sind auch diese Beschäftigungszeiten nicht zu berücksichtigen. Das Beispiel des Stipendiaten verdeutlicht, dass der Bedarf der Anrechnung ohnehin nur für die erste Qualifikationsphase virulent ist, da in der zweiten Qualifizierungsphase (post-doc), zumindest bei der Berechnung einer möglichen Verlängerung über die sechs bzw. neun Jahre hinaus, gemäß § 2 Abs. 1 S. 2 WissZeitVG auch Promotionszeiten ohne Beschäftigung einzubeziehen sind. Jenseits des Doktoranden ist jedoch ein Arbeitsverhältnis, das bei kurzer Beschäftigungszeit zum Zweck der Anfertigung einer Promotion dienen kann, nicht vorstellbar.

Gegen eine Berücksichtigung dieser Arbeitsverhältnisse spricht der Wortlaut von § 2 Abs. 3 S. WissZeitVG. Demnach „sind alle befristeten Arbeitsverhältnisse mit mehr als einem Viertel der regelmäßigen Arbeitszeit [...] anzurechnen“. Hieraus muss im Umkehrschluss gefolgert werden, dass alle anderen Arbeitsverhältnisse, die nicht aufgelistet sind, gerade nicht angerechnet werden sollen.[752] Zudem hat der Gesetzgeber keine Unterscheidung vorgenommen zwischen Arbeitsverhältnissen, die in der Realität der wissenschaftlichen Qualifizierung dienen, und denen, die es nicht tun, sondern hat vielmehr bewusst die pauschale Grenze bei einem Viertel der Arbeitszeit gesetzt. Wenn der Gesetzgeber die Absicht gehabt hätte, Arbeitsverhältnisse differenzierter zu berücksichtigen, hätte er dies in die Regelung mit aufnehmen müssen. Dies steht auch nicht im Widerspruch zu dem oben gefundenen Ergebnis, wonach keine Arbeitsverhältnisse anzurechnen sind, die im nicht-wissenschaftlichen Bereich lagen, da es bei diesen evident ist, dass sie nicht der Qualifizierung dienen und auch nicht zu einer Blockade von Stellen im Wissenschaftsbereich führen können. Die Nichtberücksichtigung von Zeiten als nicht-wissenschaftlicher Mitarbeiter lässt sich daher aus der Gesetzessystematik herleiten. Eine Berücksichtigung von Arbeitsverhältnissen, die nicht mehr als ein Viertel der regelmäßigen Arbeitszeit umfassen, scheitert jedoch an dem Wortlaut der Norm, der gerade an den Umfang der

---

751 Ausgegangen wurde von einer Regelförderdauer von 2 + 1 Jahren in der Graduiertenförderung. Bei der Zahl von drei Jahren sind Verlängerungszeiten aufgrund von Teilzeitstipendien bzw. Mutterschaft nicht berücksichtigt worden, da diese vergleichbar sind mit den Verlängerungstatbeständen des § 2 Abs. 5 WissZeitVG.

752 „Die Grenze des möglichen Wortsinnes ist auch die Grenze der Auslegung“. *Zippelius*, Juristische Methodenlehre, S. 47.

Arbeitszeit anknüpft. Die Nichtanrechnung gilt daher auch dann, wenn der Mitarbeiter in der Zeit promoviert, da er regelmäßig andere Zeiten zur Anfertigung genutzt haben muss.[753]

Eine Unterscheidung in Arbeitsverhältnisse, die der Qualifikation gedient haben oder nicht, würde darüber hinaus in der Praxis ungleich schwerer sein als es bereits die Nachvollziehbarkeit von Promotionszeiten ohne Beschäftigung ist. Insbesondere die Schlussfolgerungen von *Reich* verdeutlichen, dass diese Art der Betrachtung für die Hochschulen zu großer Unsicherheit führen kann. Die Feststellung, dass das Arbeitsverhältnis mit weniger als einem Viertel der regelmäßigen Arbeitszeit der Qualifikation gedient hat, ist nur rückwirkend möglich. In diesem Fall will *Reich* zu einem unbefristeten Arbeitsvertrag gelangen, sofern die Berücksichtigung dieses Arbeitsverhältnisses zu einer Überschreitung der Höchstfristen des § 2 Abs. 1 WissZeitVG führt. Damit wäre für die Hochschulen keine Planungssicherheit gegeben.[754]

Gegen die Nichtanrechnung bestehen jedoch erhebliche europarechtliche Bedenken.[755] Die Befristungsrichtlinie 1999/70/EG sieht als eine Möglichkeit zulässiger Befristungen die Festlegung von Höchstbefristungszeiten vor. Diesem Modell ist der Gesetzgeber grundsätzlich gefolgt. Der Gesetzgeber nimmt jedoch vollständig Arbeitsverhältnisse aus, die weniger als ein Viertel der regelmäßigen Arbeitszeit umfassen. Dies ist insoweit problematisch, als diese Arbeitsverhältnisse demzufolge unbegrenzt befristet werden können, da die in § 2 Abs. 1 WissZeitVG enthaltenen Höchstzeiten nicht durch die Nichtanrechnung ablaufen können. Will man das WissZeitVG europarechtskonform anwenden, müssen auch zeitlich geringfügige Arbeitsverhältnisse in die Berechnung der Höchstbefristungen nach Abs. 1 einbezogen werden. Insoweit sollte der Gesetzgeber seine Nichtanrechnungsregel überarbeiten.[756] Damit würde auch das Problem der Arbeitsverhältnisse, die trotz des geringen Umfangs der Qualifizierung gedient haben, gelöst. Demnach ist festzustellen, dass der Wortlaut des § 2 Abs. 3 WissZeitVG eine Anrechnung von Arbeitsverhältnissen, die weniger als ein Viertel der regelmäßigen Arbeitszeit umfassen, nicht vorsieht und eine andere Auslegung kaum sinnvoll oder zumindest nicht praktikabel wäre. Die Anrechnung ist jedoch aus europarechtlichen Gründen geboten und so bedarf die Regelung einer Überarbeitung.

---

753 *Dörner*, Der befristete Arbeitsvertrag, Rn. 648.

754 Vgl. i.E. ebenso KSchR-*Däubler*, § 2 WissZeitVG Rn. 22; *Löwisch/Wertheimer*, HochschulR-Praxishandbuch, VII Rn. 207; *Müller-Glöge* – EK, § 2 WZVG Rn. 14; *Preis*, WissZeitVG, § 2 Rn. 101; *Waldeyer*, in: Hailbronner/Geis, HRG, § 57 b Rn. 25.

755 Eine umfassende Darstellung findet sich bei *Preis*, WissZeitVG, § 2 Rn. 103 ff. Ebenso KSchR-*Däubler*, § 2 WissZeitVG Rn. 5.

756 *Preis*, WissZeitVG, § 2 Rn. 103 ff.

C. Beamtenverhältnisse auf Zeit

Angerechnet werden auch Beamtenverhältnisse auf Zeit. Die anzurechnenden Beamtenverhältnisse müssen wie die Arbeitsverhältnisse mehr als ein Viertel der regelmäßigen Arbeitszeit umfassen, was aus der Formulierung „entsprechende" folgt. Ob es in diesem Bereich Beamtenverhältnisse gibt, richtet sich nach Landesrecht. Ob das Beamtenverhältnis mit mehr als einem Viertel der regelmäßigen Arbeitszeit erfolgt, richtet sich nach der Ernennung und nicht nach der tatsächlichen Arbeitszeit.[757]

Zu den Beamtenverhältnissen auf Zeit zählen insbesondere Zeiten einer Juniorprofessur, die jedoch auch berücksichtigt werden, falls die Beschäftigung im Rahmen eines Angestelltenverhältnisses erfolgte.[758] Damit soll ermöglicht werden, dass ein Juniorprofessor, der weniger als 12 Jahre zur Qualifikation benötigt hat, diese Zeit ausschöpfen kann und verhindert werden, dass nach Auslaufen der Juniorprofessur eine Weiterbeschäftigung als wissenschaftlicher Mitarbeiter erfolgt.[759] Abzulehnen ist die Auffassung, wonach wegen § 1 Abs. 1 S. 1 WissZeitVG die Anrechnung von Zeiten als Juniorprofessor Ländersache sei, soweit es sich nicht um die Hochschulen des Landes handele.[760] § 1 Abs. 1 S. 1 WissZeitVG regelt nur, dass für den Abschluss eines Vertrages mit wissenschaftlichem oder künstlerischem Personal die §§ 2 und 3 gelten. Dies setzt voraus, dass es sich um einen Vertrag als wissenschaftlicher Mitarbeiter o. ä. handelt. Keine Aussage wird hingegen dazu getroffen, ob nicht auch andere Verträge einzubeziehen sind. So würde sich auch nicht erklären lassen, warum gemäß § 2 Abs. 3 S. 2 WissZeitVG ebenso Vorschriften angerechnet werden, die nach anderen Rechtsvorschriften abgeschlossen werden. § 2 Abs. 3 WissZeitVG enthält gerade eine Anrechnungsvorschrift, die über den Anwendungsbereich des WissZeitVG hinaus geht. Auch ist nicht ersichtlich, warum der Bund keine Kompetenz haben sollte, Zeiten als Juniorprofessor als anrechenbar zu erklären, auch wenn es sich um Hochschulen des Landes handelt. Zwar hat der Bund keine Kompetenz die Juniorprofessur im Einzelnen auszugestalten – sofern es sich nicht um Hochschulen des Bundes handelt -, er besitzt jedoch die Kompetenz, das Arbeitsrecht zu regeln. Würde das zu den Juniorprofessoren durch *Schlachter* Vertretene zutreffen, dürfte der Bund grundsätzlich nicht die Arbeitsverhältnisse durch Befristungsrecht an den Hochschulen gestalten, da ihm für eine Regelung und Ausgestaltung des übrigen wissenschaftlichen Personals, für welches

757 *Reich*, HRG/WissZeitVG, § 2 Rn. 9.

758 *Waldeyer*, in: Hailbronner/Geis, HRG, § 57 b Rn. 23; *Dörner*, Der befristete Arbeitsvertrag, Rn. 692; KR-*Lipke*, § 57 b Rn. 46; *Müller-Glöge* – EK, § 2 WZVG Rn. 13.

759 BT-Drucks. 16/3438, S. 15; *Dieterich/Preis,* Befristete Arbeitsverhältnisse, S. 61; Annuß/Thüsing – *Lambrich*, § 23 Rn. 112; KR-*Lipke*, § 57 b Rn. 46; *Preis*, WissZeitVG, § 2 Rn. 93; *Waldeyer*, in: Hailbronner/Geis, HRG, § 57 b Rn. 37.

760 So vertreten bei *Schlachter*, in: Laux/Schlachter, TzBfG, Anhang 2 § 2 WissZeitVG Rn. 20.

das WissZeitVG unstreitig gilt, ebenso gänzlich die Kompetenz fehlt wie für die Schaffung und Ausgestaltung von Juniorprofessuren. Hiervon ist auch das BVerfG nicht ausgegangen. Insofern können Zeiten als Juniorprofessor im Rahmen des § 2 Abs. 3 WissZeitVG unabhängig davon, ob sie an Hochschulen des Bundes oder der Länder absolviert wurden, auf die Höchstbefristungszeiten angerechnet werden.

D. Privatdienstverträge

Ebenso anzurechnen sind Privatdienstverträge i. S. d. § 3 WissZeitVG.[761] Die Privatdienstverträge werden wie die anderen Arbeitsverhältnisse einbezogen, sofern der Arbeitsvertrag eine Arbeitszeit von mehr als einem Viertel der regelmäßigen Arbeitszeit vorsieht.

E. Anrechnung von befristeten Arbeitsverhältnissen aufgrund anderer Rechtsvorschriften, § 2 Abs. 3 S. 2 WissZeitVG

Jenseits der bereits dargestellten Anrechnung werden auch befristete Arbeitsverhältnisse, die nach anderen Rechtsvorschriften abgeschlossen wurden, auf die zulässigen Befristungsdauern angerechnet. Auf die jeweilige Rechtsgrundlage kommt es bei der Anrechnung von Arbeitsverhältnissen nicht an. Dass eine Anrechnung auch von Arbeitsverhältnissen stattfindet, die nach anderen Rechtsvorschriften geschlossen wurden, steht in unmittelbaren Zusammenhang mit der Regelung des § 2 Abs. 3 S. 1 WissZeitVG, weshalb auch hier nur eine Anrechnung stattfindet, wenn die Arbeitszeit mehr als ein Viertel der regelmäßigen Arbeitszeit umfasste.[762]

Bei den anderen Rechtsvorschriften muss es sich um Gesetze im materiellen Sinne handeln.[763] Nicht erfasst werden nach Auffassung von *Henrici* Befristungen aufgrund von Tarifverträgen, da diese keine Gesetzesqualität besitzen.[764] Hiergegen spricht jedoch § 1 Abs. 1 TVG, wonach der Tarifvertrag auch Rechtsnormen enthält, die den Inhalt, den Abschluss und die Beendigung von Arbeitsverhältnissen sowie betriebliche und betriebsverfassungsrechtliche Fragen ordnen können, ebenso geht auch § 4 Abs. 1 TVG von „Rechtsnormen“ aus, weswegen auch tarifvertragliche Regelungen zu den Rechtsvorschriften i. S. d. § 2 Abs. 3 S. 2 WissZeitVG gehören müssen.[765] Diese Ansicht kann jedoch nur auf Verträge abzielen, die auf die Sonderreglung (SR) 2 y Nr. 1 BAT gestützt waren, da in § 57 Abs. 2 HRG a.F. die Befristungsgründe nicht abschließend

761 Zum Begriff des Privatdienstvertrages vgl. Kapitel 4 § 1 III.
762 *Waldeyer*, in: Hailbronner/Geis, HRG, § 57 b Rn. 36.
763 *Reich*, HRG/WissZeitVG, § 2 WissZeitVG Rn. 10.
764 *Henrici*, in: Knopp/Gutheil, Neues HRG; S. 55.
765 *Waldeyer*, in: Hailbronner/Geis, HRG, § 57 b Rn. 36.

aufgezählt waren und die Tarifsperre nur gewisse Abweichungen von den Regelungen des WissZeitVG gestattet.

Zu den anderen Rechtsvorschriften zählen insbesondere das Teilzeit- und Befristungsgesetz, Befristungen aufgrund des HRG[766] in seinen verschiedenen Fassungen sowie Regelungen des Hochschulrechts der Länder. Zweckbefristete und auflösend bedingte Arbeitsverhältnisse sind im Umfang der tatsächlichen Vertragsdauer anzurechnen.[767]

Befristete Beamtenverhältnisse, die auf Normen jenseits des Hochschulrechts gestützt werden, sind nicht anzurechnen,[768] da § 2 Abs. 3 S. 2 WissZeitVG lediglich Arbeitsverhältnisse erwähnt und somit aus der Unterscheidung zwischen Arbeits- und Beamtenverhältnissen im vorhergehenden Satz gefolgert werden kann, dass die anzurechnenden Beamtenverhältnisse aufgrund Hochschulrechts befristet gewesen sein müssen.

F. Nichtanrechnung von Zeiten, die vor dem Abschluss des Studiums liegen, § 2 Abs. 3 S. 3 WissZeitVG

Nicht angerechnet auf die Höchstbefristungszeiten des Abs. 1 werden gemäß § 2 Abs. 3 S. 3 WissZeitVG Zeiten der Beschäftigung, die vor dem Abschluss eines Studiums liegen. Hintergrund der Nichtanrechnung ist, dass Zeiten vor Abschluss eines Studiums nicht in gleicher Weise einer wissenschaftlichen Qualifizierung förderlich sind wie wissenschaftliche Tätigkeiten nach Abschluss des Studiums.[769]

Studienabschluss meint hier sowohl ein Studium, das zu einem ersten berufsqualifizierenden Abschluss (wie z.B. Bachelor) führt, als auch ein Studium, das zu einem weiteren berufsqualifizierenden Abschluss (z.B. Master) führt.[770] Dies ist darauf zurückzuführen, dass der Bachelor nur begrenzt zur wissenschaftlichen Arbeit befähigt.[771] Auch kann die Umstellung der Studiengänge innerhalb des Bologna-Prozesses gerade nicht den Studierenden angelastet werden, die zur Finanzierung ihres Studiums zumeist auf Stellen angewiesen sind.

Gemäß § 2 Abs. 3 S. 3 WissZeitVG werden Zeiten eines befristeten Arbeitsverhältnisses, die vor dem Abschluss eines Studiums liegen, nicht auf Höchstbeschäftigungszeiten nach § 2 Abs. 1 WissZeitVG angerechnet. Nicht angerechnet werden nur Zeiten, die während eines Studiums liegen.[772] Zeiten, die über die

766 KR-*Lipke*, § 57 b Rn. 47.
767 *Müller-Glöge* – EK, § 2 WZVG Rn. 13.
768 *Reich*, HRG/WissZeitVG, § 2 WissZeitVG Rn. 10.
769 APS-*Schmidt*, § 2 WissZeitVG Rn. 41.
770 BT-Drucks. 16/4043, S. 9; APS-*Schmidt*, § 2 WissZeitVG Rn. 41; *Preis*, WissZeitVG, § 2 Rn. 118.
771 *Kortstock*, ZTR 2007, 350, 354.
772 *Kortstock*, ZTR 2007, 350, 354.

Beendigung des Studiums hinaus gehen, müssen aufgrund des Ausnahmecharakters hingegen berücksichtigt werden.[773] Erforderlich ist daher die Immatrikulation an einer Hochschule.[774] Wenn die Ausbildung Staatsexamina wie bei Lehrern und Juristen umfasst, endet die Hochschulausbildung daher mit dem erfolgreichen Absolvieren des ersten Staatsexamens. Der zweite Ausbildungsabschnitt weist keinerlei Bezüge zur Hochschule auf. Hiermit endet dann auch die anrechnungsfreie Zeit.[775]

Eine Anrechnung findet auch bei studentischen Beschäftigten erst ab mehr als einem Viertel der regelmäßigen Arbeitszeit statt, insoweit gilt die allgemeine Regel des § 2 Abs. 3 S. 1 WissZeitVG. Das Studium muss die Hauptbeschäftigung der studentischen Hilfskraft sein, weshalb diese nur mit weniger als der Hälfte der regelmäßigen Arbeitszeit beschäftigt werden darf.[776] Daher wird die Grenze des § 2 Abs. 3 S. 1 WissZeitVG bei studentischen Hilfskräften in den meisten Fällen gar nicht überschritten. Die Regelung des § 2 Abs. 3 S. 3 WissZeitVG wird somit kaum Anwendungsfälle haben.

Problematisch ist an dieser Regelung daher, dass auch studentischer Mitarbeiter sein kann, wer bereits ein Studium abgeschlossen hat. Damit stellt sich die Frage, ob diese Zeiten dann berücksichtigt werden müssen. Maßgeblich muss hier sein, ob die Beschäftigung zu einer Qualifikation i. S. d. § 2 Abs. 1 S. 1 und 2 WissZeitVG genutzt werden kann. Wird demnach ein Doktorand als studentische Hilfskraft beschäftigt und die Tätigkeit sieht auch eigene Qualifizierungstätigkeiten vor, würde diese Zeit demnach als Beschäftigungszeit anzurechnen sein. Bei diesem Beispiel würde eine Anrechnung jedoch auch erfolgen, wenn dies nicht aus der Beschäftigung folgen würde, da es sich dann um Promotionszeiten ohne Beschäftigung handeln würde.

Liegen z.B. vor Aufnahme eines zweiten Studiums bereits Beschäftigungszeiten als wissenschaftlicher Mitarbeiter, müssen diese angerechnet werden.[777] Nur eine Beschäftigung während des zweiten Studiums wird später nicht angerechnet,[778] wobei *Kortstock* hier sogar darauf verweist, dass diese Beschäftigung nicht notwendigerweise als studentische Hilfskraft erfolgen muss. Findet die Beschäftigung zwar während eines Zweitstudiums statt, dient aber einer anderen Qualifikation (wie z.B. einer Promotion) sind die Zeiten dennoch anzurechnen. Auch zählen aufbauende Studiengänge,[779] die z.B. zum LL.M. führen und ein komplett abgeschlossenes Hochschulstudium voraussetzen, nicht als Studium i. S. d. § 2 Abs. 3 S. 3 WissZeitVG, da sie nicht zu einem berufsqualifizierenden

773 *Reich*, HRG, 9. Aufl.; § 57 e Rn. 2.
774 *Preis*, WissZeitVG, § 2 Rn. 107.
775 *Preis*, WissZeitVG, § 2 Rn. 115.
776 *Müller-Glöge* - EK, 6. Aufl., § 57 e Rn. 2.
777 *Kortstock*, ZTR 2007, 350, 354.
778 *Kortstock*, ZTR 2007, 350, 354.
779 Hierzu zählen ausdrücklich nicht konsekutive Studiengänge aus dem Bachelor-Master-System, in denen der Master angelehnt ist an seine Vorläufer Magister und Diplom.

Abschluss führen, welcher bereits vorliegt, und somit eher mit einer Promotion vergleichbar sind. Promotionsstudiengänge sind daher kein Studium i. S. d. Norm,[780] dies folgt schon aus der Anrechnung von Promotionszeiten für die zweite Qualifikationsphase und der abschließenden Regelung von § 2 Abs. S. 1 und 2 WissZeitVG.

Gegen die vollständige Nichtanrechnung sprechen die gleichen europarechtlichen Bedenken wie bei der Nichtanrechnung der Arbeitsverhältnisse mit weniger als einem Viertel der regelmäßigen Arbeitszeit.[781] Da die Sechsjahresgrenze während des Studiums nie beginnt, ist de facto eine unbegrenzte befristete Beschäftigung studentischer Mitarbeiter möglich. *Haratsch/Holljesiefken*[782] wollen die Regelung deshalb dahingehend auslegen, dass die Sechs-Jahres-Regelung des § 2 Abs. 1 S. 1 WissZeitVG auch auf studentische Beschäftige Anwendung findet. § 2 Abs. 3 S. 3 WissZeitVG würde den Abschluss eines Studiums voraussetzen, weshalb die Regelung auch erst nach Abschluss Anwendung finden könne. Dadurch würde könne die Sechs-Jahres-Frist ablaufen. Der Wortlaut sieht diese eingrenzende Auslegung gerade nicht vor, sondern bestimmt, dass alle Zeiten, die vor Abschluss eines Studiums liegen, nicht angerechnet werden sollen. Dies setzt nicht voraus, dass überhaupt ein Studium erfolgreich abgeschlossen wird. Auch widerspricht die Auslegung ist der Intention des Gesetzgebers. So gestehen auch *Haratsch/Holljesiefken* ein, dass dies zu einer Drei-Phasen-Regelung führt. Das war jedoch vom Gesetzgeber gerade nicht intendiert, der Gesetzgeber wollte lediglich auf eine Benennung von Personalkategorien verzichten, weshalb er die reine Anknüpfung an die Beschäftigung während des Studiums aufgab. Die Regelung, die § 57 e HRG i. d. F. 5. HRGÄndG enthielt und im Entwurf in § 6 WissZeitVG enthalten war, ermöglichte eine Beschäftigung studentischer Hilfskräfte bis zur Dauer von vier Jahren. Auch hier wurde gerade nicht der erfolgreiche Abschluss eines Studiums vorausgesetzt. Diese Zeiten sollten ebenfalls nicht auf die Zeiten nach dem Studium angerechnet werden. Gegen diese Regelung bestanden keine vergleichbaren Bedenken, da der Gesetzgeber eine Höchstfrist für die Beschäftigung von Studenten gesetzt hatte, deren Ablauf nicht gehemmt war. Insofern ist dem Gesetzgeber zu raten, zu dieser Regelung zurückzukehren. Hierbei müssen auch keine Personalkategorien benannt werden, sondern es kann ebenso geregelt werden, dass eine Beschäftigung vor Abschluss eines Studiums bis zu vier Jahre möglich sein soll. Deshalb schlägt *Preis*[783] vor, Zeiten nach § 57 e HRG anrechnungsfrei zu las-

780 *Kortstock*, ZTR 2007, 350, 354; *Schlachter*, in: Laux/Schlachter, TzBfG, Anhang 2 § 2 WissZeitVG Rn. 20.
781 *Preis*, WissZeitVG, § 2 Rn. 109.
782 *Haratsch/Holljesiefken*, NZA 2008, 207, 210.
783 *Preis*, WissZeitVG, § 2 Rn. 111, mit zutreffendem Hinweis auf die Folgen, die dies für die erste Qualifikationsphase und das Niveau der studentischen Mitarbeiter mit sich bringt.

sen, da hier eine Höchstzeit enthalten war, sowie für Befristungen im Rahmen von Drittmittelprojekten, da hier ein Sachgrund gegeben sei. Zeiten nach § 2 Abs. 1 WissZeitVG sind für studentische Beschäftigte hingegen anzurechnen, da dies die einzige europarechtskonforme Lösung sei. Zum jetzigen Zeitpunkt ist dies die einzige Möglichkeit, die Norm so anzuwenden, dass Entfristungsklagen nicht unter Verweis auf das Europarecht Erfolg haben. Derartige Klagen dürften sich nicht an das Ende des Studiums anschließen, da hier zumeist Arbeitsverträge bestehen, die einen sehr geringen Stundenumfang aufweisen. Sollte in die ursprünglich erste Qualifizierungsphase eingetreten werden, sind die Zeiten aus dem Studium nach jetziger Lage jedoch anzurechnen. Hier sind Entfristungsklagen wahrscheinlicher, da das zugrunde liegende Arbeitsverhältnis deutlich attraktiver ist.

G. Erfassung der Vorbeschäftigungszeiten sowie Lösungsansätze bei Falschangaben

Die Erfassung der Vorbeschäftigungszeiten sowie der Promotionszeiten stellen die Hochschulen und Forschungseinrichtungen vor große Herausforderungen, da eine fehlerhafte Erfassung zu einer falschen Berechnung der möglichen Befristungszeit führen kann und die Überschreitung der Höchstbefristungsdauer des § 2 Abs. 1 WissZeitVG zur Unwirksamkeit der Befristung führt.

Eine Anfechtung nach § 119 Abs. 2 BGB scheitert daran, dass die Vorbeschäftigung keine für die Eignung des Arbeitnehmers verkehrswesentliche Eigenschaft darstellt.[784]

Eine ähnliche Problematik stellt sich bei der Erfassung der Vorbeschäftigung bei demselben Arbeitgeber im Falle des § 14 Abs. 2 S. 2 TzBfG. Hier ging der Gesetzgeber[785] davon aus, dass sich der Arbeitgeber durch Ausübung eines Fragerechts vor Einstellung schützen könne, da sich der Arbeitgeber bei nichtwahrheitsgemäßer Beantwortung der Frage durch Anfechtung des Arbeitsvertrages vom Arbeitgeber schützen könne. Diesen Vorschlag übernehmen *Preis/Hausch*[786] für die Erfassung im Rahmen des WissZeitVG und leiten hier ebenso ein Anfechtungsrecht nach § 123 BGB bei bewusster Falschangabe ab.[787] Das Fragerecht bezieht sich sowohl auf Vorbeschäftigungszeiten als auch auf die Promotionszeit. Beide Angaben berühren nicht die Privatsphäre des Arbeitnehmers, weshalb eine Abfrage dieser Daten durch den Arbeitgeber zulässig ist.[788] Zwar muss es sich hier im Unterschied zur Regelung des

784 *Dörner*, Der befristete Arbeitsvertrag, Rn. 554.
785 BT-Drucks. 14/4374 S. 19.
786 *Preis/Hausch*, NJW 2002, 927, 930; ebenso KR-*Lipke*, § 57 b Rn. 44; *Müller-Glöge* – EK, § 2 WZVG Rn. 8; APS-*Schmidt*, § 2 WissZeitVG Rn. 14.
787 Ebenso *Preis*, WissZeitVG, § 2 Rn. 125.
788 APS-*Schmidt*, § 2 WissZeitVG Rn. 14.

§ 14 Abs. 2 TzBfG nicht um denselben Arbeitgeber handeln, sondern es steht im Rahmen des WissZeitVG die Erfassung der Vorbeschäftigungszeiten im Vordergrund, so muss dennoch bei wahrheitswidriger Beantwortung ein Anfechtungsrecht zugestanden werden.[789] *Dörner*[790] weist jedoch zu Recht darauf hin, dass sich nicht automatisch aus der unrichtigen Beantwortung einer Frage ein Anfechtungsrecht ergäbe. Vielmehr muss nach den Voraussetzungen des § 123 BGB eine Täuschungsabsicht auf Seiten des Arbeitnehmers vorliegen, die als solche voraussetzt, dass der Arbeitnehmer den zutreffenden Sachverhalt kannte. Dies dürfte insbesondere im Hochschulbereich schwierig sein. Die Erfassung der Vorbeschäftigungszeiten nach § 2 Abs. 3 WissZeitVG erfordert vom Arbeitnehmer, dass er sämtliche Arbeitsverhältnisse mit allen Forschungseinrichtungen und Hochschulen angibt, unabhängig davon, in welchem Zeitumfang sie bestanden. Die rechtliche und rechnerische Bewertung bei der Erfassung der noch verbleibenden Höchstdauer muss dann der Hochschule überlassen werden. Sollte es sich jedoch um eine Vielzahl kleinerer Arbeitsverhältnisse handeln, wird man wohl kaum von einer vorsätzlichen Nichtangabe ausgehen können und erst recht nicht von Arglist.

Noch schwieriger ist die Angabe des Promotionszeitraumes, die für die Berechnung der möglichen Beschäftigungsdauer nach § 2 Abs. 1 S. 2 WissZeitVG von elementarer Bedeutung ist. Stellt man – wie hier angenommen – auf die Vereinbarung des Promotionsthemas ab, wird sich in den seltensten Fällen ein Doktorand genau an den Tag erinnern, an dem der Betreuer und er das Thema endgültig vereinbart haben. Die Erfassung dieses Zeitraumes ist damit auch nicht durch Befragung möglich. Der Doktorand hätte jedoch in einem Arbeitsgerichtsprozess erhebliche Beweisschwierigkeiten, sollte er sich nachträglich darauf berufen wollen, dass der Promotionszeitraum länger gewesen sei als ursprünglich angegeben.[791]

Eine weitere Möglichkeit könnte die Beendigung des Arbeitsverhältnisses gestützt auf die Grundsätze von Treu und Glauben. Gibt der Mitarbeiter entweder wissentlich, was ihm kaum nachweisbar ist, oder fahrlässig falsche Vorbeschäftigungszeiten an, stellt sich die Berufung im Arbeitsrechtsprozess seitens des Arbeitnehmers auf die falsche Berechnung um eine Entfristung zu erhalten als treuwidrig i. S. d. § 242 BGB dar. Der Arbeitnehmer hat die Fragen des Arbeitgebers zur Ermittlung der Vorbeschäftigungszeiten nicht wahrheitsgemäß beantwortet. Auf dieser Falschangabe beruht jedoch die Berechnung des Arbeitgebers hinsichtlich der Befristungsdauer. Rechtsfolge ist insofern nicht, dass ein unbefristetes Arbeitsverhältnis entstanden ist, sondern der Vertrag dahingehend anzupassen ist, dass nur die nach WissZeitVG höchstzulässige Befristungszeit

789 KR-*Lipke*, § 57 b Rn. 44.
790 *Dörner*, Der befristete Arbeitsvertrag, Rn. 552.
791 Vgl. zur Beweislast des Doktoranden *Dörner*, Der befristete Arbeitsvertrag, Rn. 686 sowie Rn. 1013 ff.

vereinbart worden ist. Ist diese bereits bei gerichtlicher Entscheidung überschritten, ist eine sofortige Lösung vom Vertrag möglich. Die Annahme eines unbefristeten Vertrages würde dem Willen der Parteien widersprechen, da beide Seiten übereinstimmend einen befristeten Vertrag geschlossen haben.

Es ist zu befürchten, dass die Hochschulen aufgrund der unsicheren Erfassung von Promotions- und Vorbeschäftigungszeiten von der Möglichkeit der Befristung über sechs Jahre hinaus, die ihnen § 2 Abs. 1 S. 2 WissZeitVG bietet, nur sehr zögerlich Gebrauch machen.

Kapitel 7 Verlängerung gemäß § 2 Abs. 5 WissZeitVG

Die Dauer eines Arbeitsverhältnisses verlängert sich um die in § 2 Abs. 5 WissZeitVG abschließend aufgezählten Zeiten. Bei den in § 2 Abs. 5 WissZeitVG enthaltenen Tatbeständen handelt es sich um sog. Unterbrechungszeiten. Dem Anliegen des Gesetzgebers, eine zügige Qualifizierung zu fördern, widerspricht die Nichtanrechnung der Unterbrechungszeiten. Die Nichtanrechnung ist jedoch aus sozialen Gründen erforderlich,[792] da Zeiten einer Beurlaubung oder Beschäftigungsunterbrechung den Ablauf des befristeten Arbeitsvertrages nicht hemmen. Die Verlängerungsmöglichkeiten des Abs. 5 dienen zusätzlich dem öffentlichen Interesse, da es nicht sinnvoll ist, ein Arbeitsverhältnis vor Erreichen der wissenschaftlichen Qualifizierung zu beenden und somit die bereits gewährte Förderung leer laufen zu lassen.[793] Durch die Regelung sind somit die sozialen Gründe, die eine Verlängerung rechtfertigen sowie das gesetzgeberische Ziel, die Qualifikationszeiten kurz zu halten, in Einklang gebracht worden.[794]

§ 2 Abs. 5 WissZeitVG findet nur Anwendung auf befristete Arbeitsverträge, deren Befristung zudem auf dem WissZeitVG beruht.[795] Die Norm ist außerdem nur anwendbar auf Arbeitsverträge, die nach § 2 Abs. 1 WissZeitVG befristet wurden, und nicht auf eine Befristung nach § 2 Abs. 2 WissZeitVG. Bei Einführung des Drittmitteltatbestandes hat der Gesetzgeber auf eine Erweiterung der Verlängerungsmöglichkeiten verzichtet. Insoweit ist kein Raum für eine Analogie.[796] Bei Drittmittelprojekten besteht zudem kein Bedürfnis für Verlängerung des bereits bestehenden Arbeitsverhältnisses. Die Dauer des Arbeitsverhältnisses knüpft bei Drittmittelprojekten an die Dauer eines Projektes und gerade nicht an eine mögliche Qualifizierungsdauer an. Insofern sind die allgemeinen Arbeitnehmerschutzvorschriften für einen Arbeitsvertrag, der auf Grundlage von § 2 Abs. 2 WissZeitVG befristet wurde, ausreichend.

Die in § 2 Abs. 5 WissZeitVG aufgezählten Verlängerungstatbestände sind abschließend, d.h. es ist den Ländern nicht vorbehalten, neue hinzuzufügen.[797] Sollte Landesrecht weitergehende Vorschriften enthalten, sind diese gemäß Art. 31 GG nichtig.[798]

---

792 BT-Drucks 16/348 S. 24; *Dörner*, Der befristete Arbeitsvertrag, Rn. 700; *Müller-Glöge* - EK, § 2 WZVG Rn. 16; *Preis*, WissZeitVG, § 2 Rn. 134; *Schlachter*, in: Laux/Schlachter, TzBfG, Anhang 2 § 2 WissZeitVG Rn. 22; *Waldeyer*, in: Hailbronner/Geis, HRG, § 57 b Rn. 69.

793 *Preis*, WissZeitVG, § 2 Rn. 134; *Waldeyer*, in: Hailbronner/Geis, HRG, § 57 b Rn. 69.

794 KR-*Lipke*, § 57 b Rn. 57.

795 *Waldeyer*, in: Hailbronner/Geis, HRG, § 57 b Rn. 71.

796 *Preis*, WissZeitVG, § 2 Rn. 136.

797 BAG, Urt. v. 14.2.1996, AP Nr. 4 zu § 57 HRG; Annuß/Thüsing - *Lambrich*, § 23 Rn. 114; *Preis*, WissZeitVG, § 2 Rn. 143; *Reich*, HRG/WissZeitVG, § 2 WissZeitVG Rn. 15; APS-*Schmidt*, § 2 WissZeitVG Rn. 63; *Waldeyer*, in: Hailbronner/Geis, HRG, § 57 b Rn. 73.

798 *Dörner*, Der befristete Arbeitsvertrag, Rn. 708; *Müller-Glöge* - EK, § 2 WZVG Rn. 17.

Zu den Ausnahmezeiten gehören Zeiten von Arbeitszeitermäßigungen, Freistellungen, Beurlaubung sowie das Ruhen wegen Grundwehr- bzw. Zivildienst. Diese Regelung entspricht im Wesentlichen den Verlängerungsmöglichkeiten, die bereits in § 57 c Abs. 6 HRG i. d. F. 1999 enthalten waren. Lediglich der Verlängerungstatbestand aufgrund der Beurlaubung zur Wahrnehmung vereinigungsbedingter Sonderaufgaben (§ 57 c Abs. 6 Nr. 2 HRG a.F.) wurde gestrichen.

In der Fassung bis 22. Februar 2002 des HRG erfolgte lediglich eine Nichtanrechnung der genannten Zeiten. Eine Verlängerung fand demnach nicht automatisch statt, sondern setzte eine rechtsgeschäftliche Vereinbarung voraus. Demnach hatte der Arbeitnehmer nur einen schuldrechtlichen Anspruch auf Verlängerung der Befristung.[799] Das HRG i. d. F. 19.1.1999 sah vor, dass die dort aufgeführten Tatbestände nicht auf die Befristungszeiten anzurechnen waren. Das WissZeitVG sowie die späteren Fassungen des HRG regeln hingegen, dass sich die jeweilige Dauer eines befristeten Arbeitsvertrages und somit ein bereits abgeschlossener Arbeitsvertrag verlängert. Die Rechtsfolgen des § 2 Abs. 5 WissZeitVG ergeben sich aus den S. 1 und 2. Die Ausnahmezeiten führen nicht dazu, dass sich die Höchstzeiten des § 2 Abs. 1 WissZeitVG pauschal verlängern, sondern ausschließlich das bereits eingegangene Arbeitsverhältnis. Sollte dies zu einer Überschreitung der Höchstbefristungsdauern des § 2 Abs. 1 WissZeitVG führen, kann eine Verlängerung dennoch stattfinden. Ebenso werden die Verlängerungszeiten bei einer weiteren Befristung für die Berechnung des verbliebenen Befristungszeitraumes nicht berücksichtigt (§ 2 Abs. 5 S. 2 WissZeitVG). Eine durch § 2 Abs. 5 S. 1 WissZeitVG vorgenommene Verlängerung der ersten Phase führt deshalb auch nicht zu einer Anrechnung auf die Promotionszeit und somit Verkürzung der zweiten Phase.[800]

Eine Ausnahme stellen diese Zeiten jedoch dar, sofern sie zeitgleich zur Anfertigung einer Dissertation genutzt werden. Zwar führen die Verlängerungszeiten auch in diesen Fällen nicht zu einer Verkürzung der beiden Qualifikationsphasen, sie müssen jedoch nach zutreffender Auffassung von *Preis*[801] Berücksichtigung finden bei der Anrechnung von Promotionszeiten in der zweiten Qualifikationsphase, welche zu einer Verlängerung über sechs Jahre hinaus i. S. d § 2 Abs. 1 S. 2 2. HS WissZeitVG. Nur so kann sowohl dem Anliegen des § 2 Abs. 5 WissZeitVG (Ausgleich von Benachteiligung aufgrund besonderer Umstände) als auch dem Gesetzesanliegen, eine zügige Qualifikation fördern zu wollen, gerecht geworden werden. Dem Beschäftigten bleiben die vollständigen Qualifikationsphasen erhalten, da seine Unterbrechungszeit nicht auf diese angerechnet wird, er wird aber auch nicht denjenigen gegenüber begünstigt, die ihre

799 KR-*Lipke*, § 57 b Rn. 52.
800 *Löwisch/Wertheimer*, in : HochschulR-Praxishandbuch, VII Rn. 179; *Schlachter*, in: Laux/Schlachter, TzBfG, Anhang 2 § 2 WissZeitVG Rn. 26.
801 *Preis*, WissZeitVG, § 2 Rn. 176.

Promotion ohne Beschäftigungsverhältnis anfertigen und sich die gesamte Zeit der Promotion auf die Verlängerungsoption der Post-doc-Phase anrechnen lassen müssen.

Der Begriff der Verlängerung i. S. d. § 14 Abs. 2 TzBfG setzt voraus, dass die Verlängerungsvereinbarung während der Laufzeit eines befristeten Vertrages getroffen wurde.[802] Da § 2 Abs. 5 WissZeitVG gerade nicht die Höchstbefristungsdauer des § 2 Abs. 1 WissZeitVG erhöht, sondern die vereinbarte Dauer des bereits bestehenden Vertrages verschiebt, ist hier der Begriff der Verlängerung wie in § 14 Abs. 2 TzBfG zu verstehen. Findet ein Wechsel der Personalkategorie statt, d.h., dass eine wissenschaftliche Hilfskraft in dem folgenden Vertrag als wissenschaftlicher Mitarbeiter beschäftigt wird, kann nicht mehr von einer Verlängerung ausgegangen werden.[803] Macht der Arbeitnehmer einen Teilzeitwunsch geltend, kann dieser nicht verlängerungsschädlich sein, da auch der befristete Arbeitsvertrag unter den gesetzlichen Anspruch aus § 8 TzBfG fällt.[804]

Zu § 57 b Abs. 4 HRG i. d. F. 7.12.2004 hatte *Reich*[805] vertreten, dass nur wissenschaftlichen Mitarbeitern die Verlängerungsmöglichkeiten zu gute kämen, da sich der Wortlaut nur auf Mitarbeiter beziehe und die Verlängerung der Höchstbefristungsdauer gemäß § 2 Abs. 1 S. 3 WissZeitVG keine Anwendung finde auf wissenschaftliche Hilfskräfte, wie die eindeutige Bezugnahme von § 2 Abs. 1 S. 3 WissZeitVG auf Verträge nach den Sätzen 1 und 2 herausstelle.

Dem war bereits bei damaliger Gesetzeslage nicht zuzustimmen. Zum einen nahm der Verlängerungstatbestand Bezug auf den gesamten Abs. 1.[806] Zum anderen hätte diese Auffassung dem Zweck der Regelung eindeutig widersprochen. So konnte sich gemäß § 57 b Abs. 4 HRG i. d. F. 5. HRGÄndG die Höchstzeit um die Zeiten verlängern, in denen eine Erwerbstätigkeit aufgrund einer Inanspruchnahme von Elternzeit nach dem Bundeselterngeld- und Elternzeitgesetz und Zeiten eines Beschäftigungsverbots nach den §§ 3, 4, 6 und 8 des Mutterschutzgesetzes nicht erfolgt ist. Dieser Verlängerungstatbestand dient dem Schutz der Familie sowie der Gleichbehandlung von Frauen. Es ist nicht ersichtlich, warum sich die Beschäftigungsverbote des MuSchG verlängernd auf die Höchstbeschäftigungsdauer für wissenschaftliche Mitarbeiterinnen auswirken sollen, jedoch nicht für weibliche wissenschaftliche Hilfskräfte, die zudem

---

802 BAG, Urt. v. 25.10.2000, AP BeschFG 1996 § 1 Nr.6.

803 *Lipke*, Befristungen von Arbeitsverhältnissen, S. 63.

804 *Dörner*, Der befristete Arbeitsvertrag, Rn. 568.

805 *Reich*, HRG, 9. Aufl., § 57 b Rn. 13; a.A. bereits zu alten Rechtslage: *Löwisch/Wertheimer*, in: Hartmer/Detmer, HochschulR – Praxishandbuch, VII Rn. 207; *Waldeyer*, in Hailbronner/Geis, HRG, § 57 b Rn. 10. *Reich* hat jedoch in der Folgeauflage zum WissZeitVG ohne Begründung anerkannt, dass durch die Bezeichnung „Mitarbeiter“ auch wissenschaftliche und künstlerische Hilfskräfte eingeschlossen sind, *Reich*, HRG/WissZeitVG, 2 WissZeitVG Rn. 15.

806 *Waldeyer*, in: Hailbronner/Geis, HRG, § 57 b Rn. 70.

einer kürzeren Höchstbeschäftigungsdauer unterliegen. Der Gesetzgeber hat in seiner Begründung[807] auch das Beispiel des Mutterschutzes sowie der Elternzeiten angesprochen, wobei er sich nicht zur Anwendbarkeit auf wissenschaftliche Hilfskräfte geäußert hat.

Diese Problematik ist jedoch seit Verabschiedung des WissZeitVG behoben. Zwar wurde der Wortlaut der Bestimmung nicht geändert, jedoch bezieht sich das WissZeitVG auf das wissenschaftliche Personal mit Ausnahme der Hochschullehrer als solches und differenziert nicht zwischen Mitarbeitern und Hilfskräften. Zudem wurde im Gesetzgebungsverfahren vorgebracht, dass es nicht erklärlich sei, warum die Verlängerungstatbestände nicht auch auf studentische Hilfskräfte Anwendung finden würden. So hatte der Bundesrat in seiner Stellungnahme zum WissZeitVG-E um Prüfung gebeten,[808] ob die Anwendbarkeit des § 2 Abs. 5 WissZeitVG auch auf studentische Hilfskräfte erweitert werden könne. Zum einen träfen die Gründe, die zur Verlängerungen des Arbeitsverhältnisses führen, auch auf studentische Beschäftigte zu, und zum anderen wäre es deshalb aus Gründen der Gleichbehandlung geboten, diese Erweiterung vorzunehmen, da je nach Landesrecht Studierende in einem postgradualen Masterstudiengang sowohl als studentische als auch als wissenschaftliche Hilfskräfte beschäftigt werden könnten. Die Bundesregierung[809] stimmte der Prüfbitte zu. Durch die Verallgemeinerung des personellen Anwendungsbereichs des WissZeitVG wurde diese Problematik aufgelöst. § 2 Abs. 5 WissZeitVG bezieht sich generell auf Arbeitsverträge nach § 2 Abs. 1 mit Mitarbeiterinnen und Mitarbeitern. Durch die Neuregelung bezieht sich § 2 Abs. 5 WissZeitVG auf das gesamte wissenschaftliche Personal nach § 1 WissZeitVG und somit auch auf studentische Beschäftigte.

Das alte Recht sah vor, dass ein neuer Vertrag geschlossen werden musste, zu dessen Abschluss der Arbeitgeber bei Vorliegen der gesetzlichen Voraussetzungen jedoch verpflichtet war,[810] weshalb der neue Vertrag gemäß § 14 Abs. 4 TzBfG der Schriftform bedurfte. Die neue Regelung will dies gerade vermeiden und sieht daher vor, dass sich die Dauer des Arbeitsverhältnisses um die dort genannten Tatbestände verlängert. Somit verlängert sich der Arbeitsver-

---

807 BT-Drucks 14/6853, S. 34: „Die Verlängerungsregelungen sind mit dem Grundprinzip einer zügigen Qualifizierung vereinbar bzw. aus sozialen Gründen gefordert. So würde es eine nicht zu rechtfertigende Benachteiligung insbesondere von Frauen darstellen, wenn Zeiten des Mutterschutzes oder der Elternzeit auf die Vertragslaufzeit angerechnet würden. Wenn während der Elternzeit eine Erwerbstätigkeit mit reduzierter Arbeitszeit fortgeführt wird, bemisst sich die Verlängerung nach dem Umfang der Arbeitszeitverminderung (Differenz zwischen ursprünglich vereinbarter Arbeitszeit und reduzierter Arbeitszeit). Die Erwägung der Nachteilsvermeidung gilt auch für die Berücksichtigung der Unterbrechungszeiten in Nummer 1 und Nummer 4."

808 BT-Drucks. 16/3438, S. 18 (Anlage 2).

809 BT-Drucks. 16/3438, S. 19 (Anlage 3).

810 *Dörner*, Der befristete Arbeitsvertrag, Rn. 701; APS-*Schmidt*, § 2 WissZeitVG Rn. 60; *Waldeyer*, in: Hailbronner/Geis, HRG, § 57 b Rn. 72.

trag automatisch kraft Gesetzes.[811] Nach Ansicht von *Lambrich*[812] handelt es sich gerade nicht um eine automatische Verlängerung. Vielmehr müsse der Arbeitnehmer vom Arbeitgeber den Abschluss eines die Verlängerung berücksichtigenden Änderungsvertrages oder eines weiteren, dem Unterbrechungszeitraum entsprechenden, Zeitvertrages verlangen.

Die Verlängerung geschieht gemäß § 2 Abs. 5 S. 1 WissZeitVG jedoch nur mit Einverständnis des Arbeitnehmers, wie sich unmittelbar aus dem Wortlaut „verlängert sich im Einverständnis" ergibt. Damit ist ein erneuter Vertragsschluss nicht notwendig. Das Einverständnis ist eine rechtsgeschäftsähnliche Handlung,[813] da es eine auf einen tatsächlichen Erfolg gerichtete Erklärung darstellt, deren Rechtsfolgen kraft Gesetzes eintreten.[814] Eine Zustimmung des Arbeitgebers ist gerade nicht vorgesehen.[815] Eine Mitwirkung[816] oder eine Erklärung[817] des Arbeitgebers sind nicht erforderlich. Somit kann es sich nicht um einen Vertragsschluss handeln. Für den Arbeitgeber könnte daher sogar von einem Kontrahierungszwang[818] ausgegangen werden, wobei dieser Begriff irreführend ist, da es sich gerade nicht um den Abschluss eines neuen Vertrages handelt. „Kontrahierungs"zwang kann insoweit nur die fehlende Kompetenz des Arbeitgebers zur Verhinderung der Verlängerung meinen. Für die Verlängerung der Dauer des Arbeitsverhältnisses ist alleinig das Vorliegen einer der Tatbestände des § 2 Abs. 5 S. 1 Nr. 1 - 5 WissZeitVG sowie die Einverständniserklärung des Arbeitnehmers Voraussetzung; dem Arbeitgeber verbleibt lediglich die Möglichkeit, das Vorliegen der vom Arbeitnehmer vorgetragenen Tatsachen zu überprüfen. Unerheblich ist, ob dienstliche Gründe einer Verlängerung entgegenstehen.[819] Der Arbeitgeber hat lediglich das Recht, die Voraussetzungen der Verlängerung anhand der vom Mitarbeiter genannten Kriterien zu prüfen.[820]

Da das Gesetz neben dem Vorliegen einer der Befreiungstatbestände lediglich das Einverständnis des Arbeitnehmers voraussetzt, ist zu fragen, wie der Arbeitgeber Kenntnis davon erlangt, ob der Arbeitnehmer eine Verlängerung wünscht. Sprachlich setzt „Einverständnis" voraus, dass dem Arbeitnehmer zuvor der Sachverhalt mitgeteilt wurde, zu dem er sich erklären muss. Eine Möglichkeit besteht darin, dass die Hochschule den Mitarbeiter darauf hinweist, dass sich das

---

811 *Waldeyer*, in: Hailbronner/Geis, HRG, § 57 b Rn. 72; APS-*Schmidt*, § 2 WissZeitVG Rn. 60; a.A. Annuß/Thüsing - *Lambrich*, § 23 Rn. 120; *Preis*, WissZeitVG, § 2 Rn. 138.

812 Annuß/Thüsing - *Lambrich*, § 23 Rn. 120.

813 *Lakies*, ZTR 2002, 250, 255; *Preis*, WissZeitVG, § 2 Rn. 139; APS-*Schmidt*, § 2 WissZeitVG Rn. 61.

814 Palandt-*Heinrichs*, Überbl v § 104 Rn. 6.

815 *Reich*, HRG/WissZeitVG, § 2 WissZeitVG Rn. 15; *Waldeyer*, in Hailbronner/Geis, HRG, § 57 b Rn. 72.

816 *Waldeyer*, in: Hailbronner/Geis, HRG, § 57 b Rn. 72.

817 *Reich*, HRG/WissZeitVG, § 2 WissZeitVG Rn. 21.

818 *Henrici*, in: Knopp/Gutheil, Neues HRG, S. 53.

819 *Waldeyer*, in: Hailbronner/Geis, HRG, § 57 b Rn. 72.

820 *Reich*, HRG/WissZeitVG, § 2 WissZeitVG Rn. 21.

Ende des Arbeitsverhältnisses verschiebt.[821] Inhalt des Hinweises kann jedoch lediglich sein, dass die Möglichkeit besteht, dass sich das Ende des Arbeitsverhältnisses verlängert.[822] Woraus sich jedoch eine Verpflichtung des Arbeitgebers ergeben soll, den Arbeitnehmer auf einen diesem zustehenden Anspruch hinzuweisen, lässt sich dem Gesetzestext nicht entnehmen.[823]

Der Arbeitgeber kann jedoch den Arbeitnehmer auffordern, sein Einverständnis zur Verlängerung zu erklären.[824] Schweigt der Arbeitnehmer, kommt es nicht zu einer Verlängerung. Anderenfalls würde es sich nicht um ein Einverständnis seitens des Arbeitnehmers handeln, sondern um ein Widerspruchsrecht.[825] Aus den Worten „verlängert sich“ muss geschlussfolgert werden, dass es sich um eine zwingende Verlängerung handelt, sofern das Einverständnis des Arbeitnehmers vorliegt, nicht jedoch, dass es sich um eine automatische Verlängerung handelt, sofern der Arbeitnehmer nicht widerspricht. Um Klarheit über die Fortsetzung des Arbeitsverhältnisses zu gewinnen, sollte die Hochschule oder Forschungseinrichtung den Arbeitnehmer auffordern, sich zu der Verlängerung zu erklären.[826] Äußert dieser sich nach Aufforderung seitens des Arbeitgebers nicht, verlängert sich das Arbeitsverhältnis nicht; stimmt er zu, wird das Arbeitsverhältnis um die zutreffende Zeitdauer verlängert.[827] Dem Arbeitnehmer bleibt es natürlich unbenommen, bereits vor der Aufforderung seitens des Arbeitgebers, sein Einverständnis zu erklären, womit er die gesetzlich geregelte Rechtsfolge auslösen würde.[828]

Nach *Lambrich*[829] handelt es sich bei dem Einverständnis des Arbeitnehmers um einen Antrag i. S. d. §§ 145 ff BGB, wobei der Arbeitgeber hinsichtlich der Annahme einem Kontrahierungszwang unterliegt. Daraus folgt dann auch – in sich konsequent –, dass nach Ansicht von *Lambrich* die notwendige Vertragsänderung dem Schriftformerfordernis des § 14 Abs. 4 TzBfG unterliegt. Da nach der hier vertretenen Auffassung die Verlängerung mangels Beteiligungsmöglichkeit des Arbeitgebers keinen eigenständigen Vertragsschluss darstellt, kann § 14 Abs. 4 TzBfG keine Anwendung finden.[830] Die Schriftform soll – wie bereits oben dargestellt – neben der Klarstellungs- und Beweisfunktion auch vor

---

821 KR-*Lipke*, § 57 b Rn. 52; *Müller-Glöge* - EK, § 2 WZVG Rn. 18.
822 *Henrici*, in: Knopp/Gutheil, Neues HRG, S. 53.
823 Annuß/Thüsing - *Lambrich*, § 23 Rn. 120, ebenso *Preis*, WissZeitVG, § 2 Rn. 139.
824 *Lakies*, ZTR 2002, 250, 255; zustimmend KR-*Lipke*, § 57 b Rn. 52.
825 *Henrici*, in: Knopp/Gutheil, Neues HRG, S. 53; APS-*Schmidt*, § 2 WissZeitVG Rn. 61.
826 *Dörner*, Der befristete Arbeitsvertrag, Rn. 702.
827 *Lipke*, Befristungen von Arbeitsverhältnissen, S. 69.
828 *Müller-Glöge* - EK, § 2 WZVG Rn. 18; *Preis*, WissZeitVG, § 2 Rn. 139.
829 Annuß/Thüsing - *Lambrich*, § 23 Rn. 120. Ebenso *Dörner*, Der befristete Arbeitsvertrag, Rn. 71, 576.
830 Ebenso KSchR-*Däubler*, § 2 WissZeitVG Rn. 44; *Dörner*, Der befristete Arbeitsvertrag, Rn. 702; *Lakies*, ZTR 2002, 250, 255 KR-*Lipke*, § 57 b Rn. 53; *Müller-Glöge* - EK, § 2 WZVG Rn. 17; *Reich*, HRG/WissZeitVG, § 2 WissZeitVG Rn. 21; *Waldeyer*, in: Hailbronner/Geis, HRG, § 57 b Rn. 72.

dem übereilten Abschluss eines befristeten Arbeitsvertrages warnen, wodurch der Gefahr der Umgehung zwingender Kündigungsschutzvorschriften vorgebeugt werden soll.[831] Bei den Verlängerungsmöglichkeiten gemäß § 2 Abs. 5 WissZeitVG besteht weder die Gefahr, dass übereilt ein befristeter Arbeitsvertrag abgeschlossen wird, noch die Gefahr, Kündigungsschutzvorschriften könnten umgangen werden, da ein bereits bestehender befristeter Arbeitsvertrag nur aufgrund bestimmter Umstände, die durch den Arbeitnehmer veranlasst wurden, verlängert wird. Außerdem hängt es ausschließlich vom Arbeitnehmer ab, ob der Vertrag um diesen Zeitraum verlängert wird, weshalb auch von Übereilung nicht ausgegangen werden kann. Insoweit besteht hier aus Sicht des Arbeitnehmerschutzes kein Bedarf, die Verlängerung aufgrund § 2 Abs. 5 WissZeitVG schriftlich zu fixieren. Das Schriftformerfordernis würde zudem der Intention des Gesetzgebers, eine Verlängerung aus sozialen Gründen zu erleichtern, entgegenstehen.[832]

Ausreichend ist es, wenn der Arbeitnehmer bis Vertragsende erklärt, die Vertragsverlängerung grundsätzlich geltend zu machen; wie lange er von der Verlängerung Gebrauch machen will, muss er bis zum ersten Arbeitstag der Verlängerungsphase erklären.[833] Der Beschäftigte kann sich entscheiden, ob er die vollständige Verlängerungszeit in Anspruch nimmt, oder nur einen Teil davon.[834] Der Zugang der Einverständniserklärung des Arbeitnehmers bewirkt dann die Verlängerung des Vertrages, wobei die Einverständniserklärung formfrei (und auch konkludent) erfolgen kann.[835] Liegt keine Einverständniserklärung vor, kann eine Weiterbeschäftigung über den ursprünglich vereinbarten Vertragszeitraum die Folgen von § 15 Abs. 5 TzBfG hervorrufen.[836] Aus Gründen der Rechtssicherheit ist wegen der Einverständniserklärung sowie der Dauer der Verlängerung zu empfehlen, vor dem Eintritt in die Verlängerung deren Beginn und Ende schriftlich zu fixieren.[837]

Problematisch ist, wann die Verlängerungszeit beginnt. Ihr Beginn ist nicht geregelt. Unproblematisch ist der Fall, in dem der Unterbrechungstatbestand während der Laufzeit des ursprünglichen Vertrages endet. Dann schließt die Verlängerung unmittelbar an das Ende der vereinbarten Vertragslaufzeit an. Schwieriger ist der Fall zu beurteilen, in dem der Unterbrechungstatbestand über das Ende des Arbeitsvertrages hinaus wirkt. Der Unterbrechungstatbestand be-

---

831 *V. Koppenfels*, AuR 2002, 241, 242.
832 KR-*Lipke*, § 57 b Rn. 53.
833 *Preis*, WissZeitVG, § 2 Rn. 141.
834 *Preis*, WissZeitVG, § 2 Rn. 179.
835 *Preis*, WissZeitVG, § 2 Rn. 139; *Schlachter*, in: Laux/Schlachter, TzBfG, Anhang 2 § 2 WissZeitVG Rn. 23; APS-*Schmidt*, § 2 WissZeitVG Rn. 61.
836 *Schlachter*, in: Laux/Schlachter, TzBfG, Anhang 2 § 2 WissZeitVG Rn. 23.
837 *Dörner*, Der befristete Arbeitsvertrag, Rn. 703; KR-*Lipke*, § 57 b Rn. 53; *Müller-Glöge* - EK, § 2 WZVG Rn. 18; *Schlachter*, in: Laux/Schlachter, TzBfG, Anhang 2 § 2 WissZeitVG Rn. 23; APS-*Schmidt*, § 2 WissZeitVG Rn. 61.

wirkt nicht, dass der Vertrag nicht ausläuft. Für Wehrdienstleistende ist dies ausdrücklich in § 1 Abs. 4 ArbPlSchG bestimmt. In diesen Fällen schließt sich die Verlängerung unmittelbar an das Ende des Unterbrechungstatbestandes an, wobei es sich dann nicht um eine Verlängerung im rechtstechnischen Sinn handelt, sondern vielmehr um eine Wiederaufnahme des Vertrages.[838]

Für die gerichtliche Kontrolle ist entscheidend, ob auf den ursprünglichen Vertrag oder den Verlängerungs„vertrag“ abzustellen ist. Grundsätzlich wird bei einem Arbeitsrechtsstreit nur der zuletzt abgeschlossene Vertrag der Befristungskontrolle unterworfen, da die Vertragsparteien durch den vorbehaltlosen Abschluss eines befristeten Arbeitsvertrages ihr Arbeitsverhältnis auf eine neue Rechtsgrundlage stellen wollen, die künftig für ihre Vertragsbeziehungen maßgeblich sein soll.[839] Für eine Verlängerung des Arbeitsvertrages aufgrund von Freistellung zur Wahrnehmung von Aufgaben in der Personalvertretung hat das BAG entschieden, dass nicht der Verlängerungs„vertrag“, sondern der ursprüngliche Vertrag der Befristungskontrolle zu unterziehen sei, da hier gerade das Arbeitsverhältnis nicht auf eine neue Rechtsgrundlage gestellt werden soll, sondern lediglich dem Anspruch des Arbeitnehmers auf die Nichtanrechnung der Zeiten Genüge getan werde.[840] Die Rechtsprechung zu § 57 c Abs. 6 Nr. 5 HRG a.F. ist übertragbar auf die gesamten Verlängerungsgründe von § 2 Abs. 5 WissZeitVG. In allen Fällen hat der Arbeitnehmer die Möglichkeit, eine Verlängerung des bereits bestehenden Arbeitsverhältnisses herbeizuführen, sofern die Voraussetzungen eines Tatbestandes vorliegen. Da der Arbeitgeber gerade keine Möglichkeit hat, die Verlängerung zu verweigern und sich die Verlängerung allein auf das Einverständnis des Arbeitnehmers stützt, erfolgt kein Abschluss eines neuen Vertrages. Selbst wenn die Verlängerung gemäß § 2 Abs. 5 schriftlich fixiert würde, handelt es sich lediglich um die Fortsetzung des bereits bestehenden Vertrages. Die Vertragsparteien wollen keine neue rechtliche Grundlage schaffen, sondern vielmehr dem Anspruch des Arbeitnehmers auf Nichtanrechnung der in § 2 Abs. 5 WissZeitVG genannten Zeiten nachkommen. Somit ist für die gerichtliche Befristungskontrolle stets der Vertrag ausschlaggebend, aus dem heraus die Verlängerung erfolgte.[841]

Zu klären ist darüber hinaus, wie es sich auswirkt, wenn die Parteien die Verlängerungszeit falsch berechnet und über den Unterbrechungszeitraum hinaus eine Verlängerung vorgenommen haben. Beruht die Befristung eines Arbeitsvertrages nach dem eindeutigen und übereinstimmenden Willen der Parteien ausschließlich auf der Nichtanrechnung von Zeiten des Erziehungsurlaubs und des Beschäftigungsverbots nach dem Mutterschutzgesetz, entspricht die Dauer der Befristung den nicht anrechenbaren Zeiträumen, selbst wenn das Ende der Be-

---

838 *Schlachter*, in: Laux/Schlachter, TzBfG, Anhang 2 § 2 WissZeitVG Rn. 24.
839 BAG, Urt. v. 15.2.1995, AP Nr. 166 zu § 620 Befristeter Arbeitsvertrag.
840 BAG, Urt. 23.2.2000, AP Nr. 26 zu § 57 b HRG.
841 Ebenso *Dörner*, Der befristete Arbeitsvertrag, Rn. 153.

fristung im Vertrag falsch datiert ist.[842] Zu diesem Ergebnis ist das BAG durch Vertragsauslegung gekommen, wohingegen die Vorinstanz (LAG Bremen) eine Vertragsanpassung aufgrund des Fehlens der Geschäftsgrundlage angenommen hatte. Für diese ist jedoch erst Raum, wenn der Inhalt des Vertrages bereits durch Auslegung festgestellt werden kann. Da die Parteien in dem Fall übereinstimmend davon ausgingen, dass sich die Verlängerung nur aufgrund der Verlängerungszeiten aus § 57 c Abs. 6 Nr. 3 HRG a.F. ergab, legte das BAG den Vertrag dahingehend aus, dass der Vertrag nur für die Zeiten geschlossen wurde, die den Verlängerungstatbestand erfüllten.

Diese Auslegungsmethode könnte für sämtliche Verlängerungstatbestände auch des WissZeitVG angewendet werden. Das bedeutet, dass die Arbeitsgerichte bei ausschließlicher Verlängerung aufgrund § 2 Abs. 5 WissZeitVG und versehentlicher Falschberechnung des Verlängerungszeitraumes diesen auf das zulässige Maß reduzieren könnten und sich somit der Arbeitnehmer nicht erfolgreich auf eine unwirksame Befristung aufgrund des Überschreitens der Höchstzeiten berufen könnte. Dies könnte den Arbeitgeber ermutigen, bewusst die Zeiten zu überschreiten, da er sicher sein kann, dass im Wege der Vertragsauslegung dieser Vertrag angepasst werden würde, was an die Verwendung unangemessener Allgemeiner Geschäftsbestimmungen erinnert, bei der das Verbot geltungserhaltendener Reduktion zu beachten ist.[843] Die AGB-Kontrolle beruht jedoch auf der überlegenen Stellung des AGB-Verwenders. Dies gilt zwar grundsätzlich auch für das Verhältnis Arbeitgeber/Arbeitnehmer. Im Vertragsrecht ergibt sich ein sachgerechter Interessenausgleich aus dem übereinstimmenden Willen der Vertragsparteien, weshalb Korrekturen durch Zivil- und Arbeitsrecht nur dort vorzunehmen sind, wo sich eine strukturelle Ungleichgewichtigkeit des einen Vertragsteils erkennen lässt und die Folgen für den unterlegenen Vertragsteil ungewöhnlich belastend sind.[844] Jedoch stellt sich ein derartiges Ungleichgewicht in den Fällen des § 2 Abs.5 WissZeitVG nicht ein, da es hier in der Hand des Arbeitnehmers liegt, den Verlängerungswunsch geltend zu machen und der Arbeitgeber auf die Überprüfung der Voraussetzungen beschränkt ist. Insoweit kann dem BAG im Ergebnis zugestimmt werden.

Der Tatbestand, der zur Verlängerung der Dauer des Arbeitsverhältnisses führt, kann mehrfach während eines Arbeitsverhältnisses vorliegen. Er wird dann auch mehrfach berücksichtigt. Ebenso können verschiedene Verlängerungstatbestände nacheinander vorliegen. Die Zeiten werden dann addiert,[845] ein

---

842 BAG, Urt. v. 4.12.2002, AP Nr. 30 zu § 57 b HRG; Annuß/Thüsing - *Lambrich*, § 23 Rn. 120; *Preis*, WissZeitVG, § 2 Rn. 142; APS-*Schmidt*, § 2 WissZeitVG Rn. 75.

843 BGHZ, 86, 297; 00,1110,1113.

844 BVerfGE 89, 214, 231 ff.

845 *Dörner*, Der befristete Arbeitsvertrag, Rn. 707; Annuß/Thüsing - *Lambrich*, § 23 Rn. 120; KR-*Lipke*, § 57 b Rn. 55; *Preis*, WissZeitVG, § 2 Rn. 180; *Schlachter*, in: Laux/Schlachter, TzBfG, Anhang 2 § 2 WissZeitVG Rn. 25.

Kumulationsverbot besteht nicht.[846] Werden die Verlängerungstatbestände von Abs. 5 gleichzeitig erfüllt, erfolgt nur einmal die Nichtanrechnung. Maßgeblich ist in dem Fall der Verlängerungstatbestand, der die längere Nichtanrechnung vorsieht,[847] da es gerade durch die Regelung des § 2 Abs. 5 S. 3 WissZeitVG zu unterschiedlichen Verlängerungszeiten kommen kann. Eine Verlängerung erfolgt auch dann, wenn die Restlaufzeit des Vertrages sehr kurz ist, so dass sie kaum noch effektiv zur Qualifizierung genutzt werden kann.[848] Dies ergibt sich zum einen daraus, dass es sich um eine Verlängerung aufgrund gesetzlicher Vorschrift handelt, die nicht auf das Einverständnis des Arbeitgebers abstellt, und zum anderen aus dem Sinn und Zweck der Verlängerungstatbestände. Auch geht es nicht um ein neues eigenständiges Qualifikationsziel, das durch die Verlängerung erreicht werden soll, sondern um die Fortsetzung eines bereits begonnen Vertrages/Zieles.

Die Dauer der Verlängerungen, die aufgrund von § 2 Abs. 5 S. 1 Nr. 1, 2 und 5 WissZeitVG eintreten können, „soll" gemäß § 2 Abs. 5 S. 3 WissZeitVG zwei Jahre nicht überschreiten. § 57 b Abs. 4 S. 3 HRG i. d. F. vom 27.12.2004 sah noch vor, dass in diesen Fällen die Dauer von zwei Jahren nicht überschritten werden „darf". Dies bedeutet, dass die Nichtüberschreitung von zwei Jahren in den Fällen der Betreuung eines Kindes / Angehörigen, der Beurlaubung für wissenschaftliche Tätigkeit oder Freistellung zur Ausübung eines Amtes der Regelfall sein soll, in begründeten Ausnahmefällen jedoch eine Verlängerung des Arbeitsvertrages auch über zwei Jahre hinaus aufgrund § 2 Abs. 5 S.1 WissZeitVG ermöglicht wird.[849] Der Gesetzgeber begründet es mit den Bedürfnissen in der Praxis und macht dies insbesondere an längeren Auslandsaufenthalten (§ 2 Abs. 5 S. 1 Nr. 2 WissZeitVG) fest. Sofern kein Ausnahmefall vorliegt und die zwei Jahre überschritten werden, entfällt jedoch nicht die gesamte Verlängerung des Arbeitsvertrages, sondern nur der Zeitraum, der über die zwei Jahre hinaus geht.[850] Angesichts der Beibehaltung der Zweijahresgrenze als Regelfall soll es sich bei den Ausnahmen allenfalls um kurze Überschreitungen handeln, die einen engen Bezug zu dem jeweiligen Unterbrechungssachverhalt aufweisen müssen.[851] Der enge Bezug ergibt sich bereits daraus, dass die konkrete Verlängerung in den benannten Fällen nicht länger als zwei Jahre sein soll. Der Eintritt in

---

846 *Löwisch/Wertheimer*, HochschulR-Praxishandbuch, VII Rn. 180; *Dörner*, Der befristete Arbeitsvertrag, Rn. 707. Ebenso APS-*Schmidt*, § 2 WissZeitVG Rn. 74, mit Hinweis darauf, dass es zu einer langjährigen Unterbrechung führen kann, die mit dem Ziel des Gesetzes die Qualifikation des wissenschaftlichen Nachwuchses zu forcieren und das Einstiegsalter für Professoren herabzusetzen, nicht in Einklang stehen dürfte.

847 Annuß/Thüsing - *Lambrich*, § 23 Rn. 120; KR-*Lipke*, § 57 b Rn. 55; *Waldeyer*, in: Hailbronner/Geis, HRG, § 57 b Rn. 89.

848 *Schlachter*, in: Laux/Schlachter, TzBfG, Anhang 2 § 2 WissZeitVG Rn. 25.

849 *Reich*, HRG/WissZeitVG, § 2 WissZeitVG Rn. 22, geht deshalb davon aus, dass das „soll" ein „muss" ist, sofern keine zwingenden Gründe entgegenstehen.

850 *Reich*, HRG/WissZeitVG, § 2 WissZeitVG Rn. 22.

851 APS-*Schmidt*, § 2 WissZeitVG Rn. 72; *Preis*, WissZeitVG, § 2 Rn. 182.

die Verlängerung kann ebenso wie deren zeitliche Überschreitung nur bei Vorliegen der Voraussetzungen des § 2 Abs. 5 WissZeitVG geschehen. Somit handelt es sich immer um die Verlängerung der benannten Nummern, weshalb sich der enge Bezug bereits aus dem Vorliegen der entsprechenden Tatbestände ergibt. Demnach ist eine Überschreitung dieser Grenze arbeitsrechtlich ohne Bedeutung, wenn die Verlängerung der individuellen Unterbrechungsdauer entspricht.[852] Die nicht benannten Verlängerungstatbestände des § 2 Abs. 5 WissZeitVG kennen grundsätzlich keine Beschränkung auf zwei Jahre. § 2 Abs. 5 S. 3 WissZeitVG sieht vor, dass die Verlängerung „jeweils" zwei Jahre nicht überschreiten soll. Daraus folgt, dass sich die Verlängerungshöchstgrenze immer nur auf einen bestimmten Verlängerungstatbestand bezieht.[853]

A. Verlängerung aufgrund Beurlaubung oder Ermäßigung der Arbeitszeit zur Betreuung oder Pflege eines Kindes bzw. eines pflegebedürftigen Angehörigen

Gemäß § 2 Abs. 5 S. 1 Nr. 1 WissZeitVG verlängert sich die Dauer des Arbeitsverhältnisses um Zeiten einer Beurlaubung oder einer Ermäßigung um mindestens ein Fünftel der regelmäßigen Arbeitszeit, die für die Betreuung oder Pflege eines oder mehrerer Kinder unter 18 Jahren oder pflegebedürftiger sonstiger Angehöriger gewährt worden sind. Die Verlängerung soll gemäß § 2 Abs. 5 S. 3 WissZeitVG für diesen Verlängerungstatbestand zwei Jahre nicht überschreiten. Dabei beträgt die Verlängerung für jedes Kind und jeden pflegebedürftigen Angehörigen jeweils zwei Jahre.[854] Nach § 4 Abs. 1 S. 1 PflegeZG beträgt die Höchstdauer der Pflegezeit für jeden Angehörigen höchstens sechs Monate. Hinzukommen können jedoch Unterbrechungen im Rahmen der kurzzeitigen Arbeitsunterbrechung gemäß § 2 Abs. 1 PflegeZG.

Gemäß § 3 Abs. 1 S. 1 des Gesetzes über die Pflegezeit (PflegeZG),[855] das am 01.07.2008 in Kraft trat, sind Beschäftigte von der Arbeitsleistung vollständig oder teilweise freizustellen, wenn sie einen pflegebedürftigen nahen Angehörigen in häuslicher Umgebung pflegen (Pflegezeit). Durch die Beschränkung des Freistellungsanspruchs auf die Pflege naher Angehöriger wird man den Begriff der Angehörigen i. S. d. § 2 Abs. 5 S. 1 Nr. 1 WissZeitVG ebenso auszulegen haben, wie er in § 7 Abs. 3 PflegeZG legaldefiniert ist. Dies folgt bereits daraus, dass für andere Angehörige jedenfalls kein gesetzlicher Freistellungsanspruch existiert. Nahe Angehörige im Sinne des PflegeZG sind Großeltern, Eltern, Schwiegereltern, Ehegatten, Lebenspartner, Partner einer eheähnlichen Gemein-

852 *Müller-Glöge* - EK, § 2 WZVG Rn. 18.
853 *Waldeyer*, in: Hailbronner/Geis, HRG, § 57 b Rn. 90; *Preis*, WissZeitVG, § 2 Rn. 183.
854 KR-*Lipke*, § 57 b Rn. 56.
855 BGBl. I 2008, S. 874.

schaft, Geschwister, Kinder, Adoptiv- oder Pflegekinder, die Kinder, Adoptiv- oder Pflegekinder des Ehegatten oder Lebenspartners, Schwiegerkinder und Enkelkinder.

Nach *Preis*[856] soll sich aus dem Zusammenspiel von „Kind“ und „Angehörigen“ in § 2 Abs. 5 S. 1 Nr. 1 WissZeitVG ergeben, dass für die Definition Kind i. S. d. allein das Verwandtschaftsverhältnis maßgeblich sein soll. Demnach wäre „Kind“ i. S. d Nr. 1 nur das leibliche Kind, weshalb ein Unterschied im Kindesbegriff zwischen Nr. 1 und Nr. 3, bei dem § 15 Abs. 1 BEEG maßgeblich ist, unvermeidbar wäre. Dem ist jedoch nicht zu folgen. Wenn allein das Verwandtschaftsverhältnis maßgeblich wäre, wäre eine Erwähnung des Kindes neben den Angehörigen nicht notwendig. Somit liegt eine Betreuung eines Kindes vor, wenn es sich um ein Kind i. S. d. § 15 BEEG handelt. Dem entspricht auch die Heranziehung der Definition des PflegeZG.

Darüber hinaus wird vertreten,[857] dass Voraussetzung dieses Tatbestandes sei, dass ein volles Beschäftigungsverhältnis vorläge, dessen Arbeitszeit reduziert werde. Dem ist ebenfalls nicht zuzustimmen. Es ist daher ausreichend, wenn der Mitarbeiter vor der Beurlaubung teilzeitbeschäftigt war.[858] Dem Wortlaut von § 2 Abs. 5 S. 1 Nr. 1 WissZeitVG lässt sich eine Unterscheidung zwischen Voll- und Teilzeitbeschäftigung nicht entnehmen. Daher greift die Regelung auch ein, wenn der teilzeitbeschäftigte Mitarbeiter diese Arbeitszeit verringern lässt.[859] Auch ist eine entsprechende Auslegung des Tatbestandes nicht geboten, da in den Fällen einer Beurlaubung bei Teilzeitbeschäftigung der Mitarbeiter einen Anspruch auf Verlängerung des Arbeitsvertrages in dem zeitlichen Umfang der vorausgegangenen Teilzeitbeschäftigung hat.[860]

Unerheblich soll es sein, ob sich der Mitarbeiter tatsächlich der Betreuung oder Pflege eines Kindes oder sonstiger Angehöriger angenommen hat, da § 2 Abs. 5 S. 1 Nr. 1 eine Festlegung wie in Nr. 3 („in dem eine Erwerbstätigkeit nicht erfolgt ist“) nicht kennen würde.[861] Insofern lässt sich ein möglicher Missbrauch in der Form, dass die angebliche Betreuungszeit dennoch zur Qualifizierung verwendet wird, nur schwerlich vermeiden. Diese Argumentation verkennt jedoch, dass Nr. 3 sich auf Unterbrechungszeiten aufgrund von Elternzeit bzw. Mutterschutz bezieht. Während der Elternzeit ist jedoch das Arbeiten in begrenztem zeitlichem Umfang gestattet. Ist ein Arbeitnehmer jedoch beurlaubt, weil er ein Kind oder einen Angehörigen zu betreuen oder zu pflegen hat, kann davon ausgegangen werden, dass eine derartige Beurlaubung oder Ermäßigung

---

856 *Preis*, WissZeitVG, § 2 Rn. 146.
857 *Reich*, HRG/WissZeitVG, § 2 WissZeitVG Rn. 16; Annuß/Thüsing - *Lambrich*, § 23 Rn. 116.
858 *Waldeyer*, in: Hailbronner/Geis, HRG, § 57 b Rn. 74; *Preis*, WissZeitVG, § 2 Rn. 145.
859 *Waldeyer*, a.a.O.
860 *Waldeyer*, a.a.O.
861 *Reich*, HRG/WissZeitVG, § 2 WissZeitVG Rn. 16; *Preis*, WissZeitVG, § 2 Rn. 147.

nur um die Zeiten erfolgt, die tatsächlich zur Betreuung und Pflege benötigt werden. Insofern ist nicht zu fordern, dass der Arbeitnehmer, der aufgrund § 2 Abs. 5 S. 1 Nr. 1 WissZeitVG eine Verlängerung seines Vertrages verlangt, seine tatsächliche Betreuungsarbeit in geeigneter Form nachweist, da die Beurlaubung zur Betreuung eines Angehörigen nicht zur Weiterarbeit an dem Qualifizierungsvorhaben wie Promotion oder Habilitation genutzt werden dürfe, um eine Verlängerung des Arbeitsverhältnisses zu erreichen.[862] Vielmehr ist zu fordern, dass bereits vor der Beurlaubung nachzuweisen ist, dass ein entsprechender Betreuungsbedarf besteht. Für Freistellungen nach dem PflegeZG ist ohnehin gemäß § 3 Abs. 2 PflegeZG durch den Beschäftigten die Pflegebedürftigkeit des nahen Angehörigen durch Vorlage einer Bescheinigung der Pflegekasse oder des Medizinischen Dienstes der Krankenversicherung nachzuweisen.

Nr. 1 enthält keine Einschränkung, dass sich der Arbeitsvertrag nur um die Zeit verlängert, in der tatsächlich keine Erwerbstätigkeit erfolgt. Warum hier keine entsprechende Regelung wie in Nr. 3 enthalten ist, lässt sich aufgrund der Vergleichbarkeit der Lebenssachverhalte nicht erklären. Da der Gesetzgeber bei anderen Verlängerungstatbeständen hingegen eine ausdrückliche Regelung getroffen hat, scheidet eine analoge Anwendung aus. Insoweit ist von „beredtem Schweigen" des Gesetzgebers auszugehen.[863]

B. Verlängerung bei Beurlaubung für wissenschaftliche Tätigkeit

Die Vertragsdauer kann ebenso gemäß § 2 Abs. 5 S. 1 Nr. 2 WissZeitVG verlängert werden um Zeiten einer Beurlaubung für eine wissenschaftliche oder künstlerische Tätigkeit oder eine außerhalb des Hochschulbereichs oder im Ausland durchgeführte wissenschaftliche, künstlerische oder berufliche Aus-, Fort- oder Weiterbildung. Durch diese Verlängerungsmöglichkeit sollen Wissenschaftler ermutigt werden, Erfahrungen im Ausland zu sammeln und diese in Deutschland in ihre Arbeit einfließen zu lassen,[864] da sich der Auslandsaufenthalt nicht negativ auf die mögliche Beschäftigungszeit auswirkt. Die Verlängerung wegen einer Beurlaubung für eine wissenschaftliche Tätigkeit oder beruflichen Aus-, Fort- oder Weiterbildung im Ausland war mit dem Gesetz zur Reform des öffentlichen Dienstrechts[865] auch auf Tätigkeiten außerhalb des Hochschulbereichs ausgedehnt worden. Bei diesem Verlängerungstatbestand kann

862 *Dörner*, Der befristete Arbeitsvertrag, Rn. 709; KR-*Lipke*, § 57 b Rn. 56.
863 Zu beredtem Schweigen des Gesetzgebers, das eine Analogie mangels Lücke ausschließt, *Canaris*, Die Feststellung von Lücken im Gesetz, S. 40 ff; *Larenz/Canaris*, Methodenlehre, S. 191. Annuß/Thüsing - *Lambrich*, § 23 Rn. 116, spricht von „der konstitutiven Bedeutung des gesetzgeberischen Schweigens". Im Ergebnis ebenso *Preis*, WissZeitVG, § 2 Rn. 178.
864 BT-Drucks. 14/6853 S. 34.
865 BGBl. 1997 I, S. 322, 340.

zwar davon ausgegangen werden, dass auch die außeruniversitäre Tätigkeit regelmäßig der Qualifizierung dient, was zu einer Verlängerung der tatsächlichen Qualifizierungszeit führt,[866] jedoch ist dies im Hinblick auf den Wissenstransfer nach Deutschland akzeptiert worden.

Gemäß § 2 Abs. 5 S. 3 WissZeitVG soll auch hier die Verlängerungszeit nur zwei Jahre betragen. *Lipke*[867] hatte kritisiert, dass im Hinblick auf die Bemühungen, das interkulturelle Verständnis an den Hochschulen zu fördern, dieser Zeitraum zu kurz sei. Der Gesetzgeber hat hierauf reagiert und deshalb S. 3 dahingehend verändert, dass der Zeitraum von zwei Jahren nicht überschritten werden „darf", sondern nur nicht mehr überschritten werden „soll", weshalb gerade in diesem Bereich Verlängerungen über zwei Jahre zu erwarten sind.

§ 2 Abs. 5 S. 1 Nr. 2 WissZeitVG enthält folgende Verlängerungstatbestände: Beurlaubung für wissenschaftliche Tätigkeit, Beurlaubung für eine künstlerische Tätigkeit, Beurlaubung für eine außerhalb des Hochschulbereichs durchgeführte wissenschaftliche Aus-, Fort- oder Weiterbildung, Beurlaubung für eine außerhalb des Hochschulbereichs durchgeführte künstlerische Aus-, Fort- oder Weiterbildung, Beurlaubung für eine außerhalb des Hochschulbereichs durchgeführte berufliche Aus-, Fort- oder Weiterbildung, Beurlaubung für eine im Ausland durchgeführte berufliche Aus-, Fort- oder Weiterbildung, Beurlaubung für eine im Ausland durchgeführte wissenschaftliche Aus-, Fort- oder Weiterbildung, Beurlaubung für eine im Ausland durchgeführte künstlerische Aus-, Fort- oder Weiterbildung.

Hochschulbereich i. S. d. § 2 Abs. 5 S.1 Nr. 2 WissZeitVG sind die Hochschulen, die staatlich anerkannten Hochschulen sowie die Forschungseinrichtungen i. S. d. § 5 WissZeitVG.[868] Damit kann nur eine Beurlaubung zur Ausbildung, Fort- und Weiterbildung in den Forschungseinrichtungen von Wirtschaftsunternehmen oder anderen privaten Einrichtungen den Verlängerungstatbestand erfüllen.[869] Liegt die Hochschule oder Forschungseinrichtung jedoch im Ausland, ist die Voraussetzung von § 2 Abs. 5 S. 1 Nr. 2 WissZeitVG erfüllt.[870]

„Berufliche Aus-, Fort oder Weiterbildung" ist nicht die Aus-, Fort- und Weiterbildung im Beruf, sondern auf ein berufliches Tätigkeitsfeld hin, das außerhalb der Hochschule liegen muss.[871] Aus den Tätigkeiten außerhalb des Hochschulbereichs oder im Ausland als Verlängerungsgrund folgt, dass es für die Verlängerung nicht notwendig sein muss, dass die Beurlaubung für ein gleichwertiges Beschäftigungsverhältnis erfolgte.[872] Ebenso unerheblich ist, ob die

866 *Dörner*, Der befristete Arbeitsvertrag, Rn. 710.
867 KR-*Lipke*, § 57 b Rn. 58.
868 *Löwisch/Wertheimer*, HochschulR-Praxishandbuch, VII Rn. 178.
869 *Löwisch/Wertheimer*, HochschulR-Praxishandbuch, VII Rn. 178; *Preis*, WissZeitVG, § 2 Rn. 152.
870 *Dörner*, Der befristete Arbeitsvertrag, Rn. 710.
871 *Reich*, HRG/WissZeitVG, § 2 WissZeitVG Rn. 17.
872 *Reich*, HRG/WissZeitVG, § 2 WissZeitVG Rn. 17.

Beurlaubung für den Erwerb eines akademischen Grades erfolgt, es sich um einen reinen Forschungsaufenthalt handelt oder die Tätigkeit einen praktischen Schwerpunkt hat.[873]

Die Verlängerung nach § 2 Abs. 5 S. 1 Nr. 2 WissZeitVG kann mit den Anrechnungsvorschriften von § 2 Abs. 1 S. 2 WissZeitVG kollidieren, sofern der Auslandsaufenthalt zur Anfertigung einer Promotion genutzt wird, da die Verlängerung nach Abs. 5 nur auf die Unterbrechung als solche abstellt. *Lipke*[874] schlägt als Lösung dieses „Zielkonfliktes" (kurze Qualifikationszeiten unter Anrechnung von Promotionszeiten versus Nichtanrechnung von Auslandszeiten, um höhere Qualifikationen sowie internationalen Wissenstransfer zu ermöglichen) vor, dass die Auslandspromotion bis zur Dauer von zwei Jahren anrechnungsfrei bleibt, eine zusätzliche Verlängerung jedoch nicht stattfindet. Damit würden die Belastungen eines anderen Lebensumfeldes und einer zu beherrschenden Fremdsprache ausgeglichen. Dem wird entgegengehalten, dass die Nichtberücksichtigung von Promotionszeiten im Ausland eine ungerechtfertigte Benachteiligung von Doktoranden darstellen würde, die ihre Dissertation ausschließlich im Inland anfertigten.[875] Deshalb sei der Verlängerungstatbestand nur dann einschlägig, sofern es sich um Auslandsaufenthalte handele, die primär einem anderen Zweck als der Anfertigung einer Doktorarbeit dienen. Sollte der Auslandsaufenthalt daneben auch für die Arbeit an der Dissertation genutzt werden, wäre dies für die Verlängerung unschädlich.[876] Diese Differenzierung ist jedoch schwierig und in der Praxis schwer nachvollziehbar. So ist bei einem Praktikum in einem Betrieb, der sich im Ausland befindet, nicht festzustellen, ob der Mitarbeiter wegen der Sammlung beruflicher Erfahrungen oder wegen praxisnaher Forschungen in den Betrieb gegangen ist, da die berufliche Orientierung in aller Regel im Zusammenhang mit dem Promotionsthema steht.

Preis[877] schlägt in enger Anlehnung an den Wortlaut der Norm vor, dass die Beurlaubung für Weiterbildung auch dann eine Verlängerung des Arbeitsvertrages bewirke, wenn die Zeit zur Anfertigung einer Dissertation verwendet wurde. Berücksichtigt werden muss die Zeit jedoch dann, wenn es um die Bemessung der Promotionszeit i. S. d. § 2 Abs. 1 S. 2 WissZeitVG geht. Damit wendet *Preis* wie *Lipke* ganz streng den Wortlaut von § 2 Abs. 1 und Abs. 5 an. Durch den Verweis auf die Anrechnung auf die Promotionszeit kommt *Preis* jedoch zu einer sachgerechteren Lösung. Es wird hinsichtlich der Beschäftigungszeit die Belastung des Auslandes ausgeglichen, jedoch findet keine zusätzliche Privilegierung bei der Promotionszeit statt, da die Zeit im Ausland gerade hierfür genutzt wurde.

---

873 Annuß/Thüsing - *Lambrich*, § 23 Rn. 119.
874 KR-*Lipke*, § 57 b Rn. 58a.
875 *Preis*, WissZeitVG, § 2 Rn. 153.
876 Annuß/Thüsing - *Lambrich*, § 23 Rn. 119.
877 *Preis*, WissZeitVG, § 2 Rn. 153.

Ebenso kann sich eine Kollision mit anzurechnenden Arbeitsverhältnissen i. S. d. § 2 Abs. 3 WissZeitVG ergeben. Anzurechende Arbeitsverhältnisse können nicht gleichzeitig zu einer Verlängerung nach Abs. 5 führen, weshalb unter Abs. 5 nur nicht befristete Arbeitsverhältnisse mit mehr als einem Viertel der regelmäßigen Arbeitszeit, die mit einer deutschen Hochschule oder Forschungseinrichtung geschlossen wurden, sowie Privatdienstverträge fallen.[878] Der Kollisionsfall bezieht sich hier ohnehin nur auf Arbeitsverträge, die mit einer deutschen Hochschule oder Forschungseinrichtung geschlossen wurden sowie auf Privatdienstverträge, da gemäß § 2 Abs. 3 S. 1 WissZeitVG nur diese angerechnet werden. Daraus folgt, dass sich die Kollision von Abs. 3 und Abs. 5 nur in den Tatbestandsvarianten der Beurlaubung für eine wissenschaftliche oder künstlerische Tätigkeit ergeben kann.

C. Verlängerung bei Inanspruchnahme von Elternzeit sowie Mutterschutz

Zeiten einer Inanspruchnahme von Elternzeit nach dem Bundeselterngeld- und Elternzeitgesetz und Zeiten eines Beschäftigungsverbots nach den §§ 3, 4, 6 und 8 MuSchG, stellen gemäß § 2 Abs. 5 S. 1 Nr. 3 WissZeitVG in dem Umfang, in dem eine Erwerbstätigkeit nicht erfolgt ist, einen Verlängerungsgrund dar. Dieser Verlängerungstatbestand war bereits im HRG enthalten und ist nicht erst aufgrund der kinder- und familienpolitischen Trendwende angesichts des demographischen Wandels aufgenommen worden. Hintergrund der Regelung ist, dass im Falle des MuSchG der Mitarbeiterin nicht die Zeiten auf ihre Qualifizierung angelastet werden sollen, in denen ein Beschäftigungsverbot besteht. Ebenso wäre es mit dem Gedanken der Erziehungszeit nicht zu vereinbaren, wenn diese Zeiten auf die Höchstbefristungsdauer angerechnet würden.

Mutterschutz und Elternzeit können nebeneinander angewendet werden, wie durch „und“ im Gesetzestext verdeutlicht wird.

Gemäß § 3 MuSchG dürfen werdende Mütter nicht beschäftigt werden, soweit nach ärztlichem Zeugnis Leben oder Gesundheit von Mutter oder Kind bei andauernder Beschäftigung gefährdet sind. § 4 MuSchG verbietet die Beschäftigung von werdenden Müttern mit schwerer körperlicher Arbeit sowie Arbeit, bei der sie schädlichen Einwirkungen im Sinne des Mutterschutzgesetzes ausgesetzt sind. Die Beschäftigung unmittelbar nach der Entbindung ist gemäß § 6 MuSchG untersagt.

Nach § 15 BEEG besteht ein Anspruch auf Elternzeit. Neben der Elternzeit dürfen nach § 15 Abs. 4 BEEG bis zu 30 Stunden gearbeitet werden. Ebenso besteht gemäß § 15 Abs. 5 ff BEEG ein Anspruch auf Verringerung der Arbeitszeit.

---

878 *Waldeyer*, in: Hailbronner/Geis, HRG, § 57 b Rn. 76; *Preis*, WissZeitVG, § 2 Rn. 150.

Ausreichend ist, dass eine Teilzeitbeschäftigung mit reduzierter Arbeitszeit fortgeführt wird.[879] Eine Einschränkung dahingehend, dass nur ein Vollzeitarbeitsverhältnis Grundlage der Verlängerung sein kann, lässt sich dem Gesetzestext nicht entnehmen. Neben den rechtlichen scheinen keine sachlichen Gründe für eine derartige Unterscheidung zu sprechen.

Im Gegensatz zum HRG i. d. F. vom HFVG 1985 schadet Teilzeitarbeit nicht. Die Rechtslage von 1985 sah jedoch vor, dass gar keine Beschäftigung in der vertragsverlängernden Zeit erfolgen durfte.[880] Erst durch das 4. HRGÄndG vom 20.8.1998[881] ist die Erweiterung um die zulässige Teilzeitarbeit vorgenommen worden. *Sill-Gorny*[882] kritisierte zur alten Rechtslage, dass der Gesetzeszweck, wissenschaftliche Mitarbeiter vor dem Verlust von Beschäftigungsansprüchen in einem zeitlich begrenzten Arbeitsverhältnis zu schützen sowie die Möglichkeit zu gewähren, den Beschäftigungszeitraum vollumfänglich ausschöpfen zu können, übererfüllt würde. Zudem liege in der Nichtanrechnung der Teilzeitbeschäftigung ein Verstoß gegen den Gleichheitsgrundsatz. Dem kann jedoch entgegengehalten werden, dass die Regelung gerade geschlechtsspezifische Ungleichheiten auszugleichen versucht und damit dem Gleichberechtigungsgebot des Art. 3 Abs. 2 GG Rechnung trägt. Darüber hinaus stellt die Regelung eine Maßnahme zum Schutz von Ehe und Familie dar, der durch Art. 6 Abs. 1, 2 und 4 GG geboten ist.[883] Zudem wird kein unangemessener Schutz gewährleistet, da die Arbeit an der Dissertation auch bei vollständigem Ruhen des Arbeitsverhältnisses im Rahmen von § 2 Abs. 1 S. 2 Hs. 2 WissZeitVG berücksichtigt wird.[884] Auch hat der Gesetzgeber klargestellt, dass bei einer Teilzeitbeschäftigung die Elternzeit zeitanteilig berücksichtigt wird.[885]

Die Verlängerung bemisst sich nach dem Umfang der Arbeitszeitverminderung, d.h. der Differenz aus arbeitsvertraglich vereinbarter Arbeitszeit und reduzierter Arbeitszeit. Demnach wird die gesamte Elternzeit nur berücksichtigt, sofern der Arbeitnehmer keinerlei Tätigkeit an der Hochschule nachgeht. Dies bedeutet, dass bei einer zweijährigen Elternzeit, bei der die Arbeitszeit um die Hälfte reduziert wurde, die Verlängerung ein Jahr beträgt.[886] Sofern der wissenschaftliche Mitarbeiter bei einem anderen Arbeitgeber mit Zustimmung der

---

879 *Preis*, WissZeitVG, § 2 Rn. 158; a.A. *Reich*, HRG/WissZeitVG, § 2 WissZeitVG Rn. 18.

880 Vgl. BAG, Urt. v. 3.3.1999, NVWZ-RR 1999, 664 = AP Nr. 5 zu § 57 c HRG; mit Anmerkungen v. *Sill-Gorny*, ZTR 2000, 103; *ders.*, ZTR 2002, 111.

881 BGBl. I, 2190.

882 ZTR 2002 111, 112.

883 KR-*Lipke*, § 57 b Rn. 59; Annuß/Thüsing - *Lambrich*, § 23 Rn. 115; *Preis*, WissZeitVG, § 2 Rn. 161.

884 *Preis*, WissZeitVG, § 2 Rn. 161.

885 *Dörner*, Der befristete Arbeitsvertrag, Rn. 712; *Lakies*, ZTR 2002, 250, 256; Annuß/Thüsing - *Lambrich*, § 23 Rn. 115; *Preis*, WissZeitVG, § 2 Rn. 158; *Waldeyer*, in Hailbronner/Geis, HRG, § 57 b Rn. 79.

886 Beispiel nach *Waldeyer*, in Hailbronner/Geis, HRG, § 57 b Rn. 79.

Hochschule während der Elternzeit einer anderen Beschäftigung nachgeht, kann die Ausfallzeit dann berücksichtigt werden, wenn die Tätigkeit außerhalb der Hochschule nicht im Zusammenhang mit seiner Qualifizierung steht.[887] Übt der Mitarbeiter jedoch eine Tätigkeit aus, bei der er seine Qualifizierung vorantreiben kann, darf die Elternzeit nur anteilig berücksichtigt werden.[888] Insoweit ist es in diesem Fall unerheblich, ob der Mitarbeiter an der Hochschule oder bei einem anderen Arbeitgeber weiterarbeitet.

D. Verlängerung aufgrund Grundwehr- bzw. Zivildienst

Gemäß § 2 Abs. 5 S. 1 Nr. 4 WissZeitVG kann die Dauer des Arbeitsvertrages um Zeiten des Grundwehr- und Zivildienstes verlängert werden. Der Erhalt des Arbeitsplatzes ist für Grundwehrdienstleistende grundsätzlich nach dem Arbeitsplatzschutzgesetz, das gemäß § 78 Abs. 1 Nr. 1 entsprechend auch für Zivildienstleistende gilt, geschützt. Für befristete Arbeitsverhältnisse bestimmt § 1 Abs. 4 ArbPlSchG jedoch, dass ein befristetes Arbeitsverhältnis durch die Einberufung zum Grundwehrdienst nicht verlängert wird. Demnach würde auch ein befristeter Vertrag, der nach § 2 Abs. 1 WissZeitVG geschlossen wurde, zwar während der Zeit des Grundwehrdienstes ruhen (§ 1 Abs. 1 ArbPlSchG), aber nur in der Zeit fort bestehen, für die er abgeschlossen wurde. Dies würde bedeuten, dass sich damit die Qualifikationsphase für einen wehrdienstleistenden wissenschaftlichen Mitarbeiter erheblich verkürzen würde. Deshalb wurde in § 2 Abs. 5 S. 1 Nr. 4 WissZeitVG eine Regelung getroffen, die entgegen § 1 Abs. 4 ArbPlSchG vorsieht, dass sich der Vertrag um die Dauer des Grundwehr- bzw. Zivildienstes verlängern kann.

Grundwehrdienst i. S. d. § 2 Abs. 5 S. 1 Nr. 4 WissZeitVG ist der Grundwehrdienst i. S. d. § 5 WPflG. Nicht umfasst sind damit Wehrübungen i. S. d. § 6 WPflG, freiwilliger zusätzlicher Wehrdienst im Anschluss an den Grundwehrdienst (§6 b WPflG), Hilfeleistungen im Inneren (§ 6 c WPflG) sowie der unbefristete Wehrdienst im Verteidigungsfall, wie bereits die Unterscheidung der verschieden Wehrdienstarten in § 4 WPflG verdeutlicht, von denen der Grundwehrdienst lediglich einen Unterfall darstellt.

Zeiten, die anstelle des Grundwehrdienstes im Zivilschutz, Katastrophenschutz oder im Entwicklungsdienst abgeleistet werden, finden keine Berücksichtigung, da das frühere HRG an anderer Stelle (§ 34 HRG) sehr genau differenziert hat und in § 2 Abs. 5 S. 1 Nr. 4 WissZeitVG eine solche Differenzierung

887 *Dörner*, Der befristete Arbeitsvertrag, Rn. 712; Annuß/Thüsing - *Lambrich*, § 23 Rn. 115; *Müller-Glöge* - EK, § 2 WZVG Rn. 19; *Waldeyer*, in Hailbronner/Geis, HRG, § 57 b Rn. 79; *Preis*, WissZeitVG, § 2 Rn. 160.

888 *Dörner*, Der befristete Arbeitsvertrag, Rn. 712; *Lakies*, ZTR 2002, 250, 256; Annuß/Thüsing - *Lambrich*, § 23 Rn. 115.

nicht vorgenommen worden ist.[889] Hiergegen spricht, dass der ehrenamtliche Dienst als Helfer im Zivil- oder Katastrophenschutz sowie im Entwicklungsdienst dazu führt, dass nach einer im Gesetz benannten Dauer des Dienstes die Pflicht, Grundwehrdienst zu leisten, erlischt (§ 13 a Abs. 2 S.1 bei Zivil- und Katastrophenschutz, § 13 b Abs. 3 S. 1 WPflG für den Entwicklungsdienst). Demnach müssten auch diese Dienste, die zum Erlöschen der Pflicht zur Ableistung des Grundwehrdienstes führen, vertragsverlängernd wirken. Andererseits ist der Dienst im Zivil- und Katastrophenschutz nicht derartig ausgestaltet, dass der Helfer in diesen Gebieten jeden Werktag eingespannt ist, sondern vielmehr bei konkreten Anlässen dienstverpflichtet wird. Dadurch ist es ihm möglich, einer normalen Arbeitnehmertätigkeit nachzugehen, was für Grundwehrdienst- und Zivildienstleistende nicht zutrifft, weshalb diese besonders schutzbedürftig sind. Nach dem Sinn und Zweck der Regelung des § 2 Abs. 5 S. 1 WissZeitVG bleiben Ersatzdienste von der vertragsverlängernden Wirkung ausgenommen.

Die Verlängerungsmöglichkeit besteht unabhängig davon, ob der Wehrdienst in Deutschland oder in einem anderen EG-Mitgliedstaat abgeleistet wurde, da EG-Ausländer einen Anspruch auf gleiche Arbeitsbedingungen haben wie Inländer.[890] Entscheidend dürfte dann jedoch sein, dass es sich ebenfalls um einen Zwangsdienst handelt. Nicht ausreichend ist, dass sich ein EG-Ausländer freiwillig zum Dienst an der Waffe in seinem Heimatland verpflichtet, da Nr. 4 auch für Deutsche nur den pflichtigen Grundwehrdienst umfasst.

Verlängernd wirken nur die Zeiten, die tatsächlich zu einem Ruhen des Arbeitsverhältnisses für Grundwehr- bzw. Zivildienst geführt haben.[891] In den Fällen, in denen sowohl Wehrdienst als auch Zivildienst abgeleistet wurden, müssen beide Zeiten berücksichtigt werden,[892] was sich aus „und“ in § 2 Abs. 5 S. 1 Nr. 4 WissZeitVG ergibt. Da von der Norm lediglich der Grundwehr- oder Zivildienst erfasst ist, muss § 2 Abs. 5 S. 1 Nr. 5 WissZeitVG nicht in S. 2 aufgeführt werden, da diese Dienste den Umfang von zwei Jahren nicht überschreiten.[893]

---

889 KSchR-*Däubler*, § 2 WissZeitVG Rn. 41; KR-*Lipke*, § 57 b Rn. 61; *Preis*, WissZeitVG, § 2 Rn. 164; *Reich*, HRG/WissZeitVG, § 2 WissZeitVG Rn. 19.

890 Annuß/Thüsing - *Lambrich*, § 23 Rn. 117; *Preis*, WissZeitVG, § 2 Rn. 165.

891 Annuß/Thüsing - *Lambrich*, § 23 Rn. 117; *Preis*, WissZeitVG, § 2 Rn. 164, *Reich*, HRG/WissZeitVG, § 2 WissZeitVG Rn. 19.

892 *Preis*, WissZeitVG, § 2 Rn. 166; *Reich*, HRG/WissZeitVG, § 2 WissZeitVG Rn. 19; *Waldeyer*, in: Hailbronner/Geis, HRG, § 57 b Rn. 82.

893 KR-*Lipke*, § 57 b Rn. 61.

E. Verlängerung aufgrund Freistellung zur Wahrnehmung von Ämtern

Die Arbeitsvertragsdauer kann gemäß § 2 Abs. 5 S. 1 Nr. 5 WissZeitVG auch verlängert werden um Zeiten einer Freistellung im Umfang von mindestens einem Fünftel der regelmäßigen Arbeitszeit, die zur Wahrnehmung von Aufgaben in einer Personal- oder Schwerbehindertenvertretung, von Aufgaben eines oder einer Frauen- oder Gleichstellungsbeauftragten oder zur Ausübung eines mit dem Arbeitsverhältnis zu vereinbarenden Mandats gewährt wurden. Ziel dieser Regelung ist die Vermeidung von Nachteilen bei der wissenschaftlichen Weiterqualifizierung von Personen, welche die in Nr. 5 enthaltenen Funktionen ausüben, die in aller Regel mit einer Arbeitsbelastung einhergehen, die über die normale Pflicht zur Mitwirkung an der Willensbildung von Hochschulen hinausgeht.[894] Die Verlängerung soll gemäß § 2 Abs. 5 S. 3 WissZeitVG für diese Variante nicht mehr als zwei Jahre betragen.

Die Freistellung richtet sich bei der Schwerbehindertenvertretung nach § 93 SGB IX. Vertrauenspersonen der Menschen mit Behinderung werden gemäß § 96 Abs. 4 S. 1 SGB IX von ihrer beruflichen Tätigkeit ohne Minderung des Arbeitsentgeltes befreit, wenn und soweit es zur Durchführung ihrer Aufgaben erforderlich ist. Gemäß § 96 Abs. 5 S. 2 SGB IX ist ihnen im Rahmen der Möglichkeiten des Betriebes oder der Dienststelle Gelegenheit zu geben, eine wegen der Freistellung unterbliebene berufliche Entwicklung in dem Betrieb oder der Dienststelle nachzuholen. § 2 Abs. 5 S. 1 Nr. 5 WissZeitVG verdrängt diese allgemeine Regelung als Spezialregelung.[895]

Die Freistellung zur Wahrnehmung von Aufgaben in der Personalvertretung richtet sich nach den Personalvertretungsgesetzen der Länder. Diese sehen vor, dass Mitglieder des Personalrates von ihrer dienstlichen Tätigkeit ganz oder teilweise freizustellen sind, wenn und insoweit es nach Umfang und Art der Dienststelle zur ordnungsgemäßen Durchführung erforderlich ist.[896] Eine Verlängerung für Ersatzmitglieder des Personalrates muss ausdrücklich in den landesrechtlichen Regelungen vorgesehen sein.[897]

Ist der Mitarbeiter zunächst in der Personalvertretung und anschließend in der Schwerbehindertenvertretung tätig, beträgt die Verlängerungszeit insgesamt nur zwei Jahre,[898] was aus dem Wortlaut von § 2 Abs. 5 S. 1 Nr. 5 WissZeitVG folgt, nach dem die Freistellung aufgrund der Tätigkeit in der Personal- oder Schwerbehindertenvertretung in einer Variante der Norm zusammengefasst wurde.

---

894 BT-Drucks. 11/7984, S. 5.
895 *Waldeyer*, in: Hailbronner/Geis, HRG, § 57 b Rn. 85.
896 Vgl. für den Bund § 46 Abs. 3 S. 1 BPersVG.
897 KR-*Lipke*, § 57 b Rn. 62a; nach BAG EzA § 620 BGB Hochschulen Nr. 23
898 *Lipke*, Befristungen von Arbeitsverhältnissen, S. 73.

Die Arbeit und Freistellung der Frauen- und Gleichstellungsbeauftragten richtet sich nach den Gleichstellungsgesetzen bzw. ist für die Hochschulen in den Hochschulgesetzen der Länder[899] geregelt. In den Landesgesetzen ist festgelegt, dass die Frauen- bzw. Gleichstellungsbeauftragten zur Ausübung ihres Amtes von ihren dienstlichen Aufgaben vollkommen freigestellt sind, für die Dauer ihrer Wahlzeit zu beurlauben sind oder nur teilweise von ihren dienstlichen Aufgaben freigestellt werden.[900] Nimmt die Frauenbeauftragte ihre Aufgaben als dienstliche Tätigkeit wahr, wie es in § 5 Abs. 3 HeHG vorgesehen ist, scheidet eine Verlängerung des Vertrages nach § 2 Abs. 5 S. 1 Nr. 5 WissZeitVG aus,[901] da es an einer die Verlängerung begründenden Freistellung fehlt. Selbst wenn die Amtszeit mehr als zwei Jahre beträgt, soll die Verlängerung nur zwei Jahre ausmachen.

Der Begriff des Mandates ist im WissZeitVG nicht geregelt, hier ist es Sache der Länder, dieses auszuformen. Grundsätzlich handelt es sich dabei um politische Wahlämter.[902] Gängiges Beispiel hierfür ist das Mandat des Bundes- bzw. Landtagsabgeordneten.[903]

Nach *Reich* wäre es auch möglich, bestimmte Mitwirkungsbereiche der Hochschulselbstverwaltung als Wahrnehmung eines Amtes zu definieren.[904] Dem steht jedoch die Rechtsprechung des BAG[905] zu § 57 c Abs. 6 Nr. 5 HRG a.F. entgegen, wonach die Norm für Zeiten ehrenamtlicher Tätigkeit, die nicht auf die Dauer befristeter Arbeitsverhältnisse des wissenschaftlichen Personals anzurechnen seien, eine abschließende Regelung enthalte. Zwar folge dies nicht unmittelbar aus dem Wortlaut, jedoch aus der systematischen Auslegung der Befristungsregelungen sowie deren Sinnzusammenhang, wonach hierin eine abschließende Regelung mit unmittelbarer Wirkung auch für die Länder zu sehen ist, die keinen Raum für darüber hinaus gehendes Landesrecht lasse. Selbst wenn die Länder im Zusammenhang mit der Hochschulselbstverwaltung Regelungen hinsichtlich der Nichtanrechnung träfen, würden diese sich zwar in Verbindung mit der Rechtsstellung der Hochschulmitglieder und den Selbstverwaltungsangelegenheiten der Hochschule befinden. Dennoch ginge hierdurch nicht der arbeitsrechtliche Regelungsgehalt verloren, der unabhängig von dem jeweiligen Anknüpfungspunkt zu beurteilen sei.[906] Diese Rechtsprechung lässt sich

899 Vgl. u.a. § 59 BerlHG, § 88 Abs. 4 LHG M-V, § 72 Abs. 2 HSG LSA, § 6 Abs. 5 BremHG, § 42 NHG.
900 *Waldeyer*, in: Hailbronner/Geis, HRG, § 57 b Rn. 86, mit Nachweisen der landesgesetzlichen Normierungen.
901 *Waldeyer*, in: Hailbronner/Geis, HRG, § 57 b Rn. 86.
902 Annuß/Thüsing - *Lambrich*, § 23 Rn. 118.
903 Vgl. KR-*Lipke*, § 57 b Rn. 64; *Preis*, WissZeitVG, § 2 Rn. 172; *Reich*, HRG/WissZeitVG, § 2 WissZeitVG Rn. 20; APS-*Schmidt*, § 2 WissZeitVG Rn. 71.
904 *Reich*, HRG/WissZeitVG, § 2 WissZeitVG Rn. 20; a.A. KSchR-*Däubler*, § 2 WissZeitVG Rn. 43; KR-*Lipke*, § 57 b Rn. 64; *Preis*, WissZeitVG, § 2 Rn. 173.
905 BAG, Urt. v. 14.2.1996, AP Nr. 4 zu § 57 c HRG.
906 BAG, Urt. v. 14.2.1996, AP Nr. 4 zu § 57 c HRG.

auf § 2 Abs. 5 WissZeitVG übertragen. Insofern lässt sich eine Erweiterung nicht mit der Gesetzgebungskompetenz des Bundes in Einklang bringen. Zudem enthalten die Hochschulgesetze für die Ausübung eines Amtes in der Hochschulselbstverwaltung weder eine Beurlaubung noch eine Ermäßigung der Arbeitszeit, so dass der Tatbestand ohnehin nicht greifen würde.[907]

Sofern die Ausübung eines Abgeordnetenmandates mit einem Angestelltenverhältnis im öffentlichen Dienst und Mandat nach den Abgeordnetengesetzen der Länder unvereinbar ist, findet diese Regelung keine Anwendung.[908] Wenn eine solche Unvereinbarkeit nicht besteht,[909] ist dem Abgeordneten zur Wahrnehmung seines Amtes jedoch Urlaub zu gewähren. Der befristete Arbeitsvertrag endet jedoch mit festgelegtem Datum. Wird der Arbeitsvertrag nicht aufgrund der Annahme des Abgeordnetenmandates aufgelöst, wird der Vertrag vollständig angerechnet – hier sollen lediglich zwei Jahre nicht angerechnet werden. § 2 Abs. 5 WissZeitVG berücksichtigt jedoch nur Verlängerungen, d.h. es wird nicht die Höchstbefristungsdauer insgesamt verlängert, wie es § 2 Abs. 1 S. 3 WissZeitVG vorsieht. Eine Kündigungsmöglichkeit des Vertrages besteht meist nicht, es sei denn, sie ist einzelvertraglich oder tarifvertraglich vereinbart. Ruhen die Pflichten aus dem Arbeitsverhältnis gänzlich, bestünde dennoch das Arbeitsverhältnis und wäre auf die Höchstdauer anzurechnen. Aus dem Zusammenspiel von § 2 Abs. 3 WissZeitVG, wonach nur Arbeitsverträge mit mehr als ¼ der regelmäßigen Arbeitszeit anzurechnen sind und dem Diskriminierungsverbot von Abgeordneten, wie es für die Bundestagsabgeordneten in Art. 48 GG verankert ist, muss sich jedoch ergeben, dass in diesem Falle keinerlei Anrechnung erfolgt. Zwar ist das Arbeitsverhältnis zunächst wegen Fristablaufs dennoch beendet, jedoch besteht weiterhin die Möglichkeit, die volle Beschäftigungsdauer an der Hochschule auszuschöpfen.

Voraussetzung für eine Verlängerung nach Nr. 5 ist in allen dort benannten Konstellationen, dass die Freistellung mindestens ein Fünftel der regelmäßigen Arbeitszeit umfassen muss. Umstritten ist, ob sich die Verlängerungszeit nach der Gesamtdauer der Freistellung und nicht anteilig entsprechend der tatsächlich gewählten Freistellungszeit bestimme,[910] oder auch in Nr. 5 nur eine zeitanteilige Verlängerung vorzunehmen sei, wenn die Freistellung nur teilweise erfolge.[911] Für eine Verlängerung nach Gesamtzeit der Freistellung spricht der Regelungszusammenhang des Abs. 5, da Nr. 5 keinen Nachsatz wie Nr. 3 enthält, wonach die Verlängerung in dem Umfang stattfindet, in dem die Erwerbstätigkeit nicht erfolgt ist. Es ist wie bei Nr. 1 davon auszugehen, dass der Gesetzge-

907 *Waldeyer*, in: Hailbronner/Geis, HRG, § 57 b Rn. 87.
908 *Waldeyer*, in: Hailbronner/Geis, HRG, § 57 b Rn. 87.
909 Vgl. § 26 Abs. 1 und 2 BerlLWahG.
910 KR-*Lipke*, § 57 b HRG, Rn. 62; Annuß/Thüsing - *Lambrich*, § 23 Rn. 118; *Preis*, WissZeitVG, § 2 Rn. 168.
911 *Waldeyer*, in: Hailbronner/Geis, HRG, § 57 b Rn. 88.

ber hier bewusst von einer lediglich zeitanteiligen Regelung Abstand genommen hat, anderenfalls hätte er auch in Nr. 5 eine entsprechende Regelung aufgenommen. Zudem spricht das notwendige Quorum von einer Freistellung von mindestens einem Fünftel dafür, dass bei Erreichen dieses Freistellungsumfangs die Verlängerung vollumfänglich zu gewähren sei. Freistellungen, die weniger als 1/5 betragen, können einen Qualifizierungsweg nicht ernstlich behindern, weshalb es nicht gerechtfertigt wäre, hier eine Verlängerung des befristeten Arbeitsverhältnisses zu ermöglichen. Wird das Quorum unterschritten, kann daher auch keine zeitanteilige Verlängerung vorgenommen werden.[912] Insofern scheidet hier eine Verlängerung, die sich nur an dem Umfang der Freistellung orientiert, aus. Sollte sich herausstellen, dass in der Praxis häufig Verlängerungen erfolgen, bei denen wirklich nur das Quorum erreicht wurde, die Verlängerung aufgrund der hier vertretenen – sich am Gesetzeswortlaut orientierenden – Ansicht jedoch vollumfänglich erfolgt, müsste der Gesetzgeber, sofern er dieses Ergebnis nicht aufrecht erhalten will, handeln und einen entsprechenden Nachsatz in § 2 Abs. 5 S. 1 Nr. 5 WissZeitVG aufnehmen.

---

912 *Preis*, WissZeitVG, § 2 Rn. 168.

Kapitel 8 Verlängerung der Qualifikationszeit aufgrund Betreuung eines unter 18 jährigen Kindes

Nach § 2 Abs. 1 S. 3 WissZeitVG kann sich die insgesamt zulässige Höchstbefristungszeit des § 2 Abs. 1 S. 1 und 2 WissZeitVG bei der Betreuung eines oder mehrerer Kinder um zwei Jahre je Kind verlängern. Die Einführung der „familienfreundlichen Komponente“[913] soll zu einer größeren Vereinbarkeit von Kind und akademischer Laufbahn führen und damit zu einer größeren Bereitschaft bei Akademikerfamilien, Kinder zu bekommen. Für wissenschaftliche und künstlerische Mitarbeiterinnen und Mitarbeiter ist es von großer Bedeutung, auch in Zeiten der Kinderbetreuung im Arbeitsverhältnis zu verbleiben, um an der Qualifizierung weiterarbeiten zu können. Aufgrund der Doppelbelastung kommt es jedoch häufig zu Verzögerungen bei der Qualifizierung, da es ihnen – anders als kinderlosen Mitarbeitern – kaum möglich ist, hieran in der Freizeit zu arbeiten.[914]

Die familienfreundliche Komponente kann neben der Schaffung eines Anreizes für Akademiker, sich für Kinder zu entscheiden, auch zu mehr Gleichberechtigung beitragen. Häufig sind es nach wie vor Frauen, welche die Hauptlast der Familienarbeit tragen. Dies hat auch Auswirkungen auf den akademischen Karriereweg. So nimmt der Anteil von Frauen mit jeder Stufe der wissenschaftlichen Qualifikation sowie steigendem Status und steigender Gehaltsgruppe ab.[915] Die familienfreundliche Komponente gilt für beide Elternteile, sofern beide dem Anwendungsbereich des WissZeitVG unterfallen.

Anders als bei § 2 Abs. 5 WissZeitVG stellt die Erfassung der Betreuung den Arbeitgeber vor kaum lösbare Probleme. Im Falle des § 2 Abs. 5 WissZeitVG wird der Arbeitgeber in seinen Personalakten Aussagen über Beurlaubungen und Freistellungen des Arbeitnehmers finden.[916] Die Voraussetzungen des § 2 Abs. 1 S. 3 WissZeitVG liegen hingegen in der Sphäre des Arbeitnehmers vor. Fehler bei der Bemessung der Verlängerung führen zu einem unwirksam befristeten Vertrag, sollten hierdurch die Höchstbefristungszeiten des § 2 Abs. 1 WissZeitVG überschritten werden. Dies wird auch dazu beitragen, dass die Arbeitgeber von dieser gut gemeinten Regelung wenig Gebrauch machen werden wird und sie somit in Praxis wenig positive Auswirkungen hervorrufen kann.[917]

Die Verlängerung von zwei Jahren kann für jedes Kind gewährleistet („je Kind“) werden. Diese mehrfache Verlängerung ist notwendig, da nicht stets mehrere Kinder in kurzen Abständen geboren werden, so dass sich die Phase des

913 BT-Drucks. 16/3438, S. 8.
914 *Löwisch*, NZA 2007, 479, 483.
915 Wissenschaftsrat, Personalstruktur und Qualifizierung, S. 29.
916 *Kortstock*, ZTR 2007, 2, 8.
917 Vgl. *Kortstock*, ZTR 2007, 2, 8.

intensivsten Betreuungsaufwandes überschneiden würde.[918] Werden Zwillinge betreut, kann der Vertrag um bis zu vier Jahre verlängert werden.[919]

Die Verlängerung wird für jedes Kind nur einmal gewährt, d.h. sie gilt nicht für jede einzelne Qualifikationsphase des Abs. 1, wie aus dem Wortlaut „Die nach den Sätzen 1 und 2 *insgesamt* zulässige Befristungsdauer" folgt. Dies gilt demnach auch, wenn die Betreuung des Kindes sowohl in der Promotions- als auch in der Post-doc-Phase erfolgt. Hier muss sich der Mitarbeiter entscheiden, in welcher Phase die Verlängerung stattfinden soll. Wurde die Verlängerung nach § 2 Abs. 1 S. 3 WissZeitVG bereits in der ersten Qualifikationsphase genommen und ist die Höchstbefristungszeit nach § 2 Abs. 1 WissZeitVG vollständig ausgeschöpft, bleibt es in der zweiten Qualifikationsphase – sofern eine Promotion vorliegt – gemäß § 2 Abs. 1 S. 2 WissZeitVG bei der Grenze von 6 Jahren. Der Wortlaut untersagt jedoch nicht, den Zeitraum von zwei Jahren auf beide Qualifikationszeiten aufzuteilen,[920] da er nur an die insgesamt zulässige Befristungszeit anknüpft.

Die Regelung von § 2 Abs. 1 S 3 WissZeitVG gilt für beide Elternteile, sofern sich beide der Betreuung des Kindes widmen. Die Verlängerung kann jedoch nicht auf den anderen Elternteil übertragen werden.[921] Nicht vorausgesetzt wird für Abs. 1 S. 3, dass eine Reduzierung der Arbeits- bzw. außerhäuslichen Qualifikationszeiten aufgrund der Kindesbetreuung vorgenommen wurde.[922] Diese Zeiten führen ohnehin gem. § 2 Abs. 5 WissZeitVG zur Verlängerung des Arbeitsverhältnisses.

Fraglich ist, wie sich die familienpolitische Komponente bei studentischen Beschäftigten auswirkt. Da studentische Beschäftigte unter den Anwendungsbereich von § 1 Abs. 1 WissZeitVG fallen und somit die Regelungen des WissZeitVG in Gänze auf sie Anwendung finden, gilt § 2 Abs. 1 S. 3 WissZeitVG auch für sie. Problematisch ist jedoch, dass durch die „Zäsur"[923], die durch die Nichtanrechnungsvorschrift aus § 2 Abs. 3 S. 3 WissZeitVG eintritt, die Betreuung eines Kindes mehrfach zählen könnte, zumal die Norm den Betreuungszeitpunkt (während der Beschäftigung oder vorher) nicht regelt. Insofern könnten Mitarbeiter zunächst als studentische Beschäftigte und später als wissenschaftliche Mitarbeiter in den Genuss der Verlängerung kommen. Legt man die familienfreundliche Komponente jedoch teleologisch aus, könnte man zu dem Ergebnis kommen, die Norm nur einmal anzuwenden, da die Betreuung des Kindes nicht wegen des Abschlusses des Studiums einen höheren Aufwand erfordere.[924]

---

918 BT-Drucks. 16/3438, S. 12 f.
919 *Reich*, HRG/WissZeitVG, § 2 WissZeitVG Rn. 5.
920 *Müller-Glöge* – EK, § 2 WZVG Rn. 6.
921 *Preis*, WissZeitVG, § 2 Rn. 39.
922 *Schlachter*, in: Laux/Schlachter, TzBfG, Anhang 2 § 2 WissZeitVG Rn. 11.
923 *Kortstock*, ZTR 2007, 350, 354.
924 *Kortstock*, a.a.O.

Außerdem stellte sich die Frage, ob dieses Ergebnis mit Art 3 Abs. 1 GG zu vereinbar ist, da Arbeitnehmer, die erst nach Studienabschluss eine Stelle als wissenschaftliches Personal erhielten, möglicherweise ohne sachlichen Grund benachteiligt würden.[925]

Das Argument der Ungleichbehandlung trägt jedoch nicht, weil die Mitarbeiter, die bereits während ihrer Studienzeit ein Kind betreuten und zudem noch an einer Hochschule oder Forschungseinrichtung beschäftigt waren, einer Dreifachbelastung (Studium, Dienstverhältnis, Kindesbetreuung) unterlagen. Da in den Fällen, in denen die Beschäftigung an der Hochschule als wissenschaftlicher Mitarbeiter sich unmittelbar an das Hochschulstudium anschließt, davon auszugehen ist, dass in dieser Zeit die „Betreuungslast" weiterhin bestehen wird – die wenigsten Kinder dürften in dieser Zeit die Altersgrenze von 18 Jahren überschreiten – ist die Ungleichbehandlung zu rechtfertigen.

Die Regelungen des § 2 Abs. 1 S. 3 und Abs. 5 WissZeitVG schließen einander nicht aus; sie können vielmehr kumulativ vorliegen, da auch während einer Unterbrechung nach Abs. 5 ein vollgültiges Arbeitsverhältnis besteht und hierfür der Gesetzeszweck spricht, selbst wenn hier die Doppelbelastung nicht vorliegt.[926] Abs. 5 knüpft dabei an Unterbrechungszeiten an, § 2 Abs. 1 S. 3 WissZeitVG will gerade die Mehrfachbelastung während einer ausgeübten Beschäftigung ausgleichen. Die Regelungen in Abs. 5 gehen davon aus, dass in dieser Zeit eine Qualifizierung nicht möglich ist, weshalb nur eine Anwendung beider Normen einen vollständigen Schutz gewährt.

Ein wesentlicher Unterschied zwischen den Verlängerungstatbeständen des Abs. 5 und des § 2 Abs. 1 S. 3 WissZeitVG besteht in der Frage, wer über die Anwendung der Verlängerung entscheidet. In § 2 Abs. 5 WissZeitVG muss die Verlängerung des Arbeitsverhältnisses erfolgen, wenn der Arbeitnehmer dies wünscht; der Arbeitgeber hat keine Möglichkeit, dies bei Vorliegen der Voraussetzungen zu verhindern. § 2 Abs. 1 S. 3 WissZeitVG sieht zwar die Verlängerung der Höchstbefristungsdauer vor, der Arbeitnehmer hat aber weder einen Anspruch auf Ausschöpfung der vollen Befristungszeiten des § 2 Abs. 1 WissZeitVG noch auf Gewährung der familienfreundlichen Komponente.[927] Somit ist es dem Belieben der Hochschule oder Forschungseinrichtung als Arbeitgeber überlassen, ob sie der „familienfreundliche Komponente" zur Wirksamkeit verhilft. Berücksichtigt werden müssen lediglich das AGG sowie eine einmal eingeführte Praxis, wobei es dennoch zulässig ist, im Interesse anderer Mitarbeiter auf eine Verlängerung zu verzichten.[928]

---

925 *Kortstock*, a.a.O.

926 KSchR-*Däubler*, § 2 WissZeitVG Rn. 17; *Preis*, WissZeitVG, § 2 Rn. 42.

927 KSchR-*Däubler*, § 2 WissZeitVG Rn. 16; *Müller-Glöge* – EK, § 2 WZVG Rn. 6; *Preis*, WissZeitVG, § 2 Rn. 39; *Schlachter*, in: Laux/Schlachter, TzBfG, Anhang 2 § 2 WissZeitVG Rn. 10; APS-*Schmidt*, § 2 WissZeitVG Rn. 21.

928 *Löwisch*, NZA 2007, 479, 483.

Die Bundesregierung weist in der Gesetzesbegründung[929] insoweit selbst darauf hin, dass die Arbeitgeber in der Wissenschaft von einer Verlängerung der Rahmenfrist kaum Gebrauch machen würden, wenn der Mitarbeiter bereits die Möglichkeiten des Abs. 5 in nennenswertem Umfang genutzt hätte. Wenn durch die Norm vor allem auch diejenigen Eltern berücksichtigt werden sollen, die ihre Erziehungsaufgaben wahrnehmen, ohne Elternzeit in Anspruch zu nehmen,[930] die sich gemäß § 2 Abs. 5 S. 1 Nr. 3 WissZeitVG vertragsverlängernd auswirkt, wird die Regelung wohl nicht die erhoffte demographische Wirkung entfalten, da sich die potentiellen Eltern gerade nicht sicher sein können, ob sie von der Verlängerung der Rahmenzeit profitieren können. Ebenso wird die Neigung der Hochschulen, eine Vertragsverlängerung vorzunehmen, eher gering ausfallen, wenn das Kind häufig krank ist und der Mitarbeiter deswegen häufig ausfällt. In diesen Fällen ist zwar der Betreuungsaufwand für den Mitarbeiter größer und er wäre eigentlich schutzwürdiger, eine Verlängerung stellt sich jedoch für den Arbeitgeber als unattraktiv dar. Das Risiko, aus der Karriere auszuscheiden, das insbesondere Frauen betrifft, bleibt demnach erhalten.[931] Hinzu kommt, dass die Voraussetzungen der Verlängerungsmöglichkeit (anteilige Berücksichtigung, Vorliegen der Betreuung während der Beschäftigung etc.) nicht eindeutig geregelt sind. Damit trägt der Arbeitgeber bei falscher Einschätzung der tatsächlichen und rechtlichen Verhältnisse das Risiko einer Entfristung, weshalb hier Autoren zu einem vorsichtigen Gebrauch der Regelung raten.[932]

Insoweit wäre eine verbindliche Regelung effektiver gewesen. Empfehlenswert wäre eine Regelung, die festschreibt, dass die Eltern, deren Kinder im Zeitraum des Vertrages geboren werden, über den Ablauf des vereinbarten Vertrages und den Zeitraum der Verlängerung aufgrund Abs. 5 hinaus mindestens zwei weitere Jahre zu beschäftigen sind. In den Fällen, wo sich diese Zeit noch im Rahmen der Höchstbefristungsdauer befände, sowie die Kinder bereits existierten, könnte die bisherige Regelung des § 2 Abs. 1 S. 3 WissZeitVG greifen. Hierdurch würde ein Anreiz geschaffen, weitere Kinder zu bekommen und zudem die Planungssicherheit verstärkt, da es bei Neugeborenen nicht mehr in der Hand des Arbeitgebers läge, den verlängerten Befristungsrahmen auszuschöpfen.

929 BT-Drucks. 16/3438, S. 13.

930 BT-Drucks. 16/3438, S. 13.

931 *Kleinwächter*, in der öffentlichen Anhörung zum WissZeitVG durch den Ausschuss des Deutschen Bundestages für Bildung, Forschung und Technikfolgenabschätzung am 29.11.2006, Protokoll 16/21, S. 10.

932 Vgl. *Kortstock*, ZTR 2007, 350, 351. *Müller-Glöge* – EK, § 2 WZVG Rn. 6, mit dem etwas polemischen Satz „Wegen der tatsächlichen und rechtlichen Unwägbarkeiten wird eine Hochschule oder Forschungseinrichtung, die auf die Beschäftigung unbefristeter Arbeitnehmer keinen Wert legt, von der Regelung des S. 3 keinen Gebrauch machen.“

A. „Kind“ im Sinne der Norm

Die Begriffe „Betreuung“ und „Kind“ definiert das Gesetz nicht. Nach der amtlichen Begründung soll von einer Betreuung regelmäßig dann ausgegangen werden, wenn Kind und betreuende Person in einem gemeinsamen Haushalt leben.[933] Das Anknüpfen an die Betreuung wirft mehrere Problemfragen auf: Betreuen alle Personen, die mit dem Kind in einem Haushalt leben, das Kind, d.h. können auch Mitbewohner einer Wohngemeinschaft, die zur Entlastung der Eltern regelmäßig nach dem Kind schauen, die Verlängerungsoption für sich in Anspruch nehmen? Der Wortlaut und die Definition der Bundesregierung würden dies ermöglichen. Dennoch dürfte dies zu weit gefasst sein, zumal hinsichtlich der demographischen Entwicklung in der Bundesrepublik der Anteil der Mitbewohner als gering einzustufen ist. Fraglich ist zudem, wie ein neuer Lebensgefährte bzw. neue Lebensgefährtin zu behandeln ist, der oder die mit einer sorgeberechtigten Person ständig in einem Haushalt lebt. Hier dürfte von einer Betreuung gesprochen werden können. Berücksichtigt man die Intention des Gesetzgebers, die Zahl kinderloser Akademiker zu verringern, würde dies eine Reduzierung der Norm auf leibliche Kinder bedeuten. Da es den Gerichten überlassen bliebe, zu entscheiden, ob eine Betreuung im Sinne der Norm vorliege, schlug *Löwisch*[934] im Gesetzgebungsverfahren vor, neben der tatsächlichen Betreuung eine rechtliche Beziehung des Betreuenden zu dem betreuten Kind zur Voraussetzung der Norm zu machen. Diese könnte in entsprechender Anwendung von § 15 BEEG erfolgen.[935] Demnach wären auch Stiefkinder erfasst.[936] Nach anderer Ansicht[937] sind Kinder i. S. d. Norm die eigenen Abkömmlinge i. S. d. § 1589 BGB sowie adoptierte Kinder i. S. d. §§ 1741 ff BGB, Stiefkinder hingegen nicht, was aus dem Sinn und Zweck der Norm sowie dem fehlenden Verweis auf § 15 Abs. 1 S. 1 Nr. 1 i.V.m. § 1 Abs. 3 BEEG folge. Würden auch Stiefkinder unter die Norm fallen, würde dies nach dieser Ansicht zu einer „Inflation der Elterneigenschaft“[938] führen.

Der Gesetzgeber ist dem Vorschlag von *Löwisch* leider nicht gefolgt. Der Gesetzgeber war in der Anhörung auf diese Problematik hingewiesen worden, hat sich jedoch offensichtlich nicht zu einer entsprechenden Regelung veranlasst gefühlt. Insoweit ist für eine einschränkende Auslegung der Norm kein Raum. Dem Wortlaut lässt sich eine derartige Einschränkung nicht entnehmen.[939] Die

---

933 BT-Drucks. 16/3438, S. 12.
934 *Löwisch*, Stellungnahme, BT – A-Drucks. 16(18)139f, S. 13.
935 Ebenso *Kortstock*, ZTR 2007, 2, 8.
936 So auch KSchR-*Däubler*, § 2 WissZeitVG Rn. 19.
937 APS-*Schmidt*, § 2 WissZeitVG Rn. 17; *Preis*, WissZeitVG, § 2 Rn. 36.
938 *Preis*, WissZeitVG, § 2 Rn. 36; Ob die Betreuung von Stiefkindern ausreichend ist, wurde als zweifelhaft bezeichnet bei *Schlachter*, in: Laux/Schlachter, TzBfG, Anhang 2 § 2 WissZeitVG Rn. 11.
939 *Müller-Glöge* – EK, § 2 WZVG Rn. 6.

tageweise Betreuung ohne Aufnahme in die häusliche Gemeinschaft, z.B. als Tagesmutter, kann dennoch ebenso wenig genügen[940] wie die Betreuung von Nachbarskindern.[941] Will man dem Gesetzesanliegen „Ausgleich für die Mehrfachbelastung“ zu bieten gerecht werden, muss gefordert werden, dass dem Arbeitnehmer das Sorgerecht oder ein vergleichbares Recht[942] zusteht und das Kind mit ihm im gemeinsamen Haushalt lebt.[943] Diese Einschränkung kann jedoch nur durch den Gesetzgeber selbst vorgenommen werden. Da es aber wenigstens eines Anhaltspunktes für ein Betreuungsverhältnis bedarf, sollte das zu betreuende Kind wenigstens in häuslicher Gemeinschaft mit dem Beschäftigten leben.[944] Das Sorgerecht indiziert bei bestehender Rechtslage zumindest das Vorliegen der Eigenschaft Kind und zum anderen dessen Betreuung.

Die Entscheidung darüber, ob eine Betreuung i. S. d. Norm vorliegt, auf die Gerichte zu verlagern, birgt eine enorme Unsicherheit, die dazu führen dürfte, dass die Norm enger als notwendig durch die Hochschulen und Forschungseinrichtungen ausgelegt und so sehr selten zur Anwendung kommen wird. Somit würden die erwünschten Effekte nicht erzielt. Insofern wäre eine Klarstellung durch den Gesetzgeber wünschenswert.

B. Zeitpunkt der Betreuung und Betreuungsumfang

Ebenso wenig wie zu dem Begriff des Kindes und der Betreuung trifft das Gesetz Aussagen zu dem Zeitpunkt, zu dem die Betreuung vorliegen muss sowie zu dem zeitlichen Umfang der Betreuung. Demnach wäre es ausreichend, dass einen Tag vor Auslaufen des Vertrages das Kind auf die Welt kommt oder das Kind nur einen Tag vor seinem 18. Geburtstag betreut wird.[945] In diesen Fällen hätte die Betreuung des Kindes jedoch keinerlei Auswirkung auf die vorherliegende Qualifikationsphase gehabt, da in dieser Zeit keine Betreuung vorgenommen wurde. Dies gilt im Falle der Geburt einen Tag vor Ende des Vertrages insbesondere für den Vater des Kindes, der zumindest keine gesundheitlichen Einschränkungen durch die Schwangerschaft gehabt haben dürfte. Zudem hängt es in den Fällen, in denen eine Schwangerschaft erst zum Ende des Vertrages vorliegt, vom Zufall ab, ob das Kind noch vor Auslaufen des Vertrages auf die Welt kommt und eine Verlängerungsoption besteht.

---

940 *Löwisch*, NZA 2007, 479, 483; *Preis*, WissZeitVG, § 2 Rn. 38.

941 *Müller-Glöge* – EK, § 2 WZVG Rn. 6.

942 *Müller-Glöge* – EK, § 2 WZVG Rn. 6, ders. fordert auch das Leben in häuslicher Gemeinschaft. Darauf kann es jedoch im Hinblick auf Wochenendbeziehungen und getrennt lebende Eltern nicht ankommen.

943 APS-*Schmidt*, § 2 WissZeitVG Rn. 18; *Preis*, WissZeitVG, § 2 Rn. 37.

944 Abstellend auf das Leben in häuslicher Gemeinschaft mit dem Beschäftigten durch *Schlachter*, in: Laux/Schlachter, TzBfG, Anhang 2 § 2 WissZeitVG Rn. 11.

945 Die Betreuung nur einen Tag vor dem 18. Geburtstag als ausreichend ansehend *Reich*, HRG/WissZeitVG, § 2 WissZeitVG Rn. 5.

Löwisch[946] hatte im Gesetzgebungsverfahren vorgeschlagen, auf den tatsächlichen Betreuungsaufwand abzustellen und nur in diesem Rahmen eine Verlängerung zu ermöglichen. Diese sollte zeitlich auf zwei Jahre begrenzt werden. Leider wurde auch dieser Vorschlag nicht berücksichtigt, weshalb *Löwisch* davon ausgeht, dass es ausreicht, wenn die Mitarbeiterin oder der Mitarbeiter während eines nicht ganz unerheblichen Zeitraums innerhalb einer der Qualifizierungsphasen ein oder mehrere Kinder betreut.[947]

Eine solche Einschränkung ist zwar dem Gesetz nicht zu entnehmen, entspräche aber dem Sinn und Zweck der Regelung, die Mehrfachbelastung auszugleichen. Einer Regelung dieses Punktes bedurfte es dennoch nicht, da die Verlängerung nicht automatisch eintritt. Insoweit ist es neben dem Vorliegen der Voraussetzung ohnehin der Hochschule überlassen, einen angemessenen Verlängerungszeitraum (bis zu zwei Jahren) zu vereinbaren. Dennoch ist festzuhalten, dass in einem Gesetz, welches das Befristungsrecht nur durch starre Höchstfristen regelt, enge Voraussetzungen vorliegen sollten, wenn sich diese Fristen verlängern. Deshalb ist für eine Verlängerung im entsprechenden Höchstumfang erforderlich, dass während eines Arbeitsverhältnisses nach § 2 Abs. 1 S. 1 oder 2 WissZeitVG die Betreuung für mindestens zwei Jahre vorgelegen haben muss.[948] Sofern die Betreuung den Zweijahreszeitraum unterschreitet, sollte nur eine anteilige Verlängerung des Vertrages in Betracht kommen.[949] Vollendet das zu betreuende Kind während der ersten beiden Qualifizierungsjahre sein 18. Lebensjahr oder endet die Betreuung durch Tod, kann die Verlängerung ebenfalls nur zeitanteilig erfolgen.[950]

Fraglich ist, ob auch Betreuungszeiten vor der wissenschaftlichen Tätigkeit berücksichtigt werden können. Ausgehend von der Begründung, Kindeserziehung während der wissenschaftlichen Arbeit zu ermöglichen, käme man zu dem Ergebnis, nur Zeiten der Betreuung berücksichtigen zu können, die parallel zur Tätigkeit als wissenschaftlicher Mitarbeiter sowie zu Zeiten einer Promotion außerhalb eines Angestelltenverhältnisses liegen. Gegen diese Annahme spricht jedoch die Altersgrenze von 18 Jahren, da nicht davon auszugehen ist, dass ein Kind im Alter zwischen 14 und 18 eine zeitlich ähnlich intensive Betreuung benötigt wie ein Neugeborenes. Im Sinne der Handhabbarkeit der Norm und unter Berücksichtigung des Zwecks der Vorschrift sollte die Kinderbetreuung während einer der Qualifikationsphasen erfolgen.[951] Eine Befristungserleichterung

---

946 *Löwisch*, Stellungnahme, BT – A-Drucks. 16(18)139f, S. 13.

947 *Löwisch*, NZA 2007, 479, 483.

948 *Müller-Glöge* – EK, § 2 WZVG Rn. 6. Unklar bleibt, ob bei kürzerer Betreuung eine anteilige Verlängerung möglich ist.

949 Ausschließlich dies als zulässig ansehend und nicht den Vertragsparteien überlassend APS-*Schmidt*, § 2 WissZeitVG Rn. 18; *Preis*, WissZeitVG, § 2 Rn. 40; a.A. *Schlachter*, in: Laux/Schlachter, TzBfG, Anhang 2 § 2 WissZeitVG Rn. 12.

950 *Preis*, WissZeitVG, § 2 Rn. 41.

951 *Löwisch*, NZA 2007, 479, 483; KSchR-*Däubler*, § 2 WissZeitVG Rn. 19.

mit einer zuvor erbrachten Betreuungsleistung zu begründen, wäre auch im Hinblick auf den Regelungszusammenhang systemwidrig.[952] Ist das Kind bei Promotionsbeginn bereits über 18 Jahre alt, kann eine Anrechnung daher auch nicht erfolgen, da das Ende der Betreuung vor dem Qualifikationsbeginn liegt.[953] Nicht nur für die Familie, sondern auch rechtlich problematisch sind die Fälle, in denen die Betreuung des Kindes bereits vor Beginn der Qualifizierungsphase – sei es durch Trennung der Eltern oder Tod des Kindes – abbricht.[954] Hier gilt – wie bereits festgestellt –, dass Zeiten einer Betreuung vor Beginn der Qualifizierungsphase unberücksichtigt bleiben müssen.

Problematisch ist weiterhin der Fall, bei dem der Mitarbeiter nach Ausschöpfung der Höchstbefristungsdauer die Hochschule verlässt. Bekommt er danach ein Kind, könnten ihm entsprechend dem Wortlaut erneut zwei Jahre zur Verfügung stehen, da die Norm keine Verlängerung des Arbeitsvertrages wie in Abs. 5 vorsieht, sondern zu einer Verlängerung der Höchstbefristungszeiten führt. Da diese nicht mit einem Vertrag ausgeschöpft werden müssen, würden dem Mitarbeiter somit für einen neuen Vertrag weitere zwei Jahre zur Verfügung stehen. Da aber die Betreuung während der Qualifikationsphasen von S. 1 und S. 2 vorgelegen haben muss, kann dieser Fall nicht zu einer Verlängerung der Höchstbefristungszeiten führen. Ebenso wenig kann die Planung, ein Kind zu bekommen, bei Vertragsschluss berücksichtigt werden.[955] Daher kann nicht der erste Vertrag gleich auf acht Jahre geschlossen werden, nur weil der Mitarbeiter es durchaus für möglich hält, während der Vertragslaufzeit Mutter oder Vater zu werden.

Der Vertrag kann jedoch die Verlängerungszeit des S. 3 schon bei Vertragsschluss umfassen, wenn bereits ein Kind vorhanden ist, das betreut wird und zumindest nicht in den nächsten zwei Jahren das achtzehnte Lebensjahr vollendet. Dies kann nur dann problematisch werden, wenn sich die Eltern vor Ablauf von zwei Jahren trennen, woraufhin bei dem Mitarbeiter keine Betreuung mehr vorliegt oder das Kind verstirbt. Damit muss der Arbeitgeber eine Prognose erstellen, für die er sehr persönliche Daten, wie z.B. Gesundheitszustand des Arbeitnehmers und dessen Kind, benötigen würde. Diese abzufragen, dürfte nicht nur an die Grenzen der Verfassungsmäßigkeit stoßen,[956] weshalb Umstände wie Tod des Kindes oder Trennung der Eltern grundsätzlich keinen Einfluss

952 Eine Anrechnung vorheriger Betreuungszeiten ebenso ablehnend: *Schlachter*, in: Laux/Schlachter, TzBfG, Anhang 2 § 2 WissZeitVG Rn. 11.
953 *Kortstock*, ZTR 2007, 2, 9.
954 *Kortstock*, ZTR 2007, 2, 9, diese Fragestellung nur aufwerfend, ohne sie zu beantworten.
955 *Kortstock*, ZTR 2007, 2, 9; a.A. KSchR-*Däubler*, § 2 WissZeitVG Rn. 20, der die Vorlage eines ärztlichen Attestes über das Bestehen einer Schwangerschaft seit mehr als drei Monaten zumindest für die werdende Mutter als ausreichend ansieht.
956 *Kortstock*, ZTR 2007, 2, 9.

auf die Wirksamkeit der Befristung haben können.[957] Falls dieser Fall eintritt, sollte daher der Arbeitsvertrag mit Zustimmung des Arbeitnehmers geändert werden und auf die zeitanteilige Verlängerung reduziert werden, wobei der Arbeitgeber hier einen Anspruch auf Zustimmung seitens des Arbeitnehmers zum Änderungsvertrag hat.

Das Gesetz trifft nicht nur keinerlei Aussagen hinsichtlich des Beginns der Betreuung, sondern auch nicht darüber, welchen Mindestumfang die Betreuung haben muss, um als solche berücksichtigt werden zu können. Würde man auf den zeitlichen Umfang der Betreuung abstellen, kann man dies nur mit Sicherheit für die Vergangenheit tun, da eine genaue Prognose Schwierigkeiten bereitet. Da das Gesetz keinerlei Aussagen zu dem zeitlichen Umfang trifft, kann ein Nachweis des tatsächlichen Betreuungsaufwandes nicht gefordert werden.[958]

Einen speziellen Problemkreis stellen Eltern dar, die zwar gemeinsam das Kind erziehen, aber nicht an demselben Ort wohnen, d.h. bei denen ein Elternteil das Kind nur am Wochenende betreut. Ein ähnliches Problem stellt sich bei getrennt lebenden Elternteilen, bei denen das Sorgerecht bei beiden besteht, ein Elternteil das Kind aber nur während des eigenen Urlaubs bei sich hat und damit nur in dieser Zeit eine echte Betreuung vorliegt. Für das Kind, das nur am Wochenende bei einem Elternteil lebt und dort intensiv betreut wird, gilt nach einer Ansicht, dass dieser Elternteil nicht anders behandelt werden könne, als jemand, der sich den Rest der Woche um das Kind sorge.[959] Für die Verlängerung nach § 2 Abs. 1 S. 3 WissZeitVG sei es daher unerheblich, ob der gemeinsame Haushalt ständig oder im Falle der getrennt lebenden Eltern nur phasenweise bestünde.[960] *Preis* vertritt hierzu hingegen, dass die Betreuung durch einen getrennt lebenden Elternteil als Höchstfristenverlängerungsgrund abzulehnen sei.[961] Für die Auffassung von *Preis* spricht, dass eine Betreuung nur am Wochenende oder im Urlaub nicht die gleichen Auswirkungen auf die Qualifizierungszeit hat. Zum einen umfasst das Wochenende nur zwei Tage im Vergleich zu fünfen, die das Kind bei dem anderen Elternteil lebt. Noch gravierender ist der Unterschied im Urlaub. Zum anderen ist die Belastung während des Urlaubs und des Wochenendes eine andere als im Alltag. Am Wochenende und im Urlaub sind für das Kind weniger Dinge zu koordinieren, aber auch für den Arbeitnehmer. Dieser hat am Wochenende und im Urlaub gar keine Mehrfachbelastung, da er selbst nicht arbeiten muss. Selbst wenn das Wochenende der Promotion dienen soll, so stellt dies lediglich eine Zweifachbelastung im Vergleich zur Dreifachbelastung im Alltag dar. Aufgrund der sehr geringen Auswirkungen auf die Qualifikation kann eine Verlängerung hier nicht erfolgen.

---

957 *Schlachter*, in: Laux/Schlachter, TzBfG, Anhang 2 § 2 WissZeitVG Rn. 11.
958 *Müller-Glöge* – EK, § 2 WZVG Rn. 6; *Preis*, WissZeitVG, § 2 Rn. 38.
959 *Kortstock*, ZTR 2007, 2, 9.
960 *Schlachter*, in: Laux/Schlachter, TzBfG, Anhang 2 § 2 WissZeitVG Rn. 11.
961 *Preis*, WissZeitVG, § 2 Rn. 38.

Demnach muss die Aussage, dass kein Nachweis über den tatsächlichen Betreuungsaufwand erbracht werden kann und muss, dahingehend eingeschränkt werden, dass es bei der Verlängerung des § 2 Abs. 1 S. 3 WissZeitVG nicht um eine Abrechnung eines stunden- bzw. taggenauen Zeitaufwandes gehen kann, sondern vielmehr um die abstrakte Mehrbelastung im Arbeitsalltag. Würde man auf die stundengenaue Belastung abstellen, wäre eine Prognose unmöglich. Das Beispiel der getrennt lebenden Eltern weist diese Schwierigkeiten jedoch nicht auf. Hier ist der Betreuungsumfang exakt zu ermitteln. Da es jedoch nicht zu einer ausgleichsbedürftigen Dreifachbelastung kommen kann, ist eine Verlängerung nach § 2 Abs. 1 S. 3 WissZeitVG nicht gerechtfertigt. Hierfür spricht auch, dass bei vorzeitiger Erreichung des 18. Lebensjahres des Kindes sowie im Falle des Todes auch nur eine anteilige Anrechnung erfolgt.

Kapitel 9 Befristung im Rahmen von Drittmittelprojekten, § 2 Abs. 2 WissZeitVG

„Drittmittelforschung dient mit ihrem qualitätsorientierten Fördersystem der Gewährleistung ständiger Optimierung der Forschungsanstrengungen.“[962] Die Regelung der Befristung von wissenschaftlichen Mitarbeiter und wissenschaftlichen Hilfskräften existierte vor dem 5. HRGÄndG als Befristungsgrund in § 57 b Abs. 2 Nr. 4 HRG und war bereits 1985 in das HRG aufgenommen worden.[963] Der Gesetzgeber[964] war bereits damals davon ausgegangen, dass ohne Verknüpfung der Dauer des betreffenden Arbeitsvertrages mit der Laufzeit der Drittmittelfinanzierung sowohl das Engagement der Drittmittelgeber zurückgehen würde, wenn die Drittmittelempfänger nicht in der Lage wären, das Personal befristet einzustellen, als auch die Bereitschaft, Drittmittel einzuwerben, sinken könnte, weshalb auch diese Regelung dem Schutz von Art. 5 Abs. 3 GG diene, da durch die eventuelle Entfristung Stellen blockiert würden, die für andere Projekte benötigt würden.

Gemäß § 57 b Abs. 2 Nr. 4 HRG existierte ein Sachgrund, wenn der Mitarbeiter überwiegend aus Mitteln Dritter vergütet und der Zweckbestimmung dieser Mittel entsprechend eingesetzt wurde. Zudem war in § 57 d HRG ein gesetzliches Kündigungsrecht für Verträge, die nach § 57 b Abs. 2 Nr. 4 und Abs. 4 i.V.m. § 57 b Abs. 2 Nr. 4 HRG geschlossen wurden, enthalten, wonach dieser Vertrag gekündigt werden konnte, ohne dass es einer vertraglichen Kündigungsvereinbarung bedurfte, wenn feststand, dass die Drittmittel wegfallen werden, dies dem Mitarbeiter unverzüglich mitgeteilt wurde und die Kündigung unter Einhaltung der Kündigungsfrist frühestens zum Zeitpunkt des Wegfalls der Drittmittel erfolgte. Wurde im Arbeitsgerichtsprozess festgestellt, dass im Zeitpunkt der Kündigung der Wegfall der Mittel feststand, lag der die Kündigung rechtfertigende Grund vor und weitere Feststellungen zur Betriebsbedingtheit waren unstatthaft.[965] Das Sonderkündigungsrecht diente damit der Freiheit zur Personaldisposition der Wissenschaftseinrichtungen durch Gewährung der notwendigen Flexibilität im Drittmittelbereich und war somit Bestandteil zur Garantie der Wissenschaftsfreiheit.[966]

Dieser Befristungsgrund war durch das 5. HRGÄndG abgeschafft worden, da der Gesetzgeber davon ausging, dass es den Hochschulen zuzumuten sei, „die

962 *Lübbert*, Befristete Arbeitsverhältnisse, S. 219.
963 Zur Entwicklung des Sachgrundes der Drittmittelfinanzierung vgl. *Zimmermann*, Befristete Arbeitsverhältnisse, S. 27 ff sowie S. 37 ff.
964 BT-Drucks. 10/2283 S. 7.
965 *Dörner*, Der befristete Arbeitsvertrag, Rn. 819. Zur Zulässigkeit von Klauseln in unbefristeten Arbeitsverträgen, dass als Kündigungsgrund der Wegfall von Mitteln Dritter gilt, vgl. *Salje/Peter*, DB 1993, 1469.
966 *Zimmermann*, Befristete Arbeitsverhältnisse, S. 123 f.

befristeten Arbeitsverträge, die aus Drittmitteln finanziert werden, entsprechend dem Fördervolumen bzw. dem Bewilligungszeitraum auszurichten."[967] „Die Sicherstellung des Zweckes der Drittmittelverwendung und zweckgebundener Haushaltsmittel erfolgt über das Haushaltsrecht und nicht über das Recht der befristeten Arbeitsverträge."[968] Das Entfallen der Regelung führte zu größerem Widerstand seitens der Hochschulen, da sie sich nicht in der Lage sahen, den endgültigen Wegfall der Drittmittel zu prognostizieren.[969] Daraufhin hat der Gesetzgeber bei der Verabschiedung des WissZeitVG wieder eine Regelung zur Drittmittelbeschäftigung aufgenommen.

Die Wiedereinführung der Drittmittelbefristung als Sonderbefristungstatbestand in das WissZeitVG ist jedoch systemwidrig,[970] da sie in ein Gesetz eingefügt wurde, das gerade die sachgrundlose Befristung für eine bestimmte Beschäftigtengruppe, nämlich das wissenschaftliche Personal, ermöglichen wollte. Die Drittmittelbeschäftigung knüpft hingegen an das Vorliegen eines Sachgrundes an und erweitert zudem den Anwendungsbereich für diesen Tatbestand auch auf das nicht-wissenschaftliche Personal. *Schlachter* spricht deshalb zutreffend von einem Paradigmenwechsel, ausgehend von einem primär beschäftigtenbezogenen Sachgrund hin zu einem allein arbeitgeberbezogenen, da der Qualifizierungsgedanke sich nicht auf das nicht-wissenschaftliche Personal übertragen lasse.[971] Zudem nimmt dieser Befristungstatbestand den Hochschulen und Forschungseinrichtungen den Anreiz, die Qualifizierung der Nachwuchswissenschaftler voranzutreiben, um anschließend eine erleichterte Befristung nach § 2 Abs. 2 WissZeitVG vornehmen zu können.[972] Insoweit wäre eine Einordnung dieser Befristungsmöglichkeit in das TzBfG sachgerechter gewesen. Auch dürfte, anders als es das Bundesverfassungsgericht angenommen hatte, die Bereitschaft der Drittmittelgeber nicht im Zusammenhang mit der Möglichkeit der Drittmittelempfänger stehen, ihre Arbeitnehmer wirksam befristen zu können.[973] Vielmehr ist dies lediglich ein Problem der Empfänger, deren Bereitschaft, Drittmittel einzuwerben, dann zurückgeht, wenn sie Gefahr laufen, Personal, das aus Drittmitteln beschäftigt wird, nicht wirksam befristen zu können und deshalb eventuell im Wege von Entfristungsklagen unbefristet beschäftigen zu müssen. *Lübbert* geht daher davon aus, dass die Auswirkungen des arbeitsrechtlichen Bestandsschutzes die Flexibilität der Hochschulen und Forschungseinrichtungen, die zur Gewähr eines optimalen Forschungsklimas notwendig sei, in einer die Wissenschaftsfreiheit tangierenden Weise beeinträchtigen würden.[974]

---

967 BT – Drucks. 14/6853 S. 31 zum 5. HRGÄndG.
968 BT – Drucks. 14/6853 S. 20 zum 5. HRGÄndG.
969 *Preis*, WissZeitVG, Einl. Rn. 33.
970 Vgl. *Dörner*, NZA 2007, 57, 60.
971 *Schlachter*, in: Laux/Schlachter, TzBfG, Anhang 2 WissZeitVG Rn. 4.
972 APS-*Schmidt*, § 1 WissZeitVG Rn. 8 sowie § 2 WissZeitVG Rn. 1.
973 Hierzu kritisch bereits *Lohfeld*, Befristung von Arbeitsverhältnissen, S. 315.
974 *Lübbert*, Befristete Arbeitsverhältnisse, S. 219.

Problematisch ist die Einführung der Drittmittelbefristung auch aus sozialer Sicht. Die Drittmittelbeschäftigung nach WissZeitVG ist nahezu grenzenlos möglich. Insoweit widerspricht sie dem Anliegen des Gesetzgebers, den Beschäftigten der Hochschule frühzeitig aufzuzeigen, ob sie eine dauerhafte Perspektive an der Hochschule haben. Je häufiger ein Mitarbeiter an einer Hochschule im Rahmen eines Drittmittelprojektes beschäftigt wird, umso mehr steigen der Grad der Spezialisierung sowie das Alter des Beschäftigten.[975] Diese Faktoren erschweren jedoch eine erfolgreiche Arbeitsplatzsuche für den Fall, dass eine Beschäftigung an der Hochschule dauerhaft nicht möglich ist.[976] Zwar kann auch im Rahmen von Drittmittelprojekten des Argument angeführt werden, dass die Beschäftigung in einem solchen Projekt zunächst besser sei als der Weg in die Arbeitslosigkeit, jedoch ist es für den Arbeitnehmer nicht ersichtlich, ob es nach Auslaufen eines Forschungsprojektes ein erneutes geben wird und ob der Projektleiter ihn auch für dieses Projekt anstellen würde. Die Regelung der Drittmittelbefristung ist insofern nicht nur systemwidrig in der Konzeption des WissZeitVG, sie dient zudem ausschließlich dem Schutz der Institution, die Drittmittel einwirbt und nicht dem Arbeitnehmerschutz. Vor dem Hintergrund des Schutzes aus Art. 5 Abs. 3 GG und der daraus folgenden Pflicht des Staates zur Schaffung geeigneter Rahmenbedingungen von Forschung und Lehre ist dieser einseitige Schutz jedoch legitim, zumal sich der Gesetzgeber an der Rechtsprechung zur Drittmittelbefristung orientiert hat.

Das Wissenschaftszeitvertragsgesetz sieht in § 2 Abs. 2 S. 1 die Befristung des wissenschaftlichen Personals unterhalb der Hochschullehrer i. S. d. § 1 Abs. 1 WissZeitVG vor, wenn die Beschäftigung überwiegend aus Mitteln Dritter finanziert wird, die Finanzierung für eine bestimmte Aufgabe und Zeitdauer bewilligt ist und die Mitarbeiterin oder der Mitarbeiter überwiegend der Zweckbestimmung dieser Mittel entsprechend beschäftigt wird. Nach § 2 Abs. 2 S. 2 WissZeitVG ist eine Befristung bei Drittmittelforschung auch für nichtwissenschaftliches Personal möglich.[977] Zwar ist der Befristungsgrund systemwidrig, er genügt aber den Anforderungen der Befristungsrichtlinie 1999/70/EG durch sachgrundorientierte Vorgaben.[978]

Nach Ausschöpfung der zulässigen Befristungszeiträume nach WissZeitVG ist eine weitere Befristung nur unter Anwendung der Drittmittelregelung des § 2 Abs. 2 WissZeitVG sowie der Normen des Teilzeit- und Befristungsgesetzes möglich. Die Befristung nach § 2 Abs. 2 WissZeitVG setzt jedoch nicht voraus, dass die Höchstbefristungszeiten gemäß § 2 Abs. 1 WissZeitVG ausgeschöpft

975 Vgl. *Lohfeld*, Befristung von Arbeitsverhältnissen, S. 319.
976 Vgl. ebenso *Lübbert*, Befristete Arbeitsverhältnisse, S. 195.
977 Hierauf soll im Folgenden nicht näher eingegangen werden, da das nichtwissenschaftliche Personal nicht zum Untersuchungsgegenstand der Arbeit gehört.
978 *Kortstock*, ZTR 2007, 2, 10, APS-*Schmidt*, § 1 WissZeitVG Rn. 38.

wurden.[979] § 57 b Abs. 2 S. 3 HRG stellte ausdrücklich klar, das die Anschlussbefristung nur über TzBfG erfolgen könne. § 57 b Abs. 2 S. 3 HRG war als gesetzgeberischer Hinweis an die Hochschulen zu verstehen, da er keinen eigenständigen Regelungsgehalt aufwies. Jetzt enthält § 1 Abs. 2 WissZeitVG den allgemeinen Hinweis auf das Recht der Hochschulen, mit den wissenschaftlichen Mitarbeiter sowie wissenschaftlichen Hilfskräfte unbefristete oder befristete Arbeitsverträge nach TzBfG abzuschließen. Die Anschlussbefristung brauchte damit nicht ausdrücklich erwähnt zu werden. Die Einfügung der Drittmittelbefristung löst aber weitestgehend das Problem der Anschlussbefristung, da nicht auf den unsicheren Tatbestand des TzBfG zurückgegriffen werden muss.

A. Voraussetzungen des § 2 Abs. 2 WissZeitVG

Für eine Befristung gemäß § 2 Abs. 2 WissZeitVG sind Voraussetzung die Finanzierung eines Projektes überwiegend aus Drittmitteln, die Bewilligung der Drittmittel für eine bestimmte Aufgabe und Dauer sowie die der Zweckbestimmung der Drittmittel entsprechende Beschäftigung des Mitarbeiters. Aus der Aufzählung der Voraussetzungen, die in § 2 Abs. 2 S. 1 WissZeitVG durch „und" verbunden sind folgt, dass sämtliche Merkmale gegeben sein müssen, um § 2 Abs. 2 WissZeitVG als Sachgrund einer Befristung anwenden zu können.[980]

Der Gesetzeber wollte den Hochschulen die notwendige Prognose erleichtern. Dabei geht er davon aus, er habe die Norm unter Berücksichtigung der Rechtsprechung zur Beschäftigung im Drittmittelbereich ausgestaltet. Bei der Schaffung hat der Gesetzgeber jedoch bewusst abweichende Regelungen getroffen.[981] Indem § 2 Abs. 2 WissZeitVG gerade die zu prognostizierenden Umstände benennt, wird zumindest den Hochschulen und Forschungseinrichtungen die Prognose zum Wegfall des Beschäftigungsbedarfs erleichtert[982] und damit das Ziel des Gesetzgebers erreicht. Nach Streichung der Drittmittelbefristung wiesen *Knopp/Gutheil*[983] daraufhin, dass die neuen Regelungen zwar flexibler und sachgerechter seien, jedoch an den Hochschulen häufig Angst vor arbeitsgerichtlichen Prozessen bestünde, wenn es um den Abschluss mehrfach befristeter Arbeitsverhältnisse gehe, um nicht den Tatbestand einer Dauerstelle zu provozieren. Diese Gefahr besteht auch bei dem neuen Tatbestand.

Im Folgenden soll auf die einzelnen Voraussetzungen von § 2 Abs. 2 S. 1 WissZeitVG eingegangen werden.

---

979 KSchR-*Däubler*, § 2 WissZeitVG Rn. 56; *Kortstock*, ZTR 2007, 2, 4; *Preis*, WissZeitVG, § 2 Rn. 57.

980 *Reich*, HRG/WissZeitVG, § 2 WissZeitVG Rn. 7.

981 Vgl. Darstellung bei *Sievers*, TzBfG, § 23 Rn. 140 ff.

982 *Müller-Glöge* – EK, § 2 WZVG Rn. 9; APS-*Schmidt*, § 2 WissZeitVG Rn. 28.

983 Knopp/Gutheil, NJW 2002, 2828, 2833.

I. Finanzierung des Projektes überwiegend aus Mitteln Dritter

Entscheidend für die Anwendbarkeit von § 2 Abs. 2 WissZeitVG ist, dass ein Projekt vorliegt, das überwiegend aus Mitteln Dritter finanziert wird. Der Begriff der Drittmittel wurde ebenso wie das Erfordernis der überwiegenden Finanzierung aus solchen bereits im Rahmen des Privatdienstvertrages definiert.

II. Bewilligung der Finanzierung für eine bestimmte Aufgabe und Zeitdauer

Weitere Voraussetzung ist die Bewilligung der Drittmittel für eine bestimmte Aufgabe und Zeitdauer.

1. Bewilligung der Finanzierung für bestimmte Aufgabe und Zeitdauer

Nach der Rechtsprechung des BAG[984] stellt die Mitarbeit in einem zeitlich begrenzten Forschungsprojekt einen sachlichen Grund für die Befristung von Arbeitsverhältnissen mit wissenschaftlichen Mitarbeitern dar. Voraussetzung hierfür ist, dass im Zeitpunkt des Vertragsschlusses mit an hinreichender Sicherheit zu erwarten ist, dass für die Beschäftigung des Arbeitnehmers über das vereinbarte Vertragsende hinaus kein Bedarf besteht.[985]

Bei Abschluss eines befristeten Arbeitsvertrages im Rahmen eines Drittmittelprojektes musste der Arbeitgeber nach alter Rechtsprechung eine schlüssige Prognose erstellen, nach der ausreichend konkrete Anhaltspunkte dafür vorlagen, dass die Drittmittel zum Zeitpunkt des Vertragsendes auslaufen.[986] Bei einem Projekt, das jährlich neu aufgelegt wird, musste der Arbeitgeber gerade den Wegfall prognostizieren und deutlich machen, warum die erneute Vergabe der Mittel unwahrscheinlich ist.[987] Die erfolgreiche Prognose des Wegfalls der Mittel war bei derartigen Ketten nur im Ausnahmefall möglich.[988] Diese schwer zu stellende Prognose wurde bereits durch die Einfügung von § 57 b Abs. 2 Nr. HRG a.F. beseitigt.[989] Die Norm knüpfte lediglich an eine Beschäftigung entsprechend der Zweckbestimmung der Drittmittel sowie eine Vergütung überwiegend aus Mitteln Dritter an, diente aber als Vorlage für § 2 Abs. 2 WissZeitVG.

Grundlage der Anknüpfung an die Bewilligung der Mittel für eine bestimmte Aufgabe und Zeit ist die Rechtsprechung des Bundesarbeitsgerichtes, wonach

984 BAG, Urt. v. 28.5.1986, BAGE 52, 133.
985 BAG, Urt. v. 16.11.2005, 7 AZR 81/05, NZA 2006, 784, 789.
986 *Lipke*, Befristungen von Arbeitsverhältnissen, S. 79.
987 BAG 3.11.1999 AP BAT § 2 SR 2 y Nr. 19.
988 *Dörner*, Der befristete Arbeitsvertrag, Rn. 237.
989 Vgl. *Hesse*-MüKoBGB, § 23 Rn. 54.

die befristete Beschäftigung innerhalb eines drittmittelfinanzierten Projektes dann einen eigenständigen Sachgrund darstellt, wenn sich der Drittmittelgeber und der Arbeitgeber im Rahmen der Drittmittelzuweisung gerade mit den Verhältnissen dieser Stelle und der dort zu erledigenden Aufgabe auseinandergesetzt haben.[990] Dies wird durch die beiden Kriterien bestimmt. Die hiermit einhergehende Fremdbestimmtheit der Hochschule ist konstitutiv für den Sachgrund Drittmittelfinanzierung.[991]

Der Bundesrat wollte die Voraussetzung der Mittelbewilligung für eine konkrete Aufgabe und Zeitdauer aus § 2 Abs. 2 S. 1 WissZeitVG streichen.[992] Durch diese Voraussetzung wollte die Bundesregierung[993] jedoch in Anerkennung der Rechtsprechung erreichen, dass die allgemeine Ungewissheit über den weiteren Zufluss der Mittel nicht ausreiche, um einen sachlichen Grund für die Befristung zu schaffen. Es müsse daher nach dem Willen des Gesetzgebers ein Bezug zwischen der Drittmittelfinanzierung und einer bestimmten und begrenzten Aufgabenerledigung hergestellt werden. Ist die Drittmittelfinanzierung für eine bestimmte Aufgabe und Zeitdauer bewilligt, stünde fest, dass sich Arbeitgeber und Drittmittelgeber gerade mit den Verhältnissen des konkreten Arbeitsplatzes und der dort zu erledigenden Aufgabe befasst hätten. Somit würde auch eine solide Prognosegrundlage für den späteren Wegfall des Beschäftigungsbedarfs bei Vertragsschluss geschaffen. Der Bundesrat bestreitet dies hingegen. In ihrer Antwort verweist die Bundesregierung[994] zu Recht darauf, dass allein die Ungewissheit, ob Drittmittel in Zukunft zur Verfügung stünden, nicht als Befristungsgrund ausreiche, da dies gegen die RiLi 1990/70/EG vom 28. Juni 1999 verstieße, wonach sachliche Gründe, welche die Verlängerung befristeter Arbeitsverträge rechtfertigen, geregelt werden können. Dieser Auffassung stimmen einhellig die Sachverständigen zu.[995] Sachliche Gründe i. S. d. Richtlinie sind nach der Rechtsprechung des EuGH[996] dahin zu verstehen, dass sie genau bezeichnete, konkrete Umstände meinten, die eine bestimmte Tätigkeit kennzeichnen und daher in diesem speziellen Zusammenhang die Verwendung aufeinander folgender befristeter Arbeitsverträge rechtfertigten. Darüber hinaus lassen sich dem Rückgriff auf befristete Arbeitsverträge allein aufgrund einer allgemeinen Rechtsvorschrift, ohne Zusammenhang mit dem konkreten Inhalt der betreffenden Tätigkeit, keine objektiven und transparenten Kriterien für die Prüfung entnehmen, ob die Verlängerung derartiger Verträge tatsächlich einem ech-

---

990 BAG 21.1.1987 AP BGB § 620 Hochschule Nr.4; a.A. *Müller-Glöge* – EK, § 2 WZVG Rn. 10.

991 APS-*Schmidt*, § 2 WissZeitVG Rn. 31; *Preis*, WissZeitVG, § 2 Rn. 68.

992 Stellungnahme des Bundesrates zu WissZeitVG, BT-Drucks. 16/3438, S. 18 (Anlage 2).

993 BT-Drucks. 16/3438, S. 14.

994 BT-Drucks. 16/3438, S. 19 (Anlage 3).

995 Vgl. *Preis,* Stellungnahme, BT-A-Drucks. 16(18)139b, S. 2; *Willems*, Stellungnahme, BT-A-Drucks. 16(18)139a, S. 5.

996 EuGH, Urteil v. 4.Juli 2006 – Rs. C-212/04 Rn.69.

ten Bedarf entspräche und ob sie zur Erreichung des verfolgen Ziels geeignet und erforderlich sei.[997] Diesen Anforderungen kann nur durch den Zusammenhang von Aufgabe und Zeitdauer genügt werden, weshalb eine überprüfbare Prognose über den Beschäftigungsbedarf erforderlich bleibt.[998].

Schlachter zweifelt dennoch an der Europarechtskonformität der Norm. Die Ausgestaltung der Drittmittelbefristung als Sachgrund scheine zwar zunächst den Anforderungen zu genügen. Mit den Eigenarten der Tätigkeit und den besonderen Bedingungen ihrer Ausübung, wie sie der EuGH eingefordert habe, hänge die Drittmittelbefristung jedoch nur indirekt zusammen, da es dem Drittmittelgeber völlig freistünde, die Voraussetzungen einer Befristung zu schaffen, weshalb angesichts der beliebigen Fortsetzbarkeit von Drittmittelforschungsprojekten die Begrenzungsfunktion dieses Sachgrundes fraglich sei.[999]

Durch die Neuregelung legt das Gesetz die vom Arbeitgeber zu prognostizierenden Umstände fest, wodurch die Prognose hinsichtlich des Wegfalls des Beschäftigungsbedarfs erleichtert wird.[1000] Eine Prognose zu treffen, wird dem Arbeitgeber jedoch nicht erlassen. Drittmittelbefristung soll nicht gänzlich ausgeschlossen werden. Wenn der Drittmittelgeber sich hinsichtlich Aufgabe und Dauer mit dem konkreten Projekt befasst hat, muss davon ausgegangen werden, dass der Sachgrund tatsächlich existiert. Anderenfalls würde der Drittmittelgeber gar nicht bereit sein, das Geld für ein derartiges Projekt zu investieren. Dass Drittmittelforschung in unterschiedlichen – auch unmittelbar aufeinander folgenden Projekten – erfolgt, liegt in der Natur der Sache. Einzige Alternative wäre, die Befristung im Rahmen von Drittmittelprojekten auf eine bestimmte Anzahl zu reduzieren. Dies wäre jedoch bei einem Sachgrund, dessen Wesen gerade auch in der Fremdbestimmtheit der Hochschule oder Forschungseinrichtung durch den Drittmittelgeber liegt, sinnwidrig.

Da die Befassung mit den konkreten Verhältnissen der Stelle maßgeblich für den Sachgrund der Drittmittelbefristung ist, muss sich die von außen erfolgte Zweckbestimmung aus der Mittelbewilligung deutlich ergeben, um so eine Kontrolle der Voraussetzung zu ermöglichen.[1001] Dies kann durch eine Zuordnung zu den Personalkosten für eine genau bestimmte Aufgabe in der Bewilligung geschehen, was durch eine hinreichend konkrete Tätigkeitsbeschreibung der Stelle bzw. Personenmonate erfolgen kann.[1002] Ungebundene Zuwendungen sind demnach nicht von der Norm erfasst.[1003] Ebenso wenig ist es ausreichend, wenn

997 EuGH, Urteil v. 4.Juli 2006 – Rs. C-212/04 Rn. 74.
998 *Kortstock*, ZTR 2007, 350, 351.
999 *Schlachter*, in: Laux/Schlachter, TzBfG, Anhang 2 § 1 WissZeitVG Rn. 12.
1000 APS-*Schmidt*, § 2 WissZeitVG Rn. 28.
1001 *Schlachter*, in: Laux/Schlachter, TzBfG, Anhang 2 § 2 WissZeitVG Rn. 16.
1002 *Preis*, WissZeitVG, § 2 Rn. 68.
1003 KSchR-*Däubler*, § 2 WissZeitVG Rn. 52; *Zimmermann*, Befristete Arbeitsverhältnisse, S. 117.

die Gelder der Hochschule allgemein zur Forschung überlassen sind.[1004] Hier fehlt es gerade an der Auseinadersetzung mit den konkreten Verhältnissen der Stelle im Hinblick auf Aufgabe und Dauer. Besteht kein Zusammenhang zwischen Drittmittelfinanzierung und Fremdbestimmung, handelt es sich um Zuwendungen für Personalbedarf allgemein oder für den Ablauf des Projektes,[1005] ein eigenständiger Befristungsgrund ist dann nicht gegeben, da es sich um die allgemeine Unsicherheit über den weiteren Drittmittelfluss handelt, [1006] bei der Arbeitgeber auf das allgemeine Kündigungsrecht bei Dauerarbeitsverhältnissen verwiesen sind.[1007]

Zur Dauer der Bewilligung ging der Gesetzgeber davon aus, dass in aller Regel am Projektende ein Wegfall des Beschäftigungsbedarfs vorliege.[1008] Dies ergibt sich bereits aus der vom Drittmittelgeber vorgenommenen inhaltlichen und zeitlichen Zweckbestimmung der Mittel[1009] und damit dem Einklang von Finanzierung und Projektdauer. Auch wenn die Finanzierung jedoch nur abschnittsweise bewilligt ist und die Fortsetzung des Forschungsprojektes allein in der Hand des Drittmittelgebers liegt,[1010] hat eine Zweckbestimmung durch den Drittmittelgeber stattgefunden.

Nach anderer Ansicht ist der endgültige Wegfall der Drittmittel nach wie vor hinreichend genau zu prognostizieren.[1011] Dem kann jedoch nicht gefolgt werden. Entscheidend für den Drittmitteltatbestand ist die Fremdbestimmtheit. Die besteht aus bestimmter Aufgabe und Zeitdauer. Hierbei bezieht sich die Zeitdauer auf die Aufgabe, die durch Drittmittel bezahlt wird und nicht auf die generelle Chance einer Hochschule, Drittmittel einzuwerben. Die Prognose über den sicheren Wegfall zu erstellen, ist für Hochschulen sehr unsicher. Dies ergibt sich zum einen aus dem Umstand, dass in manchen Fachrichtungen sehr viel mit Drittmitteln gearbeitet wird und immer die „Gefahr" für die Hochschule besteht, dass ein neues Drittmittelprojekt eingeworben wird. Hierbei muss es sich nicht einmal für den Mitarbeiter um dieselbe Aufgabe handeln, so dass auch nicht von einer Daueraufgabe zu sprechen ist. Zum anderen bestehen Schwierigkeiten, wenn zunächst nur ein Teil des Projektes finanziell unterstützt wird. Hier ist es für die Hochschule nicht zwingend, dass die Mittel auch über den Zeitpunkt hinaus bestehen. Das gesamte Befristungsrecht der Hochschulen folgt aus der Verpflichtung des Staates aus Art. 5 Abs. 3 GG, Wissenschaft und damit auch die

---

1004 *Preis*, WissZeitVG, § 2 Rn. 69; KSchR-*Däubler*, § 2 WissZeitVG Rn. 52.

1005 *Dörner*, Der befristete Arbeitsvertrag, Rn. 236; APS-*Schmidt*, § 2 WissZeitVG Rn. 31.

1006 *Dörner*, Der befristete Arbeitsvertrag, Rn. 236; *Kortstock*, ZTR 2007, 2, 5; *Preis*, WissZeitVG, § 2 Rn. 68.

1007 BAG, Urt.v. 8.4.1992, AP zu BGB § 629 Befristeter Arbeitsvertrag Nr. 146; BAG Urt. v. 7.11.1996, AP zu § 1 KSchG betriebsbedingte Kündigung.

1008 BT-Drucks. 16/3438 S. 14.

1009 APS-*Schmidt*, § 2 WissZeitVG Rn. 32.

1010 APS-*Schmidt*, § 2 WissZeitVG Rn. 32.

1011 *Preis*, WissZeitVG, § 2 Rn. 74 f; *Sievers*, TzBfG, § 23 Rn. 155 ff.

Forschung zu fördern. Diese Pflicht des Staates rechtfertigt auch, dass an Befristungen im Drittmittelbereich unterschiedliche Prognosevoraussetzungen gestellt werden. Ein Projekt bei irgendeinem Arbeitgeber steht nicht unter dem besonderen Schutz des Art. 5 Abs. 3 GG, ein Projekt an einer Hochschule oder Forschungseinrichtung hingegen schon. Der Gesetzgeber hat sich zudem bei der Schaffung von § 2 Abs. 2 WissZeitVG nicht vollständig von einer Prognose verabschiedet. Ob die nunmehr anzustellende Prognose, wonach sich der Drittmittelgeber mit den genauen Umständen der Stelle befasst haben muss, leichter fällt als die Prognose, dass die zur Verfügung gestellten Mittel nach Ablauf des Befristungszeitraums wegfallen, muss ohnehin die Praxis erweisen. Auf endgültigen Wegfall der Mittel kann es nicht ankommen.

Entgegen der Rechtsprechung des BAG[1012] zur Haushaltsbefristung gemäß § 14 Abs. 1 S. 2 Nr. 7 TzBfG verlangt jedoch § 2 Abs. 3 WissZeitVG nicht, dass die Mittel gerade für die Erledigung von nur vorübergehenden Aufgaben aufgebracht werden. Die Norm knüpft vielmehr daran an, dass die Drittmittel für eine bestimmte Aufgabe bewilligt werden und diese Bewilligung nur für eine gewisse Zeitdauer erfolgt.[1013] Zu beachten ist jedoch, dass auch das WissZeitVG nicht dazu führen darf, dass der Kündigungsschutz umgangen wird. Nach § 1 Abs. 1 S. 5 WissZeitVG gelten die allgemeinen arbeitsrechtlichen Grundsätze, sofern sie den §§ 2 bis 6 WissZeitVG nicht widersprechen. Demnach können im Rahmen von Drittmittelprojekten keine Daueraufgaben finanziert werden.[1014] Zudem ist gerade bei der Befristungsmöglichkeit im Drittmittelbereich zu beachten, dass es unzulässig ist, jemanden ohne Rücksicht darauf, ob er Daueraufgaben wahrnimmt, mehrfach nur befristet einzustellen.[1015] Würden auch Daueraufgaben anerkannt, würde ein sachlicher Grund für Befristungen geschaffen, der lediglich auf die zeitliche Begrenzung der Drittmittelfinanzierung abstellen würde.[1016] Dies wurde jedoch vom BAG ausdrücklich abgelehnt, da die allgemeine Unsicherheit über das Weiterlaufen von Drittmitteln zum allgemeinen Unternehmerrisiko gehört.[1017] Die Norm muss keinen ausdrücklichen Hinweis auf die Nichtbefristung von Daueraufgaben enthalten, da durch die Verbindung der Finanzierung einer konkreten Aufgabe und deren konkreter Dauer bereits eine derartige Verknüpfung von Aufgabe, Dauer und Finanzierung hergestellt wird, dass es sich nicht um Daueraufgaben handeln kann.

Um eine Beschäftigung mit einer Daueraufgabe handelt es sich auch, wenn in einem Dauerforschungsbereich eines Institutes oder Fachbereich der Mitarbeiter

---

1012 BAG, Urt. v. 18.10.2006, NZA 2007, 332.
1013 *Löwisch*, NZA 2007, 479, 481.
1014 Ebenso *Preis*, WissZeitVG, § 2 Rn. 72.
1015 BAG, NJW 1983, 838; BAG 16.10.1987 EzA § 620 BGB Hochschulen Nr. 92.
1016 *Stiller*, Das drittmittelfinanzierte Arbeitsverhältnis, S. 247.
1017 Vgl. BAG, Urt. v. 11.12.1991, 7 AZR 170/91, AP BGB zu § 620 Nr. 145 Befristetes Arbeitsverhältnis.

stets im gleichen Projekt eingesetzt wird.[1018] Der Gesetzgeber ist laut amtlicher Begründung davon ausgegangen, dass weiterhin im Einzelfall geprüft werden muss, ob es sich um eine Daueraufgabe handele.[1019] Je langfristiger die Projektförderung sei, desto genauer müsse die Prüfung sein, ob nicht über Drittmittel eigentlich eine Daueraufgabe finanziert würde. Als Beispiel werden die von Bund und Ländern gemeinsam geförderten Langfristforschungsvorhaben der Deutschen Akademien der Wissenschaften angeführt, deren Laufzeit von vornherein auf 25 Jahre angelegt sein kann.[1020] In solchen Fällen sei das Arbeitsvolumen so groß und die bereits am Projektanfang prognostizierte Laufzeit so lang, dass an die Darlegung des Arbeitgebers, ob tatsächlich noch ein Tatbestand vorliege, der eine Befristung rechtfertige, oder die Tätigkeit der in dem Projekt beschäftigten von Anfang an das Gepräge einer Daueraufgabe habe, hohe Anforderungen zu stellen seien.[1021] Von einer Daueraufgabe ist dabei umso mehr auszugehen, je länger das Gesamtgepräge eines Projektes unverändert bleibt.[1022] Ändert sich der Drittmittelgeber, so hat eine neue Befassung mit den konkreten Verhältnissen der Stelle stattgefunden, da ein anderer die Entscheidung getroffen hat, dieses Projekt mit den Stellen zu fördern.[1023] Bei einer Bewilligungs- und Beschäftigungsdauer von 25 Jahren nicht von einer Daueraufgabe auszugehen, ist jedoch schwierig. Eine Arbeit, die auf so lange Zeit angelegt ist, umfasst nicht nur für den Arbeitnehmer mehr als die Hälfte seiner Lebensarbeitszeit nach Abschluss seines Studiums, sondern stellt auch für die Hochschule oder Forschungseinrichtungen einen enormen Zeitraum dar, bei dem kaum davon ausgegangen werden kann, dass es sich nicht um ein permanentes Einsatzfeld handelt.

Problematisch ist, wenn der Mitarbeiter zunächst nach § 2 Abs. 1 WissZeitVG befristet beschäftigt wurde und nach Ablauf der zulässigen Höchstbefristungsdauer nunmehr nach § 2 Abs. 2 WissZeitVG in demselben Projekt mit derselben Tätigkeit weiterbeschäftigt wird. Handelt es sich jedoch um eine Großforschungseinrichtung, bei welcher der Mitarbeiter in einem langfristig geförderten Sonderforschungsbereich beschäftigt wird, soll diese Konstellation jedoch unproblematisch sein.[1024] Diese Abgrenzung erscheint wenig konsequent. Auch an einer Hochschule muss der Mitarbeiter die Möglichkeit haben, die begonnene Arbeit an einem Projekt fortsetzen zu können. Hier kann es keinen Unterschied machen, ob die Mittel im Rahmen eines Sonderforschungsbereiches langfristig gewährt wurden oder erneut beantragt und bewilligt werden müssen.

1018 BAG 6.11.1996 EzA § 620 Hochschulen Nr. 9.
1019 BT-Drucks. 16/3438 S. 14.
1020 BT-Drucks. 16/3438 S. 14. Mit erheblichen Bedenken bei einer Förderung von 25 Jahren *Preis*, WissZeitVG, § 2 Rn. 72.
1021 BT-Drucks. 16/3438 S. 14.
1022 *Preis*, WissZeitVG, § 2 Rn. 72.
1023 Vgl. *Preis*, WissZeitVG, § 2 Rn. 72.
1024 *Preis/Hausch*, NJW 2002, 927, 932.

Vielmehr weist gerade die Tätigkeit in einem Sonderforschungsbereich eine gewisse Nähe zu Daueraufgaben auf, da an einer Forschungseinrichtung im Gegensatz zur Hochschule, an der die Lehre gleichberechtigt neben der Forschung ist, die Forschung ohnehin im Vordergrund steht. Auch kann einer Hochschule nicht verwehrt werden, die Befristung auf den sachgrundlosen und damit prognosefreien Tatbestand des § 2 Abs. 1 WissZeitVG zu stützen. Daraus kann noch nicht gefolgert werden, dass der Drittmittelgeber sich nicht mit den konkreten Verhältnissen der Stelle befasst hat. Unproblematisch ist hingegen die Konstellation in der ein gänzlich neues Projekt durchgeführt wird. Hierbei darf es sich jedoch nicht um eine versteckte Fortführung vorangegangener, scheinbar abgeschlossener Projekte handeln.[1025]

2. Dauer der Befristung des Arbeitsverhältnisses

Nach früherer ständiger Rechtsprechung des BAG musste die sachliche Berechtigung zur Befristung auch hinsichtlich der Dauer gegeben sein.[1026] Nunmehr bedarf jedoch die gewählte Dauer keiner eigenen sachlichen Rechtfertigung.[1027] Die Dauer muss sich zwar am gewählten Sachgrund orientieren und mit ihm in Einklang stehen, jedoch muss die Dauer nicht zwingend mit dem Sachgrund übereinstimmen. So wird sich die Dauer der Befristung in aller Regel am Bewilligungszeitraum orientieren. Dies ergibt sich bereits aus der Fremdbestimmtheit der Tätigkeit,[1028] die konstitutiv für den Befristungsgrund ist.

Aus der Befristungsdauer kann jedoch geschlossen werden, ob der behauptete Sachgrund tatsächlich vorlag. Ist die Dauer für den Arbeitsvertrag kürzer als nach der Prognose der Sachgrund bei Abschluss des Arbeitsvertrages bestehen würde, muss überprüft werden, ob hieraus zu entnehmen ist, dass der Sachgrund tatsächlich nicht besteht und nur vorgeschoben ist. Aus der kürzeren Dauer des Arbeitsvertrages kann jedoch erst dann geschlussfolgert werden, dass der Sachgrund vorgeschoben ist, wenn die Dauer so deutlich hinter dem Sachgrundes zurückbleibt, dass eine sinnvolle, dem Sachgrund der Befristung entsprechende Mitarbeit des Arbeitnehmers nicht möglich zu sein scheint.[1029] Dies gilt auch für die oben bereits erwähnten Langfristprojekte. Insbesondere an den Hochschulen kann, wenn die Befristung nicht mit dem Bewilligungszeitraum übereinstimmt oder Mehrfachbefristungen im Rahmen aufeinander folgender Drittmittelprojek-

---

1025 *Lipke*, Befristungen von Arbeitsverhältnissen, S. 80.
1026 BAG, Urt. v. 28.11.1963, AP zu § 620 BGB Befristeter Arbeitsvertrag Nr. 26 wohl bis BAG 27.1.1988 AP zu BGB § 620 Hochschule Nr. 6.
1027 BAG 26.8. 1988 AP zu BGB § 620 Befristeter Arbeitsvertrag Nr. 124; BAG 21.2.2001 AP BGB § 620 Befristeter Arbeitsvertrag Nr. 226.
1028 *Preis*, WissZeitVG, § 2 Rn. 58.
1029 BAG Urt. v. 15.1.1997, AP Nr. 14 zu § 57 b HRG; *Dörner*, der befristete Arbeitsvertrag, Rn. 168; *Plander*, WissR 1982, 3, 27; *Zimmermann*, Befristete Arbeitsverhältnisse, S. 29.

te vorliegen, dies Indiz dafür sein, dass der Sachgrund der Drittmittelfinanzierung nur vorgeschoben ist, und es sich in Wirklichkeit um eine Daueraufgabe handelt.[1030] Werden Verträge mit langen Laufzeiten oder häufigen Verlängerungen geschlossen, sollte die Überführung in ein unbefristetes Arbeitsverhältnis erwogen werden.[1031]

Sofern der beantragte und der bewilligte Zeitraum auseinander fallen, ist es nunmehr möglich, den Vertrag zunächst nur für den bewilligten Zeitraum oder sogar einen Teil davon zu schließen.[1032] Diese Bewilligungspraxis wollte der Gesetzgeber auch bei der Schaffung des § 2 Abs. 2 S. 1 WissZeitVG berücksichtigt haben.[1033] Zwar fallen hier konkrete Aufgabe und Bewilligungsdauer auseinander. Der Drittmittelgeber hat dies jedoch durch eine abschnittsweise Bewilligung verursacht. Wenn der Drittmittelgeber dies so veranlasst, muss es aus seiner Sicht auch sinnvoll sein, ggf. das Projekt abzubrechen, sofern keine Weiterbewilligung erfolgt. Somit liegt hier eine ausreichende Fremdbestimmtheit vor. Die Hochschule kann damit entsprechend der Bewilligungsabschnitte befristen. Den Hochschulen und Forschungseinrichtungen ist jedoch zu raten, die Befristung tatsächlich im zeitlichen Gleichlauf mit dem Bewilligungsbescheid zu gewähren, da die Prognose anhand des Projektes abgeschwächt ist. Insofern sollte wenigstens das zweite Kriterium für eine Befristung nach § 2 Abs. 2 S. 1 WissZeitVG zweifelsfrei vorliegen.

Findet eine Beschäftigung jedoch noch über den Zeitpunkt hinaus statt, der bei Vertragsschluss Ergebnis der Prognose für die anstehenden Arbeiten war, kann die Befristung nicht auf das Drittmittelprojekt gestützt werden.[1034] Eine Beschäftigung über den prognostizierten und bewilligten Zeitraum hinaus weist ebenso wie eine deutlich kürzere Beschäftigung darauf hin, dass der Sachgrund nur vorgeschoben ist und es sich bei der Tätigkeit in Wirklichkeit um eine Daueraufgabe handelt. So könne nach *Preis* die Befristung jedoch den Bewilligungszeitraum überschreiten, wenn die Dauer der Befristung zu dem Gesamtprojekt passe und die weitere Mittelbewilligung nur unter dem Vorbehalt weiteren Zeitablaufs stünde.[1035] Hänge die weitere Mittelvergabe jedoch von anderen Umständen, wie z.B. erzielten Forschungsergebnissen, ab und befriste die Hochschule dennoch über den bewilligten Zeitpunkt hinaus, würde sie damit deutlich machen, dass sie das Forschungsprojekt ggf. auch ohne Drittmittel fortführen würde. Eine Befristung könnte dann nicht mehr auf den Drittmitteltatbestand

1030 APS-*Schmidt*, § 2 WissZeitVG Rn. 33.
1031 *Schlachter*, in: Laux/Schlachter, TzBfG, Anhang 2 § 2 WissZeitVG Rn. 17.
1032 *Schlachter*, in: Laux/Schlachter, TzBfG, Anhang 2 § 2 WissZeitVG Rn. 17; a.A. *Sievers*, TzBfG, § 23 Rn. 157.
1033 BT-Drucks. 16/3438 S. 14.
1034 *Preis*, WissZeitVG, § 2 Rn. 59.
1035 *Preis*, WissZeitVG, § 2 Rn. 59.

gestützt werden.[1036] Somit wird ein unmittelbarer Bezug zur Fremdbestimmtheit hergestellt und Wortlaut sowie Gesetzesanliegen unmittelbar entsprochen.

Für das nicht-wissenschaftliche Personal ist besonderes Augenmerk auf die Dauer der Befristung zu legen, da bei dieser Beschäftigtengruppe die Gefahr besonders groß ist, dass eine Befristung auf § 2 Abs. 2 S. 2 WissZeitVG gestützt wird, es sich in Wirklichkeit jedoch um eine Daueraufgabe handelt. Die Beschäftigung des nicht-wissenschaftlichen Personals muss einen personellen Mehrbedarf, der durch das Projekt verursacht wird, decken. Dieser kann nur dargelegt werden, wenn die Beschäftigung frühestens mit dem Projekt beginnt und spätestens mit dem Projekt zeitgleich endet.[1037] Will man dem Teamgedanken, der für Erweiterung des Sachgrundes auf das nicht-wissenschaftliche Personal ausschlaggebend war, Rechnung tragen, müsse nach Auffassung von *Schmidt* gefordert werden, dass eine Kongruenz der Vertragslaufzeiten der Teammitglieder existiere, fehle es hieran, wäre dies ein Indiz dafür, dass der Sachgrund nur vorgeschoben sei.[1038] Die Kongruenz der Vertragslaufzeit kann jedoch lediglich ein Indiz sein, sie darf aber nicht zur Voraussetzung gemacht werden. So sind Projekte, bei denen zunächst für den Aufbau der Apparatur oder einer Großmaschine mehrere nicht-wissenschaftliche Mitarbeiter eingestellt werden, für die Wartung jedoch nur ein Mitarbeiter benötigt wird, denkbar. Ebenso können während des Projektes Laboranten beschäftigt, die Auswertungsphase der vorliegenden Ergebnisse jedoch nur vom wissenschaftlichen Personal bestritten werden. In diesen Fällen kann ein Gleichlauf der Befristungszeiten nicht erwartet werden. Vielmehr ist die unterschiedliche Befristungszeit hier Indiz dafür, dass sich mit den konkreten Verhältnissen von Arbeitsstelle und Aufgabe auseinandergesetzt wurde. Ein pauschaler Gleichlauf kann insoweit nicht gefordert werden. Zu fordern ist jedoch, dass der nicht-wissenschaftliche Mitarbeiter nicht über die Bewilligungszeit hinaus beschäftigt wird. Hier gilt das zu den wissenschaftlichen Beschäftigten bereits Gesagte: Geht die Befristung über den Bewilligungszeitpunkt hinaus und hängt die weitere Bewilligung z.B. von Forschungsergebnissen ab, spricht dies dafür, dass die Hochschule die Beschäftigung auch ohne Drittmittel fortführen würde. Dies würde gerade bei nicht-wissenschaftlichem Personal dafür sprechen, dass es sich bei der Tätigkeit um eine Daueraufgabe handelt und demnach eine unbefristete Beschäftigung notwendig ist.

1036 *Preis*, WissZeitVG, § 2 Rn. 59.
1037 *Preis*, WissZeitVG, § 2 Rn. 86.
1038 APS-*Schmidt*, § 2 WissZeitVG Rn. 37 zur Vertragslaufzeit des nicht-wissenschaftlichen Personals.

III. Überwiegende Beschäftigung des Mitarbeiters entsprechend der Zweckbestimmung der Mittel

§ 2 Abs. 2 S. 1 WissZeitVG bestimmt, dass der Mitarbeiter überwiegend der Zweckbestimmung der Mittel entsprechend eingesetzt werden muss.

1. Normzweck

Das Tatbestandsmerkmal der zweckentsprechenden Beschäftigung soll verhindern, dass der drittmittelfinanzierte Mitarbeiter vertraglich oder mit Billigung der Hochschule anderweitig im Hochschulbereich eingesetzt wird, womit der Befristungsgrund der zeitlich begrenzten Drittmittelfinanzierung lediglich vorgeschoben wäre[1039], da es sich um eine Daueraufgabe handeln könnte, und die Interessen das Drittmittelgebers gewahrt bleiben.[1040]

2. Gepräge

Die Zweckbestimmung der Mittel ergibt sich nach dem BAG[1041] aus den Interessen und erkennbaren Erwartungen des Drittmittelgebers. Eine der Zweckbestimmung entsprechend Beschäftigung liegt demnach vor, wenn sie mit den Erwartungen und Interessen im Einklang stünde. Hierbei seien sowohl die Absichten des Drittmittelgebers als auch die ihm erkennbaren Verhältnisse in dem von ihm beauftragten Hochschulinstitut sowie die Tätigkeiten zu berücksichtigen, die zum typischen Berufsbild des aus den Drittmitteln vergüteten Mitarbeiters gehöre. Somit gehöre zur Zweckbestimmung gerade auch die Gesamttätigkeit des Stelleninhabers, solange der Einsatz für das Drittmittelprojekt seiner Tätigkeit deutlich das Gepräge gäbe. Nach der Rechtsprechung des Bundesarbeitsgerichtes ist demnach zu überprüfen, ob die Arbeit in dem Drittmittelprojekt der Arbeit des Mitarbeiters das Gepräge gibt, oder Aufgaben, die von dem Projekt unabhängig sind, dominieren. Die Hochschule muss somit darauf achten, dass der Einsatz für das Drittmittelprojekt im Vordergrund der Tätigkeit des (nicht-)wissenschaftlichen Mitarbeiters steht, auch wenn bei den wissenschaftlichen Mitarbeitern die erkennbaren Erwartungen des Drittmittelgebers enger auf das geförderte Vorhaben gerichtet sein dürften als bei den nicht-

---

1039 BAG, Urt. v. 22.11.1995, BAGE 81, 301, 309; Urt. v. 15.1.1997, AP Nr. 14 zu § 57 b HRG; *Preis,* in: Dieterich/Preis, Befristete Arbeitsverhältnisse, S. 22; APS-*Schmidt*, § 2 WissZeitVG Rn. 34; *Stiller*, Das drittmittelfinanzierte Arbeitsverhältnis, S. 175; *Zimmermann*, Befristete Arbeitsverhältnisse, S. 117.

1040 BAG Urt. v. 15.1.1997, AP Nr. 14 zu § 57 b HRG; BAG, Urt. v. 15.4.1999, AP Nr. 18 zu § 57 b HRG; *Dörner*, Der befristete Arbeitsvertrag, Rn. 785 zu § 57 b Abs. 2 Nr. 4; *Stiller*, Das drittmittelfinanzierte Arbeitsverhältnis, S. 175.

1041 BAG, AP Nr. 18 zu § 57 b HRG.

wissenschaftlichen.[1042] Ob eine Tätigkeit tatsächlich entsprechend den Zweckbestimmungen des Drittmittelgebers entsprechend erfolgt, kann, wenn hierfür maßgeblich sein soll, dass sie nicht den Interessen des Drittmittelgebers entgegenstehen darf, nur im Einzelfall entschieden werden. Hierfür können die Zuwendungsbedingungen, Interessen und erkennbaren Erwartungen des Drittmittelgebers herangezogen werden.[1043]

Der Arbeitnehmer muss nicht ausschließlich oder ein bestimmtes Maß an Tätigkeiten in diesem Projekt erbringen, sondern das Maß ergibt sich aus den einzelnen Vereinbarungen im Innenverhältnis.[1044] Auch steht der Zweckbestimmung nicht entgegen, dass der Arbeitnehmer im gesamten Befristungszeitraum gleichzeitig an mehreren unterschiedlichen Forschungsprojekten zum Teil zeitversetzt gearbeitet hat und der Zeitraum der Vergütung aus bestimmten Drittmitteln mit dem Zeitraum der Arbeit an diesen Projekten nicht immer übereinstimmt.[1045] Daher ist eine zeitliche Übereinstimmung zwischen der Arbeit an einem Projekt und der zeitlichen Bezahlung nicht erforderlich, wenn die Interessen der verschiedenen Drittmittelgeber dem nicht entgegenstehen.[1046] Erforderlich ist somit, dass die Verwendung für projektfremde Tätigkeiten dem objektiven Interesse des Drittmittelgebers nicht zuwiderläuft. Ist dies der Fall, kann der Mitarbeiter wegen einer Vor- bzw. Zwischenfinanzierung oder der Besonderheit des jeweiligen Forschungsvorhabens damit in anderen Drittmittelprojekten eingesetzt werden.[1047] Handelt es sich um mehrere Drittmittelgeber, muss die Aufteilung von Tätigkeitsabschnitten auf die Projekte jedoch allen Drittmittelgebern gerecht werden.[1048] Auch liegt keine Beeinträchtigung vor, wenn Mitarbeiter in geringem Maße Hochschulaufgaben wahrnehmen oder in Zeiten, in denen sie nicht für Drittmittelprojekte arbeiten, ihnen andere Aufgaben zugewiesen werden, selbst wenn dies bei Abschluss des Arbeitsvertrages bereits vorgesehen war oder später von einem zum Vertragsabschluss Berechtigten gebilligt worden ist, da hiervon ein Drittmittelgeber, der ein Hochschulinstitut beauftragt, regelmäßig ausgeht und es in Kauf nimmt.[1049]

Hiernach liegt ein der Zweckbestimmung der Mittel entsprechender Einsatz vor, wenn der bei Vertragsschluss vorgesehene bzw. später von einem zum Vertragsschluss Berechtigten gebilligte Einsatz die Interessen des Drittmittelgebers

---

1042 *Löwisch*, NZA 2007, 479, 482.
1043 *Zimmermann*, Befristete Arbeitsverhältnisse, S. 118.
1044 BAG, Urt. v. 15.4.1999, AP Nr. 18 zu § 57 b HRG; *Dörner*, Der befristete Arbeitsvertrag, Rn. 785; *Zimmermann*, Befristete Arbeitsverhältnisse, S. 118 f.
1045 BAG, Urt. v. 22.11.1995, BAGE 81, 301, 308.
1046 *Dörner*, Der befristete Arbeitsvertrag, Rn. 785.
1047 BAG, Urt. v. 22.11.1995, BAGE 81, 301, 308; *Zimmermann*, Befristete Arbeitsverhältnisse, S. 117.
1048 *Preis*, WissZeitVG, § 2 Rn. 81.
1049 BAG, Urt. v. 22.11.1995, BAGE 81, 301, 309 = AP Nr. 8 zu § 57 b HRG; *Buchner*, RdA 1985, 258, 269.

nicht beeinträchtigt.[1050] Das BAG hat selbst bei einer nichtprojektbezogenen Beschäftigung von 25 % angenommen, dass das eigentliche Projekt der Tätigkeit das Gepräge gibt, sofern der Drittmittelgeber selbst hierin keine Beeinträchtigung seiner Interessen erblickt.[1051] § 2 Abs. 2 WissZeitVG enthält deshalb die Einschränkung, dass die Beschäftigung lediglich „überwiegend" der Zweckbestimmung der Mittel entsprechend erfolgen muss. In Zweifelsfällen sollten sich die Hochschulen beim Drittmittelgeber vergewissern und sich von ihm bestätigen lassen, dass ein zeitweilig anderweitiger Einsatz der Mitarbeiter die vorgegebene Zweckbestimmung nicht berühre.[1052]

3. Maßgeblicher Zeitpunkt

Ausschlaggebend für die Wirksamkeit einer Befristung ist grundsätzlich der Zeitpunkt des Vertragsschlusses.[1053] Demnach ist auch entscheidender Zeitpunkt für die Bestimmung des Zwecks der Beschäftigung der Zeitpunkt des Vertragsschlusses.[1054] Die entsprechende Beschäftigung kann sich jedoch nur auf den Zeitpunkt nach dem Vertragsschluss beziehen. Die Begründung, dass mit der entsprechenden Beschäftigung verhindert werden solle, dass der Grund nur vorgeschoben sei und eine nicht den Zweckbestimmungen des Drittelgebers entsprechende Beschäftigung nicht dem Interesse des Drittmittelgebers entsprechen würde, kann deshalb nicht vollends überzeugen, zumal es sich bei den Normen des WissZeitVG gerade nicht um ein Schutzgesetz zugunsten von Drittmittelgebern handelt.[1055] Einer nachträglich abweichenden Handhabung kommt daher nur indizielle Bedeutung für das Nichtvorliegen der Befristungsgründe zu.[1056] Die Grenze der zweckentsprechenden Beschäftigung ist somit erst überschritten, wenn bereits im Zeitpunkt des Vertragsschlusses absehbar ist, dass der Arbeitnehmer nicht überwiegend projektbezogen eingesetzt werden wird.[1057] Findet eine entsprechende Beschäftigung nicht statt, so kann hierdurch lediglich indiziert werden, dass der Befristungsgrund Drittmittelfinanzierung nur vorgeschoben war. Es gilt somit das Gleiche wie bei einer deutlichen Abweichung von Dauer des Projektes und Befristung. War der Hochschule eine zweckentsprechende Beschäftigung rechtlich und tatsächlich möglich, ist die Befristung aufgrund § 2 Abs. 2 WissZeitVG unwirksam.[1058]

1050 BAG 15.1.1997, AP Nr. 14 zu § 57 b HRG.
1051 BAG 15.4.1999, AP Nr. 18 zu § 57 b HRG.
1052 *Buchner*, RdA 1985, 258, 269.
1053 *Müller-Glöge* – EK, § 2 WZVG Rn. 11.
1054 *Sievers*, TzBfG, § 23 Rn. 163; *Zimmermann*, Befristete Arbeitsverhältnisse, S. 118.
1055 *Preis,* in: Dieterich/Preis, Befristete Arbeitsverhältnisse, S. 27 f.
1056 BAG 22.11.1995, AP Nr. 8 zu § 57 b HRG; *Stiller*, Das drittmittelfinanzierte Arbeitsverhältnis, S. 261; *Zimmermann*, Befristete Arbeitsverhältnisse, S. 119.
1057 APS-*Schmidt*, § 2 WissZeitVG Rn. 34-
1058 Vgl. *Preis*, WissZeitVG, § 2 Rn. 82.

4. Verwendung von Drittmitteln in der Lehre

Wenn die Beschäftigung eines Mitarbeiters in gewissem Maße außerhalb des finanzierenden Projektes geschehen kann, sofern dies nicht den Interessen des Drittmittelgebers zuwiderläuft, stellt sich die Frage, ob diese Beschäftigung außerhalb des Projektes auch in der Lehre erfolgen kann.[1059] Grundsätzlich hat das BAG[1060] die Anwendbarkeit des Sonderbefristungstatbestandes für Drittmittelbeschäftigung gemäß § 57 b Abs. 2 Nr. 4 HRG bei wissenschaftlichen Mitarbeitern im Bereich der Lehre verneint. Dabei verwies das Gericht darauf, dass mit der Schaffung des eigenen Sachgrundes die Anforderungen an die Befristung im Drittmittelbereich (Ausrichtung der Dauer der Befristung an der des Projektes sowie Negativprognose für die Weiterbewilligung) die sich hieraus ergebenden Unsicherheiten abgeschafft werden sollten. Dieser Intention würde jedoch widersprochen, wenn wissenschaftliche Mitarbeiter auch außerhalb von Forschungsvorhaben nach dieser Norm befristet werden könnten. Für die Aufgaben jenseits der Forschung könnten Hochschulen die Mitarbeiter als eigenes Personal einstellen. Die hiermit verbundenen Unsicherheiten hinsichtlich Dauer der Aufgabe und deren Finanzierungsmöglichkeit seien allgemeiner Art und deshalb nicht mit den Unwägbarkeiten drittmittelfinanzierter Forschungsvorhaben vergleichbar.

Gegen die Einbeziehung der Lehre spricht auch der – noch bestehende – Zusammenhang zu § 25 HRG.[1061] Sofern Argumentationen auf § 25 HRG gestützt sind, wird man diese überdenken müssen, da davon auszugehen ist, dass das HRG nicht mehr lange Bestand haben wird und es ohnehin bedenklich ist, zur Interpretation des WissZeitVG das HRG heranzuziehen. *Dörner* geht hingegen davon aus, dass aufgrund der Vielschichtigkeit des Tätigkeitsbereiches in geringem Maß auch ein Einsatz in der Lehre erfolgen könne.[1062] *Zimmermann*[1063] verweist darauf, dass der Drittmittelgeber in seinen Zuwendungsbestimmungen regeln könnte, dass die Drittmittel auch für die Lehre einzusetzen seien. In diesem Falle wäre es problematisch, dem BAG folgend, die Anwendbarkeit des § 2 Abs. 2 WissZeitVG zu versagen, auch wenn alle Tatbestandsvoraussetzungen erfüllt wären.

Dem Argument *Zimmermanns* ist der grundlegende Ansatz zu entnehmen, dass es auch hier auf die Interessen und die Zweckbestimmung des Drittmittelgebers ankommen muss. Jedem Drittmittelgeber steht es frei, in seinem Zuwen-

---

1059 Eine ausführliche Streitstanddarstellung m. w. N. findet sich bei *Zimmermann*, Befristete Arbeitsverhältnisse, S. 119 ff.

1060 BAG, 25.8.1999 AP Nr. 19 zu § 57 b HRG. Zustimmend *Müller-Glöge* – EK, § 2 WZVG Rn. 9.

1061 APS-*Schmidt*, § 2 WissZeitVG Rn. 27; KSchR-*Däubler*, § 2 WissZeitVG Rn. 49.

1062 *Dörner*, Der befristete Arbeitsvertrag, Rn. 785 nach BAG, Urt. v. 15.4.1999, AP Nr. 18 zu § 57 b HRG.

1063 *Zimmermann*, Befristete Arbeitsverhältnisse, S. 121.

dungsbescheid bzw. Vertrag Regelungen über den Einsatz der Mittel für Lehre zu treffen. Sofern hier eine Verwendung für Lehre ausgeschlossen wurde, kann ein Einsatz in der Lehre bei gleichzeitigem Stützens der Befristung auf § 2 Abs. 2 WissZeitVG nicht erfolgen, da die Beschäftigung nicht entsprechend der Zweckbestimmungen des Drittmittelgebers erfolgen würde. Liegt eine derartige Regelung nicht vor, ist wie bei jeder anderen Beschäftigung außerhalb des Projektes auf den Einzelfall abzustellen und zu untersuchen, ob hier eine Interessenkollision vorliegt. Bei der Entscheidung des BAG[1064] war der Mitarbeiter ursprünglich wissenschaftlicher Mitarbeiter der Hochschule, der aus Haushaltsmitteln bezahlt wurde. Hier stellte das Gericht darauf ab, dass es auch nicht im Interesse des Drittmittelgebers liegen könne, wenn der Mitarbeiter aus sämtlichen Zusammenhängen gerissen würde, nur weil er jetzt drittmittelfinanziert arbeiten würde. Demnach ist entsprechend der zweckentsprechenden Beschäftigung zu prüfen, ob ein Einsatz in der Lehre den Interessen des Drittmittelgebers widerspricht.[1065] Die Tätigkeit für das Projekt müsse jedoch der Tätigkeit das Gepräge geben. Insoweit ist dem BAG zu folgen, dass ein ausschließlicher Einsatz in der Lehre nicht die Anforderungen der Drittmittelbeschäftigung erfüllt, da es sich bei Lehrtätigkeit um Daueraufgaben handelt, die gerade nicht in die Anwendbarkeit von § 2 Abs. 2 S. 1 WissZeitVG fallen, und zudem keine der Projektbefristung ähnlichen Prognoserisiken vorliegen. Ein geringer Einsatz in der Lehre kann jedoch das Projekt nicht behindern. Will ein Drittmittelgeber dies ausschließen, muss er es in seinen Zuwendungsbestimmungen regeln.

Fraglich ist, ob sich dieses Ergebnis auch auf Privatdienstverträge übertragen lässt. Zu den Aufgaben der Hochschule gehört Lehre ebenso wie Forschung. Demnach kann der Abschluss eines Vertrages mit Lehraufgaben nicht aufgrund der Beschreibung des Privatdienstvertrages in § 3 S. 1 WissZeitVG ausgeschlossen werden. *Zimmermann*[1066] bejaht deshalb die Möglichkeit der Verwendung der Drittmittel für Lehre. Aus dem Gesetzgebungsverfahren zu § 57 e HRG a.F. lasse sich nicht entnehmen, dass der Gesetzgeber Privatdienstverträge auf die Forschung beschränken wolle. Vielmehr ginge der Gesetzgeber davon aus, dass diese insbesondere im Bereich der Forschung vorkämen. Auch spricht für den Einsatz von Drittmitteln für Lehre der Wortlaut des § 3 WissZeitVG „Aufgaben seiner Hochschule", da hierzu auch Lehre zählen würde.[1067] Auch wenn bei Privatdienstverträgen mit wissenschaftlichem Personal, anders als bei den nichtwissenschaftlichen Angestellten im Rahmen eines Privatdienstvertrages, nicht gefordert wird, dass eine Beschäftigung entsprechend der Zweckbestimmung der Gelder erfolgt, muss auch hier die Forschung im Vordergrund stehen. Zwar

---

1064 BAG, Urt. v. 15.4.1999 AP HRG § 57 b Nr. 18.
1065 Ebenso *Reich*, HRG/WissZeitVG, § 2 Rn. 7.
1066 *Zimmermann*, Befristete Arbeitsverhältnisse, S. 134 unter Verweis auf BT-Drucks. 10/2283, 12 f.
1067 KR-*Lipke*, § 57 c Rn. 4.

gehört Lehre ebenso zu den Aufgaben eines Hochschullehrers wie Forschung. Drittmittel beziehen sich jedoch in aller Regel auf Forschungsleistungen. Insofern ist auch hier ein ausschließlicher Einsatz in der Lehre abzulehnen.

B. Folgen bei Nichtvorliegen einer der Voraussetzungen von § 2 Abs. 2 WissZeitVG

Ein Verstoß gegen die zweckgemäße Beschäftigung des Mitarbeiters und damit eine der Voraussetzungen von § 2 Abs. 2 WissZeitVG hat die Entfristung des Arbeitsverhältnisses zur Folge,[1068] es sei denn, die Hochschulen oder Forschungseinrichtungen können die Befristung auf einen anderen Sachgrund stützen. Dieser könnte sich bei dem wissenschaftlichen Personal aus § 2 Abs. 1 WissZeitVG ergeben, sofern die Höchstbefristungszeiten noch nicht ausgeschöpft sind. Für das nicht-wissenschaftliche Personal besteht diese Möglichkeit jedoch nicht. Hier ist die anstellende Einrichtung auf das TzBfG verwiesen.

1068 *Zimmermann*, Befristete Arbeitsverhältnisse, S. 117.

Kapitel 10 Anwendung arbeitsrechtlicher Grundsätze und Vorschriften

Gemäß § 1 Abs. 1 S. 5 WissZeitVG sind die arbeitsrechtlichen Vorschriften und Grundsätze über befristete Arbeitsverträge anzuwenden, soweit sie den Vorschriften der §§ 2 bis 6 WissZeitVG nicht widersprechen. Der Hinweis auf § 6 WissZeitVG ist jedoch ein redaktionelles Versehen. § 6 WissZeitVG enthielt ursprünglich die Regelung für studentische Hilfskräfte. Dieses Versehen soll bei Aufhebung des HRG und zeitgleicher Änderung des WissZeitVG korrigiert werden.[1069]

Die Grundsätze über befristete Arbeitsverhältnisse sollten auch nach dem HRG 1985 gelten. Gemeint war damals die Rechtsprechung, die sich herausgebildet hat, um eine Umgehung des Kündigungsschutzes[1070] durch den Abschluss befristeter Arbeitsverträge zu unterbinden. Insofern handelt es sich bei den arbeitsrechtlichen Grundsätzen um Richterrecht.[1071] Im Unterschied zur Vorgängerregelung des § 57 a S. 2 i. d. F. HRG 1999 erwähnt die Neuregelung ausdrücklich auch die entsprechende Anwendung der Grundsätze über die Kündigung befristeter Arbeitsverhältnisse. Diese Erweiterung ist insoweit notwenig geworden, als das in § 57 d HRG a.F. enthaltene Sonderkündigungsrecht beim Wegfall der Mittel von Dritten entfallen ist.[1072]

Die Regelung gilt auch für künftige Rechtsprechung und Gesetze. Wie aus dem Wortlaut der Norm folgt, dürfen die von der Rechtsprechung entwickelten Grundsätze den Regelungen des WissZeitVG nicht widersprechen. Dies ergibt sich bereits aus der unmittelbaren Geltung des WissZeitVG als Bundesrecht, an das die Arbeitsgerichte ohnehin gemäß Art. 20 Abs. 3, 97 Abs. 1 GG gebunden sind.[1073]

Zu den arbeitsrechtlichen Grundsätzen und Vorschriften zählt insbesondere das TzBfG.[1074] Nach in der Literatur vertretener Ansicht gehen die Normen des WissZeitVG deshalb selbst dem TzBfG vor,[1075] da sie nur anwendbar seien, sofern sie den Regelungen des WissZeitVG nicht widersprächen. Damit hätte der Gesetzgeber eindeutig den Vorrang des WissZeitVG vor anderen Normen geregelt.

1069 BT-Drucks. 16/6122, S.6

1070 *Reich*, HRG/WissZeitVG, § 1 WissZeitVG Rn. 6, dort findet sich auch ein ausführlicher Überblick über die einzelnen Grundsätze, die durch die Rechtsprechung herausgearbeitet wurden. Auf eine Darstellung dieser wird deshalb hier verzichtet.

1071 *Otto*, NJW 1985, 1807, 1807.

1072 *Waldeyer*, in: Hailbronner/Geis, HRG, § 57 a Rn. 60.

1073 *Waldeyer*, in: Hailbronner/Geis, HRG, § 57 a Rn. 61.

1074 *Lakies*, ZTR 2002, 250, 253; *Reich*, HRG/WissZeitVG, § 1 WissZeitVG Rn. 6.

1075 Annuß/Thüsing – *Lambrich*, § 23 Rn. 99. APS-*Schmidt*, § 1 WissZeitVG Rn. 30, verortet die Vorrangregelung jedoch in § 1 Abs. 1 S. 2 WissZeitVG.

Aus § 1 Abs. 1 S. 5 WissZeitVG kann jedoch nur gefolgert werden, dass andere Normen, wie auch das TzBfG nur anwendbar sind, sofern sie nicht eine dem Inhalt des WissZeitVG widersprechende Regelung treffen. Das TzBfG stellt in den Fällen des § 14 Abs. 1 TzBfG auf eine Befristung ab, die auf Sachgründe gestützt werden muss; das WissZeitVG hingegen will die Beschäftigten durch die Festlegung von Höchstbeschäftigungszeiten schützen. Insoweit widersprechen sich diese Konzeptionen nicht.[1076] Zudem wird eine Befristung nach TzBfG gerade nicht ausgeschlossen, selbst wenn die Höchstfristen nach dem WissZeitVG noch nicht abgelaufen sind.[1077] So kann auch neben der Möglichkeit, nach WissZeitVG einen befristeten Arbeitsvertrag zu schließen, eine sachgrundlose Befristung nach § 14 Abs. 2 TzBfG oder mit Sachgrund nach § 14 Abs. 1 TzBfG erfolgen, was jedoch aufgrund der Anrechnung gemäß § 2 Abs. 3 WissZeitVG wenig Sinn ergibt.[1078] Dies folgt insbesondere aus der Neuformulierung des § 1 Abs. 2 WissZeitVG wonach nicht nur im Vergleich zu § 57 a Abs. 2 HRG i. d. F. 27.12.2004 bzw. 5. HRGÄndG das Recht der Hochschulen unberührt bleibt, dass von den Befristungsregeln umfasste Personal auch unbefristet einzustellen, sondern nunmehr auch das Recht unberührt bleibt, es nach Maßgabe des Teilzeit- und Befristungsgesetzes befristet zu beschäftigen. Insoweit stehen das WissZeitVG und das TzBfG gleichberechtigt nebeneinander, auch wenn das WissZeitVG eine erhebliche Erleichterung für die Hochschulen darstellt.

Zu den Normen, die aus dem TzBfG Anwendung finden können, zählt insbesondere § 14 Abs. 4 TzBfG, wonach eine wirksame Befristung der Schriftform bedarf. Ebenso widerspricht das Diskriminierungsverbot, das in § 4 Abs. 2 TzBfG enthalten ist, nicht den Regelungen des WissZeitVG. Weiterhin ist gemäß § 15 Abs. 3 TzBfG eine ordentliche Kündigung nur zulässig, wenn die Möglichkeit zur ordentlichen Kündigung einzelvertraglich oder im anwendbaren Tarifvertrag vereinbart ist. Ist die Befristung unwirksam, gilt der Arbeitsvertrag als auf unbestimmte Zeit geschlossen, wie sich aus § 16 S. 1 TzBfG ergibt. Will sich der Arbeitnehmer und damit auch der wissenschaftliche Mitarbeiter oder die Hilfskraft darauf berufen, muss dies innerhalb von drei Wochen nach dem vereinbarten Ende des Arbeitsvertrages mittels Klage beim Arbeitsgericht geltend gemacht werden (§ 17 Abs. 1 S. 1 TzBfG).[1079] Den Regelungen des WissZeitVG widersprechen jedoch §§ 14 Abs. 2 a und 3, 15 Abs. 2 und 4 sowie 21 TzBfG,[1080] weshalb sie auf ein Arbeitsverhältnis, das auf Grundlage des WissZeitVG geschlossen wurde, keine Anwendung finden können.

1076 *Waldeyer*, in: Hailbronner/Geis, HRG, § 57 a Rn. 65.
1077 KR-*Lipke*, § 57 a HRG, Rn. 56.
1078 KR-*Lipke*, § 57 a HRG, Rn. 49.
1079 Ausführlicher hierzu siehe unten Kapitel 11 § 3.
1080 KR-*Lipke*, § 57 a HRG, Rn. 49.

Ebenso anwendbar ist die Befristung aufgrund gerichtlichen Vergleichs,[1081] selbst wenn hierdurch Zeiten des HRG überschritten werden. Die Befristung aufgrund gerichtlichen Vergleichs schließt regelmäßig eine objektive Umgehung des Kündigungsschutzes aus. Zudem unterliegt der gerichtliche Vergleich, bei dem die Parteien ein befristetes oder auflösend bedingtes Arbeitsverhältnis vereinbaren, keiner weiteren Befristungskontrolle.[1082]

1081 BAG, Urt. v. 2.12.1998, NZA 1999, 480 = AP Nr. 4 zu § 57 a HRG.
1082 BAG, Urt. v. 2.12.1998, NZA 1999, 480 = AP Nr. 4 zu § 57 a HRG.

Kapitel 11 Formelle Vorgaben, § 2 Abs. 4 WissZeitVG

Im Arbeitsvertrag ist anzugeben, dass die Befristung aufgrund des WissZeitVG erfolgt, § 2 Abs. 4 S.1 WissZeitVG. Zudem muss die Befristung kalendermäßig bestimmt sein, § 2 Abs. 4 S. 3 WissZeitVG. Diese Vorgaben finden sowohl auf den Abschluss befristeter Arbeitsverträge nach § 2 Abs. 1 als auch Abs. 2 Anwendung.[1083] Auf die Anforderungen soll im Folgenden näher eingegangen werden.

A. Angabe, dass die Befristung auf WissZeitVG beruht

Nach bisherigem Recht (§ 57 b Abs. 5 HRG i. d. F. von 19.1.1999) war im Arbeitsvertrag anzugeben, auf welchen Befristungsgrund des HRG die Befristung gestützt wurde. Danach konnte sich der Arbeitgeber nur auf die Befristungsgründe des HRG berufen, wenn sie Inhalt des Arbeitsvertrages geworden waren.[1084] Ausreichend war jedoch, dass dem Arbeitsvertrag zu entnehmen war, auf welchen der Gründe die Befristung gestützt wurde.[1085]

Gemäß § 2 Abs. 4 S. 1 WissZeitVG ist im Arbeitsvertrag anzugeben, ob dieser aufgrund der Vorschriften des WissZeitVG befristet wurde. Die Formulierung des § 2 Abs. 4 S. 1 WissZeitVG, das anzugeben ist, „ob“ die Befristung auf den Vorschriften des WissZeitVG beruht, könnte nahe legen, dass auch bei Befristung aufgrund anderer Vorschriften der Hinweis erfolgen müsste, dass gerade nicht auf der Grundlage des WissZeitVG befristet wurde. Aus dem Zusammenspiel mit § 2 Abs. 4 S. 2 WissZeitVG wird jedoch deutlich, dass die Angabe nur bei einer Befristung aufgrund des WissZeitVG zu erfolgen hat,[1086] da dieser als Rechtsfolge vorsieht, dass die Befristung bei fehlender Angabe gerade nicht auf die Vorschriften des WissZeitVG gestützt werden kann.

Ein Hinweis darauf, dass eine wirksame Befristung der Schriftform bedarf, muss im WissZeitVG nicht gesondert enthalten sein, da gemäß § 1 Abs. 1 S. 5 WissZeitVG die arbeitsrechtlichen Vorschriften und Grundsätze über befristete Arbeitsverträge anzuwenden sind, sofern sie den §§ 2 bis 6 WissZeitVG nicht widersprechen. § 14 Abs. 4 TzBfG enthält das Schriftformerfordernis für die Befristung von Arbeitsverträgen. Dies findet demnach gemäß § 1 Abs. 1 S. 5 WissZeitVG direkt Anwendung auf den Abschluss eines befristeten Arbeitsvertrages, der sachlich auf die Regelungen des WissZeitVG gestützt wird.

1083 *Preis*, WissZeitVG, § 2 Rn. 126.
1084 BAG, Urt. v. 14.12.1994, EzA § 620 BGB Nr. 129.
1085 BAG, Urt. v. 31.1.1990, EzA § 60 BGB Nr. 108.
1086 *Preis*, WissZeitVG, § 2 Rn. 130; *Reich*, HRG/WissZeitVG, § 2 WissZeitVG Rn. 12; *Waldeyer*, in: Hailbronner/Geis, HRG, § 57 b Rn. 61.

Das Schriftformerfordernis bezieht sich dabei nicht auf den gesamten Arbeitsvertrag, sondern nur auf die Befristungsabrede.[1087] Die Schriftform selbst bestimmt sich nach § 126 BGB. Danach ist die Schriftform gewahrt, wenn die Befristung mit eigenhändiger Unterschrift in einer einheitlichen Urkunde niedergelegt worden ist. Wenn mehrere gleichlautende Ausfertigungen erstellt werden, genügt es, wenn jede Partei die für die andere Partei bestimmte Urkunde unterzeichnet, § 126 Abs. 2 S. 2 BGB. Gemäß § 126 Abs. 3 BGB kann die Schriftform auch durch elektronische Form nach § 126 a Abs. 1 BGB ersetzt werden. Nicht ausreichend für § 14 Abs. 4 TzBfG ist die Textform nach § 126 b BGB.[1088]

Grundsätzlich muss der Befristungsgrund in der Urkunde nicht angegeben werden, sollte dennoch ein Grund angegeben worden sein, tritt keine Bindung an die Rechtfertigung ein.[1089] Das WissZeitVG fordert jedoch, dass die Angabe enthalten ist, dass sich die Befristung auf das WissZeitVG stützt. Durch die Bezugnahme des § 2 Abs. 4 S. 1 WissZeitVG auf die Angabe wird diese zum Bestandteil der Befristungsabrede.[1090] Damit wird das Schriftformerfordernis des § 14 Abs. 4 TzBfG auch auf die Angabe, dass die Befristung aufgrund des WissZeitVG erfolgt, erstreckt.[1091]

Neben der besonderen Klarstellungs- und Beweisfunktion sowie der Warnfunktion, die vor übereiltem Abschluss eines befristeten Arbeitsvertrages schützen soll,[1092] die bereits durch die Schriftform erreicht werden, wird durch die besondere Erwähnung des WissZeitVG sichergestellt, dass beide Vertragsparteien sich darüber verständigt haben, dass die Befristung aufgrund des WissZeitVG erfolgt[1093] und nicht bloß einseitiges Motiv einer der Vertragsparteien ist.[1094] Dies bedeutet auch, dass beide Seiten sich über die Ausschöpfung von Höchstfristen verständigt haben bzw. sich darüber im Klaren sind, welche Verlängerungsmöglichkeiten es ggf. gibt, oder warum die Höchstfrist nicht von Anfang an ausgeschöpft wird.

Strittig ist, ob es sich bei der Angabe um eine rechtliche Verpflichtung oder um eine Obliegenheit[1095] handelt. Nach *Reich* handelt es sich um eine rechtliche

---

1087 *Dörner*, Der befristete Arbeitsvertrag, Rn. 74; *v. Koppenfels*, AuR 2002, 241, 242; *Preis*, WissZeitVG, § 1 Rn. 62; *Schlachter*, in: Laux/Schlachter, TzBfG, Anhang 2 § 2 WissZeitVG Rn. 21; *Waldeyer*, in: Hailbronner/Geis, HRG, § 57 b Rn. 64.

1088 *Dörner*, Der befristete Arbeitsvertrag, Rn. 80.

1089 *Dörner*, Der befristete Arbeitsvertrag, Rn. 74.

1090 *Waldeyer*, in: Hailbronner/Geis, HRG, § 57 b Rn. 63; *Preis*, WissZeitVG, § 2 Rn. 129.

1091 *Waldeyer*, in: Hailbronner/Geis, HRG, § 57 b Rn.63; KSchR-*Däubler*, § 2 WissZeitVG Rn. 59; *Dörner*, Der befristete Arbeitsvertrag, Rn. 696; a.A. *Hesse*-MüKoBGB, § 23 Rn. 123.

1092 *v. Koppenfels*, AuR 2002, 241, 242.

1093 APS-*Schmidt*, § 2 WissZeitVG Rn. 56; *Schlachter*, in: Laux/Schlachter, TzBfG, Anhang 2 § 2 WissZeitVG Rn. 21.

1094 *Reich*, HRG/WissZeitVG, § 2 WissZeitVG Rn. 12.

1095 *Waldeyer*, in: Hailbronner/Geis, HRG, § 57 b Rn. 60.

Verpflichtung, die „beide Vertragsschließenden in gleichem Maße"[1096] verpflichte. Folge der Nichteinhaltung der Vorgabe ist jedoch gemäß § 2 Abs. 4 S. 2 WissZeitVG, dass die Befristung nicht auf die Vorschriften des WissZeitVG gestützt werden kann. Diese Folge ist lediglich für den Arbeitgeber nachteilig, da er das Risiko trägt, dass ein unbefristetes Arbeitsverhältnis entstanden ist, sofern nicht ein Befristungsgrund eines anderen Gesetzes eingreift. Da unter Obliegenheit das an eine Partei gerichtete Gebot, innerhalb eines Rechtsverhältnisses im eigenen Interesse bestimmte Handlungen vorzunehmen, zu verstehen ist, wobei bei Nichtbefolgung der obliegenheitsbelasteten Partei Rechtsverluste oder Nachteile drohen,[1097] trifft dies auch auf § 2 Abs. 2 S. 4 WissZeitVG zu.

Uneinheitlich sind die Auffassungen, wie konkret die Angabe, dass sich die Befristung auf das WissZeitVG stützt, sein muss. Nach einer Ansicht muss das WissZeitVG ausdrücklich im Arbeitsvertrag genannt werden, eine materielle Umschreibung des Tatbestandes reiche nicht.[1098] Eine weitere Ansicht geht davon aus, dass es die Regelung des § 2 Abs. 4 S. 1 WissZeitVG gebiete, dass das WissZeitVG ausdrücklich im Vertrag als Befristungsgrundlage genannt werden müsse, wobei nicht erforderlich sei, dass der im Einzelfall einschlägige Befristungsgrund exakt benannt würde; hierfür wäre ausreichend, wenn sich dies im Wege der Vertragsauslegung ermitteln ließe.[1099] Nach anderer Auffassung ist es nicht erforderlich, dass das WissZeitVG ausdrücklich im Vertrag benannt werde. Es genüge vielmehr, wenn dem Arbeitsvertrag zu entnehmen ist, dass die Befristung auf das WissZeitVG gestützt wurde.[1100] Demnach reiche es nach der Andeutungstheorie, wenn der Erklärungssinn in der Urkunde seinen – auch unvollkommenen Ausdruck gefunden habe.[1101] Eine exakte Angabe, ob sich die Befristung auf § 2 Abs. 1 S. 1 oder S. 2 WissZeitVG stützt, sei nicht erforderlich.[1102]

Nach Auffassung von *Lipke* soll für die Andeutung ausreichend sein, dass in die schriftformgemäße Abrede ein Hinweis aufgenommen wurde, der verdeutlicht, dass die Befristung sich auf das WissZeitVG stützen soll.[1103] Als Beispiel nennt *Lipke* „wissenschaftlicher Mitarbeiter am Lehrstuhl Y".[1104] Dem Beispiel

1096 *Reich*, HRG/WissZeitVG, § 2 WissZeitVG Rn. 12.
1097 *Waldeyer*, in: Hailbronner/Geis, HRG, § 57 b Rn. 60.
1098 *Reich*, HRG/WissZeitVG, § 2 WissZeitVG Rn. 12.
1099 *Waldeyer*, in: Hailbronner/Geis, HRG, § 57 b Rn. 62.
1100 *Henrici*, in: Knopp/Gutheil, Neues HRG, S. 76; *Lakies*, ZTR 2002, 250, 256; *Löwisch/Wertheimer*, HochschulR-Praxishandbuch, VII Rn. 182; APS-*Schmidt*, § 2 WissZeitVG Rn. 56.
1101 *Müller-Glöge* - EK, § 2 WZVG Rn. 15.
1102 BAG, Urt. v. 21.6.2006, AP Nr. 5 zu § 57 a HRG, Rn. 15; Annuß/Thüsing – *Lambrich*, § 23 Rn. 101; *Löwisch/Wertheimer*, HochschulR-Praxishandbuch, VII Rn. 182; *Müller-Glöge* - EK, § 2 WZVG Rn. 15.
1103 KR-*Lipke*, § 57 b Rn. 66.
1104 KR-*Lipke*, § 57 b Rn. 66.

Lipkes ist insoweit nicht zu folgen, da hieraus auch geschlussfolgert werden könnte, dass die Befristung aufgrund § 14 TzBfG erfolgte.[1105] Insoweit fehlt es an der Voraussetzung von § 2 Abs. 4 S. 1 WissZeitVG, wonach erkennbar sein muss, dass die Befristung aufgrund des WissZeitVG erfolgte.

Unklar ist, wie sich im Wege der Vertragsauslegung ergeben soll, dass die Befristung auf das WissZeitVG gestützt wurde, ohne dass diese einer konkreten Erwähnung im Vertragstext bedarf. Dies würde auch nicht dem Wortlaut von § 2 Abs. 4 S. 1 WissZeitVG entsprechen, wonach im Arbeitsvertrag anzugeben ist, ob sich die Befristung auf das WissZeitVG stützt. Die bloße Angabe, dass sich die Befristung auf das WissZeitVG stützt, stellt bereits eine Erleichterung im Vergleich zur alten Rechtslage dar. Wirkliche Rechtssicherheit lässt sich ohnehin nur erreichen, wenn das WissZeitVG ausdrücklich im Vertrag zitiert wird.[1106] Will man dem Wortlaut genügen, muss das WissZeitVG im Arbeitsvertrag ausdrücklich erwähnt werden. Nicht erforderlich ist aber gerade die Zuordnung zu einem der Befristungstatbestände, da anderenfalls die Änderung gegenüber den Anforderungen, die das HRG bis zum 5. HRGÄndG enthielt, leer liefe. Nach Ansicht von *Däubler*[1107] muss hingegen eine Zuordnung zur ersten oder zweiten Qualifizierungsphase bzw. zur Drittmittelbefristung vorgenommen werden. Derartige Anforderungen lassen sich dem Gesetz jedoch nicht entnehmen, anderenfalls hätte der Gesetzgeber den Wortlaut des § 57 b Abs. 5 HRG i. d. F. vom 19.1.1999 beibehalten müssen.

B. Kalendermäßige Befristung

Gemäß § 2 Abs. 4 S. 3 WissZeitVG muss die Dauer der Befristung kalendermäßig bestimmt oder bestimmbar sein. Die Dauer ist kalendermäßig bestimmt, wenn sie unter Benennung des Tages Anfang und Ende des Arbeitsverhältnisses bestimmt.[1108] Kalendermäßig bestimmbar ist die Dauer des Arbeitsverhältnisses, wenn sie sich unter Benennung des Tages, des Anfangs oder des Endes des Arbeitsverhältnisses über Zeitangaben das andere Datum bestimmen lässt.[1109] Hierfür ist auch die Bezugnahme auf bestimmte Ereignisse, wie z.B. das Ende des Semesters, ausreichend.[1110] Sofern die Vertragsauer nicht kalendermäßig be-

---

1105 Annuß/Thüsing – *Lambrich*, § 23 Rn. 101; *Preis*, WissZeitVG, § 2 Rn. 127; APS-*Schmidt*, § 2 WissZeitVG Rn. 56.
1106 *Preis*, WissZeitVG, § 2 Rn. 128.
1107 KSchR-*Däubler*, § 2 WissZeitVG Rn. 58.
1108 *Reich*, HRG/WissZeitVG, § 2 WissZeitVG Rn. 14.
1109 *Löwisch/Wertheimer*, HochschulR-Praxishandbuch, VII Rn. 184; *Reich*, HRG/WissZeitVG, § 2 WissZeitVG Rn. 14; *Waldeyer*, in: Hailbronner/Geis, HRG, § 57 b Rn. 67.
1110 Annuß/Thüsing – *Lambrich*, § 23 Rn. 102; *Preis*, WissZeitVG, § 2 Rn. 7.

stimmt oder bestimmbar ist, handelt es sich nicht um einen Vertrag i. S. d. § 1 WissZeitVG.[1111]

Zweckbefristungen, bei denen sich das Ende nach der Erreichung eines definierten Zweckes richtet, sind ebenso wenig zum Schutz des Arbeitnehmers im Rahmen des § 2 Abs. 1 WissZeitVG zulässig wie auflösende Bedingungen, bei denen das Arbeitsverhältnis mit dem Eintritt eines bestimmten Ereignisses beendet ist.[1112] Ein Vertrag, der eine Zweckbefristung enthalten oder auflösend bedingt geschlossen werden soll, kann daher nur auf das TzBfG gestützt werden, nicht jedoch auf § 2 Abs. 1 WissZeitVG.[1113]

Eine Ausnahme hierzu stellt jedoch die Befristung im Rahmen eines Drittmittelprojektes gemäß § 2 Abs. 2 WissZeitVG dar. Eine Befristung, die auf diesen Befristungsgrund gestützt wird, kann auch als Zweckbefristung[1114] oder auflösend bedingt ausgestaltet werden,[1115] da § 2 Abs. 4 S. 2 WissZeitVG ausdrücklich von Befristungen nach Abs. 1 spricht und somit nicht auf Befristungen anzuwenden ist, die nach anderen Absätzen geschlossen werden. Diese Abweichung verstärkt die systemwidrige Einordnung des Sachgrundes „Drittmittelfinanzierung" in das WissZeitVG.

Auf Privatdienstverträge findet § 2 Abs. 4 S. 2 WissZeitVG hingegen Anwendung, da § 3 S. 1 WissZeitVG § 2 WissZeitVG in Gänze für entsprechend anwendbar erklärt. Für das nicht-wissenschaftliche Personal, das im Rahmen eines Privatdienstvertrages beschäftigt werden soll, erfolgt die Erstreckung nur § 2 Abs. 4 S. 1 und 2 WissZeitVG, weshalb hier eine keine kalendermäßige Befristung erfolgen muss.

Die Anwendbarkeit des § 2 Abs. 4 S. 2 WissZeitVG ist generell für das nichtwissenschaftliche Personal vorgesehen (vgl. § 3 S. 2; § 4 S. 2 und § 5 S. 2 WissZeitVG jeweils am Ende).

C. Rechtsfolgen bei Nichteinhaltung der Vorgaben

Ist ein befristetes Arbeitsverhältnis wirksam geschlossen worden, endet dieses mit Ablauf der vereinbarten Zeit, § 15 Abs. 1 TzBfG. Folge der Nichteinhaltung

---

1111 *Reich*, HRG/WissZeitVG, § 2 WissZeitVG Rn. 14.

1112 KSchR-*Däubler*, § 1 WissZeitVG Rn. 12; *Dörner*, Der befristete Arbeitsvertrag, Rn. 633, 699; *Hesse*-MüKoBGB, § 23 Rn. 123; Arbeitsrechtshandbuch-*Koch*, § 39 Rn. 41; *Lakies*, ZTR 2002, 250, 253; Annuß/Thüsing – *Lambrich*, § 23 Rn. 102; KR-*Lipke*, § 57 a HRG, Rn. 47; *Löwisch/Wertheimer*, HochschulR-Praxishandbuch, VII Rn. 184; *Müller-Glöge* - EK, § 2 WZVG Rn. 16; *Preis*, WissZeitVG, § 1 Rn. 38; *Schlachter*, in: Laux/Schlachter, TzBfG, Anhang 2 § 1 WissZeitVG Rn. 8; APS-*Schmidt*, § 1 WissZeitVG Rn. 24; *Sievers*, TzBfG, § 23 Rn. 133; *Waldeyer*, in: Hailbronner/Geis, HRG, § 57 a Rn. 66 ff.; § 57 b Rn. 66.

1113 KR-*Lipke*, § 57 a HRG, Rn. 47; *Waldeyer*, in: Hailbronner/Geis, HRG, § 57 a Rn. 66 ff.

1114 KSchR-*Däubler*, § 1 WissZeitVG Rn. 12; *Kortstock*, ZTR 2007, 2, 4; *Preis*, WissZeitVG, § 2 Rn. 61.

1115 *Müller-Glöge* - EK, § 2 WZVG Rn. 16.

der Formvorschriften ist, dass gemäß § 16 S. 1 TzBfG ein unbefristetes Arbeitsverhältnis entstanden ist. Dass die Dauer der Befristung kalendermäßig bestimmbar sein muss, ist eine zwingende Vorgabe, weshalb bei Nichteinhaltung das Arbeitsverhältnis gemäß § 16 S. 1 TzBfG als auf unbestimmte Zeit geschlossen gilt.[1116] Der Arbeitnehmer muss jedoch innerhalb von drei Wochen nach dem vereinbarten Ende des Vertrages Klage beim Arbeitsgericht auf Feststellung der Nichtbeendigung des Arbeitsverhältnisses aufgrund der Befristung erheben, § 17 S. 1 TzBfG.

Fehlt die Angabe im Arbeitsvertrag, dass die Befristung auf den Vorschriften des WissZeitVG beruht, sieht § 2 Abs. 4 S. 2 WissZeitVG als Rechtsfolge vor, dass die Befristung nicht auf die Vorschriften dieses Gesetzes gestützt werden kann, der Vertrag ist dennoch wirksam. Die Befristung kann nach Maßgabe des TzBfG gerechtfertigt und wirksam geschlossen worden sein.[1117] Die Hochschule müsste sich dann jedoch auf einen Sachgrund berufen können (§ 14 Abs. 1 TzBfG) bzw. es müssten die Voraussetzungen von § 14 Abs. 2 TzBfG vorliegen, d.h. es müsste sich um eine Erstbefristung handeln, die sachgrundlos erfolgen kann. Erst wenn keine Befristung nach TzBfG oder anderen Rechtsvorschriften möglich war, greift die Rechtsfolge des § 16 S. 1 TzBfG.[1118] Überschreitet ein befristeter Arbeitsvertrag die Höchstgrenzen und kommt auch eine Befristung nach TzBfG nicht in betracht, so ist nicht das Arbeitsverhältnis nichtig, sondern lediglich die Befristung unwirksam, weshalb ein unbefristetes Arbeitsverhältnis entstanden ist.[1119]

Der Rückgriff auf Vorschriften, die eine wirksame Befristung ermöglichen würden, ist jedoch dann ausgeschlossen, wenn die Vertragsparteien andere Rechtsgrundlagen für die Befristung ausdrücklich oder konkludent ausgeschlossen haben.[1120] Dies dürfte jedoch in der Praxis kaum der Fall sein, da die Verträge meist von dem Arbeitgeber vorbereitet werden und der Arbeitgeber kein Interesse daran haben dürfte, bei einer unwirksamen Befristung nach WissZeitVG sich den Rückgriff auf andere Normen, die eine Befristung ermöglichen, zu versperren.

Wird das Arbeitsverhältnis über den vereinbarten Beendigungszeitpunkt hinaus fortgesetzt, beginnt die Drei-Wochen-Frist mit dem Zugang der schriftlichen

---

1116 *Waldeyer*, in: Hailbronner/Geis, HRG, § 57 b Rn. 68.

1117 KSchR-*Däubler*, § 2 WissZeitVG Rn. 60; *Dörner*, Der befristete Arbeitsvertrag, Rn. 697; *Lakies*, ZTR 2002, 250, 253; Annuß/Thüsing – *Lambrich*, § 23 Rn. 101; KR-*Lipke*, § 57 a HRG, Rn. 56; *Müller-Glöge* - EK, § 2 WZVG Rn. 15; *Preis*, WissZeitVG, § 2 Rn. 131; *Schlachter*, in: Laux/Schlachter, TzBfG, Anhang 2 § 2 WissZeitVG Rn. 21; APS-*Schmidt*, § 2 WissZeitVG Rn. 22.

1118 *Waldeyer*, in: Hailbronner/Geis, HRG, § 57 b Rn. 65.

1119 *Müller-Glöge* – EK, § 1 WZVG Rn. 17; APS-*Schmidt*, §1 WissZeitVG Rn. 31; *Waldeyer*, in: Hailbronner/Geis, HRG, § 57 b Rn. 58.

1120 KR-*Lipke*, § 57 b HRG, Rn. 67a.

Erklärung des Arbeitgebers, dass das Arbeitsverhältnis auf Grund der Befristung beendet sei, § 17 S. 3 TzBfG.

Sofern der Arbeitnehmer nach Ablauf der arbeitsvertraglich vereinbarten Zeit mit Wissen des Arbeitgebers seine Tätigkeit fortsetzt, verlängert sich das Arbeitsverhältnis auf unbestimmte Zeit gemäß § 15 Abs. 5 TzBfG, sofern der Arbeitgeber nicht unverzüglich widerspricht. Diese gesetzliche Fiktion[1121] tritt unabhängig vom Parteiwillen ein.[1122] Das Wissen des Arbeitgebers muss sich zum einen auf die Beendigung des Arbeitsverhältnisses und zum anderen auf die Fortsetzung der Arbeitsleistung des Arbeitnehmers richten.[1123] Bei juristischen Personen bezieht sich die Kenntnis auf die vertretungsberechtigten Organmitglieder und deren Mitarbeiter, die personalrechtliche Befugnisse haben.[1124] Dass die Einrichtung der Hochschule der Personalverwaltung keine Mitteilung macht, entlastet diese nicht, sondern das Wissen der Einrichtung wird der Personalverwaltung zugerechnet.[1125] Unerheblich ist jedoch das Wissen des Fachvorgesetzten, wie z.B. ein Hochschullehrer, der keinerlei personalrechtliche Befugnisse hat, der gegen die Weiterarbeit seines Mitarbeiters keinen Widerspruch erhebt.[1126]

Etwas anderes würde nur gelten, sofern der Tatbestand einer Anscheins- oder Duldungsvollmacht vorliege und der betreffende Mitarbeiter davon ausgehen durfte, dass der zuständige Hochschullehrer befugt sei, die Universität in Personalfragen zu vertreten.[1127] Das LAG Rostock hat jedoch in einem Fall, in dem der Justitiar der Universität durch Unterzeichnung des Empfangsbekenntnisses der Klagezustellung Kenntnis erlangte, entschieden, dass es für das Wissen ausreiche, wenn ein Mitarbeiter der Verwaltung, die sich Rektor oder Kanzler zur Erfüllung ihrer Aufgaben geschaffen haben, Kenntnis von der weiteren Beschäftigung eines Angestellten nach Ablauf der Befristung des Arbeitsverhältnisses erlange.[1128] Gegen dieses Urteil hatte das beklagte Land Revision eingelegt. Mit Urteil vom 11.07.2007 bestätigte das BAG seine bisherige Rechtsprechung. Demnach sei Arbeitgeber im Hochschulbereich nicht der Institutsleiter oder sonstige Vorgesetzte des Arbeitnehmers, sondern der Rektor der Universität als Behördenleiter der allgemeinen Hochschulverwaltung. Seiner Kenntnis stünde diejenige der Mitarbeiter gleich, denen er sich zur eigenverantwortlichen Bearbeitung von arbeitsrechtlichen Angelegenheiten bediene. Hierzu würden insbesondere die zum Abschluss von Arbeitsverträgen berechtigten Mitarbeiter der

---

1121 BAG, Urt. v. 11.07.2007, n.v., zitiert nach www.juris.de, Rn. 23
1122 *Dörner*, Der befristete Arbeitsvertrag, Rn. 931.
1123 *Dörner*, Der befristete Arbeitsvertrag, Rn. 933.
1124 BAG, Urt. v. 24.10.2001, AP Nr. 9 zu § 57 c HRG.
1125 *Löwisch/Wertheimer*, HochschulR-Praxishandbuch, VII Rn. 187.
1126 BAG 24.10.2001 AP § 57 c HRG Nr. 9, *Dörner*, Der befristete Arbeitsvertrag, Rn. 934.
1127 BAG, Urt. v. 18.9.1991, n.v., zitiert nach www.juris.de; LAG Berlin, Urt. v. 2.11.1998, ZTR 1999, 328, 329.
1128 LAG MV, Urteil v. 25.04.2006- AZ: 5 SA 298/05, zitiert nach www.juris.de.

Personalverwaltung zählen. Personen aus anderen Teilen der allgemeinen Hochschulverwaltung könnten als Arbeitgeber anzusehen sein, sofern auf Grund der hochschulinternen Geschäftsverteilung anstelle des Rektors Sachverhalte über die Fortsetzung von Arbeitsverhältnissen von Arbeitnehmern bekannt werden könnten. Mache der Rektor von seiner Delegationsbefugnis als Behördenleiter Gebrauch und übertrage er die Bearbeitung von arbeitsrechtlichen Vorgängen auf andere selbständige handelnde Personen, müsse er deren Kenntnis gegen sich gelten lassen. Wenn der Rechtsabteilung alle arbeitsrechtlichen Klagen zuzustellen seien, könne der Justitiar der Universität als Arbeitgeber i. S. d. § 15 Abs. 5 TzBfG anzusehen sein, da er anstelle des Rektors Kenntnis erlange.[1129] Nur wenn dem Justitiar durch den Geschäftsverteilungsplan die Bearbeitung der arbeitsgerichtlichen Verfahren übertragen worden sei, könne die Zustellung der Klageschrift an das Justitiariat als Zeitpunkt der Kenntniserlangung von der Fortsetzung des Arbeitsverhältnisses angenommen werden. Anderenfalls sei auf den Zugang der Klageschrift beim Personaldezernenten abzustellen.[1130]

Prozessual liegt die Darlegungs- und Beweislast für die Wirksamkeit der Befristung beim Arbeitgeber, hinsichtlich des Vorliegens der Verlängerungstatbestände des § 2 Abs. 5 WissZeitVG indessen beim Arbeitnehmer.[1131]

Der gerichtlichen Überprüfung unterliegt nur der letzte befristete Arbeitsvertrag, da die Parteien durch den Abschluss eines neuen befristeten Arbeitsvertrages im Anschluss an einen früheren Arbeitsvertrag deutlich gemacht haben, dass der neue Vertrag in Zukunft für ihre Rechtsbeziehung maßgeblich sein soll.[1132] Etwas anderes gilt jedoch, wenn der neue Vertrag nur eine verhältnismäßig geringfügige Korrektur des vorher vereinbarten Endzeitpunktes vornimmt, sich die Korrektur am Befristungsgrund des vorigen Vertrages orientiert und die Anpassung an später eingetretene, nicht vorgesehene Umstände erfolgte, da dann der letzte Vertrag lediglich ein unselbständiger Annex zum vorigen befristeten Arbeitsvertrag ist.[1133] Ein unselbständiger Annex liegt nur dann vor, wenn anzunehmen ist, dass die Parteien dem letzten Vertrag keine eigenständige Bedeutung beimessen, sondern durch ihn den bisherigen Vertrag nur hinsichtlich des Endzeitpunktes modifizieren wollen. Hierzu müssen neben der Identität der Arbeitsaufgaben besondere Umstände hinzukommen, damit aus dem Abschluss des Anschlussvertrages nicht geschlussfolgert werden könne, der alte Vertrag solle für die Zukunft nicht mehr gelten. Diese besonderen Umstände lägen vor,

---

1129 BAG, Urt. v. 11.07.2007, n.v., zitiert nach www.juris.de, Rn. 27.

1130 BAG, Urt. v. 11.07.2007, n.v., zitiert nach www.juris.de, Rn. 33.

1131 Annuß/Thüsing - *Lambrich*, § 23 Rn. 124.

1132 BAG, Urt. v. 20.4.2005, NZA 2005, 933, 934; BAG, Urt. v. 10.8.1994 AP Nr. 162 zu § 620 BGB; BAG, Urt. v. 19.8.1992, AP Nr. 2 zu § 57 b HRG; *Dörner*, Der befristete Arbeitsvertrag, Rn. 139; *Sowka*, BB 1994, 1001, 1005; *Zimmermann*, Befristete Arbeitsverhältnisse, S. 29.

1133 BAG, Urt. v. 21.1. 1987, AP Nr. 4 zu § 620 BGB Hochschule; BAG, Urt. v. 19.8.1992, AP Nr. 2 zu § 57 b HRG; *Dörner*, Der befristete Arbeitsvertrag, Rn. 147.

wenn es sich bei dem Anschlussvertrag lediglich um eine verhältnismäßig geringfügige Korrektur des in dem früheren Vertrag vereinbarten Endzeitpunktes handle, diese Korrektur sich am Sachgrund der Befristung des früheren Vertrages orientiere und in der Anpassung der früheren vereinbarten Vertragslaufzeit lediglich eine Anpassung an später eingetretene Umstände liege.[1134] Hierzu zählt auch die Verlängerung eines Arbeitsverhältnisses um einen Monat zur Erledigung kleinerer Abschlussarbeiten in einem Forschungsprojekt[1135] oder wenn durch Ausscheiden eines Mitarbeiters Restmittel eines Drittmittelprojektes zur Verfügung stehen.[1136]

1134 BAG, Urt. v. 24.4.1996, AP Nr. 9 zu § 57 b HRG; BAG, Urt. v. 1.12.1999, AP Nr. 21 zu § 57 b HRG; BAG, Urt. v. 20.4.2005, NZA 2005, 933, 934.
1135 BAG 31.1.1990 AP Nr. 1 zu § 57 b HRG.
1136 BAG 21.1.1987 AP Nr.4 zu § 620 BGB Hochschule.

Kapitel 12 Abweichungsverbot, Recht zum Abschluss unbefristeter Verträge sowie Verlängerungen

§ 1 Abs. 1 S. 2 WissZeitVG enthält ein Abweichungsgebot. Gleichzeitig räumt § 1 Abs. 2 WissZeitVG den Hochschulen das Recht ein, die Mitarbeiter unbefristet oder nach Maßgabe des Teilzeit- und Befristungsgesetzes zu befristen.

A. Abweichungsverbot

Von den Vorgaben des WissZeitVG kann nicht durch Vereinbarung abgewichen werden, § 1 Abs. 1 S. 2 WissZeitVG. Damit geht § 1 Abs. 1 S. 2 WissZeitVG über vergleichbare Regelungen hinaus. Nach § 22 Abs. 1 TzBfG darf nur nicht zuungunsten des Arbeitnehmers von den Vorschriften des TzBfG abgewichen werden. Die Regelungen des WissZeitVG stellen somit zweiseitig bindendes Gesetzesrecht dar,[1137] d.h. es kann weder zugunsten noch zuungunsten des Arbeitnehmers von diesen Regelungen abgewichen werden.[1138] Damit stellt § 1 Abs. 1 S. 2 WissZeitVG ein gesetzliches Verbot dar.[1139] Wird gegen ein solches verstoßen, hat dies gemäß § 134 BGB die Nichtigkeit der Regelung zur Folge.[1140] Zumeist wird jedoch nicht der gesamte Arbeitsvertrag nichtig sein, da gemäß § 139 BGB der gesamte Vertrag nur dann nichtig ist, wenn anzunehmen ist, dass der gesamte Vertrag nicht ohne den nichtigen Teil abgeschlossen worden wäre. Die Vorgaben des WissZeitVG zur Befristung von Arbeitsverträgen regeln einzelne Aspekte der Vertragsgestaltung und beeinflussen gerade nicht die Motivation der Vertragsschließenden,[1141] weshalb lediglich von einer Teilnichtigkeit i. S. d. § 139 BGB auszugehen ist.[1142]

Aus dem Abweichungsverbot sowie der Anwendbarkeit anderer arbeitsrechtlicher Vorschriften gemäß § 1 Abs. 1 S. 5 WissZeitVG folgt, dass bei Überschreitung der Höchstbefristungsdauer nach § 2 Abs. 1 WissZeitVG die Befristung unwirksam ist und somit gemäß § 16 S. 1 TzBfG der Vertrag als auf unbe-

1137 *Preis/Hausch*, NJW 2002, 927, 928; *Preis*, WissZeitVG, § 1 Rn. 39; *Dörner*, Der befristete Arbeitsvertrag, Rn. 640; *Hesse*-MüKoBGB, § 23 Rn. 112; Annuß/Thüsing - *Lambrich*, § 23 Rn. 121; KR-*Lipke*, § 57 a HRG, Rn. 48; *Müller-Glöge* – EK, § 1 WZVG Rn. 18; *Schlachter*, in: Laux/Schlachter, TzBfG, Anhang 2 § 1 WissZeitVG Rn. 9; APS-*Schmidt*, § 1 WissZeitVG Rn. 25; *Waldeyer*, in Hailbronner/Geis, HRG, § 57 a Rn. 43.

1138 *Waldeyer*, in Hailbronner/Geis, HRG, § 57 a Rn. 44; Annuß/Thüsing - *Lambrich*, § 23 Rn. 121; *Lipke*, Befristete Arbeitsverhältnisse, § 57 a Rn. 43; *Müller-Glöge* – EK, § 1 WZVG Rn. 18; *Preis*, WissZeitVG, § 1 Rn. 40; *Schlachter*, in: Laux/Schlachter, TzBfG, Anhang 2 § 1 WissZeitVG Rn. 9.

1139 *Preis*, WissZeitVG, § 1 Rn. 40.

1140 *Henrici*, in: Knopp/Gutheil, Neues HRG, S. 45; *Preis*, WissZeitVG, § 1 Rn. 40; *Waldeyer*, in Hailbronner/Geis, HRG, § 57 a Rn. 44.

1141 *Reich*, HRG/WissZeitVG, § 1 WissZeitVG Rn. 3.

1142 *Waldeyer*, in Hailbronner/Geis, HRG, § 57 a Rn. 44.

fristete Zeit geschlossen gilt. Dies ist zwar mit dem Ziel des Gesetzgebers, die Innovationsfähigkeit der Hochschulen und Forschungseinrichtungen durch ständige Fluktuation der Mitarbeiter zu erhalten, nicht in Einklang zu bringen, folgt aber aus der Anwendung der allgemeinen arbeitsrechtlichen Grundsätze. Ferner dürfen befristet beschäftigte Mitarbeiter nicht schutzlos gestellt werden. Insofern ist keine andere Rechtsfolge ersichtlich, die zum einen den Gesetzeszweck und zum anderen den Schutz der Mitarbeiter vor dem Abschluss unzulässiger Arbeitsverträge bedenkt.[1143]

Das Abweichungsverbot schließt nicht die Anwendung von Tarifverträgen aus, die für alle Beschäftigten des öffentlichen Dienstes vereinbart wurden, sondern nur Tarifverträge, die von den Vorgaben des WissZeitVG abweichen.[1144]

B. Recht zum Abschluss unbefristeter Verträge und Befristung nach TzBfG

Da die Regelungen für die Befristung zweiseitig zwingend sind, weist § 1 Abs. 2 WissZeitVG ausdrücklich darauf hin, dass den Hochschulen das Recht verbleibt, das in § 1 Abs. 1 WissZeitVG bezeichnete Personal unbefristet oder aufgrund des Teilzeit- und Befristungsgesetzes befristet einzustellen. Das HRG enthielt nach dem 5. HRGÄndG sowie dem Gesetz vom 27.12.2004 in § 57 a Abs. 2 HRG lediglich den Hinweis, dass das Recht der Hochschulen unberührt bleibt, das in Abs. 1 benannte Personal unbefristet einzustellen. In § 57 b Abs. 2 S. 3 HRG war jedoch enthalten, dass nach Ausschöpfung der nach dem HRG zulässigen Befristungsdauer die weitere Befristung eines Arbeitsverhältnisses nur nach Maßgabe des Teilzeit- und Befristungsgesetzes gerechtfertigt sein kann. Dieser Satz wurde nicht in das WissZeitVG übernommen, da das WissZeitVG durch die Einführung der Befristungsmöglichkeit aufgrund eines Drittmittelprojektes selbst weitere Befristungsmöglichkeiten neben denen des TzBfG enthält. Zudem wurde der Hinweis des Gesetzgebers auf eine mögliche weitere Befristung nach Ablauf der Höchstbefristungszeiten kritisiert,[1145] da er weder mit dem Anliegen der zügigen Qualifizierung noch der möglichst zu vermeidenden Blockade von Stellen in Einklang zu bringen war. Übernommen wurde jedoch der Hinweis an die Hochschulen und Forschungseinrichtungen, dass es ihnen von vornherein freisteht, den befristeten Arbeitsvertrag auf das TzBfG zu stützen.

1143 Annuß/Thüsing - *Lambrich*, § 23 Rn. 123.
1144 *Reich*, HRG/WissZeitVG, § 1 WissZeitVG Rn. 3; *Müller-Glöge* – EK, § 57 a Rn. 29.
1145 Vgl. *Dörner*, Der befristete Arbeitsvertrag, Rn. 742.

Nach *Reich*[1146] ist nach Ausschöpfung der nach dem WissZeitVG zulässigen Befristungsdauer eine weitere Befristung nur nach Maßgabe des TzBfG gerechtfertigt, weshalb tatbestandlich der Übergang zum TzBfG die Ausschöpfung der nach dem WissZeitVG zulässigen Zeiten voraussetze. Hiermit stellt Reich jedoch auf eine Regelung ab, wie sie in § 57 b Abs. 2 S. 3 HRG i. d. F. 5. HRGÄndG enthalten war („Nach Ausschöpfung der nach diesem Gesetz zulässigen Befristungsdauer kann die weitere Befristung eines Arbeitsverhältnisses nur nach Maßgabe des Teilzeit- und Befristungsgesetzes gerechtfertigt sein"). Dieser Satz ist in das WissZeitVG jedoch nicht übernommen worden, sondern vielmehr ist das Recht zum Abschluss von befristeten Verträgen nach TzBfG mit dem Recht zum Abschluss unbefristeter Verträge in § 1 Abs. 2 WissZeitVG zusammengeführt worden. Die Auffassung von *Reich*, zur Befristung nach TzBfG müsse zunächst eine Ausschöpfung der Höchstzeiten von § 2 Abs. 1 WissZeitVG vorliegen, ist demnach nicht haltbar, da das WissZeitVG die Anwendbarkeit des TzBfG gerade nicht von Einschränkungen abhängig macht, vielmehr den Hochschulen gerade freistellt, ob sie nach WissZeitVG oder TzBfG befristen wollen. Auch kann die Anschlussbefristung nicht auf das TzBfG beschränkt sein, da durch die Aufnahme des Sachgrundes der Drittmittelbefristung das WissZeitVG selbst eine Möglichkeit enthält, wie auch nach Ausschöpfen der Höchstzeiten eine befristete Beschäftigung erfolgen kann, da § 2 Abs. 2 WissZeitVG nicht erfordert, dass die Höchstzeiten ausgeschöpft wurden. Demnach kann eine Befristung nach TzBfG auch bereits dann erfolgen, wenn die Höchstzeiten des WissZeitVG noch nicht erschöpft sind. Betrachtet man jedoch die Voraussetzungen des TzBfG in den Fällen des § 14 Abs. 1 TzBfG und somit das prozessuale Risiko, ist davon auszugehen, dass die Hochschulen zunächst von der sachgrundlosen Befristung des WissZeitVG Gebrauch machen werden.

Nicht überarbeitet wurde bei der Überführung des HRG in das WissZeitVG der Verweis in § 1 Abs. 2 WissZeitVG auf das „in Abs. 1 bezeichnete Personal". Ursprünglich enthielt der Gesetzesentwurf in § 1 Abs. 1 WissZeitVG wie zuvor das HRG in § 57 a Abs. 1 S. 1 eine Aufzählung der wissenschaftlichen und künstlerischen Mitarbeiter sowie der wissenschaftlichen und künstlerischen Hilfskräfte, für die das Gesetz gelten sollte. Wie oben bereits dargestellt, ist diese Definition des personellen Anwendungsbereichs im Gesetzgebungsverfahren verändert und zum wissenschaftlichen Personal unterhalb der Hochschullehrer zusammengefasst worden, weshalb der Hinweis aus Abs. 2 auf das in § 1 Abs. 1 WissZeitVG benannte Personal etwas leer läuft. Hier hätte der Gesetzge-

1146 *Reich*, HRG/WissZeitVG, § 1 WissZeitVG Rn. 7. *Reich* behauptet einen Absatz weiter ohne Begründung, dass die Anwendung des TzBfG nicht durch das WissZeitVG ausgeschlossen wird und auch während einer möglichen Befristung nach WissZeitVG erfolgen könne.

ber konsequent sein können und in Abs. 2 auch von „dem wissenschaftlichen Personal unterhalb der Hochschullehrer“ sprechen können.

Die Bezugnahme auf das TzBfG erfolgt ohne Angabe von Datum und Fundstelle, weshalb auch eventuelle Änderungen des TzBfG umfasst sind und es sich somit um eine dynamische Verweisung handelt.[1147] Gegen die Möglichkeit, auch im Anschluss an die ersten sechs Jahre i. S. d. § 2 Abs. 1 S. 1 WissZeitVG einen weiteren befristeten Arbeitsvertrag nach TzBfG abschließen zu können, kann vorgetragen werden, dass es der Systematik des Gesetzes eher entsprechen würde, bei einer sich verzögernden Promotion die Anwendung des TzBfG und damit die Möglichkeit, mit dem selben Arbeitgeber oder einer andern Hochschule auszuschließen, da das TzBfG nur anwendbar ist, sofern es den Vorschriften des WissZeitVG nicht widerspricht.[1148] Hiergegen spricht, dass die weitere befristete Beschäftigung den engen Vorgaben des TzBfG unterliegt und der Gesetzgeber den Hochschulen die Möglichkeit nicht verwehren wollte, gute Mitarbeiter weiter zu beschäftigen.[1149]

Nach Ansicht von *Reich* sei Abs. 2 eine Ausnahme zu der in § 1 Abs. 1 festgehaltenen Ausschließlichkeit, weshalb der Regelung nicht entnommen werden könne, dass ein befristetes Beschäftigungsverhältnis ohne Sachgrund nach § 14 Abs. 2 TzBfG vorgeschaltet sein dürfe.[1150] § 1 Abs. 2 WissZeitVG regelt jedoch bereits vom Wortlaut her, dass es den Hochschulen freisteht, das Personal auch gemäß TzBfG befristet zu beschäftigen. Somit steht den Hochschulen und Forschungseinrichtung auch eine Befristung gemäß § 14 Abs. 2 TzBfG frei, da das WissZeitVG hierzu keinerlei Beschränkung enthält. Eine derartige Beschränkung ist des weiteren nicht erforderlich, da gemäß § 2 Abs. 3 1 WissZeitVG sämtliche befristete Arbeitsverhältnisse auf die Höchstzeiten des § 2 Abs.1 WissZeitVG angerechnet werden, wobei auch solche zu berücksichtigen sind, die aufgrund anderer Rechtsvorschriften abgeschlossen wurden, § 2 Abs. 3 S. 2 WissZeitVG.

Die Möglichkeit, mit dem wissenschaftlichen Personal auch unbefristete Arbeitsverträge zu schließen, wurde aufgenommen, da in der Literatur vertreten wurde, dass die Arbeitsvertragsparteien keine unbefristeten Arbeitsverträge schließen können, sofern einer der Sonderbefristungstatbestände gegeben sei.[1151] *Reich*[1152] entnimmt jedoch dem Zusammenspiel von § 1 Abs. 1 und Abs. 2 WissZeitVG, dass ein Regel-Ausnahmeverhältnis besteht, wonach die

---

1147 *Waldeyer*, in: Hailbronner/Geis, HRG, § 57 b Rn. 38.i

1148 *Müller-Glöge* – EK, § 1 WZVG Rn. 7; i.E. ebenso *Preis*, WissZeitVG, § 1 Rn. 77.

1149 *Müller-Glöge* – EK, § 1 WZVG Rn. 7. Zur Verlängerung bei nicht abgeschlossenem Promotionsvorhaben vgl. Kapitel 5 § 1.

1150 *Reich*, HRG/WissZeitVG, § 1 WissZeitVG Rn. 7.

1151 So vertreten durch *Müller-Glöge* -EK, 2. Auflage, § 57 a Rn. 5. Vgl. zur Einführung der Klarstellung: BT-Drucks. 14/6853 S. 32.

1152 *Reich*, HRG/WissZeitVG, § 1 WissZeitVG Rn. 7. Kritisch zu dieser Regelung wegen des Widerspruchs zur Nachwuchsförderung KSchR-*Däubler*, § 1 WissZeitVG Rn. 28.

befristete Anstellung der Regelfall und die unbefristete Beschäftigung die Ausnahme sei. Die Hochschule sei deshalb begründungspflichtig, wenn sie unbefristet anstellen wolle. Ebenso könne der Regelung nicht entnommen werden, dass die Hochschule einen Anspruch gegenüber dem Haushaltsgesetzgeber habe, Stellen derart auszuweisen, dass unbefristete Anstellungen möglich seien.[1153] Die Auffassung von *Reich* kann schon aus europarechtlichen Gründen nicht geteilt werden, wonach das unbefristete Arbeitsverhältnis der Regelfall sein muss. Auch stehen die Normen des WissZeitVG gleichberechtigt nebeneinander. Der Gesetzgeber hat deshalb gesondert formuliert, dass das Recht der Hochschulen zum Abschluss unbefristeter Verträge „unberührt“ bleibt. Dieses Recht kann jedoch nur dann tatsächlich unberührt sein, wenn die Hochschulen in ihrer Entscheidung frei sind.

§ 1 Abs. 2 WissZeitVG hat jedoch nur deklaratorischen Charakter,[1154] da er lediglich Ausdruck der Personalhoheit der Hochschulen ist und damit den Hochschulen kein neues Recht gewährt. Die Selbstverwaltung der Hochschulen umfasst das Recht, junge Wissenschaftler heranzubilden und die grundsätzliche Entscheidung über die Frage, ob wissenschaftliches Personal befristet oder unbefristet angestellt werden soll.[1155] Der Gesetzgeber[1156] wollte klarstellen, dass aus der zweiseitig zwingenden Natur der Normen des WissZeitVG gerade nicht folgt, dass die Arbeitsvertragsparteien keinen unbefristeten Arbeitsvertrag abschließen dürfen, sofern eine Befristungsmöglichkeit nach dem WissZeitVG bestehen würde.

Waldeyer[1157] kritisiert diese Regelungen, da die Hochschulen ohnehin nicht über die angeführte Personalhoheit verfügen würden. Die Hochschulgesetze der Länder würden vielfach vorsehen, dass das Personal der Hochschule im Landesdienst stehen würde, weshalb die Personalverwaltung dem Bereich der staatlichen Angelegenheiten zugeordnet würde. Zur Personalverwaltung gehöre auch die Einstellung des Hochschulpersonals, weshalb es unzutreffend sei, die Regelung mit der Personalhoheit der Hochschulen zu begründen. Über die Zulassung unbefristeter Verträge entscheide demnach nur das jeweilige Land.

Die Regelung ist dennoch nicht überflüssig. Zum einen erreicht sie die Klarstellung, die durch den Gesetzgeber angestrebt wurde, d.h. die Unklarheit, ob unbefristete Arbeitsverträge abgeschlossen werden können, sofern die Höchstbefristungszeiten noch nicht ausgeschöpft wurden, ist ausgeräumt. Zutreffend formuliert daher *Schlachter*, dass die Regelung „dem Grundanliegen der Personal-

---

1153 *Reich*, HRG/WissZeitVG, § 1 WissZeitVG Rn. 7.

1154 *Reich*, a.a.O.

1155 *Starck*, Bonner Grundgesetz, Art. 5 Abs. 3 Rn. 334; *Lübbert*, WissR 1985, 141, 160 f; *ders.*, Befristete Arbeitsverhältnisse, S. 68.

1156 Gesetzesbegründung zu § 57 a Abs. 2 HRG, BT-Drucks. 15/4132 S. 19.

1157 *Waldeyer*, in: Hailbronner/Geis, HRG, § 57 a Rn. 85, mit landesgesetzlichen Nachweisen.

hoheit der Hochschulen bzw. des jeweiligen Bundeslandes Rechnung“ trägt.[1158] Zum anderen stellt die Regelung auch eine Klarstellung gegenüber den Ländern dar: Das WissZeitVG regelt gerade nicht abschließend das Recht der Hochschulen darüber zu entscheiden, befristete oder unbefristete Verträge abzuschließen. Insofern verbleibt den Ländern hier ein Spielraum. Fraglich ist hingegen, wie weit reichend dieser Spielraum ist, d.h. ob den Ländern das Recht vorbehalten ist, ihren Hochschulen zwingend vorzuschreiben, ihr wissenschaftliches Personal nur befristet zu beschäftigen. Von der Option, die Hochschulen auf den Abschluss befristeter Arbeitsverträge zu beschränken, ist bereits im Gesetzesentwurf für das HdaVÄndG ausgegangen worden. Hiernach ist es den Landesgesetzgebern möglich, die arbeitsrechtlichen Kompetenzen der Hochschulen zu begrenzen, indem z.B. für die wissenschaftlichen Hilfskräfte nur der Abschluss befristeter Arbeitsverträge vorgesehen wird.[1159]

Dass die Länder die Möglichkeit haben, die Befugnis der Hochschulen zum Abschluss unbefristeter Arbeitsverträge einzuschränken,[1160] stößt hinsichtlich der Personalhoheit der Hochschulen, die aus Art. 5 Abs. 3 GG folgt, auf verfassungsrechtliche Bedenken.[1161] Darüber hinaus würde eine derartige Regelung der EG-Befristungsrichtlinie[1162] widersprechen, indem sie die Befristungsmöglichkeit von Arbeitsverträgen unzulässig perpetuieren würde[1163] und somit vom unbefristeten Arbeitsverhältnis als Regelfall abweichen würde. Dagegen weist *Dörner*[1164] daraufhin, dass die Möglichkeit zum Abschluss unbefristeter Arbeitsverträge mit der verfassungsrechtlichen Legitimation der sachgrundlosen Befristung im Hochschulbereich nur schwer in Einklang zu bringen sei, da diese sich gerade auf die Gelegenheit zur wissenschaftlichen Weiterbildung und Förderung des wissenschaftlichen Nachwuchses stützte und man hier davon ausgeht, dass dies mit einer unbefristeten Beschäftigungsmöglichkeit in der Qualifikationsphase unvereinbar sei. Er verweist jedoch selbst darauf, dass der „doppelten Lösung“ (die Hochschulen entscheiden, inwieweit sie durch befristete Verträge die Durchlässigkeit gewährleisten und welchen geschätzten Mitarbeiter sie dauerhaft an sich binden möchten) zuzustimmen ist. Dem ist im Ergebnis zu folgen. Die Hochschulen müssen die Möglichkeit behalten, insbesondere nach Abschluss, aber auch während der Qualifikationsphase, besonders wertvolle Mitarbeiter weiterbeschäftigen zu können. Dies wird in der Regel jedoch nur möglich sein, wenn diese nicht nur auf mögliche Drittmittelprojekte verwiesen

---

1158 *Schlachter*, in: Laux/Schlachter, TzBfG, Anhang 2 § 1 WissZeitVG Rn. 15.
1159 BT – Drucks. 15/4132 S. 19.
1160 KR-*Lipke*, § 57 a HRG, Rn. 66; *Löwisch*, NZA 2004, 1065, 1070; *Preis*, WissZeitVG, § 1 Rn. 71; *Scheel/Schenk*, ZTR 2004, 614, 616; APS-*Schmidt*, § 1 WissZeitVG Rn. 32.
1161 *Dieterich/Preis*, NZA 2004, 1241, 1245.
1162 Richtlinie des Rates über befristete Arbeitsverträge vom 28.6.1999, ABl. EG Nr. L 775 v. 10.7.1999, S. 43.
1163 *Dieterich/Preis*, NZA 2004, 1241, 1245.
1164 *Dörner*, Der befristete Arbeitsvertrag, Rn. 660.

werden, sondern diesen Mitarbeitern ein unbefristeter Arbeitsvertrag angeboten wird. Bestimmte Funktionen in Forschung und Lehre sind zudem nicht ohne unbefristete Arbeitsverhältnisse möglich.[1165] Auch kann davon ausgegangen werden, dass die Hochschulen und Forschungseinrichtungen den Gesetzeszweck der Sicherung der eigenen Innovationsfähigkeit beachten werden.[1166]

Gegen die europarechtlichen Bedenken kann angeführt werden, dass die Länder die Möglichkeit der Hochschulen zum Abschluss befristeter Verträge nur innerhalb der durch das WissZeitVG vorgegebenen Zeiträume beschränken können. Eine Erweiterung der Zeiträume ist ebenso wenig möglich wie der Ausschluss sämtlicher unbefristeter Verträge. Der Bund hat von seiner Kompetenz gemäß Art. 72 GG vollumfänglich Gebrauch gemacht, weshalb das Landesrecht keine abweichenden Fristen vorsehen kann.[1167] Legen Landesgesetze kürzere Befristungszeiten für einzelne Beschäftigtengruppen fest, können diese nicht die bundesrechtlichen Regelungen verdrängen. Folge ist, dass das Arbeitsverhältnis bei Überschreitung der landesrechtlichen Höchstfristen nicht unwirksam befristet ist,[1168] weshalb sie sich als Regelung des Hochschulrechts ohne unmittelbare arbeitsrechtliche Geltung darstellen.[1169] Jedoch stellen diese Landesgesetze eine von der Landeskompetenz für das Hochschulrecht umfasste Organisationsvorschrift dar, an die sich die Hochschulen im Verhältnis zum Land zu halten haben.[1170] Dasselbe muss für den Ausschluss unbefristeter Arbeitsverträge gelten, da das WissZeitVG gerade auch die Möglichkeit zum Abschluss unbefristeter Verträge eröffnet. Insofern kann nicht davon ausgegangen werden, dass durch diese Regelung der befristete Vertrag zum Regelfall wird.

Die Möglichkeit, unbefristet einzustellen, verletzt auch nicht den arbeitsrechtlichen Gleichbehandlungsgrundsatz, da dieser bei Einstellungen keine Anwendung findet und somit auch nicht bei der Entscheidung, ob ein Arbeitnehmer befristet oder unbefristet eingestellt wird.[1171]

C. Verlängerungen gemäß § 2 Abs. 1 S. 4 WissZeitVG

§ 2 Abs. 1 S. 4 WissZeitVG weist ausdrücklich daraufhin, dass innerhalb der zulässigen Befristungsdauer befristete Arbeitsverträge verlängert werden können. Damit handelt es sich bei den Zeiten in § 2 Abs. 1 S. 1, 2 WissZeitVG um Höchstbefristungsdauern, die durch mehrere – auch aneinander anschließende –

1165 *Reich*, HRG/WissZeitVG, § 1 WissZeitVG Rn. 7.
1166 Vgl. ebenso *Müller-Glöge* – EK, § 1 WZVG Rn. 19; *Preis*, WissZeitVG, § 1 Rn. 70.
1167 *Waldeyer*, in: Hailbronner/Geis, HRG, § 57 e Rn. 24; *Reich*, HRG/WissZeitVG, § 2 WissZeitVG Rn. 1.
1168 *Preis*, WissZeitVG, § 2 Rn. 11.
1169 *König*, Bestandsschutz, S. 135.
1170 *Löwisch*, NZA 2007, 479, 480.
1171 BAG, Urt. v. 19.8.1992, AP Nr. 2 zu § 57 b HRG; *Dieterich/Preis*, Befristete Arbeitsverhältnisse, S. 58.

Arbeitsverträge ausgeschöpft werden können. § 2 Abs. 1 S. 4 WissZeitVG bedurfte es, um klarzustellen, dass eine Beschränkung der Anzahl der aufeinander folgenden befristeten Arbeitsverträge, wie sie § 14 Abs. 2 S. 1 TzBfG kennt, nicht vorgenommen werden soll.

Uneinigkeit besteht darüber, ob der Verlängerungsbegriff in § 2 Abs. 1 S. 4 WissZeitVG mit dem Begriff der Verlängerung übereinstimmt, wie er in § 14 Abs. 2 TzBfG enthalten ist. Der Begriff der Verlängerung i. S. d. § 14 Abs. 2 TzBfG setzt nämlich voraus, dass die Verlängerungsvereinbarung während der Laufzeit eines befristeten Vertrages getroffen wurde.[1172] Bei einer Verlängerung darf sich diese nur auf die Laufzeit des Vertrages beziehen, d.h. die sonstigen Vertragsbestandteile müssen unverändert bleiben.[1173] Dies gilt sogar für den Fall, dass die neuen Bedingungen für den Arbeitgeber günstiger wären.[1174] Dies folgt daraus, dass das Verlängerungserfordernis verhindern soll, dass im zeitlichen Zusammenhang mit der Vertragsverlängerung der Arbeitgeber allein die Ausgestaltung des Vertragsinhaltes steuern und die Fortsetzung des Arbeitsverhältnisses an die Annahme anderer Vertragsinhalte knüpfen würde.

Die Anwendung dieses Verlängerungsbegriffs würde bedeuten, dass keine Unterbrechungszeiten an der Hochschule vorliegen dürfen, um die volle Höchstbefristungsdauer nach § 2 Abs. 1 WissZeitVG auszuschöpfen.

Für die Interpretation der Verlängerung i. S. d. TzBfG spricht § 1 Abs. 1 S. 5 WissZeitVG, der die arbeitsrechtlichen Vorschriften und Grundsätze über befristete Arbeitsverhältnisse für anwendbar erklärt, sofern sie dem WissZeitVG nicht widersprechen.[1175] Zudem könnte der Begriff der Verlängerung ebenso wie der in § 14 Abs. 2 S. 1 TzBfG zu verstehen sein, da das Gesetz gerade keinen erneuten Abschluss eines Vertrages nach WissZeitVG verbietet,[1176] womit die befürchtete Folge (Verbot des Neuabschlusses) ausbliebe. Durch das Erfordernis, eine Verlängerung noch während der Laufzeit des Ausgangsvertrages zu vereinbaren, soll ungewollten Kettenbefristungen vorgebeugt werden,[1177] weshalb klar zwischen dem Begriff der Verlängerung innerhalb der sachgrundlosen Befristung und dem Verbot eines Neuabschlusses unterschieden wird, das die Möglichkeit, Kettenarbeitsverträge abzuschließen, eingrenzen soll.[1178]

1172 KR-*Lipke*, § 14 TzBfG, Rn. 287.
1173 KR-*Lipke*, § 14 TzBfG Rn. 287.
1174 BAG, Urt. v. 18.1.2006, EzA § 14 TzBfG Nr. 26.
1175 *Dörner*, Der befristete Arbeitsvertrag, Rn. 669.
1176 *Müller-Glöge* – EK, § 2 WZVG Rn. 7; i. E. ebenso KSchR-*Däubler*, § 2 WissZeitVG Rn. 29; *Henrici*, in: Knopp/Gutheil, Neues HRG, S. 52; Annuß/Thüsing – *Lambrich*, § 23 Rn. 104; KR-*Lipke*, § 57 b Rn. 36; *Waldeyer*, in Hailbronner/Geis, HRG, § 57 a Rn. 53; § 57 b Rn. 20.
1177 *V. Koppenfels*, AuR 2002, 241, 243.
1178 *Dörner*, Der befristete Arbeitsvertrag, Rn. 669.

Es besteht im WissZeitVG jedoch im Gegensatz zum TzBfG gerade keine Notwendigkeit, Neuabschluss und Verlängerungsvertrag trennscharf voneinander abzugrenzen, da das WissZeitVG den Neuabschluss eines Vertrages gerade nicht untersagt,[1179] wie auch die Vertreter der Ansicht, die „Verlängerung" wie im TzBfG zu verstehen, anerkennen. Zudem musste der Gefahr der Kettenbefristungen bei dem WissZeitVG nicht entgegengewirkt werden; vielmehr wird hier Arbeitnehmerschutz durch die Festlegung von Höchstfristen gewährt. Wie viele Verträge bis zur Ausschöpfung dieser Zeit abgeschlossen werden, musste der Gesetzgeber daher nicht regeln, da offenkundig auch der europäische Richtliniengeber davon ausging, dass Höchstzeiten im Vergleich zur Festlegung von Sachgründen oder der Bestimmung der Anzahl möglicher befristeter Verträge, welche die anderen Varianten des Befristungsrechts im Rahmen der Richtlinie gewesen wären, einen adäquaten Schutz vermitteln würden. Daher wollte der Gesetzgeber mit dieser Regelung lediglich klarstellen, „dass befristete Arbeitsverträge auch mit kürzeren Fristen abgeschlossen und dann bis zum Erreichen der jeweils vorgesehenen Höchstfristen verlängert werden können."[1180] Somit kann davon ausgegangen werden, dass diese Regelung bewusst in Abgrenzung zu § 14 Abs. 2 S. 1 TzBfG geschaffen wurde, anderenfalls hätte es keiner „Klarstellung" bedurft.

Somit kann lediglich die Anknüpfung an einen bereits bestehenden Vertrag als Verlängerung angesehen werden, auch wenn die Verlängerung nicht während des laufenden Vertrages vereinbart wurde.[1181] Innerhalb der Höchstbefristungszeiten können mehrere Arbeitsverträge geschlossen werden und sogar ein Arbeitgeberwechsel stattfinden.[1182] Dass der Abschluss mehrerer Arbeitsverträge möglich sein muss, folgt neben der Gesetzsystematik auch aus § 2 Abs. 3 S. 1 WissZeitVG, wonach „alle" befristeten Arbeitsverhältnisse angerechnet werden.[1183] Auch ist in § 2 Abs. 1 S. 4 WissZeitVG von „Verlängerungen" die Rede. Aus dem Plural folgt, dass mehrere möglich sind.[1184] Zudem ermöglicht nur die Möglichkeit eines Neuabschlusses, dass Mitarbeiter Hochschulen wechseln können. Demnach ist der Begriff der „Verlängerung" des WissZeitVG anders zu verstehen als der im TzBfG, da im Hochschulbereich eine Verlängerung auch vorliegt, wenn es sich nicht um eine nahtlose Weiterbeschäftigung zu den bisherigen Vertragsbedingungen handelt.[1185]

1179 Arbeitsrechtshandbuch-*Koch*, § 39 Rn. 38; *Sievers*, TzBfG, § 23 Rn. 135.

1180 BT-Drucks. 14/6853, S. 33.

1181 *Dörner*, Der befristete Arbeitsvertrag, Rn. 669; Arbeitsrechtshandbuch-*Koch*, § 39 Rn. 38.

1182 *Waldeyer*, in: Hailbronner/Geis, § 57 b Rn. 20.

1183 *Waldeyer*, in: Hailbronner/Geis, § 57 b Rn. 20.

1184 *Waldeyer*, in: Hailbronner/Geis, HRG, § 57 b Rn. 20.

1185 *Reich*, HRG/WissZeitVG, § 2 WissZeitVG Rn. 6; ebenso APS-*Schmidt*, § 2 WissZeitVG Rn. 25.

Lipke[1186] lehnt die Möglichkeit eines Neuabschlusses gänzlich ab. Soweit die Verlängerung nach Unterbrechungen zulässig sein soll, fehle hierfür ein Hinweis aus Wortlaut und Systematik. Lediglich das Fehlen einer Begrenzung der Verlängerungen sowie des Verbotes des sachgrundlosen Neuabschlusses ließe nicht den Schluss zu, dass der Begriff der Verlängerung einen anderen Inhalt als § 14 Abs. 2 TzBfG hätte. Vielmehr müssten die Gewissheit für den wissenschaftlichen Mitarbeiter und der arbeitsrechtliche Bestandsschutz berücksichtigt werden. Schweige hierzu das WissZeitVG, müssten ergänzend die Vorschriften des TzBfG herangezogen werden. Eine mehrfache Befristung mit Unterbrechungen und unterschiedlichen Arbeitgebern würde den Zielen des Gesetzgebers, eine zügige Promotion zu fördern und Kettenbefristungen zu unterbinden, zuwider laufen. Auch würde eine Zweiklassengesellschaft von denjenigen Mitarbeitern entstehen, die mit Aussicht auf eine wissenschaftliche Karriere beschäftigt würden, und denjenigen, die ohne Perspektive sechs Jahre an der Hochschule verweilten. Würde sich nach drei Jahren herausstellen, dass der Mitarbeiter den Anforderungen der Wissenschaft nicht genüge, so könne eine erneute Befristung nach Unterbrechung nur nach den Vorgaben des TzBfG erfolgen.

Durch das WissZeitVG und das 5. HRGÄndG sollte verhindert werden, dass durch den gezielten Wechsel der Hochschulen endlose Verweilkarrieren im Rahmen von befristeten Arbeitsverhältnissen an Hochschulen gelebt werden können, da hier gemäß § 57 c Abs. 2 S. 1 und 2 HRG a.F. nur eine Anrechnung erfolgte, sofern das Arbeitsverhältnis mit derselben Hochschule bestand. Dieser endlosen Befristungsmöglichkeit soll nunmehr vorgebeugt werden. Aus den Gesetzgebungsmaterialien lässt sich nicht entnehmen, dass der Wechsel der Hochschule oder Forschungseinrichtung unterbunden werden sollte, was jedoch bei dem Verbot eines Neuabschlusses der Fall wäre. Vielmehr sollte klargestellt werden, dass auch Arbeitsverhältnisse angerechnet werden, die mit einer anderen Hochschule oder Forschungseinrichtung bestanden (§ 2 Abs. 3 WissZeitVG). Der Hinweis des § 2 Abs. 3 S. 2 WissZeitVG, dass auch Arbeitsverhältnisse angerechnet würden, die nach anderen Rechtsvorschriften abgeschlossen wurden, wäre unnötig, wenn ein Neuabschluss innerhalb der Höchstzeiten nach WissZeitVG nicht möglich wäre, denn dann wäre die Anrechnungsvorschrift des § 2 Abs. 3 S. 1 WissZeitVG überflüssig, wonach alle Arbeitsverhältnisse angerechnet würden. Diese Norm bezieht sich (ohne den Nachsatz des § 2 Abs. 3 S. 2 WissZeitVG) nur auf Arbeitsverhältnisse nach dem WissZeitVG. Dieser Norm bedürfte es auch nicht, wenn ein Neuabschluss nicht möglich wäre, da bereits § 2 Abs. 1 S. 4 WissZeitVG die Regelung enthält, dass die Verlängerungen innerhalb der Höchstfristen möglich sind und daher die Summe der Verlängerungen die Höchstfristen nicht überschreiten darf.

1186 KR-*Lipke*, § 57 b Rn. 36a.

Ebenso wenig erscheint es gerade im Hinblick auf die Förderung der Innovation dienlich, den Wechsel zwischen Hochschulen, aber auch Hochschulen und Forschungseinrichtungen zu unterbinden. Ein neues Team, eine neue Hochschule bringen auch neue Erkenntnisse mit sich. Das WissZeitVG unterbindet deshalb den Neuabschluss innerhalb der Höchstbefristungszeiten nicht, sondern lässt ihn vielmehr zu. Wird erst nach Ablauf des alten Vertrages die Fortsetzung des Arbeitsverhältnisses vereinbart, handelt es sich um einen Neuabschluss.[1187] Da das Gesetz gerade keinen Neuabschluss verbietet, muss innerhalb der Höchstbefristungsdauer ein solcher möglich sein.[1188] Dass ein Neuabschluss in den verschiedenen Beschäftigungsphasen notwendig wird, ist nicht lediglich theoretisch denkbar. So kann zunächst ein Beschäftigungsverhältnis bestanden haben, an das sich ein Forschungsstipendium anschließt und für dessen Dauer das Arbeitsverhältnis beendet wird. Ist das Forschungs- bzw. Qualifikationsvorhaben bei Auslaufen der Förderung noch nicht abgeschlossen, kann es notwendig sein, erneut ein Arbeitsverhältnis mit der Hochschule einzugehen. Ebenso ist es möglich, dass ein Mitarbeiter weitere Erfahrungen in der Praxis sammeln will, um anschließend wieder in den Wissenschaftsbetrieb zurückzukehren.

Stellt sich nach einer gewissen Zeit heraus, dass es dem Mitarbeiter an wissenschaftlicher Begabung fehlt, stellt sich ohnehin die Frage, ob eine Hochschule den Mitarbeiter weiter beschäftigen möchte. Für eine ergänzende Auslegung des § 2 Abs. 1 S. 4 WissZeitVG durch Heranziehung von Bestimmungen aus dem TzBfG ist hier kein Raum. Der Gesetzgeber hat bewusst keine entsprechende Regelung wie in § 14 Abs. 2 S. TzBfG aufgenommen. Insoweit kann nicht von einer Regelungslücke ausgegangen werden oder der Ergänzungsbedürftigkeit, die über die Anwendung allgemeiner arbeitsrechtlicher Vorschriften und Grundsätze nach § 1 Abs. 1 S. 5 WissZeitVG möglich wäre. Es kann nicht im Interesse der Wissenschaft sein, Arbeitnehmer, die zwischenzeitlich Erfahrungen in der Wirtschaft sammeln wollen, auf die Nichtanrechnungsmöglichkeiten des § 2 Abs. 5 WissZeitVG zu verweisen, da diese eine Beurlaubung voraussetzen. Wissenschaft lebt auch von unterschiedlichen Erfahrungen, wozu verschiedene Erwerbsbiographien gehören. Der kürzere Aufenthalt in der Wirtschaft, bei dem festgestellt wird, dass die wirkliche Berufung in der Wissenschaft liegt, dient ebenso der Sicherung der Innovationsfähigkeit in Forschung und Lehre wie eine stringent geplante und durchgeführte Qualifikation.

Dörner[1189] will den erstmaligen bzw. wiederholten Neuabschluss jedoch dann nicht mehr zulassen, wenn der neue Vertrag allein oder in einer Gesamtschau nicht mehr geeignet sei, die angestrebte Qualifikation zu erreichen. Dies soll auch gelten, sofern der wissenschaftliche Mitarbeiter nicht an einer Promotion

---

1187 *V. Koppenfels*, AuR 2002, 241, 243.
1188 Vgl. *Dörner*, Der befristete Arbeitsvertrag, Rn. 670.
1189 *Dörner*, Der befristete Arbeitsvertrag, Rn. 672 f.

arbeitet, da dies nicht Voraussetzung zur Anwendung des § 2 Abs. 1 S. 1 WissZeitVG ist. In diesem Fall soll eine Anwendung des WissZeitVG nicht mehr möglich sein, sofern eine fundierte wissenschaftliche Leistung in dem Zeitrahmen des Vertrages nicht mehr erbracht werden kann. Die wiederholte Befristung im vorgegeben Zeitrahmen von sechs Jahren ohne das Ziel der Promotion vertrage sich nämlich nicht mit dem Zweck des Gesetzes, sondern führe zu einer unerwünschten Blockade im Mittelbau der Hochschule. Dementsprechend seien kurzzeitige Stückelungen innerhalb der Höchstbefristungszeiten zu untersagen.[1190] *Lohfeld*[1191] folgert aus dem Grundrecht der Wissenschaftsfreiheit, dass einem Wissenschaftler ein ausreichend langer Vertragszeitraum zur Verfügung zu stellen sei. Erweise sich dieser als zu kurz, wäre es angemessen, diesen Vertrag zu verlängern. Es gehöre zum Minimum organisatorischer Absicherung der Wissenschaftsfreiheit, ein durch die zuständigen Instanzen der Universität oder Forschungseinrichtung gebilligtes Vorhaben nicht vorzeitig abbrechen zu müssen, woraus ein Anspruch auf Beschäftigung für die Dauer des genehmigten Projektes resultiert. Ähnlich möchte *Däubler* der Zerstückelung der Befristungszeiten in zahlreiche Arbeitsverhältnisse Grenzen setzen.[1192] Jeder einzelne Vertrag müsse solang dauern, dass das in Aussicht genommene Vorhaben in diesem Zeitraum wesentlich gefördert würde und konkrete Zwischenergebnisse zu erwarten seien, weshalb kürzere Befristungen als ein Jahr ausscheiden dürften. Nur so werde dem verfassungsrechtlich gebotenen Mindestschutz bei Befristungen sowie der Wissenschaftsfreiheit Rechnung getragen.

Der Gesetzgeber hat die Fristen jedoch so berechnet, dass eine Qualifizierung in dem Zeitraum möglich ist. Es ist auch Aufgabe der Hochschule und vor allem des Hochschullehrers einzuschätzen, ob in dem zeitlichen Rahmen, den der Arbeitsvertrag gewährt, eine Forschungsarbeit zum erfolgreichen Abschluss gebracht werden kann. Es kann auch nicht im Interesse des Arbeitnehmers sein, viele Jahre an einer Promotion zu arbeiten, die nicht fertig gestellt werden kann. *Dörner* übersieht zudem, dass das Befristungsrecht nicht zur Voraussetzung hat, dass eine wissenschaftliche Qualifikation tatsächlich angestrebt wird. Wenn dies nicht Voraussetzung ist, kann auch die realistische Erreichbarkeit der Qualifikation nicht zur Voraussetzung einer erneuten Befristung gemacht werden. Selbst wenn eine Promotion angestrebt wird, obliegt es der Hochschule, dem Doktoranden durch eine Weiterbeschäftigung zu ermöglichen, dass sein Lebensunterhalt abgesichert ist und so die Promotion weiter vorangetrieben werden kann, selbst wenn sie in der verbleibenden Zeit nicht abgeschlossen werden kann. Eine derartige Konstellation ist denkbar, wenn der Arbeitsvertrag im Wesentlichen zur Überbrückung zweier Finanzierungsmodelle dient und die Anschlussfinan-

---

1190 APS-*Schmidt*, § 2 WissZeitVG Rn. 25.
1191 *Lohfeld*, Befristung von Arbeitsverhältnissen, S. 349.
1192 KSchR-*Däubler*, § 2 WissZeitVG Rn. 31 f.

zierung sich bereits abzeichnet.[1193] Dies kann aus Sicht des Arbeitnehmers wesentlich sozialverträglicher sein als ein unabgeschlossenes Promotionsvorhaben. Der Gesetzgeber hat zwar immer Stellen im akademischen Mittelbau unterhalb der Hochschullehrer als Qualifikantenstellen angesehen, dies jedoch nicht zur Bedingung gemacht, weshalb auch das BAG[1194] entschied, dass es für die Wirksamkeit der Befristung nur darauf ankomme, dass die Frist nicht überschritten sei. Dem stünde auch nicht entgegen, dass bereits bei Vertragschluss absehbar war, dass in diesem Zeitraum die Promotion nicht abgeschlossen werden könne. *Dörner* hat diese Argumentation zudem auf den erstmaligen sowie wiederholten Neuabschluss beschränkt. Selbiges müsste jedoch selbst bei einer exakten Trennung von Neuabschluss und Verlängerung für die Verlängerung gelten. Damit müsste auch bei der Verlängerung geprüft werden, ob das angefangene Vorhaben in der noch verbleibenden Zeit sinnvoll zu beenden ist. Ebenso dürfte sich die Argumentation nicht auf die erste Qualifizierungsphase beschränken, sondern würde ebenso für die Post-doc-phase Gültigkeit haben.[1195] Folgte man der Argumentation von *Dörner* müsste bereits bei Abschluss des ersten Vertrages der erste Zeitraum so gewählt werden, dass eine Promotion abgeschlossen werden könnte. Damit wäre es undenkbar, einen Vertrag so zu befristen, dass dem Mitarbeiter zunächst Gelegenheit gegeben werden soll herauszufinden, ob ihm wissenschaftliches Arbeiten liegt und er ernstlich ein Forschungs- bzw. Qualifizierungsprojekt wie eine Dissertation betreiben möchte oder die Stelle der Finanzierung dient, bis ein Stipendium bewilligt wird. Der Gesetzgeber hat sich zudem bei der Bemessung der Höchstfrist nach § 2 Abs. 1 S. 1 WissZeitVG an den Zeiten orientiert, die für den Abschluss einer Promotion inklusive der Phasen der Heranführung an wissenschaftliches Arbeiten benötigt werden. Zugespitzt formuliert, müsste nach der Argumentation von *Dörner* demnach der Vertrag von Anfang an die gesamten sechs Jahre umfassen.

Aus Sicht einer Hochschule ist es zudem von Vorteil, jemanden einzustellen, der mit der Arbeit im wissenschaftlichen Bereich der Hochschule bereits vertraut ist. Dasselbe gilt ebenso für den Neuabschluss, wenn keine Promotion angestrebt wird und eine fundierte wissenschaftliche Dienstleistung nicht zu erwarten ist. Welche Beschäftigungsdauer erforderlich ist, hängt ohnehin von der konkreten Dienstleistung sowie den Fähigkeiten des Mitarbeiters ab. Die Einschätzung darüber, ob die Tätigkeit – auch für einen nur sehr kurzen Zeitraum – für die Hochschule und damit für die Forschung gewinnbringend ist, obliegt allein dem Lehrstuhlinhaber, der weiß, wie und wofür er den Mitarbeiter einsetzen wird und somit beurteilen kann, ob ein Forschungsvorhaben in der verbleibenden Zeit zum Abschluss gebracht werden kann. Wie bei der Beurteilung der

1193 Vgl. Annuß/Thüsing – *Lambrich*, § 23 Rn. 104, der als Beispiele die Überbrückung zwischen Studienabschluss und Referendariat anführt.

1194 BAG, Urt. v. 16.07.2008, 7 AZR 322/07, zitiert nach www.juris.de

1195 Darauf weist *Dörner*, Der befristete Arbeitsvertrag, Rn. 679 hin.

Eignung des Mitarbeiters ist auch hier von einem Beurteilungsspielraum des zuständigen Hochschullehrers auszugehen.[1196] Zudem kann eine solche Einschränkung dem WissZeitVG nicht entnommen werden.[1197]

Nach alledem können innerhalb der Befristungshöchstgrenzen beliebig viele und ebenso beliebig kurze Verlängerungen / Verträge abgeschlossen werden.[1198]

Zu beachten ist, dass auch die Verlängerung dem Schriftformerfordernis des § 14 Abs. 4 TzBfG unterliegt.[1199] Dem Schriftformerfordernis des § 14 Abs. 4 TzBfG unterliegt ebenso ein Neuabschluss. Dass das Schriftformerfordernis auch für die Verlängerungen des § 2 Abs. 1 S. 4 WissZeitVG Geltung erlangen muss, folgt bereits aus der Klarstellungs- und Beweisfunktion des Schriftformerfordernisses.[1200] Jede einvernehmlich befristete Verlängerung eines befristeten Arbeitsvertrages bedarf der Schriftform, selbst wenn nicht ein neuer, sich unmittelbar an den alten anschließender Arbeitsvertrag geschlossen wird, sondern nur einvernehmlich der Endtermin abgeändert wird.[1201] Wurde der Erstvertrag auf das TzBfG gestützt, handelt es sich jedoch nicht um eine Verlängerung i. S. d. WissZeitVG, wenn der anschließende Vertrag auf WissZeitVG gestützt werden soll.[1202].

1196 *König*, Bestandsschutz, S. 188.
1197 Annuß/Thüsing – *Lambrich*, § 23 Rn. 104.
1198 *Schlachter*, in: Laux/Schlachter, TzBfG, Anhang 2 § 2 WissZeitVG Rn. 1.
1199 *Lakies*, ZTR 2002, 250, 254.
1200 KR-*Lipke*, § 57 b Rn. 36.
1201 *V. Koppenfels*, AuR 2002, 241, 243.
1202 *Reich*, HRG/WissZeitVG, § 2 WissZeitVG Rn. 6.

Kapitel 13 Übergangsvorschriften

Für die Überprüfung der Wirksamkeit einer Befristung ist der Zeitpunkt des Vertragsschluss maßgeblich.[1203] An diesen Umstand knüpft § 6 WissZeitVG an. § 6 WissZeitVG enthält eine Übergangsregelung wonach für die seit dem 23. Februar 2002 bis zum Tag vor dem Inkrafttreten des Gesetzes (demnach dem 17.4.2007) abgeschlossenen Arbeitsverträge das Hochschulrahmengesetz in der ab dem 31.12.2004 geltenden Fassung fortgelten soll (§ 6 Abs. 1 S. 1 WissZeitVG). Damit übernimmt das WissZeitVG eine Regelung, die bereits durch das HdAVÄndG zum 31.12. 2004 aufgenommen wurde und die Unsicherheit beseitigte, auf welcher Rechtsgrundlage die Verträge, die seit 23.3.2002 geschlossen wurden, stehen würden.[1204]

Für Verträge, die zwischen dem Urteil des Bundesverfassungsgerichts (27.7.2004) und dem 31.12.2004 geschlossen wurden, gilt das HRG i. d. F., die vor dem 23.02.2002 galt. Dies birgt die Gefahr zahlreicher unwirksamer Befristungen für den Fall, dass in den zuständigen Personalstellen die Nichtigkeitserklärung des 5. HRGÄndG nicht wahrgenommen wurde, da nach der alten Rechtslage der Befristungsgrund ausdrücklich im Arbeitsvertrag anzugeben war. Der Gesetzgeber hätte die für den Rechtsanwender unklare Situation erleichtern können, in dem er die Rückwirkung bereits des 5. HRGÄndG in Gänze, ohne den Ausnahmezeitraum, erklärt hätte.

Aufgrund massiver Kritik war bereits durch das am 15.8.2002 in Kraft getretene 6. HRGÄndG eine Übergangsregelung für Altverträge aufgenommen worden. Hiernach ordnete § 57 f Abs. 2 S. 1 HRG zwar die Geltung neuen Rechts an, jedoch wurden hiervon die Höchstbefristungszeiten ausgenommen.[1205] Der Abschluss von Verträgen mit Arbeitnehmern, die bereits vor dem 23.02.2002 in einem befristeten Arbeitsverhältnis zu einer Hochschule oder Forschungseinrichtung in einem Privatdienstvertrag bestanden, können ohne Anwendung der Höchstbefristungszeiten des § 2 Abs. 1 WissZeitVG bis zum 29. Februar 2008 befristet abgeschlossen werden (§ 6 Abs. 2 S. 1 WissZeitVG). Dabei ist die Regelung nicht auf Verlängerungen beschränkt, sondern kann auch bei Neuabschlüssen angewendet werden.[1206] Aus der Systematik der Abs. 1 und 2 folgt, dass eine Verlängerung eines Vertrages, der nicht unter Abs. 2 fällt, wie ein Neuabschluss zu behandeln ist,[1207] der sich demnach an die Vorgaben des WissZeitVG halten muss. Es besteht jedoch keine Verpflichtung der Hochschule, von

1203 *Preis*, WissZeitVG, § 6 Rn. 2.
1204 Zu den Problemen nach der Verfassungswidrigkeitserklärung des 5. HRGÄndG durch das BVerfG vgl. u.a. *Preis,* NJW 2004, 2782.
1205 APS-*Schmidt*, § 6 WissZeitVG Rn. 7.
1206 BAG, Urt. v. 18.06.2008, 7 AZR 238/07, n.v., zitiert nach www.juris.de
1207 *Kortstock*, ZTR 2007, 350, 354.

dieser Möglichkeit Gebrauch zu machen.[1208] Auch beschränkt sich diese Verlängerungsmöglichkeit nicht auf Arbeitsverhältnisse, die bei einer Fortgeltung des HRG in der alten Fassung nach dem 23. Februar 2002 noch hätten befristet werden können.[1209] Eine solche Einschränkung lasse sich nach zutreffender Ansicht des BAG weder dem Wortlaut der Norm entnehmen, noch lasse sie sich mit dem Charakter der Bestimmung als Übergangsvorschrift zur Erleichterung des Übergangs vom sachgrundorientierten Zeitvertragsrecht hin zu einem nach Zeitdauern begrenzten Befristungsrecht in Einklang bringen. Es besteht jedoch kein Anspruch auf eine Verlängerung gemäß § 6 Abs. 2 S. 2.[1210]

Für Verträge, die dem 23.2.2002 und dem 17.4.2007 geschlossen wurden, bestimmt § 6 Abs. 1 S. 1 WissZeitVG die Fortgeltung der §§ 57 a bis f HRG in der ab dem 31.12.2004 geltenden Fassung. Gemäß § 6 Abs. 1 S. 3 WissZeitVG gilt für Verträge, die zwischen dem 27. Juli 2004 und dem 31.12.2004 geschlossen wurden, das HRG in der Fassung, die vor dem 23.2.2002 galt. Demnach wurde eine Rückwirkung für Verträge, die nach Inkrafttreten des 5. HRGÄndG und dem Urteil des Bundesverfassungsgerichtes geschlossen wurden, geregelt. Damit wurde lediglich die Rechtslage wiederhergestellt, von der die Parteien bei Abschluss des Vertrages ausgehen mussten.[1211]

Gemäß § 57 f Abs. 1 S. 1 HRG i. d. F. 27. Dezember 2004 galt dieses Gesetz rückwirkend für alle Verträge, die seit dem 23. Februar 2003 und damit dem Inkrafttreten des 5. HRGÄndG, geschlossen wurden. Es fand jedoch keine Anwendung auf Verträge, die vor dem 23. Februar geschlossen wurden sowie Verträge die zwischen dem 27. Juli 2004 (dem Urteil des Bundesverfassungsgerichtes) und dem 31. Dezember 2004 geschlossen wurden (§ 57 f Abs. 1 S. 2 und 3) HRG. Auf diese fand das HRG i. d. F. Anwendung, die vor dem 23. Februar 2003 galt. Gegen die in § 57 f Abs. 1 S. 1 HRG enthaltene Rückerstreckung versuchten mehrere Arbeitnehmer im Wege von Entfristungsklagen vorzugehen. Das BAG entschied hierzu, dass diese nicht gegen das sich aus dem Rechtsstaatsprinzip folgende Gebot des Vertrauensschutzes verstoße.[1212] Zwar enthalte die Norm eine echte Rückwirkung. Diese ist jedoch nicht wegen Verstoßes gegen Art. 12 Abs. 1 GG i. V. m. dem sich aus dem Rechtsstaatsprinzip ergebenden Rückwirkungsverbot unwirksam, da schutzwürdiges Vertrauen, welches die rückwirkende Regelungskompetenz des Gesetzgebers begrenzt hätte, nicht in der Zeit zwischen der Verkündung der Entscheidung des BVerfG bis zum Inkrafttreten des HdaVÄndG entstehen konnte. Bis zur Verkündung des Urteils

---

1208 *Reich*, HRG/WissZeitVG, § 6 WissZeitVG Rn. 4.

1209 BAG, Urt. v. 11.07.2007; 7 AZR 501/06, n.v., zitiert nach: www.bundesarbeitsgericht.de, Rn. 16; BAG, Urt. v. 11.07.2007 – 7 AZR 197/06, zitiert nach www.bundesarbeitsgericht.de, Rn. 17.

1210 LAG Rheinland-Pfalz, Urt. v. 24.2.2005, 1 Sa 777/04, NZA-RR 2005, 444, 447.

1211 APS-*Schmidt*, § 6 WissZeitVG Rn. 11.

1212 BAG, Urteil v. 21.06.2006, AP Nr. 5 zu § 57 a HRG Rn. 37 ff.

musste davon ausgegangen werden, dass die Regelungen über das Befristungsrecht, wie sie durch das 5. HRGÄndG getroffen wurden, Bestand haben würden. Nach Verkündung des Urteils war damit zurechnen, dass der Gesetzgeber die die Wirksamkeit der Befristungsabreden in den bis zum 27.7.2004 geschlossenen Verträgen neu regeln würde, damit die Unwirksamkeit der bis zu diesem Zeitpunkt geschlossenen Verträge vermieden werden könne. Insoweit konnte kein Vertrauen entstehen, welches eine Rückwirkung ausgeschlossen hätte. Diese echte Rückwirkung ist zulässig, da kein berechtigtes Vertrauen der Betroffenen enttäuscht werden konnte.[1213] Somit ist auch die Rückwirkung durch das WissZeitVG zulässig.

Bei Altverträgen, die zum Zeitpunkt des Inkrafttretens des 5. HRGÄndG abgelaufen aber gemäß § 57 f Abs. 1 HRG noch verlängerungsfähig waren, richtet sich die Verlängerung um die Unterbrechungszeiten nach altem Recht.[1214]

Demnach ergibt sich für die Anwendbarkeit der verschiedenen Vorschriften folgende Übersicht:

Datum des Arbeitsvertragsabschlusses	**Anwendbares Gesetz**	**Rechtsgrundlage im WissZeitVG**
bis einschließlich 22. 02.2002	HRG in der vor dem 23.2.2002 geltenden Fassung	§ 6 Abs. 1 S. 2
zwischen 23.02.2002 und 26.07.2004	HRG in der ab dem 31.12.2004 bis zum 17.04.2007 geltenden Fassung	§ 6 Abs. 1 S. 1
zwischen dem 27. 07. 2004 und 31.12.2004	HRG in der vor dem 23.02.2002 geltenden Fassung	§ 6 Abs. 1 S. 3
zwischen 01.01.2005 und 17.04.2007	HRG in der ab dem 31.12.2004 bis zum 17.04.2007 geltenden Fassung	§ 6 Abs. 1 S. 1
ab dem 18.04.2007	WissZeitVG in der jeweils geltenden Fassung	§ 6 Abs. 1 S. 1

1213 Ebenso Annuß/Thüsing – *Lambrich*, § 23 Rn. 86; *Löwisch*, NZA 2005, 321, 321; *Müller*, AuR 204, 401, 402; *Müller-Glöge* - EK, § 6 WZVG Rn. 3; *Preis*, WissZeitVG, § 6 Rn. 11.

1214 APS-*Schmidt*, § 6 WissZeitVG Rn. 17.

Kapitel 14 Zu erwartende Änderungen des WissZeitVG aufgrund des Gesetzes zur Aufhebung des Hochschulrahmengesetzes

Der Regierungsentwurf des Gesetzes zur Aufhebung des Hochschulrahmengesetzes[1215] (im Folgenden RE-GzAHRG) sieht in Art. 2 Abs. 16 Änderungen vor, die das WissZeitVG betreffen. Da diese Änderungen nicht den Hochschulzugang und die Hochschulabschlüsse betreffen, ist davon auszugehen, dass die Regelungen trotz der Meinungsverschiedenheiten in der Koalition in der geplanten Form bestehen bleiben. Die Änderungen betreffen §§ 1 Abs. 1 S. 5, 3. S. 1, 4 S. 1 und 5 S. 1 WissZeitVG. Hiernach soll der zurzeit enthaltene Verweis in den Normen auf § 6 gestrichen werden. Diese Änderung ist notwendig, da der Verweis ein gesetzgeberisches Versehen darstellt, das nunmehr korrigiert werden soll. Der Entwurf des WissZeitVG enthielt in § 6 Befristungsvorschriften für studentische Hilfskräfte. Diese Norm wurde im Gesetzgebungsverfahren – wie oben bereits ausgeführt – gestrichen. Nicht gestrichen wurden jedoch die Verweise auf diese Norm, was offensichtlich in der Eile der Änderung des Gesetzes nicht auffiel, da das WissZeitVG weiterhin einen § 6 enthielt. Da es sich nur um eine Korrektur des fehlerhaften Gesetzes handelt, ist hierauf nicht näher einzugehen.

Die Aufhebung des HRG hat zur Folge, dass auch die Reglungen für Juniorprofessoren, die in § 48 einen eigenen Befristungsgrund enthalten, entfallen. Deshalb sieht sich die Bundesregierung gezwungen, eine Regelung in das WissZeitVG aufzunehmen (Art. 2 Abs.16 Nr. 4 RE-GzAHRG). Die Regelung sieht vor, dass ein neuer § 6 in das WissZeitVG eingefügt wird, die Übergangsvorschriften, die zur Zeit in § 6 WissZeitVG enthalten sind, würden dann zu § 7 WissZeitVG.

Die Regelung zu den Juniorprofessoren bezieht sich nur auf Hochschulen, die zwar nach Landesrecht staatlich anerkannte Hochschulen sind, deren Personal aber im Dienste des Bundes steht (Art. 2 Abs. 16 Nr. 4 RE-GzAHRG: § 6 Abs. 1 S. 1 WissZeitVG). Dies ist unmittelbare Folge des Urteils des Bundesverfassungsgerichtes zum 5. HRGÄndG. Der Bundesgesetzgeber beschränkt sich somit auf seine Kompetenz aus Art. 73 Abs. 1 Nr. 8 GG, da es sich um Angestellte des Bundes handelt. In der Begründung wird ausdrücklich darauf hingewiesen, dass diese Regelung nichts an der Herausnahme der Hochschullehrer an nach Landesrecht staatlichen Hochschulen aus dem Anwendungsbereich des WissZeitVG ändere.[1216] Insoweit kann die Aufnahme in das WissZeitVG als sys-

---

1215 BT-Drucks. 16/6122.

1216 Regierungsentwurf eines Gesetzes zur Aufhebung des Hochschulrahmengesetzes, BT-Drucks. 16/6122, S. 12.

temwidrig angesehen werden. Der Regierungsentwurf geht in seiner Begründung davon aus, dass sich § 6 Abs. 1 an der für § 128 Abs. 2 Bundesbeamtengesetz in der Fassung des Dienstrechtsneuordnungsgesetzes und § 6 Abs. 2 WissZeitVG an der für § 128 Abs. 5 vorgesehenen Regelung orientieren würde. Insoweit wäre eine Regelung im Bundesbeamtengesetz ebenso systemfremd. Für das WissZeitVG bedeutet die Aufnahme für den Rechtsanwender, dass er zunächst in § 1 Abs. 1 WissZeitVG feststellt, dass das WissZeitVG keine Anwendung auf Hochschullehrer findet und somit nicht weiter zu studieren ist für die Frage, wie mit Juniorprofessoren im Angestelltenverhältnis zu verfahren ist.

Mit den Juniorprofessoren an den Hochschulen des Bundes kann ein befristeter Arbeitsvertrag für die Dauer von bis zu drei Jahren abgeschlossen werden. Im Laufe des dritten Jahres soll das Arbeitsverhältnis um weitere drei Jahre verlängert werden, sofern sich der Juniorprofessor als Hochschullehrer bewährt hat, anderenfalls kann das Arbeitsverhältnis um längstens ein weiteres Jahr verlängert werden (§ 6 Abs. 1 S. 2 RE-GzAHRG). Damit wird wortgleich die Regelung übernommen, wie sie durch das 5. HRGÄndG in § 48 Abs. 1 S. 1, 2 HRG eingeführt worden war.

Die Verlängerung im Falle der Bewährung ist als Sollregelung ausgestaltet. Somit muss die Verlängerung vorgenommen werden, wenn ihr nicht ganz besondere Gründe im Einzelfall entgegenstehen. Dass bei Nichtbewährung eine Verlängerung um ein weiteres Jahr gewährt wird, ist hingegen eine Option, wie aus „kann" folgt. Eine Hochschule wird wenig geneigt sein, von dieser Möglichkeit gebrauch zu machen, wenn der Juniorprofessor sich gerade als ungeeignet erwiesen hat. Denkbar ist die Wahrnehmung dieser Option zur Gewährleistung des Lehrbetriebes, da die Hochschule bis zu einem Jahr Zeit erhält, das Bewerbungs-/Berufungsverfahren für den Nachfolger zu organisieren und zum Abschluss zu bringen.

Positiv hervorzuheben ist, dass der Entwurf ausdrücklich vorsieht, dass die Verlängerung im Laufe des dritten Jahres zu erfolgen hat. Damit wird klargestellt, dass es sich um eine echte Verlängerung i. S. d. TzBfG handelt. Ein Neuabschluss eines Beschäftigungsverhältnisses ist – wie auch aus § 6 Abs. 3 S. 3 WissZeitVG folgt, somit gänzlich ausgeschlossen.

Wie aus § 6 Abs. 1 S. 3 folgt, ist eine darüber hinausgehende Verlängerung ebenso untersagt wie eine erneute Einstellung als Juniorprofessor.

Für entsprechend anwendbar erklärt § 6 Abs. 2 die Verlängerungsmöglichkeiten gemäß § 2 Abs. 5 S. Nr. 1 und 3. Die Sätze zwei und drei des Abs. 5 gelten ebenso entsprechend.

Nicht enthalten sind die Einstellungsvoraussetzungen für Juniorprofessoren. Für die Juniorprofessoren des Bundes hat der Bundesgesetzgeber die Gesetzgebungskompetenz und wird die Kriterien im BBG regeln. Insofern wäre im WissZeitVG eine Erklärung über die entsprechende Anwendbarkeit der Einstellungsvoraussetzungen aus dem BBG erforderlich gewesen, da in keinem Gesetz enthalten ist, dass es Juniorprofessoren im Angestelltenverhältnis geben kann und unter welchen Voraussetzungen dies möglich ist.

Kapitel 15 Zusammenfassung

- Das WissZeitVG ist hinsichtlich seiner Grundkonzeption, wie sie bereits durch das 5. HRGÄndG vorgesehen war, sowohl europarechts- als auch grundgesetzkonform.
- Durch Tarifvertrag sind sowohl Verlängerungen als auch Verkürzungen der Höchstbefristungszeiten zulässig. Ein Haustarifvertrag ist zulässig, wenn er für einzelne Fachrichtungen und Forschungsbereiche spezifische Regelungen enthält.
- Die Tarifsperre erstreckt sich nur auf das wissenschaftliche Personal. Dies gilt auch für Beschäftigte im Rahmen von Drittmittelprojekten. Demnach sind nicht-wissenschaftliche Beschäftigte nicht von der Tarifsperre umfasst.
- Überschüsse aus Drittmittelprojekten können als eigenständige Drittmittel i. S. d. WissZeitVG angesehen werden, sofern eine Zweckbestimmung der Mittel stattgefunden hat und sie somit zu eigenen Projektgeldern geworden sind
- Den Landesgesetzgebern ist es überlassen, neue Personalkategorien in ihren Hochschulgesetzen zu schaffen. Diese Freiheit beinhaltet jedoch nicht, frei zu bestimmen, wer dem Anwendungsbereich des WissZeitVG unterfällt, da das WissZeitVG ein Bundesgesetz ist, das auch nach der Föderalismusreform erlassen werden konnte. Die Anwendbarkeit des WissZeitVG muss sich an dem Begriff „wissenschaftlich" orientieren. An die bisherigen Personalkategorien kann sich dabei nur angelehnt werden, sie können keine Grundlage für die Entwicklung allgemeingültiger Kriterien darstellen.
- Entscheidend für die Bestimmung des wissenschaftlichen und künstlerischen Personals ist, dass ihm wissenschaftliche und künstlerische Tätigkeiten obliegen. Bei der Bestimmung dieser Tätigkeiten kann auf die Grundrechte zurückgegriffen.
- Studentische Beschäftigte sind wie andere Beschäftigte in den Anwendungsbereich des WissZeitVG einzubeziehen, sofern sie wissenschaftliche oder künstlerische Dienstleistungen erbringen. Hierfür ist jedoch ein gewisses Maß an eigenständiger wissenschaftlicher Tätigkeit notwendig. Ein eigenständiger Befristungstatbestand für studentische Beschäftigte, wie er noch im Entwurf des WissZeitVG existierte, ist aus Gründen der Rechtssicherheit wünschenswert.
- Lehrkräfte für besondere Aufgaben können nicht dem Anwendungsbereich des WissZeitVG unterfallen. Ihre Lehre stellt keine wissenschaftliche Lehre dar. Im Gegensatz dazu ist die Lehre von Lecturern wissenschaftliche Lehre. Demnach können Lecturer auf Grundlage des WissZeitVG befristet werden.

- Bei einer deutlich zweckwidrigen Beschäftigung hat der Arbeitgeber nachzuweisen, dass die Voraussetzungen einer Befristung nach WissZeitVG vorlagen. Ist dies nicht der Fall, erhält der Arbeitnehmer so im Rahmen des unbefristeten Arbeitsvertrages die Möglichkeit, die Qualifizierung nachzuholen. Bei einem geringfügigen Überwiegen nichtwissenschaftlicher Arbeit besteht kein Bedarf an Vertragsverlängerung. Hier ist der Arbeitnehmer auf die Geltendmachung der Einhaltung des Arbeitsvertrages beschränkt.
- Für den Beginn der zweiten Qualifizierungsphase ist das Vorliegen der Promotion maßgeblich. Dies ist erst dann der Fall, wenn der Doktorand seine Berechtigung zur Führung des Titels mittels Urkunde nachweisen kann. Bei der Berechnung der Verlängerungszeiten nach § 2 Abs. 1 Hs. 2 WissZeitVG ist für den Beginn der Promotionszeit auf die Vereinbarung des Promotionsthemas zwischen Doktorand und Betreuer abzustellen. Das Ende der Promotion liegt bei Einreichung der Arbeit vor, da alle sämtliche nachfolgenden Zeitpunkte ohne Einfluss des Doktoranden sind. Ein sich hieraus scheinbar ergebender Widerspruch aus der Unsicherheit, dass die Promotion erfolgreich abgeschlossen wird, besteht nicht. Die Berechnung der Promotionszeit für die zweite Qualifizierungsphase setzt das Vorliegen einer Promotion voraus. Dies ist erst dann gegeben, wenn die Berechtigung zur Führung des Titels durch entsprechende Urkunde nachgewiesen werden kann.
- Die Bundesländer sollten in ihren Hochschulgesetzen den Doktorandenstatus kombiniert mit einer Einschreibungspflicht als Doktorand einführen, wie er in § 21 HRG i. d. F. des 5. HRGÄndG vorgesehen war. Dies würde zum einen den Nachweis der Promotionszeit erleichtern und zum anderen würde eine Klarstellung des Betreuungsverhältnisses erreicht werden.
- Im Bereich der Medizin finden die allgemeinen Grundsätze Anwendung, auch wenn die Promotion bereits während des Studiums begonnen wird, da die Besonderheiten der medizinischen Ausbildung bereits durch die längere zweite Qualifikationsphase berücksichtigt sind.
- Wird eine Abschlussarbeit als Dissertationsthema fortgeführt, beginnt die Promotionszeit mit Vereinbarung der Promotion. Nur so kann wissenschaftliche Exzellenz gefördert und belohnt werden.
- Die Nichtanrechnung unbefristeter Arbeitsverhältnisse nach § 2 Abs. 3 WissZeitVG auf die Höchstbefristungszeiten von § 2 Abs. 1 kann de facto zu einer dritten Qualifizierungsphase führen. Warum unbefristete Arbeitsverhältnisse nicht angerechnet werden sollen, ist nicht ersichtlich. Dem Gesetzgeber wird angeraten, eine entsprechende Regelung für die Anrechnung unbefristeter Arbeitsverhältnisse aufzunehmen.

- Der Wortlaut des § 2 Abs. 3 WissZeitVG sieht eine Anrechnung von Arbeitsverhältnissen, die weniger als ein Viertel der regelmäßigen Arbeitszeit umfassen, nicht vor. Eine andere Auslegung ist weder sinnvoll und zumindest nicht praktikabel. Die Anrechnung ist jedoch aus europarechtlichen Gründen geboten. Insofern sollte der Gesetzgeber seine Regelung überarbeiten.
- Zu den Zeiten, die während eines Studiums liegen und daher nicht angerechnet werden, zählen sowohl Zeiten während eines Bachelor als auch eines Masterstudiums. Nicht hierzu können jedoch Zeiten in einem Studiengang gezählt werden, dessen Voraussetzung der Master ist oder bei denen der Master in keinem Verhältnis zum Bachelor steht. Die Nichtanrechnung der Zeiten, die während eines Studiums liegen, ist ohnehin europarechtswidrig. Der Gesetzgeber sollte daher erneut eine Regelung aufnehmen, wie sie ursprünglich in § 6 WissZeitVG enthalten war und auch für studentische Beschäftigte Höchstbefristungszeiten festlegen.
- Eine Verlängerung nach § 2 Abs. 5 WissZeitVG bedarf nicht der Schriftform des § 14 Abs. 4 TzBfG, da es sich nicht um den Abschluss eines Verlängerungsvertrages handelt, sondern die Verlängerung vielmehr automatisch erfolgt, sofern das Einverständnis des Arbeitnehmers neben den Voraussetzungen eines Unterbrechungstatbestandes vorliegt.
- Eine Verlängerung nach § 2 Abs. 5 S. 1 Nr. 1 WissZeitVG sieht keine ausschließliche Anrechnung der Zeiten vor, in denen die Erwerbstätigkeit nicht erfolgte.
- Die Verlängerung nach § 2 Abs. S. 1 Nr. 2 wird, wenn es sich um Zeiten handelt, die im Ausland verbracht wurden und gleichzeitig der Qualifikation dienten, nicht auf die Höchstbefristungszeiten angerechnet, aber auf die Verlängerungsmöglichkeit nach § 2 Abs. 1 S. 2 Hs. 2 WissZeitVG.
- Geht bei einem Bundestags- bzw. Landtagsabgeordneten die Legislaturperiode über das Auslaufen des Vertrages hinaus, kann dieser aufgrund des Benachteiligungsverbotes für Abgeordnete nicht auf die Verlängerungsmöglichkeit nach § 2 Abs. 5 S. 1 Nr. 5 WissZeitVG beschränkt sein. In diesem Fall darf das Arbeitsverhältnis in Gänze nicht auf die Höchstbefristungszeiten angerechnet werden.
- Die so genannte familienfreundliche Komponente wird aufgrund ihrer fakultativen Ausgestaltung wenig positive Ergebnisse im Hinblick auf die Anzahl von Akademikerkindern hervorrufen. Eine Verlängerung der Höchstbefristungszeiten bei der Geburt von Kindern während des Beschäftigungsverhältnisses wäre effizienter gewesen. Sind bereits Kinder vorhanden, könnte die jetzige Regelung beibehalten werden.
- Kind und Betreuung sind in § 2 Abs. 1 S. 3 WissZeitVG nicht näher ausgestaltet. Der Gesetzgeber war sich der Bestimmungsschwierigkeiten jedoch bewusst. Deshalb ist keinerlei Einschränkungsmöglichkeit vorgese-

hen. Zu fordern ist jedoch, dass das Kind in häuslicher Gemeinschaft lebt. Zu wünschen wäre eine Anknüpfung an das Sorgerecht. Diese kann nur der Gesetzgeber aufnehmen.

- Bei der Befristung im Rahmen von Drittmittelprojekten kommt es nicht auf die Prognose des Wegfalls von Mitteln an. Ausschlaggebend ist, dass sich der Drittmittelgeber mit den konkreten Verhältnissen der Stelle befasst hat. Dies ist gegeben, wenn er die Mittel für eine konkrete Aufgabe und für eine gewisse Zeitdauer bewilligt hat. Bei nur abschnittsweiser Bewilligung von Mitteln ist es möglich, das Personal zunächst nur für den bewilligten Abschnitt befristet zu beschäftigen. Dies folgt aus der Veranlassung durch den Drittmittelgeber.
- Es ist kein Indiz dafür, dass der Befristungsgrund der Drittmittelbefristung nur vorgeschoben ist, wenn das nicht-wissenschaftliche Personal nicht exakt zeitlich zusammen mit dem wissenschaftlichen Personal beschäftigt wird. Vielmehr kann dies Indiz dafür sein, dass sich mit der konkreten Aufgabe innerhalb des Projektes auseinandergesetzt wurde.
- Eine Befristung kann nicht auf Grundlage von § 2 Abs. 2 oder § 3 WissZeitVG erfolgen, wenn die Beschäftigung hauptsächlich im Bereich der Lehre erfolgen soll.
- „Verlängerung" i. S. d. § 2 Abs. 1 S. 4 WissZeitVG ist nicht identisch mit dem Verlängerungsbegriff des TzBfG. Das WissZeitVG gestattet den Neuabschluss von Verträgen. Eine Mindestdauer von Verträgen kann nicht der Wissenschaftsfreiheit entnommen werde. Eine Einschätzung über die Dauer eines Vertrages innerhalb der Höchstbefristungszeiten obliegt ausschließlich dem Lehrstuhlinhaber.

Bereits die Einfügung der §§ 57 a ff in das HRG 1985 sollte den Hochschulen und Forschungseinrichtungen Sicherheit für den Abschluss befristeter Arbeitsverträge vermitteln. Aufgrund der Vielzahl der unterschiedlichen Befristungsgründe entwickelte sich jedoch eine Judikatur, die das Gegenteil erreichte. Der Versuch die erwünschte Rechtssicherheit durch eine Abschaffung der Befristungsgründe zu erzielen, wie sie durch das 5. HRGÄndG umgesetzt wurde, war sehr viel versprechend auf diesem Weg. Aufgrund der Föderalismusreform ist dieser Weg jedoch bei der Verabschiedung des WissZeitVG wieder verlassen worden, denn im Hinblick auf den personellen Anwendungsbereich kann nicht davon ausgegangen werden, dass dieser für diejenigen, die das WissZeitVG tatsächlich anzuwenden haben, leicht zu erfassen ist. Insofern steht zu befürchten, dass die Gerichte erneut in einer Vielzahl von Fällen Gelegenheit erhalten, sich zum WissZeitVG zu äußern und hierbei landesrechtliche Besonderheiten hinsichtlich der Aufgabenbeschreibung der unterschiedlichen Personalkategorien berücksichtigen müssen.

Der Grundkonzeption des WissZeitVG, die Verweildauer an den Hochschulen zu beschränken und eine zügige Qualifikation zu fördern, ist zu begrüßen. Ebenso zu begrüßen ist die Einführung der sog. familienfreundlichen Komponente. Wenn der Gesetzgeber eine vollständige Europarechtskonformität herstellt, die Familienförderung verbindlich regelt und die vorgeschlagenen Klarstellungen einführt, ist das WissZeitVG ein geeignetes Instrument, die Innovationsfähigkeit der Hochschulen und Forschungseinrichtungen zu erhalten und fördern.

Literaturverzeichnis

Annuß, Georg / Thüsing, Gregor; Teilzeit- und Befristungsrecht: Kommentar, 2. Auflage, Frankfurt am Main 2006, zitiert: Annuß/Thüsing – *Bearbeiter*

Ascheid, Reiner / Preis, Ulrich / Schmidt, Ingrid (Hrsg.); Kündigungsrecht, Großkommentar zum gesamten Recht der Beendigung von Arbeitsverhältnissen, 3. Auflage, München 2007, zitiert: APS-*Bearbeiter*

Bauer, Thomas; Wissenschaftsfreiheit in Lehre und Studium, Berlin 1980, zitiert: *Bauer*, Wissenschaftsfreiheit

Bauschke, Hans-Joachim; Zur Problematik befristeter Arbeitsverträge im Hochschulbereich, ZTR 1998, 49 ff.

Benda, Ernst / Maihofer, Werner / Vogel, Hans-Jochen; Handbuch des Verfassungsrechts der Bundesrepublik Deutschland, 2. Auflage, Berlin, New York 1994, zitiert: *Bearbeiter*, HdVerf

Blum, Jürgen / Rödler, Elgar; Die Problematik befristeter Arbeitsverträge im Hochschulbereich, WissR 1980, 97 ff.

Buchner, Herbert; Befristete Arbeitsverhältnisse mit wissenschaftlichem Personal an Hochschulen und Forschungseinrichtungen, RdA 1985, 258 ff.

Canaris, Claus-Wilhelm; Die Feststellung von Lücken im Gesetz, Eine methodologische Studie über Voraussetzungen und Grenzen der richterlichen Rechtsfortbildung praeter legem, 2. Auflage, Berlin 1983

Chantelau, Frank; Personalstruktur und Typenzwang, WissR 1990, 45 ff.

Dallinger, Peter; Der wissenschaftliche Mitarbeiter – ein Problemkind der Hochschulreform? – Eine Zwischenbilanz zu den neuen Hochschulgesetzen -, JZ 1980, 337 ff.

Dallinger, Peter; Neue Möglichkeiten für Zeitverträge mit wissenschaftlichen Angestellten, NZA 1985, 648 ff.

Däubler, Wolfgang; Wissenschaftsfreiheit im Arbeitsverhältnis – Eine erste Skizze, NZA 1989, 945 ff.

Denninger, Erhard; Hochschulrahmengesetz, Kommentar, München 1984, zitiert: *Bearbeiter*, in: Denninger, HRG

Deumeland, Klaus Dieter; Lehrkräfte für besondere Aufgaben an den Hochschulen, AuA 1991, 307 ff.

Dieterich, Thomas / Preis, Ulrich; Befristete Arbeitsverhältnisse in Wissenschaft und Forschung, Konzept einer Neuregelung im Hochschulrahmengesetz, Köln 2001, zitiert: *Dieterich/Preis*, Befristete Arbeitsverhältnisse

Dieterich, Thomas / Preis, Ulrich; Das Hochschularbeitsrecht in der Verfassungsfalle? Erwiderung auf Löwisch, NZA 2004, 1065 ff., NZA 2004, 1241 ff.

Dieterich, Thomas / Müller-Glöge, Rudi / Preis, Ulrich / Schaub, Günter (Hrsg.); Erfurter Kommentar zum Arbeitsrecht, 2. Auflage, München 2001, zitiert: *Bearbeiter* – EK, 2. Aufl.

Dieterich, Thomas/Müller-Glöge, Rudi/ Preis, Ulrich/ Schaub, Günter (Hrsg.); Erfurter Kommentar zum Arbeitsrecht, 6. Auflage, München 2006, zitiert: *Bearbeiter* – EK, 6. Aufl.

Dörner, Hans-Jürgen; Der befristete Arbeitsvertrag, Eine systematische Darstellung des Befristungsrechts, München 2004, zitiert: *Dörner*, Der befristete Arbeitsvertrag

Dörner, Hans-Jürgen; Neues aus dem Befristungsrecht, NZA 2007, 57 ff.

Dreier, Horst (Hrsg.); Grundgesetz-Kommentar, Band I, 2.Auflage, Tübingen 2004, zitiert: *Bearbeiter*, Dreier-GG

Etzel, Gerhard; Gemeinschaftskommentar zum Kündigungsschutzgesetz und zu sonstigen kündigungsschutzrechtlichen Vorschriften, 8. Auflage, Neuwied 2007, zitiert: KR-*Bearbeiter*

Flämig, Christian / Kimminich, Otto / Krüger, Hartmut / Meusel, Ernst-Joachim / Rupp, Hans Heinrich / Scheven, Dieter / Schuster, Hermann Josef / Stenbock-Fermor, Friedrich Graf (Hrsg.); Handbuch des Wissenschaftsrechts, Band 1 und 2, 2. Aufl., Berlin, Heidelberg, New York 1996, zitiert: *Bearbeiter*, in: HdB d WissR

Gröbing, Karl; Verfassungsbeschwerde gegen das Zeitvertragsgesetz, ZTR 1987, 49 ff.

Häde, Ulrich; Zur Föderalismusreform in Deutschland, JZ 2006, 930 ff.

Hailbronner, Kay; Die Freiheit der Forschung und Lehre als Funktionsgrundrecht, Hamburg, 1979, zitiert: *Hailbronner*, Funktionsgrundrecht

Hailbronner, Kay / Geis, Max-Emanuel; Kommentar zum Hochschulrahmengesetz HRG), Heidelberg, Loseblatt Stand: Juni 2007, zitiert: *Bearbeiter*, in Hailbronner/Geis, HRG

Haratsch, Andreas / Holljesiefken, Anke; Studentische Hilfskraft auf Lebenszeit? – Die Befristung von Arbeitsverträgen mit studentischen Hilfskräften –, NZA 2008, 207 ff.

Hartmer, Michael; Stellungnahme Deutscher Hochschullehrerverband zum Entwurf eines Gesetzes zur Änderung arbeitsrechtlicher Vorschriften für die Wissenschaft (Bundesratsdrucksache 673/06), Deutscher Bundestag, Ausschuss für Bildung, Forschung und Technikfolgenabschätzung, A.- Drucks.

16(18)139h, zitiert: *Hartmer*, Stellungnahme DHV, BT - A – Drucks 16(18)139 h

Hartmer, Michael / Dettmer, Hubert; Hochschulrecht – ein Handbuch für die Praxis, Heidelberg 2004, zitiert: *Bearbeiter*, in: HochschulR-Praxishandbuch

Hauck-Scholz, Peter / Neie, Thomas; Befristete Arbeitsverträge in Hochschule und Forschung – Die Rechtsprechung des BAG zur Auslegung der §§ 57 a ff HRG, NZA-RR 1999, 169 ff.

Herkommer, Vera; Die rechtliche Situation der Nachwuchswissenschaftler im deutschen Wissenschaftssystem: das Verhältnis der Juniorprofessoren zu drittmittelgeförderten Nachwuchswissenschaftlern, WissR 2007, 36 ff.

Hufen, Friedhelm; Die Freiheit der Kunst in staatlichen Institutionen, Dargestellt am Beispiel der Kunst- und Musikhochschulen, Baden-Baden 1982, zitiert: *Hufen*, Die Freiheit der Kunst

Isensee, Josef / Kirchhof, Paul (Hrsg.); Handbuch des Staatsrechts der Bundesrepublik Deutschland, Band VI Freiheitsrechte, 1989, zitiert: *Bearbeiter*-HdStR

Jarass, Hans D. / Pieroth, Bodo; Grundgesetz für die Bundesrepublik Deutschland, 9. Auflage, München 2007, zitiert: Jarass/Pieroth-*Bearbeiter*

v. Kalm, Harald; Die Befristung von Arbeitsverhältnissen mit wissenschaftlichem und künstlerischem Personal nach der 5. HRG-Novelle, WissR 2002, 76 ff.

Kersten, Jens; Die Neuregelung der befristetet Arbeitsverhältnisse an den Hochschulen und öffentlichen Forschungseinrichtungen, DÖV 2002, 682

Kewenig, Wilhelm A. / Thomashausen, André; Rundfunkfreiheit, Wissenschaftsfreiheit und Sozialstaatsprinzip: Zur verfassungsrechtlichen Problematik von freien bzw. befristeten Beschäftigungsverhältnissen, NJW 1981, 417

Kittner, Michael / Däubler, Wolfgang / Zwanziger, Bertram; Kündigungsschutzrecht, 7. Auflage, Frankfurt am Main 2008, zitiert: KSchR-*Bearbeiter*

Kleinwächter, Claudia; Stellungnahme der Gewerkschaft Erziehung und Wissenschaft zum Entwurf eines Gesetzes zur Änderung arbeitsrechtlicher Vorschriften in der Wissenschaft (Wissenschaftszeitvertragsgesetz, WissZeitVG), Deutscher Bundestag, Ausschuss für Bildung, Forschung und Technikfolgenabschätzung, BT- A -Drucks. 16(18)139c, zitiert: *Kleinwächter*, Stellungnahme GEW, BT- A – Drucks. 16(18)139c

Knemeyer, Franz-Ludwig; Lehrfreiheit. Begriff der Lehre – Träger der Lehrfreiheit, Bad Homburg 1969

Knopp, Lothar; Neue Personalstrukturen an den Hochschulen und neue Professorenbesoldung – Hochschulrecht im Umbruch -, ZBR 2003, 149 ff.

Knopp, Lothar/ Gutheil, Ulrike; Neues Hochschulrahmengesetz (HRG) und Professorenbesoldungsreformgesetz (ProfBesReformG), Wiesbaden 2003, zitiert: *Bearbeiter*, in: Knopp/Gutheil, Neues HRG

Knopp, Lothar/ Gutheil, Ulrike; Neues Hochschulrecht – Reform mit Haken?, NJW 02, 2828 ff.

Koch, Franz-Michael; Probleme bei drittmittelfinanzierten Arbeitsverträgen, AuA 1994, 317 ff.

König, Bernhard; Der Bestandsschutz befristeter Arbeitsverträge mit wissenschaftlichen Mitarbeitern im Hochschulbereich (Diss.), Berlin 1985, zitiert: *König*, Bestandsschutz

von Koppenfels, Katharina; Verlängerungsvereinbarungen i. S. d. § 14 Abs. 2 Satz 1 TzBfG bzw. § 1 Abs. 1 Satz 2 BeschFG - Zeitpunkt des Abschlusses und Formanforderungen, AuR 2002, 241 ff.

Kortstock, Ulf; Auswirkungen des BVerfG-Urteils zur Juniorprofessur auf die Befristung von Arbeitsverträgen nach dem Hochschulrahmengesetz, ZTR 2004, 558 ff.

Kortstock, Ulf; Befristung von Arbeitsverhältnissen im Hochschulbereich – Wissenschaftszeitvertragsgesetz in Kraft getreten, ZTR 2007, 350 ff.

Kortstock, Ulf; Reform des Hochschulbefristungsrechts – Entwurf eines Wissenschaftszeitvertragsgesetzes, ZTR 2007, 2 ff.

Lakies, Thomas; Das neue Befristungsrecht an Hochschulen und Forschungseinrichtungen, ZTR 2002, 250

Larenz, Karl / Canaris, Claus-Wilhelm; Methodenlehre der Rechtswissenschaft, 3. Auflage, Berlin, Heidelberg, New York u.a. 1995, zitiert: *Larenz/Canaris*, Methodenlehre

Laux, Helga / Schlachter, Monika; Teilzeit – und Befristungsgesetz, Kommentar, München 2007, zitiert: *Bearbeiter*, in: Laux/Schlachter, TzBfG

Lindner, Josef Franz; Darf der Bund das Hochschulrahmengesetz aufheben?, Zur Kategorie einer Aufhebungskompetenz kraft zeitlichen Annexes, NVwZ 2007, 180 ff.

Lipke, Gert-Albert; Befristungen von Arbeitsverhältnissen im Wissenschaftsbetrieb der Hochschulen, Forschungseinrichtungen und in der ärztlichen Weiterbildung, Neuwied, München 2003; zitiert: *Lipke*, Befristungen von Arbeitsverhältnissen

Lohfeld, Gerhard; Die Befristung von Arbeitsverträgen mit wissenschaftlichem Personal an Hochschulen und Forschungseinrichtungen, Dissertation 1989, Frankfurt am Main 1991, zitiert: *Lohfeld*, Befristung von Arbeitsverträgen

Löwisch, Manfred; Die Ablösung der Befristungsbestimmungen des Hochschulrahmengesetzes durch das Wissenschaftszeitvertragsgesetz, NZA 2007, 479 ff.

Löwisch, Manfred; Befristungen im Hochschulbereich - Rechtslage nach dem Urteil des BVerfG zur Juniorprofessur, NZA 2004, 1065 ff.

Löwisch, Manfred; Befristung von Arbeitsverträgen mit wissenschaftlichem Personal bei Großforschungseinrichtungen, WissR 1992, 56 ff.

Löwisch, Manfred; Die gesetzliche Reparatur des Hochschulbefristungsrechts, NZA 2005, 321 ff.

Löwisch, Manfred; Stellungnahme für die öffentliche Anhörung des Ausschusses für Bildung, Forschung und Technikfolgenabschätzung des deutschen Bundestages zum Entwurf eines Gesetzes zur Änderung arbeitsrechtlicher Vorschriften in der Wissenschaft (Bundesratsdrucksache 673/06) am 29. November 2006, Deutscher Bundestag, Ausschuss für Bildung, Forschung und Technikfolgenabschätzung, A-Drucks. 16(18)139f, zitiert: *Löwisch*, Stellungnahme, BT-A-Drucks. 16/18)139f

Lübbert, Joachim; Befristete Arbeitsverhältnisse im Hochschulbereich und in außeruniversitären Forschungseinrichtungen, Eine Untersuchung sachlicher Gründe für ihre Befristung, Dissertation 1984, Frankfurt am Main 1985, zitiert: *Lübbert*, Befristete Arbeitsverhältnisse

Lübbert, Joachim; Befristete Arbeitsverträge mit wissenschaftlichem Personal an Hochschulen und Forschungseinrichtungen, WissR 1985, 141 ff.

v. Mangoldt, Hermann / Klein, Friedrich (Begr.); Starck, Christian (Hrsg.); Das Bonner Grundgesetz – Kommentar, 5. Auflage, Band 1: Präambel, Artikel 1 bis 19, München 2005, zitiert: *Bearbeiter*, Bonner Grundgesetz

Maunz, Theodor / Dürig, Günter; Grundgesetz - Kommentar, München, Loseblatt, Stand Juni 2007, zitiert: *Bearbeiter*, in: Maunz/Dürig, GG-Kommentar

Menger, Christian-Friedrich; Höchstrichterliche Rechtsprechung zum Verwatungsrecht, VerwArch 65 (1974), 75 ff.

Meusel, Ernst-Joachim; Forschungsförderung nach der „Blauen Liste“, WissR 1981, 149 ff.

Müller-Glöge, Rudi / Preis, Ulrich / Schmidt, Ingrid (Hrsg.); Erfurter Kommentar zum Arbeitsrecht, 8. Auflage, München 2008, zitiert: *Bearbeiter* – EK

von Münch, Ingo (Begr.) / Kunig, Philipp (Hrsg.); Grundgesetz-Kommentar, Band 1, 5. Auflage, München 2000; zitiert: *Bearbeiter*, in: v. Münch, GG

Nagel, Bernhard; Wann darf der Staat in Tarifverträge eingreifen? Zur Entscheidung des Bundesverfassungsgerichts vom 24.4.1996 zum Hochschulfristvertragsgesetz (1 BvR 712/86), RdA 1997, 351 ff.

Nagel, Bernhard / Hrsg.: Denninger, Eduard; Fristverträge an Hochschulen und Forschungseinrichtungen, Kommentar zum Gesetz über befristete Arbeitsverträge mit wissenschaftlichem Personal an Hochschulen und Forschungseinrichtungen, Nachtrag zum Kommentar zum Hochschulrahmengesetz (Teil 2) München 1986; zitiert: *Nagel*, Fristverträge an Hochschulen

Oppermann, Thomas; Gemeinsame Bildungs- und Forschungsfinanzierung durch den Bund und Länder nach Art. 91b und Art. 104a GG, DÖV 1972, 591 ff.

Ossenbühl, Fritz; Die verfassungsrechtliche Problematik der befristeten Arbeitsverhältnisse im Wissenschaftsbereich, WissR 1983, 201 ff.

Ossenbühl, Fritz; Wissenschaftsfreiheit und Gesetzgebung, in: Dörr, Dieter; Fink, Udo; Hilgruber, Christian; Kempen, Bernhard; Murswiek, Dieter (Hrsg.), Die Macht des Geistes, Festschrift für Hartmut Schiedermair, Heidelberg 2001, S. 505 ff., zitiert: *Ossenbühl*, FS Schiedermair

Otto, Hansjörg; Erleichterte Zulassung befristeter Arbeitsverträge, NJW 1985, 1807 ff.

Palandt, Otto (Begr.); Bürgerliches Gesetzbuch, 67. Aufl., München 2008, zitiert: Palandt-*Bearbeiter*

Pieroth, Bodo / Schlink, Bernhard; Personalauskünfte im Hochschulbereich (Fortsetzung und Schluß), WissR 78, 115 ff.

Plander, Harro; Befristung von Anstellungsverhältnissen im Bereich der Drittmittelforschung, WissR 1982, 3 ff.

Plander, Harro; Wissenschaftliche Hilfskräfte in hochschul- und tarifrechtlicher Sicht, WissR 1987, 127 ff.

Preis, Ulrich; Stellungnahme für die öffentliche Anhörung des Ausschusses für Bildung, Forschung und Technikfolgenabschätzung zum WissZeitVG, Deutscher Bundestag, Ausschuss für Bildung, Forschung und Technikfolgenabschätzung, A-Drucks. 16 (18) 139b, zitiert: *Preis*, Stellungnahme, BT-A-Drucks 16(18)139b

Preis, Ulrich; Verfassungswidrigkeit der HRG-Novelle - Kontraproduktive Folgen der Nichtigkeit der Befristungsregeln, NJW 2004, 2782 ff.

Preis, Ulrich; WissZeitVG, Kommentar zum Wissenschaftszeitvertragsgesetz, Köln 2008, zitiert: *Preis*, WissZeitVG

Preis, Ulrich / Hausch, Tobias; Die Neuordnung der befristeten Arbeitsverhältnisse im Hochschulbereich, NJW 2002, 927 ff.

Reich, Andreas; Hochschulrahmengesetz, Kommentar, 9. Auflage, Bad Honnef 2005, zitiert: *Reich*, HRG, 9. Aufl.

Reich, Andreas; Hochschulrahmengesetz mit Wissenschaftszeitvertragsgesetz, 10. Auflage, Bad Honnef 2007, zitiert: *Reich*, HRG/WissZeitVG

Rebmann, Kurt / Säcker, Franz Jürgen / Rixecker, Roland (Hrsg.); Münchener Kommentar zum Bürgerlichen Gesetzbuch, 4. Auflage, 2005, zitiert: *Bearbeiter*-MüKoBGB

Richardi, Reinhard; Die Bedeutung der Personalstruktur für die Befristung von Arbeitsverhältnissen, DB 1981, 1461 ff.

Sachs, Michael (Hrsg.); Grundgesetz, Kommentar, 4. Auflage, München 2007, zitiert: *Bearbeiter*; in: Sachs, GG

Salje, Peter / Bultmann, Stephan J.; Der unbefristet befristete Arbeitsvertrag – Überlegungen im Grenzbereich von auflösenden, bedingten, befristeten und unbefristeten Arbeitsverträgen, DB 1993, 1469 ff.

Schaub, Günther; Arbeitsrechts-Handbuch: systematische Darstellung und Nachschlagewerk für die Praxis, 12. Auflage, München 2007, zitiert: Arbeitsrechtshandbuch-*Bearbeiter*

Scheel, Tobias / Schenk, Simon M.; Befristete Arbeitsverhältnisse an Hochschulen – Lösung durch den Gesetzgeber?, ZTR 2004, 614 ff.

Schmalz, Dieter; Methodenlehre für das juristische Studium, 4. Auflage, Baden-Baden 1998, zitiert: *Schmalz*, Methodenlehre

Schmidt-Bleibtreu, Bruno / Klein, Franz; Kommentar zum Grundgesetz, 9. Auflage, 1999, zitiert: *Bearbeiter* – Schmidt-Bleibtreu/Klein

Schmitt Glaeser, Walter; Die Freiheit der Forschung, WissR 1974, 107 ff.

Schweizer, Marianne; Befristete Arbeitsverträge an den Hochschulen: Anwendungsbereich der Fünfjahresgrenze nach dem Zeitvertragsgesetz, JZ 1991, 709

Seibert, Max-Jürgen; Industrielle Forschung und staatliche Projektförderung, WissR 1983, 130 ff.

Sievers, Jochen; TzBfG, Kommentar zum Teilzeit- und Befristungsgesetz, 2. Auflage, Köln 2007, zitiert: *Sievers*, TzBfG

Sill-Gorny, Rüdiger; Die Elternzeit und § 57 c Abs. 6 Nr. 3 HRG, Auch eine weitere Anmerkung zum Urteil des BAG vom 3.3.1999 – 7 AZR 672/97, ZTR 2002, 111 ff.

Sill-Gorny, Rüdiger; Erneut zur Frage der Anrechnung der Zeiten einer Beschäftigung als wissenschaftliche Hilfskraft (mit Abschluss) auf die Befristungshöchstgrenze des § 57 c Abs. 2 HRG, Anmerkung zum Urteil des BAG vom 3.3.1999-7 AZR 672/97 sowie zum 4. Änderungsgesetz zum HRG, ZTR 2000, 103 ff.

Sowka, Hans-Harald; Befristete Arbeitsverhältnisse, Eine Bestandsaufnahme unter Berücksichtigung des Beschäftigungsförderungsgesetzes, BB 1994, 1001 ff.

Statistisches Bundesamt; Bildung und Kultur, Personal an Hochschulen, Fachserie 11, R. 4.4., 2007; Wiesbaden 2008

Stiller, Jörn U.; Das drittmittelfinanzierte Arbeitsverhältnis, Dissertation 2000, Frankfurt am Main 2000

Tettinger, Peter J.; Möglichkeiten und Grenzen einer Bundesgesetzgebung über befristete Arbeitsverträge im Hochschulbereich, RdA 1981, 351 ff.

Tettinger, Peter J.; Befristete Arbeitsverträge im Hochschulbereich, Möglichkeiten und Grenzen einer Bundesgesetzgebung, MittHV 1981, 303 ff.

Thews, Michael; Lehrverpflichtungen für wissenschaftliche Mitarbeiter – eine „graue Zone" des Hochschulrechts, WissR 1995, 225 ff.

Thieme, Werner; Deutsches Hochschulrecht, Das Recht der Universitäten sowie der künstlerischen und Fachhochschulen in der Bundesrepublik Deutschland, 3. Auflage, Köln, Berlin, München 2004; zitiert: *Thieme*, Deutsches Hochschulrecht

Thieme, Werner; Die Führungsakademie der Bundeswehr als wissenschaftliche Einrichtung, WissR 80, 10 ff.

Thieme, Werner; Die Wissenschaftsfreiheit der nichtuniversitären Forschungseinrichtungen, DÖV 1994, 130 ff.

Trute, Hans-Heinrich/ Richter, Martin; Hochschulen und außeruniversitäre Forschungseinrichtungen als Dienstherren: Vor- und Nachteile, ZBR 2002, 11 ff.

Walter, Hannfried; Zur Gesetzgebungszuständigkeit der Länder für befristete Arbeitsverhältnisse im öffentlichen Dienst, DÖV 1983, 925 ff.

Walter, Hannfried; Wissenschaftliche Nachwuchsförderung auf Stellen in der Personalstruktur des Hochschulrahmengesetzes, Vorschlag zur Verbesserung von Karriereperspektiven, MittHV 1983, 289 ff.

Wassermann, Rudolf (Hrsg.); Kommentar zum Grundgesetz für die Bundesrepublik Deutschland, Band 1, 2. Auflage, 1989 Neuwied, zitiert: *Bearbeiter* – AK

Wiedemann, Herbert / Palenberg, Hubertus; Die Zulässigkeit von Zeitarbeitsverträgen im öffentlichen Dienst, insbes. im Hochschulbereich, RdA 1977, 85 ff.

Willems, Rüdiger; Öffentliche Anhörung des Bundestages –Ausschuss für Bildung, Forschung und Technikfolgenabschätzung – zum Wissenschaftszeitvertragsgesetz, Deutscher Bundestag, Ausschuss für Bildung, Forschung und Technikfolgenabschätzung, BT-A-Drucks. 16(18)139a, zitiert: *Willems*, Stellungnahme, BT-A-Drucks. 16(18) 139a

Wissenschaftsrat; Empfehlung zur Förderung des wissenschaftlichen Nachwuchses, Stellungnahmen 1980

Wissenschaftsrat; Empfehlungen zu einem Wissenschaftstarifvertrag und zur Beschäftigung wissenschaftlicher Mitarbeiter, Drs. 5923/04, Berlin 2003, zitiert: Wissenschaftsrat, Empfehlungen zu einem Wissenschaftstarifvertrag

Wissenschaftsrat; Personalstruktur und Qualifizierung: Empfehlungen zur Förderung des wissenschaftlichen Nachwuchses, Drs. 4756/01, Berlin 2001, zitiert: Wissenschaftsrat, Personalstruktur und Qualifizierung

Zimmerling, Wolfgang; Die Befristungsgründe des § 57 b HRG, ZTR 1998, 15 ff.

Zimmermann, Wolfgang; Befristete Arbeitsverhältnisse an Hochschulen und außeruniversitären Forschungseinrichtungen bei Drittmittelfinanzierung, Bonn 2001, zitiert: *Zimmermann*, Befristete Arbeitsverhältnisse

Zippelius, Reinhold; Juristische Methodenlehre, 9. Auflage, München 2005